ELEMENTOS
DA
FILOSOFIA

Dados Internacionais de Catalogação na Publicação (CIP)
(Câmara Brasileira do Livro, SP, Brasil)

Hobbes, Thomas
    Elementos da filosofia – sobre o corpo / Thomas Hobbes;
[tradução Marsely De Marco Martins Dantas]. – 1ª ed. – São
Paulo: Ícone, 2012. – (Coleção fundamentos da filosofia).

    Título original: *Elements of philosophy*.
    ISBN 978-85-274-1202-5

    1. Filosofia   2. Filosofia – Obras anteriores a 1800.
I. Título.   II. Série

12-04324   CDD-192

Índices para catálogo sistemático:

1. Hobbes: Filosofia inglesa   192

Thomas Hobbes

Elementos da Filosofia

Sobre o Corpo

Coleção Fundamentos da Filosofia

1ª EDIÇÃO
Brasil – 2012

© Copyright da tradução – 2012.
Ícone Editora Ltda.

Coleção Fundamentos da Filosofia

Conselho editorial
Cláudio Gastão Junqueira de Castro
Diamantino Fernandes Trindade
Dorival Bonora Jr.
José Luiz Del Roio
Marcio Pugliesi
Marcos Del Roio
Neusa Dal Ri
Tereza Isenburg
Ursulino dos Santos Isidoro
Vinícius Cavalari

Título original
Elements of Philosophy

Tradução
Marsely De Marco Martins Dantas

Revisão
Juliana Biggi

Projeto gráfico, capa e miolo
Richard Veiga

Proibida a reprodução total ou parcial desta obra, de qualquer forma ou meio eletrônico, mecânico, inclusive por meio de processos xerográficos, sem permissão expressa do editor. (Lei nº 9.610/98)

Todos os direitos de tradução reservados para:
ÍCONE EDITORA LTDA.
Rua Anhanguera, 56 – Barra Funda
CEP: 01135-000 – São Paulo/SP
Fone/Fax.: (11) 3392-7771
www.iconeeditora.com.br
iconevendas@iconeeditora.com.br

Dedicatória do autor

Ao
Meu mais honrado senhor
William, Conde de Devonshire

Monumento do meu serviço e da sua generosidade, embora, após a Terceira Parte publicada, por vezes adiada, mas finalmente terminada, apresento agora e dedico ao excelentíssimo senhor a primeira parte de *Elementos da Filosofia*. Um pequeno livro, mas complexo e notável o suficiente, se é que os homens possam ser considerados notáveis. Para o leitor dedicado e versado em demonstrações de matemática, ou seja, vossa senhoria, será leve e de fácil compreensão, e com ideias novas, mas sem qualquer inovação ofensiva.

    Reconheço que esta parte da filosofia, que considera linhas e formas, foi notavelmente aperfeiçoada por pessoas que viveram na Antiguidade e usaram o padrão mais perfeito de lógica para demonstrar tais magníficos teoremas. Também reconheço que a teoria da movimentação diurna da Terra foi inventada por essas pessoas; mas que tanto ela como a astronomia, ou seja, a física celestial, foram abafadas com palavras enganosas por inúmeros filósofos. Portanto, acredito que a astronomia, exceto observações, teve seu início na época de Nicolau Copérnico; que restaurou a opinião de Pitágoras, Aristarco e Filolau. Depois dele — com a teoria do movimento da Terra agora aceito, e com uma pergunta difícil a respeito da queda de corpos pesados — foi Galileu que abriu caminho para a filosofia natural universal, conceito da natureza do *movimento*. Assim, nem a época da filosofia natural pode ser calculada antes dele.

Por fim, a ciência do *corpo humano*, a parte de maior valor da ciência natural, foi primeiramente descoberta com admirável astúcia pelo nosso compatriota Dr. Harvey, médico dos reis James e Charles, e relatada em seus livros sobre o *Movimento do Sangue* e a *Geração de Criaturas Vivas* que é o único homem que conheço e, ao ser publicado, estabeleceu uma nova doutrina em sua época. Antes de tudo isso, não havia nada de certo na filosofia natural, apenas cada experimento por si mesmo; e as histórias naturais, se é que podem ser chamadas de exatas, não são mais exatas que histórias civis. Porém, desde então, a astronomia e a filosofia natural em geral têm, há pouco tempo, sido extraordinariamente trabalhadas por Joannes Keplerus, Petrus Gassendus e Marinus Mersennus; e a ciência do corpo humano tem encontrado respaldo em especial na inteligência e aplicação de médicos, os verdadeiros filósofos naturais, especialmente por nossos conhecidos homens da Faculdade de Medicina de Londres. Portanto, enquanto a Filosofia Natural é jovem, a Filosofia Civil é mais jovem ainda, como o meu próprio livro *De Cive* (digo isso porque fui provocado, e que meus detratores saibam que em nada me abalaram).

O quê? Não havia filósofos naturais ou civis entre os Gregos da Antiguidade? Sim, havia homens chamados de testemunhas de Luciano de Samósata[1], de onde são oriundos; testemunhas de cidades diversas, das quais foram frequentemente banidos. Mas isso não significa que houve *filosofia*. Na verdade, havia um certo fantasma que assombrava a Grécia Antiga. Era algo um pouco parecido com a filosofia, mas cercado de fal-

---

1   De origem possivelmente semita, Luciano escreveu em grego e se tornou conhecido por seus diálogos satíricos em que criticava e satirizava efusivamente os costumes e a sociedade da época. Exerceu, a partir da Renascença, influência significativa sobre escritores ocidentais como Erasmo, Rabelais, Quevedo, Voltaire e Machado de Assis.

sidade e podridão; e os homens descuidados, pensando que tal coisa fosse filosofia, aderiram aos seus ensinamentos. E, embora discordassem entre si, submeteram seus filhos a esses ensinamentos em vez de submetê-los à sabedoria; motivados pela discórdia e negligenciando as leis ao determinar cada questão a seu bel-prazer.

Os primeiros doutores da Igreja, após os Apóstolos, nascidos em tais épocas, enquanto planejavam defender a fé cristã contra os Gentios[2] por motivos naturais, também começaram a usar filosofia e, com os decretos da Sagrada Escritura, a mesclar os julgamentos dos filósofos pagãos; primeiramente com alguns inofensivos discípulos de Platão, e mais tarde com alguns tolos e falsos da física e metafísica de Aristóteles; e introduzindo os inimigos, trouxeram-nos para o Cristianismo.

Desde aquela época, em vez da adoração a Deus, ocorre algo chamado de *escola da divindade*: pelo lado bom, a Sagrada Escritura; e pelo lado ruim, o que o Apóstolo Paulo chamava de vaidade, e que poderia ter chamado até de *filosofia perniciosa*; pois causou o surgimento de várias polêmicas no mundo do Cristianismo com respeito à religião, e dessas polêmicas vieram as guerras. É como a *Empusa* da mitologia grega, conhecida em Atenas como um fantasma mutante, com uma perna de bronze e a outra de burro, enviado pela Deusa Hécate[3] como sinal de mau presságio. Contra a *Empusa*, a melhor forma de exorcismo inventada foi a de distinção entre as regras da religião, ou seja, as regras de honrar a Deus, advindas das leis; e as regras da filosofia, advindas das opiniões individuais dos homens; transferindo o que é devido à religião para a Sagrada Escritura, e o que é devido à filosofia para a razão natural. E isso farei, lidando com os Elementos da Filosofia de forma verdadeira e clara. Portanto, na Terceira Parte, que publiquei e dediquei à vossa senhoria, reduzi todo o poder eclesiástico e civil a uma única autoridade soberana, usando argumentos e justificativas, e sem nenhum tipo de repúdio à palavra Deus; minha intenção agora, ao apresentar as verdadeiras fundações da filosofia natural de forma clara, é de espantar para bem longe

---

2   Designa um não israelita, ou seja, aquele que segue o paganismo.

3   Na mitologia grega acreditava-se que Hécate vagava à noite pela Terra, acompanhada por seu séquito de espectros, e que era vista apenas por cães, cujos latidos indicavam a sua aproximação.

essa *Empusa*; não por meio da luta, mas levando a luz até ela. Pois estou confiante — se a confiança da escrita pode proceder do medo, da cautela, e da própria falta de confiança do escritor — que tudo o que disse nas três partes anteriores desta obra é suficientemente demonstrado por meio de explicações; e que a quarta parte é demonstrada por suposições prováveis e nada absurdas. Entretanto, se, para vossa senhoria, as minhas observações parecerem pouco demonstradas ao leitor leigo, será porque manifestei parte da minha escrita a geômetras. Por outro lado, não tenho dúvida de que vossa senhoria ficará satisfeito.

A segunda parte refere-se ao *Homem*. Nela, escrevo sobre *Ópticas*, que contém seis capítulos e suas respectivas tabelas, escrevi em seis anos. O resto, assim que possível, será adicionado; embora, devido à insolência e inabilidade de alguns homens, já sei, por experiência, que não receberei agradecimentos merecidos por dizer aos homens a verdade sobre eles. O peso que carrego, levarei comigo para sempre, sem tentar aliviá-lo, mas para me vingar da inveja que recai sobre mim. Fico lisonjeado em saber que vossa senhoria aprecia o meu trabalho, e isso é o que mais importa para mim. E, por esse motivo, pedindo a Deus que zele por sua segurança, serei eternamente grato a vossa senhoria.

Do seu mais humilde servo,

Thomas Hobbes.
Londres, 23 de abril de 1655.

Epístola do autor ao leitor

Não pense, querido leitor, que a filosofia cujos elementos vou apresentar seja aquela que produz pedras filosofais, nem a que se encontra nos códigos metafísicos. É, sim, aquela que constitui a razão natural do homem, voando alto e baixo entre as criaturas e retornando com um relato verídico de sua ordem, causas e efeitos. Portanto, a filosofia, filha do mundo e de sua própria mente, está dentro de você; talvez não plenamente formada, mas no mundo que criou, como era no início, uma coisa confusa. Faça como os escultores que, ao reduzirem o que é supérfluo, não fazem uma mera imagem, mas a descobrem. Ou imite a criação, se quer ser um verdadeiro filósofo, deixe a razão mover-se sobre o fundo de suas próprias cogitações e experiências; as coisas que estão em conflito devem ser separadas, distintas e postas em ordem, cada qual com seu próprio nome; ou seja, o seu método deve assemelhar-se ao da criação. A ordem da criação foi *luz, distinção entre dia e noite*, o *firmamento*, as *luminárias*, as *criaturas sensíveis*, o *homem*; e, após a criação, o *mandamento*. Portanto, a ordem da contemplação será *razão, definição, espaço, as estrelas, as qualidades sensíveis, o homem*; e, depois que o homem se tornar adulto, *sujeição ao comando*. No primeiro capítulo da primeira parte, intitulado Lógica, estabeleço a luz da razão. No segundo, que tem por título os Princípios da Filosofia, faço distinção entre as noções mais comuns por meio de definições precisas, o intuito é evitar a confusão e a obscuridade. O terceiro capítulo é referente à expansão do espaço, isto é, Geometria. O quarto contém o Movimento das Estrelas, juntamente com a doutrina das qualidades sensíveis.

A segunda parte, se Deus permitir-me, irá tratar do *Homem*. A terceira parte discorre sobre doutrina da *Sujeição* já concluída. Esse foi o método que segui, e se for do seu agrado, poderá usar o mesmo, pois aqui apenas o apresento, sem qualquer tipo de recomendação. Mas seja qual for o método escolhido, recomendo a filosofia, isto é, o estudo da sabedoria, cuja falta causa muitos danos a nós. Porque aqueles que estudam a riqueza, fazem-no por amor à sabedoria, já que seus tesouros lhes servem apenas como um espelho para contemplarem sua própria sabedoria. Também aqueles que amam dedicar-se aos assuntos públicos almejam apenas um lugar para exibir sua sabedoria; e se os homens voluptuosos negligenciam a filosofia é simplesmente porque não sabem o quão prazeroso é para a mente humana ser seduzida pelos abraços perpétuos e vigorosos do mais belo dos mundos. Por fim — ainda que só por esta razão, levando em consideração que a mente humana é tão impaciente com o vazio do tempo quanto a natureza com o vazio do espaço, para que ao final você não seja forçado, por falta do que fazer, a incomodar as pessoas que têm suas ocupações, ou a envolver-se com más companhias para ter algo próprio com que preencher o tempo — recomendo que você estude filosofia. Até logo.

T. H.

Sumário

Primeira Parte
COMPUTAÇÃO OU LÓGICA, 15

Capítulo
    I Da Filosofia, **17**
    II Dos Nomes, **27**
    III Da Proposição, **41**
    IV Do Silogismo, **55**
    V Do Erro, da Falsidade e das Capciosidades, **65**
    VI Do Método, **75**

SEGUNDA PARTE
OS PRIMEIROS FUNDAMENTOS DE FILOSOFIA, 95

Capítulo

VII   Do Espaço e do Tempo, **97**

VIII   Do Corpo e Do Acidente, **107**

IX   Da Causa e Do Efeito, **123**

X   Da Força e Da Ação, **131**

XI   Da Identidade e Da Diferença, **137**

XII   Da Quantidade, **143**

XIII   Do Analogismo, ou Da Mesma Proporção, **149**

XIV   Do Reto e Do Curvado, Ângulo e Forma, **173**

TERCEIRA PARTE
DAS PROPORÇÕES DOS MOVIMENTOS E DAS MAGNITUDES, 195

Capítulo

XV   Da Natureza, Das Propriedades, e Das Considerações Distintas de Movimento e Empenho, **197**

XVI   Do Movimento Acelerado e Uniforme, e do Movimento por Afluência, **209**

XVII   Das Formas Deficientes, **231**

XVIII   Da Equação de Linhas Estreitas com as Linhas Curvas das Parábolas e Outras Formas que Imitam Parábolas, **251**

XIX   Dos Ângulos de Incidência e Reflexão, Semelhantes por Suposição, **257**

XX   Da Dimensão de um Círculo, e a Divisão de Ângulos ou Arcos, **271**

XXI   Do Movimento Circular, **293**
XXII   De outras Variedades de Movimento, **307**
XXIII   Do Centro de Equilíbrio de Corpos Pressionados
para Baixo em Linhas Retas Paralelas, **323**
XXIV   Da Refração e Reflexão, **343**

QUARTA PARTE
DA FÍSICA, OU DOS FENÔMENOS DA NATUREZA, 353

Capítulo
XXV   Do Sentido e do Movimento Animal, **355**
XXVI   Do Mundo e Das Estrelas, **373**
XXVII   Da Luz, Do Calor e Das Cores, **397**
XXVIII   Do Frio, Do Vento, Do Rude, Do Gelo, Da Restituição
Da Curvatura dos Corpos, Da Transparência, Do Raio
e Do Trovão, e Das Cabeceiras dos Rios, **413**
XXIX   Do Som, Odor, Sabor e Toque, **429**
XXX   Da Gravidade, **447**

Primeira Parte

Computação ou Lógica

{ Capítulo I }

Da Filosofia

1. Introdução.
2. Definição de filosofia explicada.
3. Raciocínio da Mente.
4. Propriedades, o que são.
5. Como Propriedades são conhecidas pela Geração, e vice-versa.
6. Escopo da Filosofia.
7. Utilidade da Filosofia.
8. Assunto da Filosofia.
9. Partes da Filosofia.
10. Epílogo.

1.
INTRODUÇÃO.

A FILOSOFIA parece-me encontrar-se, entre os homens de hoje, na mesma forma com que os cereais e o vinho eram conhecidos no mundo na Antiguidade, pois desde o início havia videiras e espigas crescendo por toda parte nos campos, mas ninguém se preocupava em plantá-las e semeá-las. Assim, os homens viviam de frutos do carvalho; mas, se alguns fossem mais ousados e comessem daquelas frutas desconhecidas e duvidosas, faziam-no arriscando sua saúde. Da mesma forma, todo homem trouxe consigo a Filosofia, ou seja, a Razão Natural, ao mundo; porque todos os homens são capazes de raciocinar em algum grau sobre algumas coisas; mas quando há a necessidade de uma longa série de razões, a maior parte dos homens desvia-se do caminho e erra por falta de método, como por falta da semeadura e do plantio, ou seja, do aperfeiçoamento de sua razão. E disso decorre que aqueles que se contentam com a experiência cotidiana, o que pode ser comparado a alimentar-se de frutos do carvalho, ou rejeitam a filosofia ou por ela não têm muita consideração. Tais homens são comumente considerados, e são, realmente, homens de juízo mais sólido do que aqueles que, a partir de opiniões que, embora não vulgares, ainda estão cheias de incertezas, e são acolhidas de forma negligente, não fazendo mais do que disputar e discutir, como homens que não estão em seu juízo perfeito.

Confesso, na verdade, que a parte da filosofia em que se computam grandezas e formas está altamente aprimorada. Mas, como não observei o mesmo avanço em outras de suas partes, meu propósito, estando ao meu alcance, é o de expor os poucos e primordiais Elementos de Filosofia em geral, como muitas sementes a partir das quais a Filosofia pura e verdadeira possa, a partir daqui, desenvolver-se gradualmente.

Sei o quanto é difícil remover das mentes dos homens tais opiniões inveteradas que ali se enraizaram, e que foram confirmadas pela autoridade dos autores mais eloquentes; especialmente ao ver que a Filosofia verdadeira (isto é, precisa) rejeita não apenas a tinta e as cores falsas da linguagem, mas até seus próprios ornamentos e encantos; e que os primeiros fundamentos de toda a ciência são belos, mas também são pobres, áridos e deformados em aparência. No entanto, como há certamente poucos homens satisfeitos com a verdade e a força da razão em todas as coisas, achei que valeria a pena fazer falar sobre esse assunto em benefício desses poucos. Portanto, a seguir, começo pela própria definição de Filosofia.

2.
Definição de filosofia explicada.

A filosofia é o conhecimento dos efeitos ou aparências que adquirimos pelo raciocínio verdadeiro do conhecimento que temos inicialmente de suas causas ou criações; mais ainda, dessas causas ou criações por sabermos primeiramente seus efeitos.

Para compreendermos melhor essa definição, devemos considerar primeiramente que embora a Sensação e a Memória das coisas comuns aos homens e a todas as criaturas vivas sejam conhecimentos, ainda assim, por serem oferecidas imediatamente pela natureza e não obtidas por meio do raciocínio, não são filosofia.

Em segundo lugar, visto que a Experiência nada mais é do que uma memória; e a Prudência ou a prospecção do tempo futuro, nada mais do que a expectativa de tais coisas das quais já tivemos experiência, a Prudência também não pode ser considerada filosofia.

Por raciocínio, quero dizer *computação*. Computar é coletar a soma de muitas coisas que são misturadas, ou saber o que permanece quando uma coisa é retirada de outra. Portanto, *Raciocínio* é o mesmo que *adição* ou *subtração*, e se alguém acrescentar *multiplicação* e *divisão*, não terei objeções, a multiplicação nada mais é do que uma adição de elementos iguais de um para outro; e a divisão, nada mais do que uma subtração de elementos iguais de outro para um, tantas vezes quanto possível. Para que todo raciocínio seja compreendido nestas duas operações da mente, na adição e na subtração.

3.
Raciocínio da Mente.

Como podemos, sem o uso de palavras, pelo raciocínio de nossa mente, adicionar e subtrair silenciosamente em nossos pensamentos? Primeiramente, quando um homem vê algo indefinido à distância, ainda que nenhuma denominação tenha sido dada a qualquer coisa, ele terá, portanto, a mesma ideia daquela coisa que, por imposição, chamamos de *corpo*. Quando, ao aproximar-se mais um pouco, ver a mesma coisa, ora em um local e ora em outro, terá uma nova ideia dela; que agora passamos a chamar de *animada*. Quando, ao chegar bem perto, perceber a forma, ouvir a voz e ver outras coisas que são sinais de uma mente racional, ele tem uma terceira ideia, embora ainda sem denominação, ou seja, o que agora chamamos de algo *racional*. Por fim, quando ao olhar de perto e de forma distintiva conceber tudo o que viu como uma coisa única, a ideia passa a ser uma composição de suas ideias anteriores, combinadas na mente na mesma ordem em que essas três denominações: *corpo, animado, racional* são compostas na fala em uma só denominação: *corpo-animado-racional*, ou *homem*. Da mesma forma, a partir dos diferentes conceitos dos *quatro lados, igualdade de lados e ângulos retos*, é composto o conceito de um *quadrado*. Pois a mente pode conceber uma forma de quatro lados sem nenhum conceito da sua igualdade, e dessa igualdade sem conceber um ângulo reto; e pode combinar todos esses conceitos isolados em uma única concepção ou ideia de um quadrado. Assim, vemos como as concepções da mente são compostas. Além disso, alguém que vê um homem parado próximo de si concebe a ideia total desse homem; e se, à medida que se afasta, ele o acompanhar apenas com os olhos, perderá a ideia das coisas que eram sinais de que ele é racional, enquanto a ideia de um corpo-animado permanecerá ainda diante de seus olhos, fazendo com que a ideia de racional seja subtraída da ideia total de homem, ou seja, do corpo-animado-racional, deixando apenas a ideia de corpo-animado; e, um pouco mais tarde, de uma distância maior, a ideia de animado será perdida, restando apenas a de corpo; fazendo com que, quando nada mais puder ser visto, a ideia total desapareça de vista. Com esses exemplos, penso que fica suficientemente claro em que consiste o raciocínio interno da mente sem palavras.

Portanto, não devemos pensar que a computação, ou seja, o raciocínio, ocorra apenas em relação a números, como se o homem fosse diferenciado de outras criaturas vivas (reconhecida como sendo a opinião de Pitágoras) apenas pela faculdade de numeração; pois a *grandeza*, o *corpo*, o *movimento*, o *tempo*, os *níveis de qualidade*, a *ação*, a *concepção*, a *proporção*, a *fala* e os *nomes* (nas quais todas as espécies de filosofia consistem) são capazes de adição e subtração. Agora, tais coisas que adicionamos e subtraímos, ou seja, que levamos em conta, tornam-se conhecidas por *considerar*, em grego λογίζεσθαι, e συλλογίζεσθαι também significa *computar, raciocinar* ou *calcular*.

4.
PROPRIEDADES, O QUE SÃO.

AS PROPRIEDADES são os *efeitos* e as *aparências* das coisas ao sentido, são faculdades ou poderes dos corpos que nos fazem diferenciá-los uns dos outros; ou seja, concebem um corpo como sendo igual ou desigual, semelhante a ou diferente de outro corpo; como no exemplo anterior, quando chegamos próximos a algum corpo, percebemos seu movimento e o diferenciamos de uma árvore, uma coluna e outros corpos imóveis; assim, esse movimento é uma *propriedade* desse corpo, como sendo algo próprio das criaturas vivas, e uma faculdade que nos faz diferenciá-las de outros corpos.

5.
COMO PROPRIEDADES SÃO CONHECIDAS
PELA GERAÇÃO, E VICE-VERSA.

COMO o conhecimento de algum efeito pode ser obtido a partir do conhecimento de sua geração e facilmente compreendido pelo exemplo de um círculo, pois, se uma forma plana de um círculo for colocada diante de nós, o mais próxima possível, provavelmente não poderemos perceber pelo sentido se é ou não um verdadeiro círculo; no entanto, algo é mais fácil de ser conhecido quando conhecemos primeiro a geração da forma apresentada. Porque ao sabermos que a forma foi produzida pela circunferência de um corpo da qual uma das extremidades permaneceu imóvel, poderemos raciocinar da seguinte forma: um corpo carregado, sempre possuidor do mesmo comprimento, aplica-se primeiro a um *raio de alcance*, depois a outro, a um terceiro, um quarto, e sucessivamente a todos; e, portanto, o mesmo comprimento, do mesmo ponto, toca a circunferência em todas as suas partes, o que equivale a dizer que todos os *raios* são iguais. Portanto, sabemos que de tal geração ocorre uma forma, da qual um ponto médio e todos os pontos extremos são alcançados por *raios* iguais. E, da mesma maneira, conhecendo inicialmente a forma que está diante de nós, podemos chegar a alguma geração semelhante pelo raciocínio; embora, talvez não àquela por meio da qual foi feita, mas por meio da qual poderia ter sido feita; pois aquele que sabe que um círculo tem a propriedade anteriormente declarada facilmente saberá se um corpo transportado, como foi dito, gerará ou não um círculo.

6.
Escopo da Filosofia.

O *PROPÓSITO* ou o *escopo* da filosofia é composto de efeitos previamente observados, que podemos fazer uso para nosso benefício; ou que, pela aplicação de corpos uns aos outros, podemos produzir efeitos iguais àqueles que concebemos em nossa mente conforme o corpo, a força e o empenho venham a permitir para o bem da vida humana. Para a glória interior e o triunfo da mente de um homem para que tenha o domínio sobre um assunto difícil e confuso, ou para descoberta de alguma verdade oculta, todo o esforço aplicado ao estudo da filosofia não compensa; se julgar que esse será o único benefício de seu trabalho, um homem nem precisa se preocupar tanto em ensinar ao outro o que sabe. O propósito do conhecimento é o poder, e o uso dos teoremas (que, entre os geômetras, servem para descobrir propriedades) destina-se à interpretação de problemas; e, por fim, o escopo de toda especulação é a realização de alguma ação, ou de alguma coisa a ser feita.

7.
Utilidade da Filosofia.

Mas a *utilidade* da filosofia, especialmente a da filosofia natural e da geometria, será mais bem compreendida se levarmos em consideração as principais comodidades das quais a humanidade é capaz, e se compararmos o modo de vida daqueles que desfrutam dessas comodidades com o modo de vida daqueles que não as têm. As maiores comodidades da humanidade são as artes; ou seja, medir a matéria e o movimento; mover corpos pesados; arquitetura; navegação; produzir instrumentos para todos os usos; calcular os movimentos celestiais, os aspectos das estrelas e as partes do tempo; geografia etc. Os enormes benefícios que os homens recebem dessas ciências são mais fáceis de entender do que expressos em palavras. Esses benefícios são desfrutados por quase todos os povos da Europa, pela maioria dos da Ásia e por alguns da África; apenas os americanos, e aqueles que vivem próximos aos polos, não os desfrutam. Mas por quê? Seriam os povos europeus, asiáticos e africanos mais inteligentes? Os seres humanos não têm cada um a sua alma, e as mesmas faculdades mentais? Então, o que faz essa diferença senão a filosofia? Portanto, a filosofia é a causa de todos esses benefícios. Entretanto, a utilidade da filosofia moral e civil deve ser avaliada, não tanto pelas comodidades que temos por meio do conhecimento dessas ciências, mas pelas calamidades que nos atingem por não conhecê-las. Tais calamidades, mesmo que evitadas pelo empenho humano, surgem da guerra, principalmente da guerra civil; pois dela ocorre a matança, a solidão e a falta de todas as coisas. Contudo, a causa da guerra não é que os homens estejam querendo travá-la; o querer não tem por objetivo o que é material, apenas o que é bom; pelo menos, aquilo que parece ser bom. Nem é por causa dele que os homens desconhecem que os efeitos da guerra são nocivos, pois quem é que não pensa que a pobreza e a perda da vida sejam grandes males? Portanto, a causa da guerra civil é que a maioria dos homens desconhece as causas da guerra ou da paz, deixando apenas uns poucos no mundo que aprenderam os deveres que unem e mantêm os homens em paz, ou seja, que aprenderam suficientemente as regras da vida civil. O conhecimento dessas regras é a filosofia moral. Mas não aprenderam isso até agora porque ninguém ensinou por meio de um método claro e exato. O que podemos dizer, então? Os antigos mestres da Grécia, do Egito, de Roma, e outros poderiam persuadir a inapta multidão em relação a suas inúmeras opiniões sobre a natureza de seus deuses, que eles próprios nem sabiam se eram verdadeiras ou falsas, e que eram claramente falsas e absurdas; e não conseguiam persuadir essa mesma multidão a exercer seu dever civil, pois nem eles mesmos as tinham compreendido. Ou os poucos escritos dos geômetras, que ainda existem, deveriam ser considerados suficientes para eliminar toda controvérsia sobre assuntos neles contidos; e os inúmeros e espessos volumes de *ética* deveriam ser considerados suficientes, se tudo o que ensinam estava correto e bem demonstrado. Então, por que os escritos daqueles homens aumentaram a ciência, enquanto os desses últimos apenas o vocabulário, lembrando que aqueles foram produzidos por homens com conhecimento, e estes por homens que desconheciam da própria doutrina que ensinavam, e apenas o faziam para exibir sua inteligência e eloquência? Entretanto, não nego que a leitura de alguns desses livros seja muito agradável; pois são escritos de modo muito eloquente, e com muitas sentenças claras, sólidas e de bom gosto, mas que ainda não são universalmente verdadeiras, embora sejam apresentadas dessa forma. As mudanças de tempos, lugares e pessoas são usadas com mais frequência para apoiar homens mal intencionados do que para fazê-los entender os preceitos dos deveres civis. Na verdade, eles necessitam de uma regra verdadeira e certa com relação a suas ações em que possam saber se o que pretendem fazer é justo ou injusto; pois de nada vale estar disposto a agir corretamente, antes que se tenha estabelecido uma regra para o que está correto, algo que ninguém havia feito até então. Portanto, a partir do desconhecimento dos direitos civis, ou seja, da falta de uma ciência moral, ocorrem as guerras civis e as maiores calamidades da humanidade; podemos muito bem atribuir a essa ciência a produção das comodidades contrárias. E mesmo que isso já seja o suficiente, podemos ainda citar os louvores e outras satisfações procedentes da filosofia, para vermos claramente a utilidade desta.

8.
Assunto da Filosofia.

O *ASSUNTO* da Filosofia, ou a questão de que trata, é cada corpo do qual podemos conceber qualquer geração, e que podemos, de alguma forma, comparar com outros corpos, ou que é capaz de composição e resolução; ou seja, qualquer corpo sobre cuja geração ou propriedades podemos ter algum conhecimento. E isso pode ser deduzido da definição de filosofia, cuja tarefa é pesquisar as propriedades dos corpos a partir de sua geração, ou sua geração a partir de suas propriedades; e, portanto, onde não houver geração ou propriedade, não haverá filosofia. A filosofia exclui a *Teologia*; isto é, a doutrina de Deus, eterna, única, incompreensível, e na qual não há nada a dividir ou a compor, nem qualquer geração a ser concebida.

Exclui ainda a teoria dos *anjos*; e todas as teorias semelhantes não são consideradas corpos nem propriedades de corpos, já que nelas não há lugar para composição ou divisão, nem qualquer capacidade de mais ou menos; ou seja, nenhum lugar para o raciocínio.

Exclui também a *história natural* e *política*; embora sejam muito úteis (e necessárias) para a filosofia, o conhecimento que proporcionam é apenas experiência ou autoridade, nunca raciocínio.

Exclui todo conhecimento adquirido por meio de inspiração Divina, ou revelação, que não é oriundo da razão, mas sim imediatamente da graça Divina, considerada sobrenatural.

Exclui todas as teorias falsas e sem fundamento, pois nada que conhecemos por meio do raciocínio correto pode ser falso ou duvidoso; e, portanto, a *astrologia*, como é conhecida hoje, e todas as outras adivinhações existentes estão excluídas.

Concluindo, a doutrina da *adoração de Deus* está excluída da filosofia, não por não ser reconhecida pela razão natural, mas pela autoridade da Igreja; e por ser objeto da fé, e não do conhecimento.

9.
PARTES DA FILOSOFIA.

DUAS são as partes principais da filosofia. Dois tipos principais de corpos, muito diferentes entre si, oferecem-se para investigar suas gerações e propriedades. Um deles, por ser obra da natureza, é chamado de *corpo natural*; o outro, por ser produto das vontades e dos acordos dos homens, é chamado de *sociedade*. E desses tipos nascem duas novas partes da filosofia, chamadas *natural* e *civil*. Por esse motivo, para o conhecimento das propriedades de uma sociedade, é preciso conhecer primeiramente as disposições, afetos e costumes dos homens; a filosofia civil é normalmente dividida em duas partes; uma que trata das disposições e dos costumes dos homens e é chamada de *ética*; e a outra que reconhece seus deveres civis e é chamada de *política*, ou simplesmente *filosofia civil*. Dessa forma, primeiramente (depois que estabeleci tais premissas como pertencentes à natureza da filosofia em geral), discutirei sobre os *corpos naturais*; em seguida, sobre as *disposições e costumes dos homens*; e, por fim, sobre os *deveres civis dos indivíduos*.

10.
Epílogo.

Conclusão: possivelmente muitas pessoas não apreciarão a minha definição de filosofia e dirão que a partir da liberdade que um homem escolhe para si, ele poderá concluir qualquer coisa sobre qualquer coisa (embora eu acredite que não é difícil demonstrar que minha definição esteja de acordo com a opinião de todos os homens); mesmo assim, não deveria haver qualquer tipo de disputa entre nós, pois me proponho apenas a apresentar os elementos dessa ciência por meio da qual os efeitos de qualquer coisa podem ser descobertos a partir do conhecimento da sua geração, ou vice-versa; com o propósito de que os que buscam por outra filosofia sejam alertados a buscá-la por outros princípios.

{ Capítulo II }

DOS NOMES

1. Necessidade de Recordações Lógicas ou Marcas para auxiliar a Memória.
2. Necessidade das Marcas para as concepções da Mente.
3. Nomes suprem essas necessidades.
4. Definição de Nome.
5. Nomes não são signos de coisas, mas de nossas cogitações.
6. O que nomeamos?
7. Nomes Positivos e Negativos.
8. Nomes contraditórios.
9. Um nome comum.
10. Nomes da primeira e segunda intenção.
11. Nomes universais, particulares, individuais e indefinidos.
12. Nomes unívocos e equívocos.
13. Nomes absolutos e relativos.
14. Nomes simples e compostos.
15. A descrição de um conflito.
16. Coisas a serem observadas em relação aos predicamentos.

1.
Necessidade de Recordações Lógicas ou Marcas para auxiliar a Memória.

Apenas por meio da sua própria infalível experiência, os seres humanos sabem como seus pensamentos são inconstantes e como sua recordação depende do acaso. Pois ninguém é capaz de lembrar quantidades sem medidas lógicas e presentes, ou cores sem padrões lógicos e presentes, ou números sem que estejam ordenados e que sejam aprendidos de cor. Portanto, sem tais auxílios, qualquer coisa que alguém compilar em sua mente pelo raciocínio será logo esquecida e só poderá ser relembrada após um novo raciocínio. Conclui-se assim que, para aquisição da filosofia, são necessárias algumas recordações lógicas, pelas quais nossos pensamentos passados possam ser reduzidos e registrados individualmente em sua própria ordem. Chamo tais recordações de MARCAS, ou seja, coisas lógicas escolhidas arbitrariamente que, pelo sentido que carregam, permitem que os pensamentos possam ser relembrados da mesma forma que foram concebidos antes de serem esquecidos.

2.
Necessidade das Marcas para as concepções da Mente.

Embora alguém, por mais sagaz que seja, passe todo seu tempo raciocinando e criando marcas no intuito de auxiliar sua memória e aprimorar seu aprendizado, fica claro que o resultado de tais práticas não será dos melhores, porque, a menos que compartilhe suas descobertas com outras pessoas, sua ciência perecerá com ele. Porém, se essas descobertas forem compartilhadas, ou seja, as invenções de um homem ensinadas para outros, as ciências se ampliarão para o benefício geral da humanidade. Portanto, para a aquisição da filosofia, faz-se necessária a presença de alguns signos que possibilitam a um homem manifestar suas descobertas e torná-las conhecidas a outros. Essas coisas que chamamos de SIGNOS são *os antecedentes de seus consequentes, e os consequentes de seus antecedentes, sempre que os observemos anteceder ou suceder-se da mesma maneira.* Por exemplo, uma nuvem cinzenta é um signo de chuva, e a chuva um signo de que uma nuvem a precedeu. Por esse motivo, raramente vemos nuvens cinzentas sem chuva ou chuva sem nuvens. Alguns signos são naturais, como no exemplo anterior, e outros são arbitrários, ou seja, aqueles que escolhemos a nosso bel-prazer, como um ramo de videira pendurado para significar que aqui se vende vinho; ou uma pedra colocada no chão para indicar o limite de um terreno; e palavras conectadas de tal forma a significar as cogitações e movimentações da nossa mente. Portanto, podemos concluir que fazemos as marcas para o nosso próprio uso, e os signos para que sejam usados por outras pessoas.

3.
NOMES SUPREM ESSAS NECESSIDADES.

PALAVRAS conectadas de forma a se tornarem signos de nossos pensamentos são chamadas de FALA, da qual cada parte é um *nome*. Porém, como é dito, visto que as marcas e os signos são necessários para a aquisição da filosofia — marcas que nos ajudam a lembrar de nossos próprios pensamentos, e signos que revelam nossos pensamentos a outras pessoas — os nomes cumprem essas duas funções; mesmo assim, são designados primeiramente para marcas antes de serem usados como signos. E mesmo que um homem existisse sozinho no mundo, os nomes seriam úteis a ele como forma de lembrança; mas não serviriam para ensinar outros, a menos que houvesse outros para serem ensinados. Além disso, embora sozinhos, os nomes são marcas que nos servem de estímulo para a lembrança de nossos próprios pensamentos; ainda assim, não podem ser signos, a não ser quando são dispostos e ordenados na fala como partes dela. Por exemplo, se um homem iniciar sua fala com uma palavra e, a partir dela, o ouvinte formar uma ideia em sua mente, ele não terá certeza de que ela é compatível com a ideia que estava na mente do falante; sua única certeza será de que o falante dirá algo que começa com aquela palavra, nada isolado, apenas como parte de outra palavra. De modo que a natureza de um nome consiste principalmente em uma marca em benefício da memória, mas que também serve, por acaso, para identificar e lembrar a outros homens o que nós mesmos recordamos. Portanto, definirei abaixo a palavra *nome*.

4.
Definição de Nome.

Nome é uma palavra usada aleatoriamente para definir uma marca, que pode gerar um pensamento em nossa mente, semelhante àquele que tivemos anteriormente e que, sendo pronunciado a outros, pode ser para eles um signo de qual pensamento o falante tinha, ou não tinha em mente. E justamente por serem breves, acredito que os nomes mais originais são arbitrários, julgando que isso seja algo inquestionável. Considerando que novos nomes são criados diariamente e nomes velhos esquecidos, que nações diversas usam nomes diferentes, e que é impossível observar semelhanças ou fazer qualquer comparação entre um nome e uma coisa, como o homem pode imaginar que os nomes das coisas foram estabelecidos a partir de suas naturezas? Embora alguns nomes de criaturas vivas e de outras coisas, usados por nossos primeiros pais, tenham sido ensinados pelo próprio Deus; foram estabelecidos de forma arbitrária; e, depois, praticamente esquecidos, tanto na Torre de Babel quanto no decorrer do tempo caíram em desuso por toda parte, abrindo caminho para seus sucessores inventados e acolhidos pelos homens a seu bel-prazer. Além disso, qualquer que fosse o uso comum das palavras, os filósofos que deveriam ensinar seu conhecimento a outros sempre tinham a liberdade, e algumas vezes a necessidade, de atribuir tais nomes com o intuito de fazer seus dizeres compreendidos. E o mesmo valia para os matemáticos, que atribuíam nomes às suas figuras (parábolas, hipérboles, cissoides, quadratrizes etc.), ou denominavam uma magnitude de A e a outra de B.

5.
Nomes não são signos de coisas, mas de nossas cogitações.

Considerando os nomes ordenados na fala (como definido) signos de nossas concepções, eles não se manifestam como signos das próprias coisas; o som da palavra *pedra* deveria ser o signo de uma pedra e o único sentido em que pode ser compreendido é quando aquele que o ouve conclui que quem o pronuncia está pensando em uma pedra. Portanto, essa disputa sobre os nomes significarem a matéria ou a forma, ou algo composto de ambas, ou outras sutilezas da Metafísica, é mantida por homens equivocados, e que não compreendem as palavras que disputam.

6.
O QUE NOMEAMOS?

NEM TODOS os nomes precisam ser necessariamente nomes de alguma coisa. Assim como um *homem*, uma *árvore*, uma *pedra* são nomes dessas próprias coisas, as imagens de um homem, de uma árvore e de uma pedra, que são representadas aos homens enquanto dormem, também possuem seus nomes; embora não sejam coisas, mas apenas ficções e ilusões de coisas. E mesmo que possamos nos lembrar dessas imagens, elas precisam ter nomes que as simbolizem e representem, da mesma forma que as coisas. A palavra *futuro* também é um nome, mas ainda nenhuma coisa futura tem um ser; nem nós sabemos se o que chamamos de futuro terá ou não um ser algum dia. Mesmo assim, sendo que costumamos misturar coisas do passado com coisas do presente em nossa mente, o nome *futuro* serve como denominação para essa mistura. Além disso, aquilo que não é, que nunca foi, e que jamais será ou poderá ser, também tem um nome: *aquilo que não existe ou nunca existiu* etc.; ou, em outras palavras, algo *impossível*. Concluindo, a palavra *nada* é um nome, que ainda não pode ser o nome de alguma coisa; por exemplo, quando subtraímos 2 e 3 de 5 em nossa mente, apenas o *nada* permanece, e nessa subtração a palavra *nada* não é inútil. E pela mesma razão dizemos acertadamente que resta *menos do que nada* quando subtraímos mais de menos; a mente finge tais sobras pelo bem da teoria, e as solicita da memória quando necessário. Entretanto, visto que cada nome tem alguma relação com *aquilo* que é nomeado — e mesmo que esse *aquilo* que nomeamos nem sempre seja uma coisa que tenha um ser por natureza — é teoricamente correto aplicarmos a palavra *coisa* para tudo que nomeamos, como se ela fosse universal; sendo essa coisa realmente real ou apenas uma invenção.

7.

NOMES POSITIVOS E NEGATIVOS.

A PRIMEIRA diferença entre os nomes é que alguns são *positivos* ou *afirmativos*, e outros *negativos*, que também são chamados de *privativos* e *indefinidos*. *Positivos* são aqueles que atribuímos à semelhança, igualdade ou identidade das coisas que consideramos; e *negativos* são aqueles que atribuímos à diversidade, diferença ou desigualdade destas. Os exemplos de positivos são *um homem* e *um filósofo*. Em razão das suas semelhanças, o *homem* simboliza qualquer uma das muitas multidões de homens, e um *filósofo* simboliza qualquer um dos muitos filósofos; Sócrates também é um nome positivo, pois significa sempre um mesmo homem. Os exemplos de *negativos* são os nomes positivos que possuem a partícula *não* acrescentada a eles, como *não homem* ou *não filósofo*. Mas os nomes positivos existiam antes dos negativos, caso contrário os negativos não teriam qualquer utilidade. Quando o nome *branco* foi atribuído a certas coisas, e mais tarde outras coisas foram nomeadas de *preto, azul, transparente* etc., as diferenças infinitas delas com o *branco* só podiam ser demonstradas com o uso da negação do branco; ou seja, com o nome *não branco* ou outro equivalente que apresente a palavra *branco*, por exemplo, *diferente de branco*. E por meio desses *nomes negativos*, percebemos e demonstramos para os outros aquilo em que não pensamos.

8.

NOMES CONTRADITÓRIOS.

NOMES positivos e negativos são tão *contraditórios* que não podem ser atribuídos a uma mesma coisa. Além de serem contraditórios, um é o nome de qualquer coisa, e qualquer coisa pode ser um homem ou um não homem, branco ou não branco, e assim por diante. E isso é tão evidente que não precisa de prova ou explicação; pois falam de forma obscura aqueles que dizem que *a mesma coisa não pode "ser" e "não ser" ao mesmo tempo*; mas os que afirmam que *tudo que "é", "é ou não é"*, também falam de forma absurda e ridícula. A certeza deste axioma — isto é, *de dois nomes contraditórios*, um é *o nome de qualquer coisa*, e *o outro não* — é a origem e o fundamento de todo raciocínio, de toda filosofia; e, portanto, deve ser apresentado de forma tão exata que possa ser claro para todos os homens; como de fato o é, exceto no caso dos escritos feitos por autores de livros de *Metafísica* que os homens acreditam ser um aprendizado ilustre e julgam não entender aquilo que de fato entendem.

9.
UM NOME COMUM.

A SEGUNDA diferença é que alguns nomes são comuns a muitas coisas, como *um homem, uma árvore*, enquanto outros são apropriados a uma única coisa, por exemplo: *aquele que escreveu a Ilíada, Homero, este homem, aquele homem*. E um nome comum — sendo o nome de muitas coisas, mas não coletivamente de todas juntas (assim como homem não é o nome de toda a humanidade, mas de cada homem, como Pedro, João e os demais) — é, portanto, chamado de *nome universal*; e a palavra *universal* nunca é o nome de alguma coisa existente na natureza, nem de alguma ideia ou ilusão formada na mente, apenas o nome de alguma palavra ou nome; assim, quando *uma criatura viva, ou uma pedra, ou um espírito*, ou qualquer outra coisa é denominada *universal*, isso não quer dizer que qualquer homem, ou qualquer pedra, foi ou pode ser universal, mas apenas que são nomes universais, isto é, nomes comuns a muitas coisas; e as concepções, que correspondem a elas em nossas mentes, são as imagens e aparências de diversos seres vivos, ou outras coisas. E, portanto, para que se compreenda a extensão de um nome universal, precisamos apenas de nossa imaginação, pela qual recordamos que esses nomes trazem algumas vezes uma coisa, e algumas vezes outra coisa a nossas mentes. Além disso, os nomes comuns são mais ou menos comuns. *Mais comum* é aquele que é o nome de mais coisas; e *menos comum* é aquele que é o nome de poucas coisas; da mesma forma que *ser vivo* é mais comum do que *homem*, ou *cavalo*, ou *leão*, porque compreende todos eles; e, por isso, um nome mais comum, em relação a um menos comum, é chamado de *gênero*, ou um *nome geral*; e este em relação àquele, a *espécie*, ou um *nome especial*.

10.
Nomes da primeira e segunda intenção.

E, por conseguinte, a terceira diferença dos nomes é que alguns são chamados de nomes da *primeira intenção*, e outros da *segunda intenção*. Da *primeira intenção* são os nomes de coisas: *um homem, pedra etc*. Da *segunda* são os nomes de nomes e de falas: *universal, particular, gênero, espécie, silogismo,* e outros semelhantes. Mas é difícil dizer porque são chamados nomes da *primeira* e da *segunda intenção*; talvez por termos, primeiramente, escolhido nomear as coisas que são de uso diário nesta vida, e só depois nomear as coisas que dizem respeito à ciência; ou seja, a nossa *segunda intenção* foi dar nomes aos nomes. Mas qualquer que seja a causa, ainda fica evidente que *gênero, espécie, definição etc.* são apenas nomes de palavras e de nomes; e, portanto, não é correto denominarmos *gênero* e *espécie* como coisas, e *definição* como a natureza de qualquer coisa como fizeram os autores de livros de Metafísica, visto que são apenas denominações do que pensamos sobre a natureza das coisas.

11.
Nomes universais, particulares, individuais e indefinidos.

A quarta diferença é que alguns nomes são de significado *certo* e *determinado*; e outros, de significado *incerto* e *indeterminado*. De significado certo e determinado é, em primeiro lugar, o nome dado a qualquer coisa por si mesma, e que se chama *nome individual*, por exemplo: *Homero, esta árvore, aquele ser vivo etc*. Em segundo lugar, aquele nome que tem acrescido a ele as palavras *tudo, cada, ambos, um ou outro*, ou semelhantes, é denominado um *nome universal*, pois significa cada uma das coisas às quais é comum; e também um nome de significado *certo*, pois, aquele que ouve, concebe em sua mente a mesma coisa que aquele que fala espera que ele conceba. De significado *indefinido* é, em primeiro lugar, aquele nome que tem acrescido a ele a palavra *algum*, ou outra semelhante, e é chamado de *nome particular*. Em segundo lugar, um nome comum determinado por si mesmo, sem qualquer influência da *universalidade* ou da *particularidade* (*homem, pedra etc.*), é chamado de *nome indefinido*. Entretanto, tanto os nomes *particulares* como os *indefinidos* são de significado incerto, porque o ouvinte não entende o que o falante quer que ele conceba; e, portanto, na fala, os nomes particulares e indefinidos devem ser considerados equivalentes. Já as palavras *todo, cada, algum etc.*, que denotam universalidade e particularidade, não são nomes, mas apenas partes de nomes. Assim, *todo homem e aquele homem que o ouvinte concebe em sua mente* são uma mesma coisa; e *algum homem e aquele homem em quem o falante pensou* significam a mesma coisa. Por conseguinte, fica evidente que o uso de signos desse tipo não é para o benefício de apenas um homem, ou para que ele obtenha conhecimento por meio de sua própria meditação (pois todo homem já tem seus pensamentos plenamente determinados), mas em benefício de todos os outros; ou seja, para o ensino e transmissão das nossas concepções a outros; e não foram inventados apenas para nos fazer lembrar, mas também para que possamos argumentar com outros.

12.
Nomes unívocos e equívocos.

A quinta diferença é que alguns nomes são normalmente divididos em *unívocos* e *equívocos*. *Unívocos* são aqueles que, na mesma sequência discursiva, significam sempre a mesma coisa; mas os *equívocos* são aqueles que às vezes significam uma coisa, e às vezes outra. Assim, o nome *triângulo* é denominado *unívoco*, pois é sempre compreendido com o mesmo sentido; e o nome *parábola* é denominado *equívoco*, pois o significado que carrega é às vezes de alegoria ou semelhança, e outras vezes de uma determinada figura geométrica. Além disso, toda *metáfora é equívoca*. Mas esta distinção não pertence tanto a nomes como para aqueles que usam nomes, pois alguns os usam de modo adequado e correto para descobrir a verdade; outros os afastam de seu verdadeiro sentido com propósitos fraudulentos ou decorativos.

13.
NOMES ABSOLUTOS E RELATIVOS.

A SEXTA diferença é que alguns nomes são *absolutos* e outros *relativos*. Os *relativos* são aqueles designados para comparações: *pai, filho, causa, efeito, semelhante, diferente, igual, desigual, senhor, servo etc.* E os nomes que não significam comparação são *nomes absolutos*. Mas, como mostrado anteriormente, a universalidade deve ser atribuída apenas a nomes e palavras, e não a coisas, e o mesmo deve ser dito de outras distinções de nomes; pois nenhuma coisa é *equívoca* ou *inequívoca*, ou *relativa* ou *absoluta*. Há também uma outra diferença entre nomes *concretos* e *abstratos*; mas como os nomes abstratos procedem de proposição, e não existem onde não há afirmação, falarei sobre eles mais tarde.

14.
NOMES SIMPLES E COMPOSTOS.

A ÚLTIMA diferença é que há *nomes simples* e *compostos*. Devemos perceber aqui que um nome não é considerado pela filosofia ou gramática como uma única palavra, mas por qualquer número de palavras reunidas para significar uma coisa; porque, entre os filósofos, um *corpo animado* e *consciente* permite apenas um nome, sendo o nome de todo ser vivo; ao passo que, entre os gramáticos, representa três nomes. Além disso, um *nome simples* não é diferenciado de um *nome composto* por uma preposição, como na gramática. Entretanto, chamo de *nome simples* aquele que em cada tipo é o mais comum ou o mais universal; e um *nome composto*, aquele que é menos universal pela adição de outro nome a ele, e significa que mais do que uma concepção estava presente na mente, quando o outro nome foi acrescentado. Na concepção da palavra *homem* (como mostrado no capítulo anterior), por exemplo, ele é compreendido primeiramente como algo que tem extensão, ou seja, *corpo*. Portanto, *corpo* é um *nome simples,* usado para essa primeira e única concepção; depois disso, ao observarmos essa denominação, descobrimos outra concepção em que ele é chamado de um *corpo ani-*

mado; e que aqui, juntamente com *nome animal* (que é equivalente a *corpo animado*), denomino de *nome composto*. Por conseguinte, um *corpo animado racional*, como também um *homem*, que lhe é equivalente, é um nome ainda mais composto. E dessa forma, vemos como a composição de concepções na mente é responsável pela composição de nomes; pois, como ocorre com a mente, uma primeira ideia (ou uma aparência) dá margem a uma segunda e a uma terceira, fazendo que para um nome acrescente-se a outro e assim sucessivamente, e que, de todos eles, permaneça apenas um único nome composto. Entretanto, embora esta tenha sido a filosofia de muitos, não devemos pensar que corpos separados da mente são compostos da mesma maneira; ou seja, que há na natureza um corpo, ou qualquer outra coisa existente imaginável que inicialmente não tem magnitude; e que, a partir desse momento, adquire quantidade pela adição de magnitude; e que tem densidade e raridade pela maior ou menor quantidade; e que, novamente, adquire forma pela adição da forma; e que, depois disso, torna-se compreensível e vívido pela injeção de luz ou cor.

15.
A descrição de um conflito.

Por meio da contínua subordinação de nomes menos comuns a nomes mais comuns, os escritores que escrevem sobre *lógica* se empenham para compreender os nomes de todos os tipos de coisas dispostos em certas escalas ou graus. Na escala de *corpos*, colocam o *corpo* em primeiro lugar e, acima de tudo, e nomes menos comuns abaixo dele, pelos quais o *corpo* pode ser mais limitado e determinado, isto é, *animado* e *inanimado*, e assim por diante até que alcancem os *indivíduos*. Da mesma forma, na escala das *quantidades*, os escritores determinam o primeiro lugar à *quantidade*, e em seguida à *linha*, à *superfície* e ao *sólido*, que são nomes de menor amplitude; e essas classificações ou escalas de nomes são usualmente chamadas de *conflitos* e *categorias*. E essa classificação não é apenas de nomes positivos, mas também negativos; como pode ser exemplificado pelas seguintes formas de *conflitos*:

A Forma do Conflito de Corpo

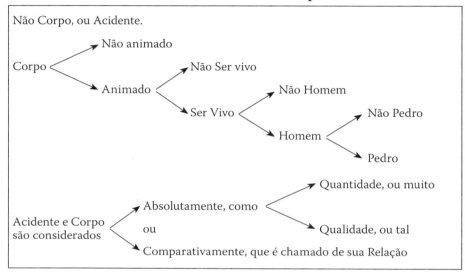

A Forma do Conflito de Quantidade

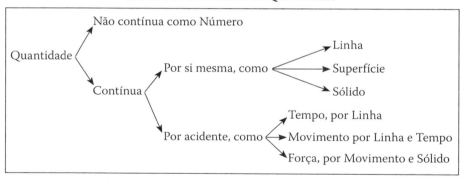

Podemos notar neste ponto em que *linha*, *superfície* e *sólido* podem ser dessa quantidade, ou seja, originalmente e por sua própria natureza, capazes de igualdade e desigualdade; entretanto, não podemos dizer que existe maioridade ou minoria, ou igualdade, ou realmente qualquer quantidade no *tempo*, sem o auxílio de *linha* e *movimento*; ou que existe movimento, sem *linha* e *tempo*; ou *força*, exceto por meio de *movimento* e sólido.

A forma do Conflito de Qualidade

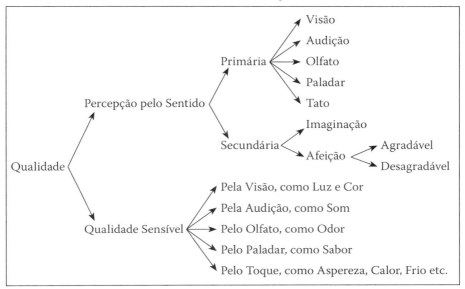

A forma do Conflito de Relações

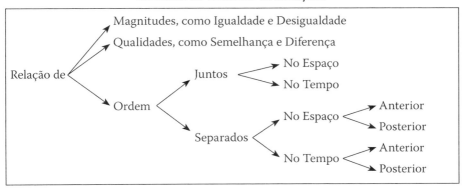

16.
Coisas a serem observadas em relação aos predicamentos.

Em primeiro lugar, a divisão é feita em nomes contraditórios no primeiro conflito e poderia também ter sido feita nos restantes. Lá, o corpo é dividido em *animado* e *não animado*; já, no segundo conflito, *quantidade contínua* poderia ser dividida em *linha* e *não linha*, e novamente não linha em superfície e não superfície, sucessivamente; mas isso não foi necessário.

Em segundo lugar, nos nomes *positivos*, o anterior sempre inclui o posterior; mas, nos *negativos*, o anterior sempre é incluído pelo posterior. Por exemplo, *ser vivo* é o nome de todo homem, portanto, inclui o nome *homem*. Por outro lado, *não homem* é o nome dado a tudo que não é um *ser vivo*, portanto, o nome *não ser vivo*, que é colocado primeiro, é incluído pelo nome posterior, *não homem*.

Em terceiro lugar, devemos ficar atentos para não pensarmos que, a exemplo dos nomes, as diversidades das próprias coisas também possam ser investigadas e determinadas por distinções como estas; ou que argumentos possam, a partir de agora, ser subtraídos (como alguns ridiculamente fizeram) para provar que os tipos de coisas não são infinitos.

Em quarto lugar, não desejo que ninguém pense que estou fornecendo as formas referidas para possibilitar uma classificação verdadeira e exata dos nomes; mesmo porque isso não pode ser realizado enquanto a filosofia permanecer imperfeita; nem que, ao colocar (por exemplo) *luz* no conflito de *qualidades*, enquanto outros a colocam no conflito de corpos, seja minha pretensão que qualquer um de nós desista de sua opinião; pois isso deve ser apenas feito por meio de argumentos e de raciocínio, e não pela mera divisão de palavras em *classes*.

Por fim, confesso que ainda não vi uso significativo de conflitos na filosofia. Acredito que *Aristóteles*, ao ver que não conseguia classificar as coisas, preferiu reduzir as palavras da mesma forma como eu o fiz; entretanto, vale lembrar, que apenas faço isso para que se compreenda o que é essa classificação de palavras; e não para que seja aceita como verdadeira, antes mesmo de ser comprovada por boas argumentações.

{ Capítulo III }

DA PROPOSIÇÃO

1. Os diversos tipos de fala.
2. A proposição definida.
3. Definindo sujeito, predicado e copulação; concreto e abstrato.
4. O uso e abuso de nomes abstratos.
5. Proposições: universal e particular.
6. Afirmativa e Negativa.
7. Verdadeira e Falsa.
8. Verdadeiro e falso pertencem à fala, e não a coisas.
9. Proposição primária e não primária; definição, axioma e afirmação.
10. Proposição necessária e contingente.
11. Proposição categórica e hipotética.
12. A mesma proposição enunciada de formas diversas.
13. Proposições que podem ser reduzidas à mesma proposição categórica são equipolentes.
14. Proposições universais convertidas por nomes contraditórios são equipolentes.
15. Proposições negativas são as mesmas, quer a negação venha antes ou depois da cópula.
16. São equipolentes as proposições particulares simplesmente convertidas.
17. O que são proposições subalternas, contrárias, subcontrárias e contraditórias.
18. O que é consequência.
19. A falsidade não pode originar-se da verdade.
20. Como uma proposição é a causa de outra.

1.
OS DIVERSOS TIPOS DE FALA.

DA CONEXÃO ou estrutura dos nomes resultam vários tipos de fala, e algumas significam os desejos e afetos dos homens. Em primeiro lugar, as *interrogações*, que demonstram o desejo do conhecimento; como na pergunta: *Quem é um homem bom?* Nessa pergunta, há um nome expresso, e outro desejado e esperado daquele a quem perguntamos. Em segundo, as *preces*, que significam o desejo de posse de alguma coisa; e as *promessas, ameaças, desejos, ordens, reclamações* e outros significados de outras afeições. A fala também pode ser absurda e insignificante; como quando há uma sucessão de palavras para as quais não pode haver qualquer sucessão de pensamentos na mente que as responda; e isso acontece com frequência com aqueles que não compreendem assuntos delicados, mas falam sobre eles, tentando convencer outros de que os compreendem. Uma conexão de palavras incoerentes, embora queira emitir um significado, continua sendo uma fala; e é usada pelos escritores de *Metafísica* quase com a mesma frequência que a fala significativa. Em filosofia, considera-se útil apenas um tipo de fala, que algumas pessoas chamam de *dictum*, e outras de *enuntiatum et pronuntiatum*; mas que a maioria chama de *proposição*, e que é a fala daqueles que afirmam ou negam, e que expressam a verdade ou a falsidade.

2.
A PROPOSIÇÃO DEFINIDA.

UMA PROPOSIÇÃO é uma fala que consiste de dois nomes, pelos quais aquele que fala indica que aceita o último nome como sendo a mesma coisa que o primeiro; ou seja, aceita que o primeiro nome abrange o último. Por exemplo, a fala *"o homem é um ser vivo"*, na qual dois nomes são unificados pelo verbo *"ser"*, é uma *proposição*, pois aquele que a usa aceita que *ser vivo* e *homem* são nomes da mesma coisa; ou que o nome *homem* compreende o nome *ser vivo*. Por conseguinte, o primeiro nome é conhecido como *sujeito*, ou *antecedente*, ou como *nome abrangente*; e o último como *predicado, consequente*, ou *nome abrangente*. O signo de conexão entre a maioria das nações ou é alguma palavra, como a palavra "*ser*" na proposição "*o homem é um ser vivo*"; ou algum caso ou término de uma palavra, como na proposição "*o homem caminha*" (que equivale a "*o homem está caminhando*"); a forma pela qual a fala "*ele caminha*" termina, em vez de "*está caminhando*", significa que ambas são consideradas copuladas, ou nomes da mesma coisa.

Porém, há algumas nações, ou certamente pode haver, que não possuem uma palavra que corresponda a nosso verbo "*ser*"; e que, apesar disso, formam proposições por meio da colocação de um nome após o outro, como se o certo fosse "*o homem um ser vivo*" em vez de "*o homem é um ser vivo*"; pois a própria posição dos nomes pode ser suficiente para mostrar sua conexão; e são tão adequados e úteis na filosofia como se estivessem copulados pelo verbo "ser".

3.
Definindo sujeito, predicado e copulação; concreto e abstrato.

Três coisas devem ser consideradas em cada proposição: o sujeito, o predicado e sua copulação. Ambos nos remetem ao pensamento de uma mesma coisa, mas sua copulação faz-nos pensar no motivo pelo qual esses nomes foram atribuídos. Como, por exemplo, quando dizemos que *um corpo é móvel*, mesmo concebendo que a mesma coisa seja atribuída por ambos os nomes, nossa mente continua pesquisando o que é *ser um corpo*, ou *ser móvel*; isto é, em que consiste a diferença entre estas e outras coisas, para as quais são assim denominadas, enquanto outras não. Portanto, aqueles que procuram o que é "*ser qualquer coisa*", como *ser móvel, ser quente etc.*, procuram nas coisas as causas de seus nomes.

E a partir disso temos a divisão de nomes (mencionada no capítulo anterior) em *concretos* e *abstratos*. *Concreto* é o nome de qualquer coisa que supomos ter uma existência e, portanto, chamamos de *sujeito*, em latim *suppositum*, e em grego ὑποκείμενον; como corpo, móvel, movido, figurado, alto, quente, frio, parecido, igual, *Appius, Lentulus*, e outros semelhantes. E *abstrato* é aquilo que, em qualquer sujeito, denota a causa do nome concreto, como *ser um corpo, ser móvel, ser movido, ser formado, ser de tal quantidade, ser quente, ser frio, ser parecido, ser igual, ser Appius, ser Lentulus etc.* Ou nomes equivalentes a esses, que são normalmente denominados *abstratos*, como *corporeidade, mobilidade, movimento, forma, quantidade, calor, frio, semelhança, igualdade*, e (segundo Cícero) *Appiedade* e *Lentulidade*. Do mesmo tipo também são os *infinitivos*, pois *viver* e *mover* são o mesmo que *vida* e *movimento*, ou *ser vivido* e *ser movido*. Porém, os *nomes abstratos* denotam apenas as causas dos *nomes concretos*, e não as próprias coisas. Por exemplo, quando vemos alguma coisa, ou concebemos em nossa mente qualquer coisa visível, ela aparece, ou é concebida por nós, não em um único ponto, mas como tendo partes distantes umas das outras; isto é, como sendo estendida e preenchendo algum espaço. Portanto, chamamos a coisa de *corpo* concebido, e o motivo desse nome é o fato de a coisa ser *estendida*, ou da sua *extensão* ou *corporeidade*. Assim, quando vemos uma mesma coisa aparecer em locais diferentes, e a chamamos de *movida* ou *removida*, a causa desse nome é pelo fato de ter sido *movida*, ou pelo seu próprio movimento.

E as causas dos nomes são as mesmas que as causas das nossas concepções, isto é, algum poder de ação, ou afeição da coisa concebida, que alguns chamam de *maneira pela qual qualquer coisa age sobre nossos sentidos*, mas que a maioria prefere chamar de *acidentes*; digo acidentes não no sentido em que acidente seja o oposto de necessário, mas (não sendo as próprias coisas ou suas partes) como acidentes que acompanham as coisas de tal maneira que (exceto a extensão) podem perecer ou ser destruídas, mas nunca abstraídas.

4.
O USO E ABUSO DE NOMES ABSTRATOS.

HÁ TAMBÉM outra diferença entre nomes *concretos* e *abstratos*. Os concretos foram inventados antes das proposições; e os abstratos apenas depois, pois não poderiam existir até que houvesse proposições, de cuja *cópula* precederiam. Em todos os assuntos que dizem respeito à vida, principalmente em filosofia, há um grande uso (e grande abuso) de *nomes abstratos*, sem os quais não podemos, na maior parte das vezes, raciocinar ou computar as propriedades de corpos; pois, quando multiplicássemos, dividíssemos, somássemos, ou subtraíssemos calor, luz ou movimento, ou se ainda dobrássemos ou somássemos essas coisas por meio de nomes concretos, dizendo (por exemplo) que quente é o dobro de quente, luz é o dobro de luz, ou movido é o dobro de movido, não deveríamos dobrar suas propriedades, mas apenas os próprios corpos que são quentes, luminosos, movidos etc. (exatamente o que não faríamos). Já o abuso procede do fato de que alguns homens — vendo que podem considerar, isto é (como disse anteriormente), que podem levar em conta os acréscimos e decréscimos de quantidade, calor e outros acidentes, sem com isso considerar seus corpos ou sujeitos (que chamam de *abstração*), ou fazê-los existir separadamente — falam de acidentes como se esses pudessem ser separados de todos os corpos. E desse conceito ocorrem os erros grosseiros dos escritores de Metafísica, porque consideram o pensamento sem considerar o corpo, deduzindo que não há necessidade de um corpo pensante; e também porque a quantidade pode ser considerada sem considerarmos o corpo. Além disso, acreditam que a quantidade pode existir sem um corpo, e o corpo sem uma quantidade; e que um corpo tem quantidade quando adicionamos quantidade a ele. Da mesma fonte brotam palavras sem sentido, *substância abstrata, essência separada*, e outras semelhantes; assim como as palavras confusas derivadas do verbo latino *est*, tais como *essência, essencialidade, entidade*, entitativo; além de *realidade, aliquididade, quididade* etc. que jamais poderiam ser ouvidas em nações que não copulam seus nomes com o verbo "*ser*", mas sim com verbos adjetivos, como corre, lê etc., ou pela mera colocação de um nome após o outro; e, ainda que essas nações computem e raciocinem, fica evidente que a filosofia não tem necessidade das palavras *essência, entidade*, e outros termos primitivos como esses.

5.
Proposições: universal e particular.

Há muitas distinções entre proposições. A primeira, denominada de *quantidade*, é aquela em que algumas são *universais*, outras *particulares*, outras *indefinidas*, e outras *singulares*. Uma proposição *universal* é aquela cujo sujeito é modificado pela presença de um nome universal, tal como em "*todo homem é um ser vivo*" e, em especial, aquela cujo sujeito é modificado pela presença de um nome particular, como em "*algum homem é instruído*". Uma proposição *indefinida* tem um nome comum como sujeito, e colocada sem qualquer signo, como "*homem é um ser vivo*", *"homem é instruído"*. E uma proposição *singular* é aquela cujo sujeito é um nome singular, como *"Sócrates é um filósofo"*, *"este homem é negro"*.

6.
Afirmativa e Negativa.

A segunda está entre *afirmativa* e *negativa*, e é chamada de *qualidade*. Uma proposição *afirmativa* é aquela cujo predicado é um nome positivo, como em "o *homem é um ser vivo*". E uma *negativa* é aquela cujo predicado é um nome negativo, como em "o *homem não é uma pedra*".

7.
Verdadeira e Falsa.

A terceira é aquela em que uma é *verdadeira* e a outra é *falsa*. Uma proposição *verdadeira* é aquela cujo predicado contém, ou compreende seu sujeito, ou cujo predicado é o nome de toda coisa de que o sujeito é o nome; portanto, "o *homem é um ser vivo*", é uma proposição verdadeira, pois tudo que é chamado de *homem* também é chamado de *ser vivo*; e a proposição "*um homem está doente*" é verdadeira porque *doente* é o nome de *algum homem*. Por outro lado, aquilo que não é verdadeiro, ou cujo predicado não contém seu sujeito, é chamado de *proposição falsa*; como, por exemplo, "o *homem é uma pedra*".

Verdade, *verdadeira* e *proposição verdadeira* são palavras equivalentes entre si, pois a verdade está na fala, e não nas coisas que falamos; e embora o *verdadeiro* seja algumas vezes o oposto de *aparente* ou *falsificado*, é sempre considerado como a verdade de uma proposição, pois a imagem de um homem em um espelho, ou um espectro, não é reconhecida como a de um homem real. E isso ocorre porque a proposição "*um espectro é um homem*" não é verdadeira, uma vez que não se pode negar que um espectro seja um espectro real. Portanto, a verdade ou veracidade não é uma alteração da coisa, mas da proposição que dela se refere. Em relação ao que dizem os escritores de Metafísica, que *uma coisa, uma única coisa*, e *uma coisa real* são equivalentes entre si, podemos dizer que é de caráter vago e infantil; pois, todos sabem que *um homem*, um único homem, e um homem real significam a mesma coisa.

8.
Verdadeiro e falso pertencem à fala, e não a coisas.

Por conseguinte, torna-se evidente que o lugar da verdade e da falsidade é entre os seres que usam a fala; pois alguns seres selvagens podem ficar assustados ao verem a imagem de um homem em um espelho, achando que ela seja o próprio homem, e por essa razão temê-la ou tentar interagir com ela em vão. Mesmo assim, esses seres não a compreendem como verdadeira ou falsa, apenas como semelhante; e nisso não estão enganados. Portanto, da mesma forma que os homens devem todo o seu raciocínio verdadeiro ao entendimento correto da fala, também devem seus erros à interpretação que fazem dela; e como todos os ornamentos da filosofia provêm apenas do homem, também é do homem o absurdo das opiniões falsas. Como era dito sobre as antigas leis de Salomão, a fala se assemelha à teia da aranha; pois, por meio de sua estrutura de palavras, é capaz de dominar e imobilizar aqueles com faculdades mentais sensíveis e delicadas, permitindo apenas aos mais fortes resistir ao seu domínio.

Podemos deduzir, portanto, que as primeiras verdades foram estabelecidas arbitrariamente por aqueles que primeiramente atribuíram nomes a coisas, ou os receberam por imposição de outros. É verdade, por exemplo, que *o homem é um ser vivo*, mas é por essa razão que os homens impuseram esses nomes à mesma coisa.

9.
Proposição primária e não primária; definição, axioma e afirmação.

Em quarto lugar, as proposições são classificadas como *primárias* e *não primárias*. Primária é aquela cujo sujeito é explicado por um predicado constituído de muitos nomes, como em *"o homem é um corpo animado e racional"*. Aquilo que está compreendido no nome *homem* é expresso na união dos nomes *corpo, animado* e *racional*; e essa proposição é chamada de *primária* porque é a primeira no raciocínio. Nada pode ser provado sem que primeiro entendamos o nome da coisa em questão. As proposições *primárias* são definições, ou partes de definições, e apenas princípios de demonstração, uma vez que as verdades foram constituídas de forma arbitrária pelos inventores da fala e, portanto, não são dignas de demonstração. A tais proposições, há quem acrescente outras, chamadas *primárias* e *princípios*, isto é, *axiomas* e *noções comuns*; que (embora sejam tão evidentes e não necessitem de prova), ainda que possam ser provadas, não são princípios autênticos. Além disso, os *princípios* que nunca deveriam ser aceitos como tal, em relação a proposições não inteligíveis e às vezes falsas, nos são confiados sob o nome de *princípios* pela exigência de homens que impõem o que julgam ser verdadeiro. Algumas afirmações são usualmente admitidas aos princípios. Um exemplo disso é a afirmação de que *"uma linha reta pode ser traçada entre dois pontos"*, como também outras afirmações de escritores de Geometria; que são verdadeiramente os princípios da arte ou construção, e não os da ciência ou demonstração.

10.
Proposição necessária e contingente.

Em quinto lugar, as proposições são diferenciadas entre *necessária* (necessariamente verdadeira) e *verdadeira* (não necessariamente), chamada de *contingente*. Uma proposição *necessária* é aquela quando nada, em momento algum, pode ser idealizado ou simulado, do qual tanto o sujeito quanto o predicado são o nome da mesma coisa. Portanto, *"o homem é um ser vivo"* é uma proposição necessária, pois a qualquer momento podemos supor que os nomes *homem* e *ser vivo* concordam com a mesma coisa. Por outro lado, uma proposição *contingente* é aquela que pode ser verdadeira ou falsa dependendo do momento. Como exemplo temos *"todo corvo é preto"*, que pode ser verdadeiro agora, mas falso no futuro. Igualmente, em toda proposição *necessária*, o predicado é equivalente ao sujeito, como em *"o homem é um ser vivo racional"*, ou parte de um nome equivalente, como em *"o homem é um ser vivo"*; pois o nome *ser-racional-vivo*, ou *homem*, é composto por *racional* e *ser vivo*. Entretanto, em uma proposição *contingente* isso não pode ocorrer. Pois, mesmo que *"todo homem é um mentiroso"* fosse uma proposição verdadeira, a palavra *mentiroso* não faz parte de um nome composto que seja equivalente ao nome *homem*; portanto, tal proposição não deve ser chamada de *necessária*, mas *contingente*, ainda que seja sempre verdadeira. Por conseguinte, tornam-se *necessárias* apenas às proposições que são sempre verdadeiras. Além disso, também fica claro que a verdade não adere a coisas, mas somente à fala, pois algumas verdades são eternas. A proposição *"se é homem, é ser vivo"* será sempre verdadeira, mesmo sem que algum *homem* ou *ser vivo* precise existir eternamente.

11.
Proposição categórica e hipotética.

A sexta distinção é entre *categórica* e *hipotética*. Uma proposição *categórica* é aquela que é enunciada simples ou absolutamente, como em *"todo homem é um ser vivo"*, ou *"nenhum homem é uma árvore"*; e uma *hipotética* é aquela que é enunciada condicionalmente, como em *"se qualquer coisa for um homem, ele também será um ser vivo"*; ou *"se qualquer coisa for um homem, ela também não será uma pedra"*.

Uma proposição *categórica* e uma *hipotética* que lhe corresponde têm o mesmo significado se forem *necessárias*; mas não têm se forem *contingentes*. Por exemplo, se *"todo homem é um ser vivo"* for uma proposição verdadeira, a proposição *"se qualquer coisa for um homem, a mesma coisa também será um ser vivo"* também é verdadeira. Entretanto, em relação às proposições contingentes, mesmo que *"todo corvo é preto"* seja uma proposição verdadeira, a proposição *"se qualquer coisa for um corvo, ela é preta"* será falsa. Já uma proposição *hipotética* é reconhecida como verdadeira, quando a consequência é verdadeira, como em *"todo homem é um ser vivo"*, porque tudo o que for denominado *"homem"* também será verdadeiro para "ser vivo". E, portanto, sempre que uma proposição *hipotética* for verdadeira, a proposição categórica que lhe corresponde não será apenas verdadeira, mas também necessária. Vale lembrar, como argumento, que filósofos podem, na maioria das coisas, raciocinar mais claramente por meio de proposições *hipotéticas* do que por meio de proposições *categóricas*.

12.
A MESMA PROPOSIÇÃO ENUNCIADA DE FORMAS DIVERSAS.

MAS, ainda que cada proposição pareça ser, e de fato é, enunciada e escrita de várias formas, e somos obrigados a falar do mesmo modo que a maioria dos homens, aqueles que aprendem filosofia com os mestres precisam ficar atentos para não serem enganados pela diversidade de expressões. E, portanto, ao encontrarem uma proposição obscura, devem reduzi-la a sua forma mais simples e categórica, na qual a palavra copulativa *"ser"* deve vir expressa separadamente, e não misturada com o sujeito ou o predicado, que devem ser separados e claramente diferenciados um do outro. Por exemplo, se a proposição *"man can not sin"* (o homem não pode pecar — onde o *não* {not} está separado do *pode* {can}) for comparada com *"man cannot sin"* (o homem não pode pecar — onde o *não* {not} está junto do *pode* {can}), a distinção entre elas aparecerá facilmente se forem reduzidas a *"man is able not to sin"* (o homem é capaz de não pecar) e *"man is not able to sin"* (o homem não é capaz de pecar), cujos predicados são claramente distintos. Mesmo assim, devem fazê-lo em silêncio, sozinhos ou apenas com seus mestres, pois seria considerado ridículo e absurdo se alguém usasse tal linguagem publicamente.

Falarei a seguir sobre proposições *equipolentes*. Selecionei inicialmente todas aquelas que podem ser puramente reduzidas a uma mesma proposição categórica.

13.
PROPOSIÇÕES QUE PODEM SER REDUZIDAS À MESMA PROPOSIÇÃO CATEGÓRICA SÃO EQUIPOLENTES.

AQUILO que é categórico e necessário é equipolente à sua proposição hipotética; como a proposição categórica *"um triângulo retilíneo tem seus três ângulos iguais a dois ângulos retos"*; e a hipotética, *"se alguma figura for um triângulo retilíneo, seus três ângulos são iguais a dois ângulos retos"*.

14.
Proposições universais convertidas por nomes contraditórios são equipolentes.

Além disso, denominamos como *equipolentes* as duas proposições universais, cujos termos da primeira (isto é, sujeito e predicado) são contraditórios aos termos da segunda, e possuem sua ordem invertida como em *"todo homem é um ser vivo, tudo que não é um ser vivo não é um homem"*.

Visto que *"todo homem é um ser vivo"* é uma proposição verdadeira, o nome *ser vivo* contém o nome *homem*; mas são ambos nomes positivos, e, portanto, pelo último artigo do capítulo anterior, o nome negativo *não homem* contém o nome negativo *não ser vivo*; por conseguinte, *"tudo que não é um ser vivo não é um homem"* é uma proposição verdadeira. Igualmente, *"nenhum homem é uma árvore, nenhuma árvore é um homem"* são equipolentes. Se for verdade que *árvore* não é nome de qualquer *homem*, então nada pode ser significado pelos nomes *árvore* e *homem*; portanto, *"nenhuma árvore é um homem"* é uma proposição verdadeira.

Outro exemplo é *"qualquer coisa que não é um ser vivo não é um homem"*, sendo ambos os termos negativos. Assim, a proposição *"apenas um ser vivo é um homem"* também é equipolente.

15.
Proposições negativas são as mesmas, quer a negação venha antes ou depois da cópula.

As proposições negativas com termos iguais são equipolentes, quer a partícula de negação seja colocada após a cópula, como fazem alguns países, ou mesmo antes dela, como em latim e grego. Por exemplo, as proposições "o *homem não é uma árvore – man is not a tree*" (onde *not a tree* está separado) e *"homem não é uma árvore – man is not-a-tree"* (onde *not-a-tree* está copulado) são equipolentes, mesmo que negado por Aristóteles. Igualmente, *"todo homem não é uma árvore, nenhum homem é uma árvore"* também são equipolentes, e isso está tão claro que nem precisa ser demonstrado.

16.
São equipolentes as proposições particulares simplesmente convertidas.

Todas as proposições particulares que têm seus termos invertidos são equipolentes, como em *"algum homem é cego, alguma coisa cega é um homem"*; pois, mesmo que conectados em qualquer ordem, significam a mesma verdade.

17.
O que são proposições subalternas, contrárias, subcontrárias e contraditórias.

As proposições que têm os mesmos termos, e que estão colocadas na mesma ordem, mas modificadas por quantidade ou qualidade, são denominadas *subalternas, contrárias, subcontrárias* e *contraditórias*.

As *subalternas* são proposições universais e particulares da mesma qualidade; como em *"todo homem é um ser vivo, algum homem é um ser vivo"*, ou em *"nenhum homem é sábio, algum homem não é sábio"*. Portanto, se a proposição universal for verdadeira, a particular também será.

As *contrárias* são proposições universais de qualidades diferentes; como em *"todo homem é feliz, nenhum homem é feliz"*. Portanto, se uma for verdadeira, a outra é falsa. As duas também podem ser falsas, como no exemplo anterior.

Subcontrárias são proposições particulares de qualidades diferentes; como em *"algum homem é instruído, algum homem não é instruído"*, onde ambas não podem ser falsas, mas podem ser verdadeiras ao mesmo tempo.

Contraditórias são aquelas que diferem em qualidade e quantidade; como em *"todo homem é um ser vivo, algum homem não é um ser vivo"*, onde nenhuma delas pode ser verdadeira ou falsa ao mesmo tempo.

18.
O que é consequência.

Acredita-se que uma proposição seja consequente de duas outras proposições verdadeiras. Por exemplo, consideremos estas duas proposições verdadeiras: *"todo homem é um ser vivo, todo ser vivo é um corpo"*; isso quer dizer que *corpo* é o nome de *todo ser vivo*, e *ser vivo* o nome de t*odo homem*. Assim, se aceitarmos isso como verdadeiro, não entenderemos que *corpo* não é o nome de *todo homem*; ou seja, que a proposição *"todo homem é um corpo"* é falsa, e consequente das outras duas anteriores a ela, ou que foi deduzida necessariamente a partir delas.

19.
A FALSIDADE NÃO PODE ORIGINAR-SE DA VERDADE.

ÀS VEZES uma proposição verdadeira pode até provir de proposições falsas, mas o contrário nunca ocorrerá. Pois, se as proposições *"todo homem é uma pedra, toda pedra é um ser vivo"* (que são ambas falsas) forem admitidas como verdadeiras, também se torna admissível dizer que *ser vivo* é o nome de *toda pedra*, e vice-versa; ou seja, que *ser vivo* é o nome de *todo homem*. E isso quer dizer que a proposição *"todo homem é um ser vivo"* é verdadeira, como de fato o é. Por conseguinte, uma proposição verdadeira pode algumas vezes originar-se de proposições falsas. Mas se duas proposições quaisquer forem verdadeiras, uma falsa nunca poderá provir delas; pois o verdadeiro poderá provir do falso apenas se o falso for admitido como verdadeiro, fazendo com que essas duas verdades reconhecidas fossem originadas do mesmo modo.

20.
COMO UMA PROPOSIÇÃO É A CAUSA DE OUTRA.

SENDO que apenas uma proposição verdadeira pode originar-se de proposições verdadeiras e que o entendimento de duas proposições como verdadeiras é a causa de que também se entenda como verdadeira a proposição que delas se deduz, as duas proposições antecedentes são normalmente denominadas como causas da proposição inferida, ou conclusão. É por isso que os lógicos dizem que as *premissas* são causas da *conclusão*, algo que pode ser aceito, ainda que não seja apropriado; pois, mesmo que entendimento seja a causa de entendimento, a fala não é a causa de fala. Mas quando dizem que a causa das propriedades de alguma coisa é a própria coisa, dizem um absurdo. Por exemplo, para os lógicos, se uma forma triangular for proposta, sendo que todo triângulo tem a soma de seus ângulos igual a dois ângulos retos, seus ângulos serão iguais a dois retos. E, por esse motivo, essa forma será considerada como a causa dessa igualdade. Mas, visto que essa forma não produz seus próprios ângulos e, portanto, não pode ser considerada a *causa eficiente*, eles a chamam de *causa formal*. Na verdade, essa forma não é uma causa; e a propriedade de uma forma não segue à forma, mas coexiste com ela. Apenas o conhecimento da forma precede o conhecimento da propriedade; e um conhecimento é verdadeiramente a causa de outro conhecimento, isto é, a *causa eficiente*.

Por fim, a proposição é o primeiro passo no caminho da filosofia. E, pela devida adição de outro passo, completarei o percurso falando sobre *silogismo* no próximo capítulo.

{ Capítulo IV }

DO SILOGISMO

1. Definição de silogismo.
2. Há apenas três termos em um silogismo.
3. Termos: maior, menor e médio; e Proposições: maior e menor.
4. O termo médio em cada silogismo deve ser determinado para a coisa e para a mesma coisa em ambas as proposições.
5. Nada pode ser concluído de duas proposições particulares.
6. Um silogismo é a dedução de duas proposições em uma soma.
7. Figuras do silogismo.
8. O que há na mente que corresponde a um silogismo.
9. A primeira figura indireta.
10. A segunda figura indireta.
11. A terceira figura indireta.
12. Há muitos modos em cada figura, mas a maioria deles inúteis à filosofia.
13. Quando um silogismo hipotético é equipolente a um categórico.

1.
Definição de silogismo.

Uma fala, constituída por três proposições, sendo que a terceira segue as duas primeiras, é chamada de silogismo; onde aquela que se segue é chamada de *conclusão*, e as outras duas de *premissas*. Por exemplo, a fala *"todo homem é um ser vivo, todo ser vivo é um corpo*, portanto, *todo homem é um corpo"* é um silogismo, pois a terceira proposição se origina das duas primeiras; ou seja, se essas duas forem admitidas como verdadeiras, a terceira também deve ser admitida como tal.

2.
Há apenas três termos em um silogismo.

A partir de duas proposições, que não tenham um termo em comum, nenhuma conclusão pode se seguir; portanto, nenhum *silogismo* pode ser originado por elas. Ainda que duas premissas quaisquer, como em *"um homem é um ser vivo, uma árvore é uma planta"*, sejam ambas verdadeiras, como não se pode deduzir delas que *planta* é o nome de um *homem*, ou *homem* o nome de uma *planta*, não é necessário que a conclusão *"um homem é uma planta"* deva ser verdadeira. Concluindo: nas *premissas* de um *silogismo* pode haver apenas três *termos*.

Além disso, não pode haver na *conclusão* um termo que não esteja presente nas *premissas*; pois mesmo que essas duas premissas sejam *"um homem é um ser vivo, um ser vivo é um corpo"*, e ainda que algum outro termo verdadeiro seja colocado na conclusão, como em *"o homem é bípede"*, ele não poderá proceder das premissas, porque delas não se pode deduzir que o nome *bípede* pertença a um *homem*; e novamente, portanto, em todo silogismo só pode haver três *termos*.

3.
Termos: maior, menor e médio; e
Proposições: maior e menor.

Desses três termos, aquele que é o *predicado* na conclusão é normalmente chamado de *maior*, aquele que é o *sujeito* na conclusão é chamado de *menor*; e o outro é chamado de *médio*; como, por exemplo, no silogismo *"um homem é um ser vivo, um ser vivo é um corpo*, portanto, *um homem é um corpo, corpo é o maior, homem o menor, e ser vivo o médio"*. Igualmente, nas premissas, aquela em que se encontra o *termo maior* é chamada de *proposição maior*, e aquela com o *termo menor* de *proposição menor*.

4.
O TERMO MÉDIO EM CADA SILOGISMO DEVE SER DETERMINADO PARA A COISA E PARA A MESMA COISA EM AMBAS AS PROPOSIÇÕES.

SE O TERMO médio não for determinado a uma mesma coisa singular em ambas as premissas, não haverá conclusão, e nenhum silogismo será feito. Pois, ainda que os termos sejam menor *homem*, médio *ser vivo*, e maior *leão*, e sejam as premissas *"homem é um ser vivo, algum ser vivo é um leão"*; o procedente não será *"todo ou qualquer homem é um leão"*. Dessa forma, fica claro que, em todo silogismo, a proposição que tem o termo médio como seu *sujeito* deve ser *universal* ou *singular*, mas não *particular* nem *indefinida*. Por exemplo, o silogismo *"todo homem é um ser vivo, algum ser vivo é quadrúpede*, portanto, *algum homem é quadrúpede"* é falho, porque o termo médio *"ser vivo"* está na primeira das premissas e determinado apenas para *homem*; e enquanto na primeira premissa o nome *ser vivo* é atribuído somente ao homem, na segunda pode ser entendido como qualquer outro *ser vivo* além do homem. Entretanto, se a última premissa fosse *universal* — como em *"todo homem é um ser vivo, toda criatura viva é um corpo*, portanto, *todo homem é um corpo"* — o silogismo seria verdadeiro; pois, consequentemente, *corpo* seria o nome de *todo ser vivo*. Isso quer dizer que a conclusão *"todo homem é um corpo"* também seria verdadeira. Igualmente, quando o termo médio é um nome *singular*, um silogismo verdadeiro pode ser feito, ainda que inútil à filosofia, como em *"algum homem é Sócrates, Sócrates é um filósofo*, portanto, *algum homem é um filósofo"*; pois a conclusão não pode ser negada às premissas concedidas.

5.
Nada pode ser concluído de duas proposições particulares.

Portanto, não se pode fazer um silogismo de duas proposições, cujo termo médio é particular; porque, mesmo que o termo médio seja o *sujeito* ou o *predicado* em ambas as premissas, ou ainda o *sujeito* em uma e o *predicado* na outra, ele não será necessariamente determinado à mesma coisa.

Se as premissas forem *"Algum homem é cego,..."* e *"Algum homem é instruído,..."* (nas quais o termo médio é o *sujeito*), não será consequente que *cego* seja o nome de qualquer *homem instruído*, ou *instruído* o nome de *qualquer homem cego*, pois o nome *instruído* não contém o nome *cego*, ou vice-versa; e, portanto, torna-se desnecessário que ambos sejam nomes do mesmo homem.

Igualmente, a partir das premissas *"Todo homem é um ser vivo,..."* e *"Todo cavalo é um ser vivo,..."* (nas quais o termo médio é o predicado), nada se segue; porque *ser vivo* é um nome *indefinido* (o que é equivalente a *particular*) em ambas; e *homem* pode ser uma espécie de *ser vivo* e *cavalo* outra, não sendo necessário que *homem* seja o nome de *cavalo*, ou *cavalo* de *homem*. Ou, ainda, se as premissas forem "Todo homem é um ser vivo,..." e "Algum ser vivo é quadrúpede,..." (nas quais, o termo médio é o *sujeito* em uma, e *predicado* na outra), não haverá conclusão; pois o nome *ser vivo*, não estando determinado, pode ser entendido como *homem* em uma delas, e não homem na outra.

6.
Um silogismo é a dedução de duas proposições em uma soma.

De tudo que foi dito, fica claro que um silogismo é a dedução da soma de duas proposições, unidas por um termo comum chamado *termo médio*. E assim como a proposição é a adição de dois nomes, o silogismo é a adição de três.

7.
Figuras do silogismo.

Silogismos são usualmente diferenciados de acordo com sua diversidade de *figuras*, ou seja, pelas várias posições do termo médio. Além disso, há uma distinção de certos *modos* em relação a figuras, que consiste das diferenças das proposições em *quantidade* e *qualidade*. A primeira figura é aquela em que os termos são colocados um após o outro de acordo com a extensão do seu significado; onde o *termo menor* é o primeiro, o *médio* o segundo, e o *maior* o último. Portanto, se o termo menor for *homem*, o médio for *ser vivo*, e o maior for *corpo*, o homem será um *ser vivo*, um *corpo*, e um silogismo na primeira figura. E, nesse silogismo, *"o homem é um ser vivo"* é a proposição menor, *"Ser vivo é um corpo"* é a maior, e *"o homem é um corpo"* é a conclusão (ou soma de ambas). Assim, essa figura é chamada de *direta* (porque os termos estão em ordem direta) e diversificada por *quantidade* e *qualidade* em quatro *modos*, dos quais o primeiro é aquele em que todos os termos são *positivos*; e o termo menor *universal*, como em *"todo homem é um ser vivo, todo ser vivo é um corpo"*, em que todas as proposições são afirmativas e universais. Mas se o termo maior for um nome negativo, e o menor um nome universal, a *figura* estará no segundo *modo*, como em *"todo homem é um ser vivo, todo ser vivo não é uma árvore"*, em que a proposição maior e a conclusão são ambas universais e negativas. E a essas duais são normalmente acrescidas mais duais, tornando o termo menor particular. Também existe a possibilidade de o termo maior e do médio serem negativos, dando origem a um outro *modo* onde todas as proposições são negativas; e, mesmo assim, o silogismo será válido. Dessa forma, se o termo menor for *homem*, o médio for *não uma pedra* e o maior *não uma rocha*, o silogismo *"nenhum homem é uma pedra, tudo que não é uma pedra não é uma rocha*, portanto, *nenhum homem é uma rocha"* é verdadeiro, embora consista de três negativas. Entretanto, em filosofia, procura-se estabelecer regras universais que digam respeito às propriedades das coisas; e como a diferença entre negativas e afirmativas é apenas que o sujeito é afirmado por um nome negativo nas negativas e um positivo nas afirmativas, torna-se supérfluo considerar qualquer outro *modo* em *figura* direta, além daqueles em que todas as proposições são ambas universais e afirmativas.

8.
O que há na mente que corresponde a um silogismo.

Os pensamentos na mente que correspondem a um silogismo direto procedem da seguinte maneira: primeiro concebe-se uma aparência da coisa nomeada, com seu acidente ou qualidade, que está na proposição menor e é chamada pelo nome que é sujeito; depois, a mente concebe uma aparência dessa mesma coisa, com aquele acidente ou qualidade, que na mesma proposição é o predicado; em seguida, o pensamento retorna dessa mesma coisa, como se possuísse aquele acidente pelo qual é chamada pelo nome que é o predicado da proposição maior; e, por fim, lembrando que todos esses são acidentes de uma mesma coisa, a mente conclui que esses três nomes também são nomes de uma mesma coisa; ou seja, a conclusão é verdadeira. Por exemplo, quando este silogismo é feito — *"o homem é um ser vivo, um ser vivo é um corpo*, portanto, o *homem é um corpo"* — a mente concebe em primeiro lugar a imagem de um homem falando ou discursando, e lembra que aquilo que assim aparece é chamado de *homem*; em segundo lugar, concebe a imagem desse mesmo homem movendo-se, e lembra que aquilo que assim aparece é chamado de *ser vivo*; em terceiro lugar, concebe uma imagem desse mesmo homem, como ocupando algum lugar ou espaço, e lembra que aquilo que assim aparece é chamado de *corpo*; e, por fim, quando se lembra de que aquela coisa (que era extensa, e se movia e falava) era uma mesma coisa, conclui que os três nomes — *homem, ser vivo* e *corpo* — são nomes da mesma coisa, e que *"o homem é uma criatura viva"* é, portanto, uma proposição verdadeira. Com base nisso, torna-se evidente que os seres vivos — aqueles que não têm o uso da fala — não têm qualquer concepção ou pensamento na mente que corresponda a um silogismo formado de proposições universais; pois é necessário pensar na coisa, e também relembrar alternadamente os diversos nomes que, por diversas considerações, são aplicados a ela.

9.
A PRIMEIRA FIGURA INDIRETA.

AS FIGURAS restantes surgem da inflexão ou da inversão da primeira ou da direta; e isso é feito mudando-se a proposição maior, ou a menor, ou ambas, para proposições convertidas de igual valor.

A partir disso, teremos mais três figuras, sendo que a primeira e a segunda são infletidas e a terceira invertida. A primeira é criada a partir da conversão da proposição maior; pois os termos menor, médio e maior estão em ordem direta — *"o homem é um ser vivo, não é uma pedra"*, que é a primeira figura, ou a figura direta. Assim, a inflexão será feita por meio da conversão da proposição maior *"o homem é um ser vivo, uma pedra não é um ser vivo"*, que é a segunda figura, ou a primeira das figuras indiretas, e a conclusão será *"homem não é uma pedra"*. E, por serem silogismos parecidos (como demonstrado no capítulo anterior, artigo 14, que as proposições universais, convertidas pela contradição dos termos, são equipolentes), se a proposição maior for lida (como o hebraico) de trás para frente — como em *"um ser vivo não é uma pedra"* — o silogismo se tornará direto novamente, como era antes. Igualmente, o silogismo direto — *"o homem não é uma árvore, não é uma pereira"* — será transformado em indireto, por meio da conversão da proposição maior (pela contradição dos termos) em outra equipolente a ela; como em *"o homem não é uma árvore, uma pereira é uma árvore"*, pois a mesma conclusão será feita: *"o homem não é uma pereira"*.

Entretanto, para a conversão da figura direta em primeira figura indireta, o termo maior na figura direta deve ser negativo. Pois, ainda que o silogismo direto "o homem é um ser vivo, é um corpo" seja transformado em indireto pela conversão da proposição maior, como em *"O homem é um ser vivo, O que não é corpo não é criatura viva*, portanto, *Todo homem é um corpo"*; essa conversão parece ser tão obscura que torna este modo inútil. Pela conversão da proposição maior, fica claro que, nesta figura, o termo médio é sempre o predicado em ambas as premissas.

10.
A segunda figura indireta.

A segunda figura indireta é possível pela conversão da proposição menor, para que o termo médio torne-se sujeito em ambas. Entretanto, essa figura nunca conclui universalmente e, portanto, não tem utilidade na filosofia. No entanto, vou fornecer um exemplo dela, onde a figura direta *"Todo homem é um ser vivo, Toda criatura viva é um corpo"*, por conversão da proposição menor, torna-se *"Algum ser vivo é um homem, Toda criatura viva é um corpo*, portanto, *Algum homem é um corpo"*.

Assim, a proposição *"todo homem é um ser vivo"* não pode ser convertida em *"todo ser vivo é um homem"* e, portanto, se esse silogismo for restaurado a sua forma direta, a proposição menor será *"algum homem é um ser vivo"* e, consequentemente, a conclusão será *"algum homem é um corpo"*, onde o termo menor *homem*, que é o sujeito na conclusão, é um nome particular.

11.
A terceira figura indireta.

A terceira figura, indireta ou invertida, é criada pela conversão de ambas as premissas. Por exemplo, ao ser invertido, o silogismo direto *"Todo homem é um ser vivo, Toda criatura viva não é uma pedra*, portanto, *Todo homem não é uma pedra"* será *"Toda pedra não é um ser vivo, Tudo que não é um ser vivo não é um homem*, portanto, *Toda pedra não é um homem"*; cuja conclusão é o inverso da conclusão direta, e equipolente a esta.

Portanto, as figuras do silogismo, se forem enumeradas pela diferente posição do termo médio, serão classificadas em três. Na primeira, o termo médio ocupará a posição intermediária; na segunda, a última; e na terceira, o primeiro lugar. Entretanto, se forem enumeradas de acordo com a posição dos termos, serão classificadas em quatro; pois, na primeira, o termo pode ser novamente dividido em dois, ou seja, em direto e inverso. Com isso, fica evidente que a controvérsia entre os lógicos, em relação à quarta figura, é uma mera λογόμαχια, ou disputa sobre seu nome; pois, com respeito à própria coisa, fica claro que a posição dos termos — sem considerar a quantidade ou qualidade pelas quais os modos são diferenciados — produz quatro tipos de silogismos diferentes, que podem ser chamados de figuras, ou de qualquer outro nome.

12.
Há muitos modos em cada figura, mas a maioria deles inúteis à filosofia.

Em cada uma dessas figuras, há muitos modos que são produzidos pela variação das premissas de acordo com todas as diferenças de que são capazes, por quantidade e qualidade. Assim, há seis modos na figura direta; quatro na primeira figura indireta; catorze na segunda; e dezoito na terceira. Mas do mesmo modo que, na figura direta, rejeitei e considerei como supérfluos todos os modos — exceto àqueles que consistem de proposições universais, e àqueles cuja proposição menor é afirmativa — também rejeito (junto com eles) os modos das figuras restantes, produzidas por meio da conversão das premissas na figura direta.

13.
Quando um silogismo hipotético é equipolente a um categórico.

Assim como demonstrado anteriormente, em relação a proposições necessárias, uma proposição categórica e uma hipotética são equipolentes. Igualmente, fica evidente também que um silogismo categórico e um hipotético são equivalentes; pois todo silogismo categórico, como em *"Todo homem é um ser vivo, Toda criatura viva é um corpo*, portanto, *Todo homem é um corpo"*, tem a mesma força que este silogismo hipotético: *"Se alguma coisa for um homem, ela também é um ser vivo, Se alguma coisa for um ser vivo, ela é um corpo*, portanto, *Se alguma coisa for um homem, ela é um corpo"*.

Igualmente, o silogismo categórico em uma figura indireta — *Nenhuma pedra é um ser vivo, Todo homem é um ser vivo*, portanto, *Nenhum homem é uma pedra*, Ou, *Nenhuma pedra é um homem* — é equivalente a este silogismo hipotético: *Se alguma coisa for um homem, ela é um ser vivo, Se alguma coisa for uma pedra, ela não é um ser vivo,* portanto, *Se alguma coisa for uma pedra, ela não é um homem*, Ou, *Se alguma coisa for um homem, ela não é uma pedra.*

E isto parece ser suficiente para a natureza do silogismo (pois a teoria dos modos e figuras foi claramente produzida por outros que escreveram extensa e proveitosamente sobre a tal). Nenhum preceito é tão necessário quanto a prática da busca pelo raciocínio verdadeiro; e aqueles que estudam as demonstrações dos matemáticos aprenderão a verdadeira lógica mais cedo do que aqueles que gastam tempo lendo as regras da silogística feitas pelos lógicos; e não é de outro modo que as crianças pequenas aprendem a andar, não por meio de preceitos, mas exercitando seus pés. Isto, portanto, pode servir como o primeiro passo no caminho da Filosofia.

No próximo capítulo, falarei sobre as falhas e erros em que os homens pensantes estão propensos a cometer, e sobre seus tipos e causas.

{ Capítulo V }

Do Erro, da Falsidade e das Capciosidades

1. A Diferença entre erro e falsidade. Como a mente pode errar sozinha, sem o uso de palavras.
2. Os sete erros de incoerência de nomes que sempre causam uma falsa proposição.
3. Exemplos da primeira forma de incoerência.
4. Da segunda.
5. Da terceira.
6. Da quarta.
7. Da quinta.
8. Da sexta.
9. Da sétima.
10. Determinando a falsidade das proposições mediante definição dos termos.
11. Da falha de um silogismo na implicação dos termos com a cópula.
12. Da falha que consiste em ambiguidade.
13. As capciosidades sofísticas são mais faltosas na matéria do que na forma do silogismo.

1.
A DIFERENÇA ENTRE ERRO E FALSIDADE. COMO A MENTE PODE ERRAR SOZINHA, SEM O USO DE PALAVRAS.

Os HOMENS estão sujeitos ao *erro*, não apenas ao afirmar e negar, mas também na percepção e na cogitação silenciosa. Ao afirmarmos e negarmos quando chamamos uma coisa por um nome que não é o nome da coisa, como ao vermos o *Sol* primeiro pela sua reflexão na água e depois diretamente no céu, deveríamos dar a essas aparências o nome de *Sol* e dizer que há dois *sóis*; algo que somente os homens podem fazer, pois nenhum outro ser vivo pode atribuir nomes. E esse tipo de erro merece o nome de *falsidade*, pois não é oriundo do sentido, ou das próprias coisas, mas do falar sem refletir; pois os nomes são atribuídos apenas pela vontade e consentimento dos homens. Assim, fica claro que os homens falam falsamente, devido a sua própria negligência, ao usarem tais denominações de coisas que foram convencionadas; e que não são enganados por essas coisas nem pelo sentido, por não perceberem que a coisa que veem é chamada de Sol, mas lhe dão esses nomes por sua própria vontade e acordo. Erros tácitos — ou erros de sentido e de cogitação — são feitos pela passagem de uma imaginação para a imaginação de uma outra coisa diferente; ou pelo ato de fazer de conta que é passado ou futuro, mesmo para algo que nunca foi nem nunca será; assim como, ao vermos a imagem do Sol na água, imaginamos que o próprio Sol está lá; ou, ao vermos espadas, imaginamos que houve ou haverá luta, porque era assim na maioria das vezes; ou, quando por promessas, fazemos de conta que a mente de quem promete esteja imaginando essas coisas; ou, finalmente, quando frente a um signo qualquer, imaginamos em vão que algo está sendo significado, mesmo quando não está. E erros dessa natureza são comuns a todas as coisas dotadas de sentido; e, ainda assim, a decepção não provém dos sentidos ou das coisas que percebemos, apenas de nós mesmos, enquanto fingimos que tais coisas não são nada mais do que imagens. Mas nem as coisas, nem nossas imaginações das coisas podem ser chamadas de falsas, pois são verdadeiramente o que aparentam ser; igualmente, enquanto signos, também não prometem coisas que não realizam, pois realmente não fazem qualquer promessa, somos nós que as fazemos a partir delas; não são as nuvens, mas nós que, ao vê-las,

Elementos da Filosofia Capítulo **V** **67**

dizemos que haverá chuva. Portanto, a melhor forma de nos livrarmos desses erros que surgem dos signos naturais é primeiramente — antes de começarmos a raciocinar sobre tais coisas conjeturais — presumirmos que somos ignorantes, e só então fazermos uso de nosso raciocínio, pois tais erros procedem da falta de raciocínio. Por outro lado, erros que consistem em afirmação e negação (ou seja, na falsidade de proposições) procedem apenas do raciocínio incorreto. Assim, por serem repugnantes à filosofia, falarei deles principalmente.

2.
Os sete erros de incoerência de nomes que sempre causam uma falsa proposição.

Erros que ocorrem durante o raciocínio, ou seja, durante o silogismo, consistem na falsidade das premissas ou da inferência. No caso das premissas, o silogismo é considerado faltoso em sua *matéria*; já, no caso da inferência, é considerado faltoso em sua *forma*. Considerarei primeiramente a *matéria*, ou seja, de quantas maneiras uma proposição pode ser falsa (e depois a *forma*), e como é possível uma inferência ser falsa, ainda que as premissas sejam verdadeiras.

Portanto, uma proposição é verdadeira (capítulo III, art. 7) quando dois nomes de uma mesma coisa estão copulados, e sempre falsa quando nomes de coisas diferentes estão copulados; basta observarmos de quantas maneiras nomes de coisas diferentes podem ser copulados, e de quantas maneiras uma proposição falsa pode ser produzida.

Assim, todas as coisas que nomeamos podem ser reduzidas a quatro tipos: *corpos, acidentes, ilusões*, e até os *nomes*. Desse modo, em toda proposição verdadeira, é necessário que os nomes copulados sejam ambos nomes de *corpos*, ou de *acidentes*, ou de *ilusões*, ou de *nomes*; pois nomes copulados de outra forma são incoerentes, e constituem uma proposição falsa. É possível, também, que o nome de um *corpo*, de um *acidente*, de uma *ilusão* estejam copulados ao nome de uma *fala*. Portanto, nomes copulados podem ser incoerentes de sete formas diferentes:

1. Se o nome de um Corpo for copulado com o nome de um acidente.

2. Se o nome de um Corpo for copulado com o nome de uma ilusão.

3. Se o nome de um Corpo for copulado com o nome de um nome.

4. Se o nome de um Acidente for copulado com o nome de uma ilusão.
5. Se o nome de um Acidente for copulado com o nome de um nome.
6. Se o nome de uma Ilusão for copulado com o nome de um nome.
7. Se o nome de um Corpo, Acidente ou Ilusão for copulado com o nome de uma fala.

Veja os exemplos:

3.
Exemplos da primeira forma de incoerência.

De acordo com a primeira maneira, proposições são falsas quando nomes abstratos são copulados a nomes concretos, como (em latim e grego) *esse est ens, essentia est ens,* τὸ τί ἦν εἰναὶ (i.); *quidditas est ens*, e outros semelhantes, que são encontrados na *Metafísica* de Aristóteles. Assim, *o entendimento trabalha*, o *entendimento entende*, a *visão vê*; um *corpo é magnitude*, um *corpo é quantidade*, um *corpo é extensão; ser* um *homem é* um *homem, brancura é* uma *coisa branca* etc., que é como se disséssemos que o *corredor é a corrida*, ou o *caminho caminha*. Além disso, a *essência é separada*, a *substância é abstraída*; e outras parecidas ou derivadas (com as quais a filosofia se cerca). Nenhum *sujeito* de um *acidente* (ou seja, nenhum *corpo*) é um *acidente*; nenhum nome de um *acidente* deve ser dado a um *corpo*, nem o de um *corpo* a um *acidente*.

4.
Da segunda.

São falsas as proposições como estas: uma lembrança *é um corpo*, ou *um espírito*, ou seja, um corpo transparente; *espécies sensíveis voam para cima e para baixo pelo ar*, ou *para cá e para lá* (o que é próprio dos corpos). Igualmente, uma *sombra é movida*, ou *é um corpo; luz é movida*, ou *é um corpo*; a *cor é o objeto da visão, som da audição*; o *espaço* ou *lugar é estendido*; e vários desse mesmo tipo. Sendo que ilusões, espécies sensíveis, sombra, luz, cor, som, espaço etc. aparecem para nós quando estamos dormindo ou acordando, não podem tomar forma sem nós, mas apenas serem produtos da mente que os imagina; e, portanto, seus nomes, copulados a nomes de corpos, não podem constituir uma proposição verdadeira.

5.
DA TERCEIRA.

São FALSAS as proposições como estas: *genus est ens, universale est ens, ens de ente prædicatur.* Pois *genus,* e *universale,* e *predicare* são nomes de nomes, e não de coisas. Também é falsa a proposição *"número é infinito"*, pois nenhum número pode ser infinito; apenas a palavra *número* pode ser chamada de um nome indefinido quando não há número determinado que corresponda a ela na mente.

6.
DA QUARTA.

São FALSAS as proposições como estas: *um objeto tem a mesma magnitude ou figura com a qual aparece aos seus observadores*; ou *cor, luz, som estão no objeto*; e outras semelhantes. Por conseguinte, às vezes, o mesmo objeto parece maior, menor, quadrado ou redondo, de acordo com a diversidade da distância e do meio; mas a magnitude e figura verdadeira da coisa vista é sempre a mesma; portanto, a magnitude e a forma do objeto que aparecem não são verdadeiras, apenas meras fantasias. E assim, nessas proposições, os nomes de acidentes estão copulados a nomes de ilusões.

7.
DA QUINTA.

As PROPOSIÇÕES são falsas quando se diz que *a definição é a essência de uma coisa*; a *brancura* (ou algum outro acidente) é o *gênero,* ou o *universal.* Pois a definição não é a essência de alguma coisa, mas uma fala que expressa o que concebemos da essência dessa coisa; e, igualmente, não é a própria brancura, mas a palavra brancura que é um gênero, ou um nome universal.

8.
Da sexta.

Erram aqueles que dizem que a ideia de alguma coisa é universal; como se pudesse haver na mente a imagem de um homem que não fosse a imagem de algum homem específico, mas apenas de um homem qualquer (o que é impossível), pois toda ideia é única, e de uma coisa específica; e enganam-se aqueles que empregam o *nome* da coisa pela ideia que ela apresenta.

9.
Da sétima.

Erram aqueles que fazem esta distinção entre coisas que têm existência: algumas *existem* por *si mesmas* e outras por *acidente*. Ou seja, como "*Sócrates é um homem*" é uma proposição necessária, e "*Sócrates é um músico*" uma proposição casual, eles dizem que algumas coisas existem necessariamente ou por si mesmas, e outras casualmente ou por acidente; e visto que os nomes *necessário, casual, por si mesma* e *por acidente* não são nomes de coisas, mas de proposições, todos aqueles que dizem que toda coisa existente existe por acidente copulam o nome de uma proposição ao nome de uma coisa. E, da mesma maneira, erram aqueles que situam algumas ideias no entendimento, outras na imaginação, como se do entendimento da proposição — "o *homem é uma criatura viva*" — tivéssemos uma ideia ou imagem de um homem entregue pelos sentidos à memória, e outra ao entendimento. E a única coisa que os engana é que pensam que uma ideia deve corresponder a um nome, e outra a uma proposição. Entretanto, isso é falso, pois proposição significa apenas a ordem dessas coisas (uma após a outra) que observamos em uma mesma ideia de homem. Assim, a proposição — o *homem é um ser vivo* — possibilita apenas uma ideia, ainda que nessa ideia consideremos primeiramente que ele é chamado de homem, e na próxima que é chamado de ser vivo. As falsidades das proposições, em todas as maneiras apresentadas, devem ser descobertas por meio das definições dos nomes copulados.

10.
Determinando a falsidade das proposições mediante definição dos termos.

Mas quando nomes de corpos são copulados a nomes de corpos, nomes de acidentes a nomes de acidentes, nomes de nomes a nomes de nomes, e nomes de ilusões a nomes de ilusões, e se, mesmo assim, estivermos em dúvida se essas proposições são verdadeiras, devemos primeiramente descobrir a definição desses dois nomes, e depois as definições dos nomes que foram usadas na definição anterior e, por conseguinte, procederemos a uma análise contínua até chegarmos a um nome simples, ou seja, a um nome mais comum ou mais universal possível; e se, ao chegarmos ao final, a verdade ou falsidade da proposição não se tornar evidente, devemos investigá-la por meio da filosofia e do raciocínio, iniciando pelas definições; pois toda proposição universalmente verdadeira é uma definição, ou parte de uma definição.

11.
Da falha de um silogismo na implicação dos termos com a cópula.

A falha de um silogismo, que se oculta em sua própria forma, será sempre encontrada na implicação da cópula com um dos termos, ou na ambiguidade de alguma palavra; e, em qualquer um desses casos, haverá quatro termos que, como já mostrei, não podem ocorrer em um silogismo verdadeiro. Assim, a implicação da cópula (com cada um dos termos) é facilmente detectada por meio da redução das proposições a uma predicação simples e clara. Por exemplo, se alguém argumentasse que "*A mão toca a caneta, A caneta toca o papel*, portanto, *A mão toca o papel*", a falácia aparecerá facilmente mediante sua redução em "*A mão está tocando a caneta, A caneta está tocando o papel*, portanto, *A mão está tocando o papel*"; onde estes quatro termos aparecem claramente: a mão, tocando a caneta, a caneta, e *tocando o papel*. Mas o perigo de ser enganado por sofismas desse tipo não parece tão grande a ponto de ser preciso insistir mais sobre eles.

12.
DA FALHA QUE CONSISTE EM AMBIGUIDADE.

EMBORA possa haver falácia em termos ambíguos, não há nenhuma naqueles termos em que se manifestam, nem mesmo nas metáforas, pois elas manifestam a transferência de nomes de uma coisa para outra. No entanto, às vezes, ambiguidades (mesmo aquelas não muito ambíguas) podem ludibriar como nesta argumentação — *Cabe à metafísica tratar dos princípios; mas o primeiro princípio de todos é que uma mesma coisa não pode existir e não existir ao mesmo tempo; ou seja, cabe à metafísica considerar se uma mesma coisa pode existir e não existir ao mesmo tempo* — onde a falácia reside na ambiguidade da palavra *princípio*; pois, quando Aristóteles, no começo de sua *Metafísica*, diz que *o tratamento dos princípios pertence à ciência primária*, ele compreendeu como princípios as causas das coisas, e certas existências que chamou de primárias; mas quando diz que *uma proposição primária é um princípio*, ele compreendeu como princípio o início e a causa do conhecimento; ou seja, o entendimento de palavras que, mesmo querendo, nenhum homem é capaz de aprender.

13.
AS CAPCIOSIDADES SOFÍSTICAS SÃO MAIS FALTOSAS NA MATÉRIA DO QUE NA FORMA DO SILOGISMO.

As *CAPCIOSIDADES* dos sofistas e céticos — pelas quais estavam acostumados, no passado, a ridicularizar e confrontar a verdade — eram na maioria faltosas, não na forma, mas na matéria do silogismo. E não enganavam os outros mais do que a si mesmos, pois a força daquele famoso argumento de Zeno contra o movimento consistia nesta proposição — *tudo que pode ser dividido em partes, ou infinito em números, também é infinito* — o que ele, sem dúvida, pensava ser verdadeira, mas que, de fato, é falsa. Pois, ser dividido em partes infinitas significa ser dividido em quantas partes um homem quiser. Ainda assim, não é necessário que uma linha tenha partes infinitas em número, ou seja infinita, pois podemos dividi-la e subdividi-la quantas vezes quisermos; sejam quais forem as partes, seu número continuará sendo finito. Entretanto, devido àquele que diz partes, simplesmente, sem informar quantas ou limitar algum número, deixando essa limitação a critério do ouvinte, normalmente dizemos que uma linha pode ser dividida infinitamente, o que não pode ser verdadeiro em nenhum outro sentido.

CONCLUSÃO: Tudo o que foi dito aqui sobre o silogismo, que é o primeiro passo em direção à filosofia, deve ser o suficiente. Nele, disse tudo o que é necessário para ensinar um homem de onde uma argumentação verdadeira tira sua força. E aumentar esta investigação, com tudo que podemos encontrar, seria tão supérfluo quanto se alguém desse (como disse antes) a uma criança pequena preceitos para ensiná-la a viver; pois não aprendemos tão bem a arte do raciocínio por meio de preceitos, mas pela prática e pela leitura de livros em que todas as conclusões são alcançadas mediante demonstração rigorosa. Agora, falarei sobre o método da filosofia, ou seja, sobre o método de estudo.

{ Capítulo VI }

DO MÉTODO

1. Definindo método e ciência.
2. Por um lado, é mais fácil sabermos da existência de coisas singulares do que de coisas universais; e, por outro lado, é mais fácil sabermos porque as coisas universais existem e quais são suas causas.
3. O que os filósofos almejam saber.
4. A primeira parte, pela qual os princípios são descobertos, é puramente analítica.
5. As causas principais, e mais universais em cada tipo, são conhecidas por si mesmas.
6. Qual é o método, voltado à pura ciência, dos princípios descobertos.
7. O método da ciência civil e natural, que se conduz da sensação aos princípios, é analítico; e aquele que começa nos princípios é sintético.
8. Método de pesquisa usado para descobrir se alguma coisa proposta é matéria ou acidente.
9. Método de pesquisa usado para descobrir se um acidente está neste ou naquele sujeito.
10. Método de pesquisa usado para encontrar a causa de qualquer efeito proposto.
11. As palavras servem para a descoberta enquanto marcas; e para a demonstração enquanto signos.
12. O método de demonstração é sintético.
13. As definições são apenas proposições primárias e universais.
14. A natureza e a definição de uma definição.
15. As propriedades de uma definição.
16. A natureza de uma demonstração.
17. As propriedades de uma demonstração, e a ordem das coisas a serem demonstradas.
18. As falhas de uma demonstração.
19. Por que o método analítico dos geômetras não pode ser tratado aqui.

1.
DEFININDO MÉTODO E CIÊNCIA.

PARA o entendimento do *método*, será necessário que eu repita a definição de filosofia explicada anteriormente (cap. I, art. 2.), desta maneira: *Filosofia é o conhecimento que adquirimos, pelo verdadeiro raciocínio, das aparências ou de efeitos aparentes, a partir do conhecimento que temos de alguma possível produção ou da geração deste; e dessa produção, como ocorreu ou pode ocorrer, a partir do conhecimento que temos dos efeitos.* O MÉTODO, portanto, no estudo da filosofia, *é o caminho mais curto para descobrirmos efeitos por suas causas conhecidas, ou causas por seus efeitos conhecidos.* Mas somos então denominados sabedores de todo efeito quando sabemos *que há causas deste,* e *em que sujeito elas estão,* e *em que sujeito elas produzem esse efeito,* e *de que maneira funcionam.* E esta é a ciência das causas, ou como a denominam, do διότι. Toda outra ciência, que é chamada ότι, é percepção pelos sentidos, ou pela imaginação, ou pela memória remanescente após essa percepção. Portanto, os primeiros inícios do conhecimento são produtos dos sentidos e da imaginação; e, por natureza, sabemos que tais produtos existem; mas saber porque existem, ou de que causas procedem, é a tarefa do raciocínio, que consiste (como dito anteriormente no capítulo I, art. 2) em *composição,* e *divisão* ou *resolução.* Assim, não existe método que possa ser usado para descobrirmos as causas das coisas, apenas um método *compositivo* ou *resolutivo,* ou *parcialmente compositivo* e *parcialmente resolutivo.* E o resolutivo é comumente chamado de método *analítico,* e o compositivo de *sintético.*

2.
POR UM LADO, É MAIS FÁCIL SABERMOS DA EXISTÊNCIA DE COISAS SINGULARES DO QUE DE COISAS UNIVERSAIS; E, POR OUTRO LADO, É MAIS FÁCIL SABERMOS PORQUE AS COISAS UNIVERSAIS EXISTEM E QUAIS SÃO SUAS CAUSAS.

É COMUM a todos os tipos de métodos proceder das coisas conhecidas para as desconhecidas; e isto fica evidente na definição citada de filosofia. Entretanto, no conhecimento pelos sentidos, o objeto como um todo é mais conhecido do que qualquer uma de suas partes. Assim, quando vemos um homem, a concepção ou ideia total daquele homem é mais conhecida do que as ideias particulares de sua existência *figurada, animada* e *racional*; ou seja, primeiro vemos o homem por inteiro e percebemos sua existência, antes mesmo de observarmos nele outras particularidades. Portanto, em qualquer conhecimento do ὅτι, ou daquilo que alguma coisa *é*, o início de nossa busca começa a partir da ideia total; e, contrariamente, em nosso conhecimento do δότι, ou das causas de alguma coisa; ou seja, nas ciências, temos mais conhecimento das causas das partes do que das do todo. Pois a causa do todo é composta das causas das partes; mas é necessário conhecermos as coisas que devem ser compostas antes de podermos conhecer o composto por inteiro. Assim, por partes, não pretendo aqui dizer partes da própria coisa, mas partes de sua natureza; pois, por partes do homem, não entendo sua cabeça, seus ombros, seus braços etc., mas sua figura, quantidade, movimento, sensação, razão, e semelhantes; cujos acidentes, sendo compostos ou reunidos, constituem toda a natureza do homem, mas não o próprio homem. E é este o significado da máxima de que algumas coisas são mais conhecidas para nós, e outras mais conhecidas para a natureza; e não acredito naqueles que dizem que "algo conhecido pela natureza não é conhecido por nenhum homem". E, portanto, por meio daquelas coisas que são mais conhecidas para nós, devemos entender coisas que percebemos pelos nossos sentidos; e, por coisas que são mais conhecidas pela natureza, devemos entender aquelas das quais adquirimos conhecimento pela razão. Nesse sentido, como um *todo*, as coisas que têm nomes universais (que resumindo, chamo de *universais*) são mais conhecidas para nós do que as partes; ou seja, essas coisas que têm nomes menos universais (que, por esse motivo, chamo de *singulares*); e as causas das partes são mais conhecidas pela natureza do que as causas do todo; ou seja, mais pelos nomes universais do que pelos singulares.

3.
O QUE OS FILÓSOFOS ALMEJAM SABER.

No estudo da filosofia, os homens estudam a ciência simples ou indefinidamente; ou seja, procuram saber o máximo que puderem, sem se limitarem a qualquer questão; ou investigam a causa de alguma aparência determinada, ou esforçam-se para descobrir a certeza de alguma coisa em questão, como qual é a causa da *luz*, do *calor*, da *gravidade*, de uma *figura* proposta, ou semelhantes; ou em qual *sujeito* qualquer *acidente* proposto é inerente, ou o que mais pode contribuir à *geração* de algum *efeito* proposto a partir de muitos *acidentes*, ou de que maneira causas particulares devem ser compostas para a produção de um determinado efeito. Assim, de acordo com essa variedade de questões, devemos usar o *método analítico* em certas situações, e o *sintético* em outras.

4.
A PRIMEIRA PARTE, PELA QUAL OS PRINCÍPIOS SÃO DESCOBERTOS, É PURAMENTE ANALÍTICA.

MAS AQUELES que estudam a ciência de forma indefinida — ou seja, que buscam o conhecimento das causas de todas as coisas até onde seja possível (onde as causas das coisas singulares são compostas das causas das coisas universais, ou simples) — precisam saber as causas das coisas universais, ou dos acidentes que são comuns a todos os corpos (ou seja, a toda matéria), antes que possam conhecer as causas das coisas singulares (ou seja, daqueles acidentes pelos quais uma coisa se distingue de outra). E precisam saber também o que são essas coisas universais, antes que possam conhecer suas causas. Além disso, as coisas universais estão contidas na natureza das coisas singulares, seu conhecimento deve ser adquirido pela razão, isto é, pelo raciocínio. Por exemplo, se for proposta uma concepção ou *ideia* de alguma coisa singular, *como a de um quadrado*, esse *quadrado* deve ser analisado em um *plano, limitado por certo número de linhas retas e iguais, e ângulos retos.* Pois, com esse raciocínio, obteremos as coisas universais e apropriadas a toda a matéria; isto é, *linha, plano* (contendo superfícies), *término, ângulo, retidão, integridade* e *igualdade*. E se pudermos encontrar suas causas, poderemos reuni-las na causa de um quadrado. Assim, se alguém propõe a si mesmo a concepção de *ouro*, pode chegar as ideias de *sólido, visível, pesado* pela análise (ou seja, que tendem ao centro da Terra, ou para baixo) e muitas outras mais universais que o próprio ouro; e analisá-las novamente até que alcance coisas ainda mais universais. Dessa forma, pelo raciocínio contínuo, podemos chegar a conhecer o que são essas coisas, cujas causas são conhecidas de forma separada (no início) e composta (mais tarde), e que podem nos levar ao conhecimento de coisas singulares. Portanto, concluo que o método para a aquisição do conhecimento universal das coisas é puramente *analítico*.

5.
AS CAUSAS PRINCIPAIS, E MAIS UNIVERSAIS EM CADA TIPO, SÃO CONHECIDAS POR SI MESMAS.

MAS AS causas das coisas universais (daquelas que, pelo menos, têm alguma causa) são evidentes por si mesmas, ou (como se diz comumente) conhecidas por natureza, de tal modo que não necessitam de nenhum método. Possuem uma única causa universal, que é o movimento; pois a variedade de todas as figuras tem sua origem da variedade dos movimentos pelos quais são produzidas; e o movimento não demonstra ter outra causa além do movimento, e nem a variedade das coisas que percebemos pelos sentidos, como *cores*, *sons*, *sabores* etc., ou qualquer outra causa que não o movimento, que resida parcialmente nos objetos que atuam sobre nossos sentidos, e parcialmente em nós mesmos, como aquela que manifesta algum tipo de movimento, ainda que não nos seja possível identificá-lo sem o raciocínio. Assim, mesmo que muitos não consigam entender, até que lhes seja demonstrado, que toda mudança consiste em movimento; e isso não acontece devido à obscuridade da própria coisa (pois não é inteligível que alguma coisa possa partir da inércia ou da atividade que possui, exceto pelo movimento), mas por terem seu discurso natural corrompido por opiniões anteriores recebidas de seus mestres, ou por não dirigirem suas mentes para a investigação da verdade.

6.
QUAL É O MÉTODO, VOLTADO À PURA CIÊNCIA, DOS PRINCÍPIOS DESCOBERTOS.

PELO CONHECIMENTO dos universais e de suas causas (que são os primeiros princípios pelos quais conhecemos o δότι das coisas), temos suas definições em primeiro lugar (que nada mais são do que a explicação de nossas concepções simples). Por exemplo, aquele que tem uma concepção verdadeira de *espaço* não pode ignorar esta definição — *espaço é aquele lugar ocupado ou preenchido adequadamente por algum corpo*; e assim, aquele que concebe corretamente o *movimento* não pode deixar de saber que *movimento é a privação de um lugar e a aquisição de outro*. Em seguida, temos suas gerações ou descrições, como, por exemplo, *que uma linha é produzida pelo movimento de um ponto, superfícies pelo movimento de uma linha, e um movimento por outro movimento* etc. Agora, em primeiro lugar, devemos questionar qual movimento gera tais efeitos; como qual movimento produz uma linha reta, e qual produz uma circular; qual movimento empurra, qual retrai, e de que maneira isso ocorre; o que faz uma coisa (vista ou ouvida) ser vista ou ouvida algumas vezes de uma maneira específica, e algumas vezes de outra. Mas o método desse tipo de investigação é *compositivo*. Em segundo lugar, devemos observar qual o efeito que um corpo produz em movimento; e, ao consideramos apenas o movimento, veremos que o corpo faz uma linha, ou um comprimento. Depois, devemos observar o que o movimento de um corpo longo produz, o que pensamos ser superfícies; e assim por diante, até descobrirmos quais são os efeitos de um simples movimento. E então, da mesma forma, devemos observar o que resulta da adição, multiplicação, subtração e divisão desses movimentos, e quais efeitos e propriedades produzem; e a partir de qual tipo de contemplação brotou a parte da filosofia chamada de *geometria*.

Da consideração do que é produzido por um movimento simples, passamos à consideração de quais efeitos um corpo em movimento produz sobre outro; e por poder haver movimento em todas as diversas partes de um corpo — ainda que o corpo como um todo permaneça no mesmo lugar — devemos questionar inicialmente qual movimento causa tal movimentação como um todo; ou seja, quando um corpo invade outro corpo que está parado ou em movimento, como e com que rapidez o corpo invadido deve mover-se; e, novamente, qual movimento esse segundo corpo irá gerar em um terceiro, e assim por diante; e a partir de qual tipo de contemplação deve-se extrair a parte da filosofia que trata do movimento.

E, em terceiro lugar, devemos investigar os efeitos produzidos pelos movimentos das partes de um corpo; por exemplo, como é possível que coisas semelhantes, ainda que não aparentem ser, sejam alteradas. E aqui as coisas que buscamos são qualidades sensíveis, como *luz, cor, transparência, opacidade, som, odor, sabor, calor, frio*, e outras semelhantes, que não podem ser conhecidas até que conheçamos as causas da própria sensação. Portanto, a consideração das causas da *visão, audição, olfato, gosto* e *tato* pertencem a este terceiro lugar; e todas as qualidades e alterações mencionadas anteriormente ao quarto lugar, e compreendem aquela parte da filosofia que é chamada de *física*. Assim, nestas quatro partes está contido tudo o que, na filosofia natural, pode ser explicado pela demonstração propriamente dita. Pois, se uma causa fosse originada especialmente a partir de aparências naturais — por exemplo, quais são os movimentos e influências dos corpos celestiais e de suas partes — a razão disso seria obtida com auxílio das partes das ciências mencionadas anteriormente, ou nenhuma razão seria dada, deixando-se tudo à conjetura incerta.

Após a *física*, devemos passar à *filosofia moral*, na qual consideraremos os movimentos da mente — *apetite, aversão, amor, benevolência, esperança, medo, raiva, simulação, inveja etc.* — e estudaremos suas causas. E a razão pela qual esses movimentos devem ser considerados após a *física* é que têm suas causas na sensação e na imaginação, que são assuntos da contemplação *física*. Outra razão pela qual todas estas coisas devem ser investigadas na ordem anteriormente mencionada é que a física não pode ser entendida — exceto se soubermos inicialmente quais movimentos ocorrem nas menores partes dos corpos; nem a estes movimentos das partes, até que saibamos o que é que faz um outro corpo mover-se; e nem até sabermos qual movimento simples ocorrerá. E, porque toda aparência das coisas aos sentidos é determinada e feita dessas quantidades e qualidades por movimentos compostos, cada um dos quais possui um certo grau de velocidade e trajetória determinada, devemos investigar, em primeiro lugar, as trajetórias do movimento simples (no qual consiste a geometria); depois, as trajetórias dos movimentos gerados à medida que se manifestam; e por último, as trajetórias dos movimentos internos e invisíveis (que é a investigação dos filósofos naturais). Portanto, aqueles que estudam a filosofia natural, a menos que iniciem pela geometria, fazem-no em vão; e os escritores e críticos que ignoram a geometria apenas fazem com que seus leitores e ouvintes percam seu tempo.

7.

O MÉTODO DA CIÊNCIA CIVIL E NATURAL, QUE SE
CONDUZ DA SENSAÇÃO AOS PRINCÍPIOS, É ANALÍTICO; E
AQUELE QUE COMEÇA NOS PRINCÍPIOS É SINTÉTICO.

As *FILOSOFIAS civil* e *moral,* por não se articularem tão bem uma com a outra, podem ser separadas. As causas dos movimentos da mente são conhecidas pelo raciocínio e pela experiência de todo homem que se preocupa em observar esses movimentos em si mesmo. E, portanto, não são apenas aqueles que alcançaram o conhecimento das paixões e perturbações da mente — por meio do *método sintético* e dos primeiros princípios da filosofia — que podem, procedendo da mesma forma, chegar às causas e necessidades de se constituir Estados, e obter o conhecimento do que é o direito natural e o que são os deveres civis; e, em todo tipo de governo, quais são os direitos do Estado, e quais são todos os outros conhecimentos relativos à filosofia civil. É por essa razão que os princípios da política consistem no conhecimento dos movimentos da mente, e que o conhecimento destes movimentos consiste do conhecimento dos sentidos e da imaginação. Mas mesmo aqueles que não aprenderam a primeira parte da filosofia — ou seja, *geometria* e *física* — também podem alcançar os princípios da filosofia civil por intermédio do *método analítico.* Assim, se uma questão for proposta — como, por exemplo, s*e uma ação é justa ou injusta,* sendo que o *injusto* é considerado como um *fato contra a lei,* e essa noção de *lei* considerada um *comando* daquele ou daqueles que detêm *poder coercivo,* e que esse *poder* deriva das vontades dos homens que procuram viver em paz — eles podem concluir que os apetites dos homens e as paixões de suas mentes são tais que, a menos que sejam contidos por algum poder, sempre estarão em conflito; o que pode ser reconhecido mediante a experiência de qualquer homem que apenas examine sua própria mente. Portanto, a partir desse momento, ele pode proceder, por intermédio da combinação, para a determinação da justiça ou injustiça de qualquer ação proposta. Assim, fica evidente que o método da filosofia, para aqueles que buscam simplesmente a ciência, sem se propor a solucionar qualquer questão particular, é parcialmente analítico e parcialmente sintético; ou seja, aquilo que procede da sensação até à descoberta dos princípios é analítico; e o restante é sintético.

8.
Método de pesquisa usado para descobrir se alguma coisa proposta é matéria ou acidente.

Aqueles que procuram a causa de uma certa aparência ou efeito propostos, às vezes, desconhecem se a coisa cuja causa é procurada é matéria ou corpo, ou se é algum acidente de um corpo. Pois, ainda que em geometria, quando se procura a causa da magnitude, ou da proporção, ou da figura, sabe-se com certeza que essas coisas — magnitude, proporção e figura — são acidentes. Mesmo assim, na filosofia natural, onde todas as questões dizem respeito às causas das aparências de coisas sensíveis, não é tão fácil discernir entre as próprias coisas das quais procedem, e as aparências dessas coisas aos sentidos; e isso tem enganado muitos, especialmente quando são feitos por luz. Por exemplo, um homem que olha para o Sol tem uma ideia de brilho da magnitude de aproximadamente trinta centímetros, e isso ele chama de Sol, mesmo sabendo que o Sol é muito maior; e, igualmente, ao ser visto de longe, a aparência da mesma coisa apresenta-se às vezes redonda e às vezes quadrada por estar mais próximo. Como consequência disso, pode-se muito bem duvidar se é matéria, ou algum corpo natural, ou apenas um acidente de um corpo. As propriedades da matéria e dos acidentes — já descobertos por meio do método sintético, e a partir de suas definições — devem ser comparadas com a ideia que temos diante de nós; e se ela concordar com as propriedades da matéria ou do corpo, então é corpo; caso contrário, é um acidente. Visto, portanto, que a matéria não pode ser — mesmo com todo nosso esforço — produzida ou destruída, ou aumentada, ou diminuída, ou movida de seu lugar, considerando que apareça, desapareça, aumente e diminua, e mova-se à vontade, podemos certamente concluir que ela não é um corpo, mas apenas um acidente. E esse método é sintético.

9.
Método de pesquisa usado para descobrir se um acidente está neste ou naquele sujeito.

Mas, se houver uma dúvida com respeito ao sujeito de qualquer acidente conhecido (como neste exemplo: há dúvida sobre em que sujeito está o esplendor e a magnitude aparente do Sol), a nossa investigação deverá proceder como mostrarei a seguir. Em primeiro lugar, a matéria em geral deve ser dividida em partes, como objeto, meio e o próprio ser consciente, ou outras partes que sejam mais apropriadas ao assunto proposto. Em seguida, essas partes devem ser examinadas individualmente para que se verifique se concordam com a definição do sujeito; e aquelas que não forem capazes de exibir aquele acidente devem ser rejeitadas. Por exemplo, se por algum raciocínio correto o Sol for considerado maior que sua magnitude aparente, então essa magnitude não estará no Sol; se o Sol estiver em uma determinada linha reta e a uma determinada distância, e a magnitude e o esplendor forem vistos em mais de uma linha e distância, como ocorre na reflexão e na refração, então nem o esplendor nem a magnitude aparente estarão no próprio Sol; e, portanto, o corpo do Sol não pode ser o sujeito desse esplendor e magnitude. E, pelas mesmas razões, o ar e outras partes serão rejeitados até que, finalmente, nada mais reste que possa ser o sujeito daquele esplendor e magnitude, exceto o próprio ser consciente. Isso se faz pelo método analítico, em relação a como o sujeito é dividido em partes; e pelo sintético, em relação a como as propriedades, tanto do sujeito como do acidente, são comparadas com o acidente, cujo sujeito de tal investigação se refere.

10.
MÉTODO DE PESQUISA USADO PARA ENCONTRAR A CAUSA DE QUALQUER EFEITO PROPOSTO.

CONTUDO, quando procuramos a causa de um efeito proposto, em primeiro lugar devemos ter em nossa mente uma noção exata ou uma boa ideia daquilo que chamamos de causa — ou seja, *que uma causa é a soma ou união de todos os acidentes, tanto no agente quanto no paciente, à medida que coincidem na produção do efeito proposto; e tudo isso nos faz conceber que o efeito coexiste com eles; ou que possivelmente pode existir mesmo que qualquer um deles esteja ausente.* Em segundo lugar, uma vez conhecido isso, devemos examinar separadamente cada um dos acidentes que acompanham ou precedem o efeito, até onde aparentam conduzir à produção deste, para determinarmos se o efeito proposto pode realmente existir, ainda que sem a existência de qualquer um desses acidentes; e, dessa forma, separar os acidentes que não coincidem daqueles que contribuem para a produção do efeito proposto. Em seguida, devemos reunir os acidentes que coincidem e considerar a possibilidade de que, na presença de todos eles, o efeito proposto não ocorrerá; mas se ficar evidente a ocorrência do efeito, devemos atribuir sua causa inteiramente à união desses acidentes; também, devemos sempre reunir e investigar outros acidentes. Por exemplo, se for proposta a investigação da causa da luz, devemos examinar primeiramente os fatores externos para descobrimos se, sempre que a luz aparece, há algum objeto responsável por tal aparição, como uma fonte de luz, sem a qual não podemos ter nenhuma percepção da luz; fazendo, portanto, que a coincidência desse objeto seja necessária para a geração da luz. Depois, consideramos o instrumento (o meio), e descobrimos que, a menos que ele esteja disposto de uma certa maneira — isto é, de forma transparente — o efeito não ocorrerá, mesmo que o objeto permaneça o mesmo; e, portanto, a coincidência da transparência também é necessária para a geração da luz. A seguir, observamos nosso próprio corpo, e descobrimos que pela indisposição dos olhos, do cérebro, dos nervos, e do coração — isto é, por obstruções e debilidades — somos privados da luz; o que torna, também, a disposição adequada dos órgãos um elemento imprescindível para a causa da luz. Novamente, de todos os acidentes inerentes ao objeto, apenas a ação (ou um certo movimento) — que não pode ficar à espera de um efeito que se faça presente — pode conduzir à produção da luz; pois, para que algo possa brilhar, não é necessário que ele seja de uma magnitude ou figura específica, ou que o corpo todo se mova para fora do lugar em que está (a menos que se possa dizer que, no Sol, ou em outro corpo, aquilo que causa a luz é a luz que tem em si mesmo; o que, ainda assim, é apenas uma objeção sem valor, pois indica simplesmente a causa da luz; como se alguém fosse obrigado a dizer que a causa da luz está no Sol que a produz); portanto, fica evidente que a ação, pela qual a luz é gerada, é um movimento que ocorre apenas nas partes do objeto. Ao entendermos isso, podemos facilmente conceber qual é a contribuição do meio para o prolongamento desse movimento até os olhos; e, finalmente, qual a contribuição dos olhos e dos demais órgãos do ser consciente; isto é, a continuação desse mesmo movimento até o último órgão da sensação, que é o coração. E, dessa forma, a causa da luz pode consistir de um movimento contínuo que se inicia a partir do ponto de partida do mesmo movimento, e termina no ponto de partida do movimento principal, em que a luz é apenas uma alteração do movimento principal e produzida pela impressão do movimento contínuo do objeto sobre ela. Mas isso é apenas um exemplo, pois falarei detalhadamente da luz e de sua geração no momento apropriado. Por enquanto, ficou evidente que, ao investigarmos causas, nos deparamos com a necessidade de uso dos métodos analítico e sintético. Do analítico, para concebermos como as circunstâncias conduzem individualmente à produção de efeitos; e do sintético, para reunirmos e analisarmos o que podem causar. E isto basta com relação ao método de descoberta. Entretanto, ainda me restou falar do método de ensino, ou seja, de demonstração, e dos meios pelos quais demonstramos.

11.
As palavras servem para a descoberta enquanto marcas; e para a demonstração enquanto signos.

No método de descoberta, as palavras podem servir como marcas pelas quais tudo o que descobrimos pode ser relembrado; pois, sem isso, todas as nossas descobertas perecem, e não nos será possível avançar para outros princípios, além de um silogismo ou dois, devido ao enfraquecimento da memória. Por exemplo, se alguém, ao considerar um triângulo à sua frente, descobrisse que seus ângulos, em conjunto, são iguais a dois ângulos retos, apenas pensando nisso, sem fazer uso de palavras entendidas ou expressas; e se, mais tarde, um outro triângulo, diferente do primeiro, ou o mesmo em outra posição, fosse oferecido para sua consideração, ele não saberia dizer de imediato se sua propriedade seria a mesma do primeiro, sendo forçado a tecer novas considerações, sempre que um triângulo diferente lhe fosse apresentado (vale lembrar que as diferenças dos triângulos são infinitas); coisa que ele não teria necessidade de fazer se dispusesse do uso de nomes, pois todo nome universal denota as concepções que temos de coisas infinitas e singulares. Portanto, como disse anteriormente, as palavras servem como *marcas* para auxiliar nossa memória, onde registramos para nós mesmos nossas próprias descobertas; mas não como *signos*, que são usados para demonstrá-las a outros; assim, um homem comum pode ser um filósofo, sem o auxílio de um mestre. Entretanto, o ensino, isto é, a demonstração, depende ao menos de duas pessoas e da fala silogística.

12.
O MÉTODO DE DEMONSTRAÇÃO É SINTÉTICO.

ENSINAR é conduzir a mente daquele que ensinamos ao conhecimento de nossas descobertas, da mesma forma pela qual as atingimos com nossa própria mente; portanto, o mesmo método que nos proporcionou nossa descoberta também servirá para a educação de outros — contanto que se omita a primeira parte do método que vai da sensação das coisas até os princípios universais que, por serem princípios, não podem ser demonstrados; e como são conhecidos por natureza (como dito no artigo 5 anteriormente), não precisam de demonstração, apenas de explicação. Portanto, o método de demonstração, como um todo, é sintético; e consiste na ordem de fala que começa a partir de proposições primárias ou universais (que são evidentes por si mesmas), passa por uma composição perpétua de proposições em silogismos, e termina com o entendimento correto da conclusão procurada.

13.
AS DEFINIÇÕES SÃO APENAS PROPOSIÇÕES PRIMÁRIAS E UNIVERSAIS.

ASSIM, esses princípios nada mais são do que definições, que se dividem em dois tipos. Um, de nomes que significam coisas que têm alguma causa concebível; e outro, de nomes que significam coisas das quais não podemos conceber nenhuma causa. Os nomes do primeiro tipo são *corpo*, ou *matéria*, *quantidade*, ou *extensão*, *movimento*, e tudo o que é comum a toda matéria. Do segundo são *esse corpo, esse grande movimento, essa grande magnitude, essa figura*, e tudo aquilo que nos ajuda a distinguir um corpo de outro. Os nomes do primeiro tipo são suficientemente definidos quando, por uma fala breve, despertamos ideias ou concepções perfeitas e claras, na mente do ouvinte, das coisas nomeadas — como quando definimos o movimento como sendo *o abandono de um lugar, e aquisição de outro continuamente*; pois, embora nenhuma coisa tenha sido movida, nem nenhuma causa do movimento tenha ocorrido nessa definição, ao ouvir essa fala, uma *ideia* clara do movimento virá à mente do ouvinte. Entretanto, as definições de coisas, que podem ser entendidas como tendo alguma causa, devem consistir de nomes que expressem a causa ou a maneira de sua geração, como quando definimos um círculo como uma figura feita pela circundução de uma linha reta em um plano etc.

Além das definições, não há outra proposição que deva ser chamada de primária, ou (de acordo com a verdade) ser admitida aos princípios existentes. Pois os *axiomas de Euclides* (que podem ser demonstrados) não são princípios de demonstração; e mesmo que, mediante consentimento de todos os homens, tenham alcançado a autoridade de princípios, não necessitam serem demonstrados. Além disso, aquelas *petições* ou *postulados* (como são chamados), ainda que sejam princípios, não são princípios de demonstração, mas apenas de construção; ou seja, não de ciência, mas de poder; ou não de *teoremas* (o que é a mesma coisa), que são especulações, mas de problemas, que pertencem à prática, ou a realização de alguma coisa. Mas, em relação às opiniões comumente recebidas — como *a natureza abomina o que não tem vida, a natureza não faz nada em vão*, e outras parecidas que não são evidentes nem minimamente demonstráveis, e que são com frequência mais falsas do que verdadeiras — elas são dificilmente admitidas como princípios.

Retomando a questão das definições, devo dizer que a razão pela qual digo que a causa e a geração das coisas devem entrar em suas definições é que o propósito da ciência é exatamente o de demonstrar a causa e a geração das coisas; que se não estiverem presentes nas definições, não poderão ser encontradas na conclusão do primeiro silogismo, que é formado dessas definições; e se não estiverem presentes na primeira conclusão, não serão encontrados em nenhuma outra conclusão; e, portanto, ao procedermos dessa maneira, jamais chegaremos à ciência, que é contrária ao escopo e à intenção da demonstração.

14.
A NATUREZA E A DEFINIÇÃO DE UMA DEFINIÇÃO.

VISTO que definições são princípios (como já expliquei), ou proposições primárias, são consequentemente consideradas falas; e visto que são usadas para desenvolver a *ideia* de alguma coisa na mente de quem aprende, sempre que essa ideia tiver um nome, sua definição será a explicação desse nome pela fala; e se esse nome lhe foi atribuído por alguma concepção composta específica, a definição será uma simples análise ou resolução desse nome em suas partes mais universais. Dessa forma, quando definimos a palavra homem, dizendo que um homem é um *corpo animado*, *consciente* e *racional*, esses nomes são partes do nome total *homem*. Portanto, definições desse tipo sempre consistem de *gênero* e *diferença*, sendo todos os primeiros nomes gerais, e o último, a *diferença*. Mas se um nome for o mais universal de sua categoria, sua definição não poderá consistir de gênero e diferença, mas de uma circunlocução que melhor explique a força do nome. É possível, ainda, com certa frequência, que *gênero* e *diferença* sejam reunidos sem que resultem em uma definição; assim como as palavras *"uma linha reta"* contêm gênero e diferença — mas não são uma definição, a menos que consideremos que *uma linha reta* seja definida dessa forma — uma linha reta é uma linha reta; e, ainda que fosse acrescentado algum outro nome, constituído de palavras diferentes, mas significando a mesma coisa, então poderiam ser uma definição do nome em questão. Do que foi dito, pode-se entender como uma definição deve ser definida, ou seja, que ela é uma proposição cujo predicado soluciona o sujeito quando possível; e, quando não consegue, o exemplifica.

15.
As propriedades de uma definição.

Em primeiro lugar, uma definição remove todos os equívocos, e todas as inúmeras distinções usadas por aqueles que pensam que podem aprender filosofia por meio de disputas. A natureza de uma definição é a de definir, isto é, determinar a significação do nome definido, e subtrair dele toda a significação que não esteja contida na própria definição; e, portanto, uma única definição vale tanto quanto todas as distinções (por mais numerosas que sejam) que podem ser aplicadas ao nome definido.

Em segundo lugar, ela fornece uma noção universal da coisa definida, representando uma certa imagem universal dela, não aos olhos, mas à mente. Pois, do mesmo modo que alguém pinta a imagem de um homem, ele pinta a de um homem específico; portanto, aquele que define o nome homem faz uma representação de algum homem à mente.

Em terceiro lugar, não precisamos questionar se as definições devem ser aceitas ou não. Quando um mestre está instruindo seu aluno, se o aluno entende todas as partes da coisa definida que estão solucionadas na definição, e ainda assim não aceita essa definição, não há necessidade de mais controvérsia, pois é como se ele não aceitasse ser ensinado. Entretanto, se não entende nada, a definição é certamente falha; pois a natureza de uma definição consiste em exibir uma ideia clara da coisa definida; e se os princípios não forem conhecidos por si mesmos, não serão princípios.

Em quarto lugar, em filosofia, as definições vêm antes de nomes definidos. O ensino da filosofia feito primeiramente por meio de definições — como também todo seu progresso, até chegarmos ao conhecimento da coisa composta — é compositivo. Assim, visto que definição é a explicação de um nome composto mediante a resolução e a progressão vai das partes para o composto, as definições devem ser entendidas antes que os nomes compostos. Além disso, quando os nomes das partes de uma fala qualquer são explicados, não é necessário que a definição seja um nome composto deles. Por exemplo, quando os nomes, *equilátero*, *quadrilateral*, *de ângulos retos* são suficientemente entendidos, não é necessário que em geometria exista um nome como *quadrado*; pois nomes definidos são admitidos em filosofia apenas em benefício da abreviação.

Em quinto lugar, os nomes compostos, que são definidos de uma forma em uma certa parte da filosofia, podem ser definidos diferentemente em outra parte; da mesma forma que uma *parábola* e uma *hipérbole* têm uma definição em geometria e outra em retórica; pois definições são instituídas e servem para o entendimento da teoria que está sendo tratada. E, portanto, como em uma parte da filosofia, uma definição pode conter em si mesma algum nome adequado para a explicação breve de alguma proposição em geometria; e, por conseguinte, pode possuir a mesma liberdade em outras partes da filosofia, pois o uso de nomes é particular (mesmo quando muitos concordam com seu estabelecimento) e arbitrário.

Em sexto lugar, nenhum nome pode ser definido por uma única palavra, porque nenhuma palavra única é suficiente para solucionar uma ou mais palavras.

Em sétimo lugar, um nome definido não deve ser repetido na definição. Pois um nome definido é um composto por completo, e uma definição é a resolução desse composto em partes, e nenhum todo pode ser parte de si mesmo.

16.
A NATUREZA DE UMA DEMONSTRAÇÃO.

DUAS DEFINIÇÕES que possam ser combinadas em um silogismo produzem uma conclusão; que, por ser derivada de princípios, isto é, de definições, é considerada como sendo demonstrada; e sua própria derivação ou composição é chamada de demonstração. Igualmente, se um silogismo é formado de duas proposições — das quais uma é uma definição e a outra uma conclusão demonstrada; ou nenhuma delas é uma definição, mas ambas foram demonstradas anteriormente — ele também é chamado de demonstração, e assim sucessivamente. Assim, a definição de uma demonstração é esta: *uma demonstração é um silogismo, ou uma série de silogismos derivada e continuada a partir das definições de nomes até a conclusão final.* A partir desse ponto, podemos perceber que todo raciocínio verdadeiro — que tem seu início a partir de princípios verdadeiros — produz ciência, e é uma demonstração verdadeira. Pois, em relação à legitimidade do nome, embora aquilo que os gregos chamavam de ἀπόδειξις, e os latinos de *demonstratio,* fosse entendido por eles apenas como um tipo de raciocínio em que, pela descrição de certas linhas e figuras, colocavam a coisa que queriam provar, da forma como era, frente aos homens — que é propriamente dito ἀποδεικνύιν, ou demonstrado pela forma. Mesmo assim, parecem ter feito isso apenas porque só haveria raciocínio certo em geometria (o único lugar para tais formas); e com exceção da ciência, suas outras teorias não passavam de controvérsia e clamor; o que, no entanto, ocorreu (não porque a verdade a que aspiravam não pudesse ser tornada evidente sem o uso de formas) porque queriam princípios verdadeiros dos quais pudessem derivar seu raciocínio. E, portanto, não há razão para negarmos que, se definições verdadeiras fossem tomadas como premissas em todos os tipos de teorias, as demonstrações também seriam verdadeiras.

17.
AS PROPRIEDADES DE UMA DEMONSTRAÇÃO, E A
ORDEM DAS COISAS A SEREM DEMONSTRADAS.

PRIMEIRO, em uma demonstração metódica e de acordo com as regras do silogismo apresentadas anteriormente, é comum que haja uma sucessão correta de uma razão para a outra.

Segundo, que as premissas de todos os silogismos sejam demonstradas a partir das primeiras definições.

Terceiro, após as definições, que aquele que ensina ou demonstra alguma coisa proceda com o mesmo método pelo qual a descobriu; ou seja, que em primeiro lugar se demonstrem às coisas que imediatamente substituem às definições universais (nas quais está contida a parte da filosofia denominada *philosophia prima*); e, em seguida, as coisas que podem ser demonstradas pelo simples movimento (no qual consiste a geometria). Após a geometria, que se demonstre às coisas que podem ser ensinadas ou mostradas pela ação manifestada, ou seja, pelo empurrar e puxar. E, depois delas, que se demonstre o movimento ou mudança das partes invisíveis das coisas, e a teoria dos sentidos e das imaginações, e das paixões internas, especialmente as dos homens, na qual estão compreendidos os fundamentos dos deveres civis, ou da filosofia civil, que vêm por último. Portanto, fica evidente que este método deve ser mantido por todos os tipos de filosofia, pois as coisas que disse que devem ser ensinadas por último não podem ser demonstradas até que as coisas que devam ser tratadas primeiramente sejam plenamente entendidas. E, desse método, o único exemplo que pode ser dado é o da investigação dos elementos de filosofia, que iniciarei no próximo capítulo e continuarei até o final desta obra.

18.
AS FALHAS DE UMA DEMONSTRAÇÃO.

ALÉM dos *paralogismos* — cuja falha reside na falsidade das premissas ou na falta de uma composição verdadeira — dos quais já falei no capítulo anterior, há ainda dois outros, que são frequentes na demonstração. Um deles é comumente chamado de *petitio principii*; e o outro é considerado como a suposição de uma *falsa causa*; e não apenas enganam alunos inexperientes, mas às vezes os próprios mestres, fazendo com que aceitem algo como "bem demonstrado" quando não está. *Petitio principii* ocorre quando a própria conclusão a ser provada está escondida em outras palavras, e apresentada como uma definição ou princípio a partir do qual deve ser demonstrada; e assim, ao colocarem a própria coisa, ou algum efeito dela, como a causa da coisa buscada, fazem um círculo em sua demonstração. Por exemplo, alguém que pretenda demonstrar que a Terra está imóvel no centro do mundo, suponha que a gravidade da Terra é a causa disso e defina a gravidade como a qualidade pela qual todo corpo pesado tende a mover-se em direção ao centro do mundo terá perdido seu trabalho; pois a questão a ser respondida é: qual é a causa dessa qualidade na Terra? E, portanto, aquele que supõe que a gravidade seja a causa, coloca a própria coisa como sua causa.

Em uma investigação específica, podemos encontrar o exemplo de uma *causa falsa*, onde a coisa a ser demonstrada é o movimento da Terra. Aquele que se propõe a essa investigação começa argumentando que, por não estarem sempre na mesma posição, ou a Terra ou o Sol devem mover-se, o que é verdadeiro; logo em seguida, afirma que os vapores que o Sol eleva da terra e do mar ocorrem necessariamente por causa desse movimento, o que também é verdadeiro; depois, deduz que é essa a origem dos ventos, o que se pode aceitar; e diz ainda que é por meio desses ventos que as águas do mar são movidas e que, em consequência, o fundo do mar também se move, como se estivesse sendo impelido para frente, o que também pode ser aceito; e, a partir de tudo isso, ele conclui que a Terra se move, o que é um paralogismo. Assim, se o vento fosse, desde o início, a causa pela qual a Terra se move, e o movimento do Sol ou da Terra fosse a causa desse vento, então o movimento do Sol ou da Terra existiria antes do próprio vento; e se a Terra estivesse se movendo antes que se produzisse o vento, então o vento não poderia ser a causa da revolução terrestre; mas se o Sol se movesse e a Terra permanecesse parada, então é claro que a Terra poderia permanecer imóvel, apesar do vento; e, portanto, tal movimento não foi produzido pela causa por ele alegada. Entretanto, paralogismos deste tipo são muito frequentes entre aqueles que escrevem sobre *Física*, embora nenhum seja mais elaborado do que o deste exemplo.

19.
Por que o método analítico dos geômetras não pode ser tratado aqui.

Poderia parecer apropriado para alguns se tratássemos aqui sobre a técnica dos geômetras que denominada *logística* por eles; isto é, a técnica pela qual, supondo-se que a coisa em questão seja verdadeira, procedem pelo raciocínio até chegarem a algo conhecido, que os permita demonstrar a verdade da coisa procurada; ou a algo que é impossível, de onde deduzem ser falsa a coisa que acreditavam ser verdadeira. Entretanto, essa técnica não pode ser explicada aqui, pois seu método não pode nem ser praticado nem entendido, exceto pelos bem versados em geometria; e, entre os próprios geômetras, os que conhecem um número maior de teoremas são os mais preparados no uso de tal *logística*; assim, ela não é uma coisa distinta da própria geometria, pois há em seu método três partes. A primeira consiste em descobrir a igualdade entre coisas conhecidas e desconhecidas, denominada equação; e essa equação só pode ser descoberta por quem conhece perfeitamente a natureza, as propriedades e as transposições da proporção, adição, subtração, multiplicação e divisão de linhas e superfícies, e da extração de raízes, que não são partes triviais da geometria. A segunda consiste em, após a descoberta de uma equação, ser capaz de julgar se a verdade ou falsidade da questão pode ou não ser deduzida de si mesma; o que, mais uma vez, requer grande conhecimento. E a terceira é saber como resolver uma equação — se for descoberta e considerada apropriada para a solução da questão — de modo que a verdade e falsidade possam aparecer de forma clara; o que, em questões difíceis, não pode ser feito sem o conhecimento da natureza das figuras com linhas curvas; assim, é um geômetra completo aquele que entende prontamente a natureza e as propriedades dessas figuras. Além disso, não existe um método específico que auxilie alguém na descoberta de equações, mas aqueles que têm a melhor perspicácia natural serão os mais capazes de fazê-lo.

Segunda Parte

Os Primeiros Fundamentos de Filosofia

{ Capítulo VII }

Do Espaço e do Tempo

1. As coisas que não têm existência podem, no entanto, ser compreendidas e computadas.
2. O que é Espaço.
3. Tempo
4. Parte.
5. Divisão.
6. Um.
7. Número.
8. Composição
9. O todo.
10. Espaços e tempos próximos e contínuos.
11. Início, fim, caminho, finito, infinito.
12. O que é infinito em poder. Nada infinito pode ser verdadeiramente considerado como todo, ou um; nem espaços infinitos ou tempos, como muitos.
13. A divisão nunca é feita usando-se o menor.

1.
AS COISAS QUE NÃO TÊM EXISTÊNCIA PODEM, NO ENTANTO, SER COMPREENDIDAS E COMPUTADAS.

No ENSINO da filosofia natural, não posso começar melhor (como já demonstrei) do que a partir da *privação*; mesmo que seja a partir da dissimulação do mundo a ser aniquilado. Porém, na hipótese da aniquilação de todas as coisas, deve-se talvez indagar sobre o que restaria para o homem (o único que excluo dessa aniquilação universal das coisas) considerar como assunto da filosofia, ou de nenhuma maneira ponderar; ou a que dar nomes segundo o raciocínio.

Assim sendo, restariam ao homem as ideias sobre o mundo, e sobre todos os corpos que, antes da aniquilação, havia contemplado com seus olhos, ou percebido por qualquer outro sentido; isso significa a memória e a imaginação das grandezas: movimentos, sons, cores etc., como também de sua ordem e partes. Embora não sejam nada exceto ideias e ilusões, todas essas coisas acontecem em seu interior que as imagina; entretanto, vão aparecer como se fossem externas, e em nada dependentes de qualquer poder da mente. E estas são as coisas às quais ele daria nomes, e os subtrairia, e os combinaria. Ao ver isso, após a destruição de todas as outras coisas, suponho que o homem, em ainda permanecendo, pense, imagine, e tenha lembranças. Não haverá nada para ele pensar, exceto o passado. Além disso, se observarmos de modo diligente o que fazemos quando consideramos e ponderamos, descobriremos que, a despeito de todas as coisas que ainda restam no mundo, tudo o que computamos são as nossas próprias ilusões. Pois quando calculamos as grandezas e os movimentos do Céu ou da Terra, não ascendemos ao Céu de forma que possamos dividi-lo em partes, ou medir seus movimentos, porém fazemos tudo isso sentados e quietos em nossos quartos ou no escuro. Agora, todas as coisas podem se consideradas como acidentes internos de nossa mente, de que maneira as consideramos quando a questão se refere a alguma faculdade da mente; ou como espécies de coisas externas, não realmente existentes, mas apenas parecendo existir; ou tendo existência sem nós. E, dessa forma, vamos agora considerá-las.

2.
O QUE É ESPAÇO.

SE, PORTANTO, nos lembramos, ou tivermos ilusões a respeito de qualquer coisa que existisse no mundo antes da sua suposta aniquilação; ou não considerássemos a coisa como isso ou aquilo, mas somente que existisse sem a mente, teremos, por ora, uma concepção do que chamamos *espaço*: um espaço deveras imaginário, por ser uma mera lembrança, e, no entanto, sendo a mesma coisa para todos os homens. Pois nenhum homem denomina tal coisa de espaço se já estiver ocupado, mas porque pode ser ocupado; igualmente, nenhum homem pensa que os corpos carregam seus lugares consigo, mas que o mesmo espaço contém, às vezes, um corpo, ou um outro corpo que poderia não existir caso o espaço devesse sempre acompanhar o corpo que nele esteve uma vez. É tão evidente que o espaço é definido de modo falso por certos filósofos que eu não deveria pensar que qualquer explicação fosse necessária. Eles inferem desde então que: primeiro, o mundo é infinito (por entenderem o *espaço* como sendo a extensão de seus corpos, e que, por pensarem que a extensão pode aumentar continuamente, inferem que os corpos podem ser estendidos indefinidamente); e segundo, a partir da mesma definição, concluem de maneira imprudente que é impossível, até mesmo para o próprio Deus, a criação de outros mundos. Para eles, se um outro mundo devesse ser criado — visto que não há nada sem este mundo e, portanto (de acordo com sua definição) nenhum espaço — ele deveria ser colocado no nada; entretanto, alegam que o "nada" não pode ser colocado no nada, sem que haja uma razão para tanto. Por outro lado, a recíproca é verdadeira, pois o "mais" não pode ser colocado em um local já ocupado.

Como já falei demais sobre esse assunto, retorno ao meu propósito que é o de definir o espaço: espaço *é simplesmente a lembrança de uma coisa existente sem a mente*; ou seja, a lembrança a quem atribuímos nenhum outro acidente, mas apenas a que aparece sem nossa influência.

3.
Tempo

À MEDIDA que, na mente, um corpo subtrai de uma lembrança sua magnitude, um corpo movido também subtrai uma lembrança de seu movimento; ou seja, uma ideia desse corpo passando de um espaço para outro por meio da sucessão contínua. E essa ideia, ou lembrança, é a que (sem afastar-me muito da opinião comum, ou da definição de *Aristóteles*) chamo de *Tempo*. Pois todos os homens necessitam afirmar que um ano é tempo, ainda que não considerem que seja um acidente ou afeição de qualquer corpo, não no sentido das coisas sem ligações, mas no pensamento da mente. Portanto, quando falam dos tempos de seus predecessores, não pensam que, depois que seus predecessores partirem, seus tempos (de existência) poderão estar em qualquer outro lugar, senão na memória dos que se lembram deles. E para os que dizem que dias, anos, e meses são os movimentos do Sol e da Lua, visto que é a única coisa que alguém pode dizer, movimento *passado* e movimento *destruído*, e que o movimento *futuro* é o mesmo que o movimento *que ainda não começou*, e que ainda dizem, sem querer, que não há, nunca houve, e nunca haverá qualquer tempo — digo que, seja lá o que *foi, poderá*, ou *deverá ser dito*, vocês estão *corretos*. Então, o que mais poderiam ser dias, meses e anos, senão nomes dessas computações em nossa mente? O *Tempo*, portanto, é uma lembrança de movimento; pois, se soubéssemos em quais momentos o tempo passa, usaríamos um ou outro movimento específico, como o do Sol, do relógio, da areia em um relógio de areia; ou traçaríamos uma linha sobre algo que imaginamos que alguma outra coisa seria movida, visto que não há outra forma de percebermos qualquer tempo. Ainda assim, quando digo que o *tempo* é uma lembrança de movimento, não quero dizer que isso é o suficiente para defini-lo; pois a palavra *tempo* compreende o movimento *anterior* e *posterior*, ou de *sucessão* no movimento de um corpo, visto que está primeiro *em um lugar* e depois *em outro*. Assim, podemos definir o *tempo* dizendo que ele *é a lembrança do antes e do depois em um movimento*; o que combina com a definição de *Aristóteles* em que *o tempo é o número de movimentos de acordo com o movimento anterior e posterior*, pois essa numeração é um ato da mente; portanto, pode-se dizer que *o tempo é o número de movimentos de acordo com o movimento anterior e posterior*, ou que também *é uma lembrança de movimentos numerados*. Entretanto, a definição de que *o tempo é a medida do movimento* não é exata, pois medimos o tempo pelo movimento e não o movimento pelo tempo.

4.
Parte.

Denominamos um espaço como *parte* de outro espaço, e um tempo como *parte* de outro tempo, quando contêm os dois e algo a mais. Pode-se deduzir com isso que nada pode ser corretamente denominado de parte, apenas aquilo que pode ser comparado com algo que a possui.

5.
Divisão.

Assim, *dividir ou separar em partes espaço*, ou *tempo*, significa apenas considerar que ambos se possuem; de modo que se algum homem dividisse o espaço ou o tempo, obteria mais concepções diversas do que as partes divididas, pois sua primeira concepção seria a respeito daquilo que deveria ser dividido, depois de alguma parte daquilo, e depois de outra parte daquilo, e assim por diante, contanto que continue dividindo.

Entretanto, devemos observar que, pela *divisão*, não pretendo separar em partes um tempo ou espaço de outro (alguém pensa que um hemisfério pode ser separado de outro, ou a primeira hora da segunda?), mas apenas gerar uma diversidade de considerações, para que essa divisão seja feita com o uso da mente e não com o uso das mãos.

6.
Um.

Quando o espaço ou o tempo está presente entre outros espaços ou tempos, é considerado um, ou seja, *um deles*; pois como apenas um espaço pode ser adicionado a outro, e subtraído de outro espaço e do tempo, seria suficiente dizer simplesmente espaço e tempo, e supérfluo dizer um espaço ou um tempo, se não fosse conveniente conceber que havia outro.

A definição mais comum de *um* — ou seja, aquele *um não separado* — é tão antipática a ponto de causar consequências desastrosas, pois pode sugerir que aquilo que é dividido em muitas coisas (ou que toda coisa dividida) é insignificante.

7.
Número.

Número é *um* e *um*, ou *um, um* e *um*, e assim por diante; ou seja, *um* mais *um* é dois, e *um* mais *um* e mais *um* é três; e dessa forma são feitos todos os outros números; o que significa que todos são um, podendo dizer que *um número é formado por unidades*.

8.
Composição

Para compormos espaço de espaços, ou tempo de tempos, devemos primeiro considerá-los um após o outro, e depois ambos como um; considerando primeiro a cabeça, os pés, os braços e o corpo, separadamente, e depois, de sua soma, o *homem*. E isso, que foi assim considerado para todas as partes, é chamado de todo; e essas partes, quando da divisão do todo, são novamente consideradas separadamente; portanto, o *todo* e *todas as suas partes* são a mesma coisa. E, como observado anteriormente, não é necessário que se isole as partes na *divisão*; assim, na *composição*, deve ser entendido que para a constituição de um todo não há a necessidade de juntarmos as partes para que se toquem, mas apenas imaginá-las como uma única soma na mente. Pois, dessa forma, todos os homens, ao serem considerados juntos, compõem o todo da humanidade, ainda que dispersos pelo tempo e espaço; e doze horas, embora horas de vários dias, podem ser compostas em um número de doze.

9.
O todo.

É evidente que nada pode ser corretamente chamado de todo, que não seja concebido como combinação de partes, e que possa ser dividido em partes; de forma que, se negarmos que uma coisa possui partes, negaremos também que ela seja um todo. Por exemplo, se dissermos que a alma não pode ter partes, afirmaremos que nenhuma alma pode ser completa. Também fica evidente que nada possui partes até que seja dividido; e quando uma coisa é dividida, as suas partes são tantas quanto a sua divisão permitir. Assim, a parte de uma parte é a parte de um todo; e, da mesma forma, qualquer parte do número *quatro*, como o *dois*, é uma parte do número *oito*; pois o *quatro* é feito de *dois* e *dois*, enquanto o *oito* é composto de *dois*, *dois*, e *quatro*; e, portanto, *dois*, que é uma parte de *quatro*, também é uma parte do *oito* como um todo.

10.
Espaços e tempos próximos e contínuos.

Dois espaços são considerados contínuos quando não há outro espaço entre eles. Mas dois tempos, entre os quais não há outro tempo, são chamados de imediatos, como A B e B C. E quaisquer dois espaços, como também os tempos A B C, são considerados contínuos quando possuem uma parte em comum, como A C, B D, onde a parte B C é comum; A B C D e mais espaços e tempos são contínuos quando cada dois que estão próximos são contínuos.

11.
Início, fim, caminho, finito, infinito.

Uma parte que está entre duas outras partes é chamada de MEIO; e aquela que não está entre duas outras partes é chamada de EXTREMO. E dos extremos, aquele que é considerado primeiro é o INÍCIO, e o último, o FIM; e todos os meios juntos são o CAMINHO. Igualmente, *partes extremas e limites* são a mesma coisa. Desse modo, fica evidente que o *início* e o *fim* dependem da ordem que são ordenados; e que *terminar* ou *limitar* espaço e tempo é a mesma coisa que *imaginar seu início e fim*; e que todas as coisas são finitas ou infinitas, de acordo como imaginamos ou não sua *limitação* ou *término* pelo caminho; e que os *limites* de um número são *unidades*; e que, destes limites, aquele que é o primeiro de nossa numeração é o *início*, e aquele que é o último é o *fim*. Quando dizemos que número é *infinito*, apenas queremos dizer que nenhum número pode ser expresso; pois quando falamos dos números dois, três, mil etc. eles são sempre finitos. Entretanto, quando apenas dizemos "número é *infinito*", significa como se disséssemos que o nome *número* é um nome *indefinido*.

12.

O QUE É INFINITO EM PODER. NADA INFINITO PODE SER VERDADEIRAMENTE CONSIDERADO COMO TODO, OU UM; NEM ESPAÇOS INFINITOS OU TEMPOS, COMO MUITOS.

ESPAÇO e tempo são considerados *finitos em poder*, ou *termináveis*, quando se pode atribuir um número de espaços infinitos ou tempos, como passos ou horas, considerando-se que não pode haver número maior da mesma medida nesses espaços ou tempos. Já os *infinitos em poder* são aqueles espaços e tempos, nos quais um número maior de passos ou horas pode ser atribuído. Mas precisamos perceber que: embora nesses espaços ou tempos, que são infinitos em poder, possa-se numerar mais passos e horas do que qualquer número que possa ser atribuído, seus números sempre serão finitos; pois todo número é finito. E por esse raciocínio ser falho, a obrigação de provar que o mundo é finito levou a esta formulação — *se o mundo é infinito, há nele alguma parte que está distante de nós a um número infinito de passos, e que nunca é alcançada; por conseguinte, o mundo não é infinito* — porque essa consequência da proposição principal é falsa; pois em um espaço infinito, de tudo o que consideramos ou formulamos em nossa mente, a distância entre o mesmo e nós é um espaço finito; pois em cada projeção deste local, colocamos um fim àquele espaço, de qual nós mesmos somos o início; e qualquer homem que raciocine dessa forma chegará à mesma conclusão de que o espaço é finito.

Do espaço e do tempo infinito, não se pode dizer que são um *todo* ou *um*. Eles não podem ser um *todo*, porque não são compostos por partes; pois as partes, sejam elas quantas forem, são separadamente finitas, e quando colocadas juntas, também fazem um todo finito. E não podem ser *um*, porque nada pode ser considerado um, exceto se houver outro um para se fazer uma comparação; entretanto, não se pode conceber a existência de dois espaços, ou dois tempos infinitos. Por fim, quando questionamos se um *mundo* pode ser finito ou infinito, não há nada que corresponda à palavra *mundo* em nossas mentes; pois o que quer que imaginarmos será finito, ainda que nossa imaginação alcance as estrelas, ou a milésima esfera. A questão é apenas uma: Deus fez realmente tão perfeita a soma do corpo ao corpo, como somos capazes de fazer do espaço ao espaço.

13.
A DIVISÃO NUNCA É FEITA USANDO-SE O MENOR.

ASSIM, quando ouvimos alguém dizer que espaço e tempo podem ser divididos infinitamente, não devemos inferir que existe uma divisão eterna ou infinita; mas que tudo que é dividido, *é dividido em partes que possam ser novamente divididas; ou que a coisa menos divisível não deve ser usada;* ou, como preferem os geômetras, *nenhuma quantidade é tão pequena, e menos ainda pode ser tirado*; o que pode ser facilmente demonstrado abaixo. Digamos que um espaço ou tempo, aquele considerado menos divisível, fosse dividido em duas partes iguais, A e B. Afirmo que ambos poderiam ser divididos novamente. Pois suponhamos que, por um lado, a parte A seja uma continuação da parte B, e por outro, uma continuação de outro espaço igual a B. Este espaço todo, portanto, por ser maior do que o espaço dado, é divisível. Ou seja, se ele for dividido em duas partes iguais, a parte no meio, que é a parte A, também será dividida em duas partes iguais; e, desse modo, o A pode ser divisível.

{ Capítulo VIII }

DO CORPO E DO ACIDENTE

1. Definição de Corpo.
2. Definição de Acidente.
3. Como um acidente pode ser entendido como estando em seu sujeito.
4. Magnitude, o que é isso.
5. Local, o que é isso, e ele é imóvel.
6. O que é cheio e vazio.
7. Aqui, ali, em algum lugar, o que significam.
8. Muitos corpos não podem estar em um local, nem um corpo pode estar em muitos locais.
9. Contíguo e contínuo, o que são.
10. A definição de movimento. Um movimento é apenas inteligível com o tempo.
11. O que deveria estar parado deveria ter sido movido, e ainda deve ser movido. Nenhum movimento pode ser concebido sem a concepção de passado e futuro.
12. Um ponto, uma linha, superfície e sólido, o que são.
13. Igual, maior e menor em corpos e magnitudes, o que são.
14. O mesmo corpo único tem sempre a mesma magnitude única.
15. Velocidade, o que é isso.
16. Igual, maior e menor em tempo, o que são.
17. Igual, maior e menor em velocidade, o que são.
18. Igual, maior e menor em movimento, o que são.
19. O que está parado, sempre estará parado, a menos que seja movido por alguma coisa externa; e aquilo que é movido, sempre será movido, a menos que seja impedido por alguma coisa externa.
20. Acidentes são gerados e destruídos, o que não ocorre com corpos.
21. Um acidente não abandona seu sujeito.
22. Nem é movido.
23. Essência, forma e matéria, o que são.
24. Primeira Matéria, o que é isso.
25. Por que demonstrar que o todo é maior do que qualquer parte disso.

1.
Definição de Corpo.

Após compreendermos o que é um espaço imaginário, no qual supomos que nada permanece sem nós, exceto que todas aquelas coisas que serão destruídas por existirem até agora deixarão suas imagens em nossas mentes; vamos supor agora que algumas dessas coisas serão colocadas ou criadas novamente no mundo. Entretanto, é necessário que essa coisa recolocada ou criada não preencha apenas alguma parte do espaço mencionado anteriormente, ou que seja coincidente ou um prolongamento dele, mas também que não dependa do nosso pensamento. E isso é o que, pela sua extensão, normalmente chamamos de *corpo*; e porque ele não depende apenas do nosso pensamento, dizemos que é *uma coisa que subsiste em si própria*; e que também *existe* sem nós; e, por fim, é chamado de *sujeito*, pois é colocado e *sujeito* a um espaço imaginário, para que possa ser compreendido pela razão, como também percebido pelos sentidos. Portanto, a definição de *corpo* pode ser esta: *corpo é aquele que não depende do nosso pensamento e que coincide ou prolonga-se com alguma parte de um espaço.*

2.
Definição de Acidente.

Só podemos explicar o que é um acidente por meio de exemplos. Vamos imaginar que um corpo preencha qualquer espaço, ou que se prolonga com ele: que esse prolongamento não é o corpo prolongado; e, igualmente, vamos imaginar que o mesmo corpo seja removido do seu local: que essa remoção não é o corpo removido; ou vamos imaginar que ele não seja removido: que esse não removido ou parado não é o corpo parado. Então, o que são essas coisas? Elas são *acidentes* desse corpo. Mas se as coisas em questão são um acidente, *o que é um acidente?* É uma investigação daquilo que já sabemos, e não daquilo que deveríamos investigar. Pois quem nunca, e da mesma forma, compreende aquele que diz que alguma coisa é estendida ou movida, ou não movida? Mas muitos homens diriam que um acidente é alguma coisa, isto é, alguma parte de uma coisa natural, quando, na verdade, ele não é. Para satisfazer esses homens, a melhor resposta é definir um *acidente* como *a maneira pela qual um corpo é concebido*; o que é como se dissessem que *um acidente é a faculdade de qualquer corpo, pela qual ele elabora em nós um conceito dele mesmo.* Essa definição, embora não seja uma resposta para a pergunta proposta, é uma resposta para a pergunta que deveria ter sido proposta, ou seja, quando acontece que uma parte de qualquer corpo aparece aqui e outra lá? Pois, ela é mais bem respondida assim: *acontece a partir da extensão desse corpo. Ou, como que o corpo todo, por sucessão, é visto aqui e lá?* E a resposta será: *devido ao seu movimento.* Ou, por fim, *quando que qualquer corpo possui o mesmo espaço durante um tempo?* E a resposta será, *porque não é movido.* Pois, se em relação a um nome de um corpo, isto é, em relação a um nome concreto, for perguntado *o que ele é*, a resposta deve ser elaborada de acordo com a definição; pois a pergunta se refere ao significado do nome. Mas, se for perguntado a respeito de um nome abstrato, *o que ele é?* O motivo pelo qual uma coisa aparece de uma forma ou de outra é exigido. Como se for perguntado, *o que é duro?* A resposta será: duro é aquilo, a partir do qual nenhuma parte dá espaço, mas quando o todo dá espaço. Querendo saber, *o que é dureza?* Deve ser apresentada uma causa pela qual uma parte não dá espaço, mas apenas o todo. Portanto, defino um *acidente* como *a forma como concebemos o corpo.*

3.
COMO UM ACIDENTE PODE SER ENTENDIDO COMO ESTANDO EM SEU SUJEITO.

QUANDO um *acidente* é dito *estar contido em um corpo*, não se deve entender que nada mais está contido naquele corpo; como se, por exemplo, o vermelho do sangue fosse igual ao sangue que está em um pano ensanguentado, isto é, como uma parte em um todo; assim, um acidente também seria um corpo. Mas, como a magnitude, ou descanso, ou movimento, está no que é grande, no que é parado, no que é movido (o que é entendido da forma que cada homem entende), também deve ser entendido que alguns acidentes *estão em* seus sujeitos. E isso também é explicado por Aristóteles de forma negativa, ou seja, que um *acidente está em seu sujeito, não como qualquer parte, mas de modo que, mesmo longe, o sujeito ainda sim permanecerá.* O que parece correto, sendo que há certos acidentes que nunca perecem, a não ser que o corpo também pereça; pois nenhum corpo pode ser concebido sem extensão ou figura. Todos os outros acidentes, que não são comuns a todos os corpos, mas peculiares a alguns, como *estar parado, ser movido, cor, dureza* etc., perecem continuamente, e são sucedidos por outros; garantindo, assim, que um corpo nunca pereça. E em relação à opinião que algumas pessoas têm de que todos os outros acidentes não estão em seus corpos da mesma forma que a extensão, o movimento, o descanso, ou a figura estão (por exemplo: que cor, calor, odor, virtude, vício etc., estão neles de forma *inerente*), gostaria que guardassem seu julgamento até que, por meio do raciocínio, fosse descoberto se esses mesmos acidentes também são movimentos da mente do observador, ou dos próprios corpos observados; pois grande parte da filosofia natural consiste dessa descoberta.

4.
Magnitude, o que é isso.

A *extensão* de um corpo é a mesma coisa que a sua *magnitude*, que algumas pessoas chamam de *espaço real*. Mas essa *magnitude* não depende da nossa cogitação, como o espaço imaginário depende; pois ele é um efeito da nossa imaginação, já a *magnitude* é a causa dela. Um corpo existir fora da mente é um acidente da mente.

5.
Local, o que é isso, e ele é imóvel.

O espaço, que entendo aqui como imaginário, que é coincidente com a magnitude de qualquer corpo, é chamado de *local* daquele corpo; e o próprio corpo é aquilo que chamamos de a *coisa colocada*. O local e a magnitude da coisa colocada diferem. Em primeiro lugar, um corpo mantém a mesma *magnitude*, tanto parado como em movimento; e quando é movido, não mantém o mesmo *local*. Em segundo lugar, esse *local* é uma lembrança de qualquer corpo de grande quantidade e figura; e a *magnitude* é o acidente peculiar de cada corpo; pois um corpo pode, seguidas vezes, mover-se para vários locais e, mesmo assim, sempre manter a mesma magnitude. Em terceiro lugar, esse *local* não é uma produção da mente, nem a *magnitude* de qualquer coisa em seu interior. E finalmente, *local* é uma extensão aparente, e a *magnitude* é uma extensão verdadeira; e um corpo colocado não é uma extensão, mas uma coisa estendida. Além disso, um *local é imóvel*; pois, visto que aquilo que é movido é considerado levado de um local à outro; e se um local fosse movido, poderia também ser levado de um local a outro, e daquele a outro, e assim infinitamente, o que é ridículo. E de acordo com aqueles que, ao considerarem um local como sendo da mesma natureza que um *espaço real*, sustentam que ele é imóvel e também consideram um local, embora não percebam que o fazem, uma mera lembrança. Portanto, enquanto uns afirmam que um local é imóvel, porque um espaço, em geral, é lá considerado, se tivessem lembrado que nada é geral ou universal além de nomes e signos teriam facilmente visto que aquele espaço, que consideram geral, nada mais é do que uma lembrança, na mente ou na memória, de um corpo de grande magnitude e figura. E enquanto outros dizem que o espaço real é feito imóvel pelo entendimento; como quando, sob a superfície da água corrente, imaginamos que, pelas águas fluindo em sucessão contínua, a superfície fixada lá pelo entendimento seja o *local imóvel* do rio: isso só poderia ser considerado uma lembrança, embora feito de forma obscura e com palavras confusas? Por fim, a natureza de um local não consiste na *superfície do ambiente*, mas em um *espaço sólido*; pois todo o corpo colocado é prolongado com seu local todo, e cada uma de suas partes com cada parte do mesmo local; mas sendo cada corpo colocado uma coisa sólida, não pode ser compreendido como prolongado com a superfície. Além disso, como cada corpo inteiro pode ser movido, exceto se suas partes forem movidas simultaneamente como ele? Ou como podem suas partes internas serem movidas, exceto após deixarem seu local? As partes internas de um corpo não podem deixar a superfície de uma parte externa contígua a ele; e, portanto, segue que se um local for a superfície do ambiente, então as partes de um corpo movido, isto é, corpos movidos, não são movidas.

6.
O QUE É CHEIO E VAZIO.

ESPAÇO ou local processado por um corpo é chamado de *cheio*; e o não processado é chamado de *vazio*.

7.
AQUI, ALI, EM ALGUM LUGAR, O QUE SIGNIFICAM.

AQUI, lá, no interior, na cidade etc., cuja resposta é oferecida para a pergunta *"onde é?"* não são propriamente nomes de locais, nem trazem à mente o local procurado; pois *aqui* e *lá* não significam nada, a menos que a coisa seja apontada ao mesmo tempo com o dedo ou algo do tipo; mas quando o olho daquele que busca é, por meio do apontar ou outro sinal, direcionado à coisa que busca, o seu local não é aqui definido por aquele que responde, mas descoberto por aquele que faz a pergunta. Essas amostras são feitas apenas por palavras, como quando dizemos, *no interior, na cidade,* são latitudes maiores do que outras, como quando dizemos, *no interior, na cidade, em tal rua, em uma casa, no quarto, na cama etc.* Pois levam àquele que busca mais próximo do local apropriado; e, ainda sim, não determinam o mesmo, mas apenas o contém em um espaço menor, significando nada mais do que o local da coisa está para um certo espaço determinado por essas palavras, como uma parte está para o todo. E todos esses nomes, pelos quais a resposta é elaborada para a pergunta *"onde?"*, têm, pelo seu maior gênero, o nome *"em algum lugar"*. A partir disso, pode ser entendido que tudo o que está *"em algum lugar"* é, em algum lugar, propriamente assim chamado, cujo local é parte daquele grande espaço denominado por alguns desses nomes, *no interior, na cidade* etc.

8.
MUITOS CORPOS NÃO PODEM ESTAR EM UM LOCAL, NEM UM CORPO PODE ESTAR EM MUITOS LOCAIS.

UM CORPO, a magnitude e o local são divididos por um mesmo ato da mente; pois, ao dividir um corpo estendido e a sua extensão, a ideia que se tem disso é denominada local, sendo a mesma coisa que dividir qualquer uma delas; e, por serem coincidentes, isso só pode ser feito pela mente, ou seja, pela divisão do espaço. Assim, torna-se evidente que dois corpos não podem ocupar o mesmo local, nem um corpo estar em dois locais ao mesmo tempo. Nem dois corpos no mesmo local; porque quando um corpo que preenche seu local por completo é dividido em dois, o próprio local também é dividido em dois, para que haja dois locais. Nem um corpo em dois locais; pois o local que um corpo preenche, sendo dividido em dois, o corpo colocado também será dividido em dois; pois, como já disse, um local e o corpo que preenche esse local são divididos juntos, havendo, assim, dois corpos.

9.
CONTÍGUO E CONTÍNUO, O QUE SÃO.

DOIS CORPOS são considerados *contíguos* entre si, e *contínuo*, da mesma maneira como os espaços são; ou seja, *esses corpos são contíguos quando não há espaço entre eles*. Agora, entendo aqui como espaço uma ideia ou uma aparência de um corpo. Portanto, ainda que entre dois corpos seja colocado outro corpo, e consequentemente nenhuma magnitude, ou espaço real, como a chamam, se outro corpo for colocado entre eles, isto é, se qualquer outro espaço imaginário que possa receber outro corpo interceder, então esses corpos não serão contíguos. E sendo isso muito fácil de ser compreendido, imagino que alguns homens, suficientemente habilidosos em filosofia, tenham opiniões diferentes, mas acredito ainda que muitos deles que afetam as sutilezas da metafísica se distanciam da verdade, como se fossem induzidos por um *fogo-fátuo*. Pode um homem de bom senso achar que dois corpos devem necessariamente se tocar por que nenhum outro corpo está entre eles? Ou que não pode haver um *vácuo*, pois *vácuo* não é nada, ou como chamam, *non ens*. O que é uma criancice, como se alguém devesse raciocinar assim: nenhum homem pode jejuar, pois jejuar significa não comer *nada*; mas o *nada* não pode ser comido. *Contínuo significa quaisquer dois corpos que tenham uma parte em comum; e mais do que dois são contínuos, quando eles, que estão próximos, são contínuos.*

10.
A DEFINIÇÃO DE MOVIMENTO. UM MOVIMENTO É APENAS INTELIGÍVEL COM O TEMPO.

O MOVIMENTO *é o desprendimento contínuo de um local, e a aquisição de outro;* e esse local que é desprendido é normalmente chamado de *terminus a quo*, e aquele que é adquirido é chamado de *terminus ad quem;* eu chamo de desprendimento contínuo, pois nenhum corpo, por menor que seja, pode total e inteiramente ir de seu local anterior para outro; portanto, essa mesma parte dele estará em uma parte de um local comum a ambos, isto é, aos locais desprendidos e adquiridos. Por exemplo, estando um corpo qualquer no local A C B D; o mesmo corpo não pode ir para o local B D E F, mas deve primeiramente estar em G H I K, cuja parte G H B D é comum a ambos locais A C B D e G H I K, e cuja parte B D I K é comum a ambos os locais G H I K e B D E F. Agora, não pode ser concebido que qualquer coisa possa ser movida sem tempo; pois o tempo é, por definição própria, uma lembrança, isto é, uma concepção de movimento; e, entretanto, conceber que qualquer coisa possa ser movida sem tempo seria como conceber o movimento sem movimento, o que é impossível.

11.
O QUE DEVERIA ESTAR PARADO DEVERIA TER SIDO MOVIDO, E AINDA DEVE SER MOVIDO. NENHUM MOVIMENTO PODE SER CONCEBIDO SEM A CONCEPÇÃO DE PASSADO E FUTURO.

AQUILO que está parado, durante qualquer tempo, está em um local; e aquilo que está para ser movido, ou que foi movido, estando agora parado ou movido, estava em local diferente daquele que está agora. Assim, pode-se deduzir que, primeiro, *o que quer que* está se *movendo ou foi movido;* pois se esteve no mesmo local que estava antes estaria parado pela definição de *parado;* mas se estivesse em outro local, teria sido movido pela definição de *movimento.* Segundo, aquilo *que é movido, ainda será movido;* pois deixou o local onde estava e, portanto, estará em outro local, e consequentemente será movido novamente. Terceiro, *seja lá o que for movido, não está em um local a qualquer hora, mesmo que por um curto espaço de tempo;* pois, pela definição de parado, aquilo que está em um local a qualquer hora está parado.

Há um certo argumento contra o movimento, que parece surgir da falta de entendimento dessa última proposição. Pois as afirmações, *se um corpo é movido, é movido tanto do local em que está, como do local em que não está, são ambas falsas*; e, portanto, *nada é movido.* Mas a falsidade está na proposição principal; pois aquilo que é movido, não é movido *no* local em que está, nem *no* local em que não está; mas *do* local em que está *para* o local em que não está. Realmente isso não pode ser negado, mas aquilo que é movido o faz para algum lugar, ou seja, para um espaço; mas, então, o local desse corpo não é um espaço total, mas apenas uma parte dele, como expliquei no artigo 7 anteriormente. A partir do que foi demonstrado até agora, isto é, aquilo que é movido também foi movido, e será movido; e pode-se também conceber a ideia de que pode não haver uma concepção de movimento sem que se considere o passado e o futuro.

12.
Um ponto, uma linha, superfície e sólido, o que são.

Embora não haja corpo que não tenha alguma magnitude, mesmo quando qualquer corpo é movido, e essa magnitude não for considerada, a forma produzida por ele é chamada de *linha,* ou de uma *dimensão única;* e o espaço pelo qual passa é chamado de *comprimento*; e o próprio corpo, de *ponto*; na percepção de que a Terra é chamada de *ponto*, e a forma da sua mudança anual, de *linha eclíptica.* Mas se um corpo movido for considerado *longo* e supostamente movido a ponto de todas as suas várias partes serem compreendidas como compostas de várias linhas, então a forma de cada parte desse corpo é chamada de *largura*, e o espaço produzido chamado de *superfície*, composta de duas dimensões, uma em que cada parte da outra seja aplicada como um todo. Novamente, se um corpo for considerado como tendo *superfícies* e movido de tal forma que todas as suas partes descrevam várias linhas, então a forma de cada parte desse corpo será chamada de *espessura* ou *profundidade*, e o espaço produzido chamado de *sólido*, composto de duas dimensões em que duas partes serão aplicadas totalmente sobre a terceira parte.

Mas se um corpo for considerado como *sólido*, não será possível que todas as suas partes sejam descritas em várias linhas; pois seja lá como for movido, a forma da parte que precede cairá sobre a forma da parte que a antecede, fazendo com que o mesmo corpo sólido continue produzindo, o que a superfície primária produziria por si própria. E, portanto, não pode haver outra dimensão em qualquer corpo, enquanto for um corpo, além das três que acabei de descrever; embora, como será demonstrado mais tarde, a *velocidade*, que é movimento de acordo com *comprimento*, pode, ao ser aplicada a todas as partes de um *sólido*, produzir uma magnitude de movimento, composta de quatro dimensões; como o ouro, computado em todas as suas partes, que produz seu próprio preço e valor.

13.
Igual, maior e menor em corpos e magnitudes, o que são.

Corpos, quantos forem, que possam preencher o espaço de cada um, são considerados *iguais* uns aos outros. Agora, um corpo pode preencher o mesmo local que outro corpo, embora não seja da mesma figura que esse corpo, se puder ser reduzido a mesma figura do outro, tanto por flexão quanto por transposição das partes. E *um corpo é maior que outro corpo quando uma parte for igual a todas as outras; e menor, quando todas as outras forem iguais a uma parte*, também *algumas magnitudes* serão *iguais*, ou *maiores*, ou *menores*, do que outras, pela mesma consideração, isto é, quando os corpos, dos quais são magnitudes, são *iguais*, ou *maiores*, ou *menores* etc.

14.
O mesmo corpo único tem sempre a mesma magnitude única.

O mesmo corpo único tem sempre a mesma magnitude única. Pois sendo um corpo, a magnitude e o local não compreendidos na mente, a menos que sejam coincidentes, se qualquer corpo for entendido como parado, isto é, permaneça no mesmo local durante algum tempo, estando a magnitude em uma parte desse tempo maior, e em outra parte menor, o local desse corpo, que é único, será coincidente, ocasionalmente, com uma magnitude maior ou menor, isto é, o mesmo local será maior e menor do que si mesmo, o que é impossível. Mas não haveria a necessidade de demonstrar uma coisa tão clara como essa se não houvesse pessoas cuja opinião, em relação aos corpos e suas magnitudes, fossem de que um corpo pode existir separadamente da sua magnitude, e ter maior ou menor magnitude sobre ele, fazendo uso deste princípio para a explicação da natureza de *rarum* e *densum*.

15.
VELOCIDADE, O QUE É ISSO.

O MOVIMENTO, visto que certo comprimento pode, em certo tempo, ser transmitido por ele, é chamado de *velocidade* ou *rapidez*. Pois, embora a palavra *rápido* seja frequentemente entendida como rapidez menor ou mais lenta, da mesma forma que maior é entendido em relação a menor, a magnitude é entendida absolutamente por extensão pelos filósofos; assim como a velocidade, ou a rapidez, pode ser entendida absolutamente pelo movimento de acordo com o comprimento.

16.
IGUAL, MAIOR E MENOR EM TEMPO, O QUE SÃO.

MUITOS movimentos são considerados produzidos em tempos iguais, quando cada um deles começa e termina junto com outro movimento. Pois o tempo, que é uma lembrança, pode ser reconhecido apenas por algum movimento exposto; como na rotação pelo movimento do sol ou da mão; e se dois ou mais movimentos começam e terminam com esse movimento, são considerados produzidos em tempos iguais; a partir disso, também fica fácil entender o que é para ser movido em tempo maior ou mais longo, e em tempo menor ou mais curto; ou seja, que aquilo que é movido em tempo maior e começa com outro termina mais tarde; ou termina junto e começa mais cedo.

17.
IGUAL, MAIOR E MENOR EM VELOCIDADE, O QUE SÃO.

MOVIMENTOS são considerados igualmente rápidos quando comprimentos iguais são transmitidos em tempos iguais; e uma maior rapidez ocorre quando o comprimento maior é passado em tempo igual, ou comprimento igual em tempo menor. Também, aquela rapidez pela qual comprimentos iguais são passados em partes iguais de tempo é chamada de rapidez ou movimento *uniforme*; e os movimentos não uniformes que se tornam mais rápidos ou mais lentos pelo aumento ou diminuição igual em partes iguais de tempo são considerados acelerados ou atrasados *uniformemente*.

18.
IGUAL, MAIOR E MENOR EM MOVIMENTO, O QUE SÃO.

MAS o movimento é considerado maior, menor e igual não apenas em relação ao comprimento transmitido em um certo tempo, isto é, em relação apenas à rapidez, mas também pela rapidez aplicada à cada partícula de magnitude; pois quando qualquer corpo é movido, cada parte dele também é movida; e se as partes forem metades, os movimentos dessas metades terão rapidez igual, sendo exatamente igual a do todo; mas o movimento do todo é igual a esses dois movimentos, dos quais ambos são de rapidez igual a dele; e, portanto, uma coisa são dois movimentos serem iguais, e outra coisa são serem igualmente rápidos. E isso fica evidente em dois cavalos que correm emparelhados, onde o movimento de ambos juntos é igualmente rápido ao movimento dos dois separados, e o movimento de ambos é maior do que o movimento de um deles, ou seja, o dobro. Portanto, *os movimentos são considerados simplesmente iguais quando a rapidez de um, computada em cada parte de sua magnitude, é igual à rapidez do outro, computada também em cada parte da sua magnitude; e uma maior do que a outra, quando a rapidez de uma, computada como dito anteriomente, é maior do que a rapidez da outra computada da mesma forma; e menor, quando menor.* Além disso, a magnitude do movimento computado dessa forma é aquela que é normalmente chamada de força.

19.

O QUE ESTÁ PARADO, SEMPRE ESTARÁ PARADO, A MENOS QUE SEJA MOVIDO POR ALGUMA COISA EXTERNA; E AQUILO QUE É MOVIDO, SEMPRE SERÁ MOVIDO, A MENOS QUE SEJA IMPEDIDO POR ALGUMA COISA EXTERNA.

O QUE *está parado, estará sempre parado, a menos que haja outro corpo além dele, que, pela determinação do movimento, ocupando seu lugar, faça com que se mova. Pois suponhamos que algum corpo finito exista e esteja parado, e que todo espaço além dele esteja vazio*; Se, agora, este corpo começar a ser movido, ele certamente será movido de alguma forma; visto que não há nada nesse corpo que não o faça parar. A razão pela qual ele é movido dessa forma está em algo externo a ele; e, por conseguinte, se tivesse sido movido de qualquer outra forma, a razão do movimento também estaria em algo externo a ele; mas, sendo que nada está externo a ele, a razão do seu movimento de uma forma seria a mesma do seu movimento de outra; e, assim, ele seria movido igualmente da mesma forma ao mesmo tempo; o que é impossível.

Portanto, *algo que é movido sempre será movido, exceto quando houver outro corpo além dele, fazendo com que pare.* Pois, se supormos que nada pode estar com ele, não haverá motivo para que fique parado, a não ser outro tempo; assim, seu movimento cessaria em cada partícula de tempo de forma semelhante; o que não é inteligível.

20.

ACIDENTES SÃO GERADOS E DESTRUÍDOS, O QUE NÃO OCORRE COM CORPOS.

QUANDO dizemos que um ser vivo, uma árvore, ou qualquer outro corpo é *gerado* ou *destruído*, não devemos entender que foi feito um corpo de alguma coisa que não é corpo, ou não um corpo de um corpo, mas de um ser vivo e não um ser vivo de uma árvore e não uma árvore etc., isto é, que os acidentes pelos quais chamamos uma coisa de ser vivo, outra coisa de árvore, e outra de outro nome, são gerados e destruídos; e que, portanto, os mesmos nomes não devem ser atribuídos a eles agora, pois foram atribuídos anteriormente. Assim, a magnitude pela qual atribuímos a qualquer coisa o nome de corpo não é gerada ou destruída. Pois mesmo que fizermos de conta que um buraco possa se abrir para receber algo maior, e depois se fechar; isto é, mesmo que imaginarmos que algo possa existir onde antes nada existia, e nada estar lá quando lá havia algo, não compreenderíamos como isso poderia ser feito. E, portanto, filósofos, aqueles que se apegam a razões naturais, afirmam que corpos não podem ser gerados ou destruídos, mas que se isso ocorre é apenas em *espécies* diferentes e consequentemente recebem nomes diferentes; assim, aquilo que agora é chamado de homem pode ter sido chamado de não homem; e aquilo que é chamado de corpo não pode nunca ter sido chamado de não corpo. É evidente que todos os outros acidentes, além da magnitude ou extensão, podem ser gerados e destruídos; da mesma forma que uma coisa branca pode ser feita preta, a sua brancura terminou, e a negritude que não havia antes foi agora gerada. Portanto, os corpos e os acidentes sob os quais aparecem de forma diversa têm essa diferença que corpos são coisas, e não gerados; acidentes são gerados, e não coisas.

21.
UM ACIDENTE NÃO ABANDONA SEU SUJEITO.

E, PORTANTO, quando alguma coisa parece diferente por causa de outros acidentes, não se deve pensar que um acidente sai de um sujeito para dentro de outro (pois não são, como já disse, em seus sujeitos como parte de um todo, ou como uma coisa contida naquilo que a contém, ou como um pai de família em sua casa) e quando um acidente perece, outro é gerado. Por exemplo, quando a mão, sendo movida, mexe a caneta, o movimento não sai da mão para a caneta; assim, a escrita pode continuar, apesar da firmeza da mão; e um novo movimento é gerado na caneta, tal movimento é o movimento da caneta.

22.
NEM É MOVIDO.

E, PORTANTO, também é impróprio dizer que um acidente é movido; como quando, em vez de dizermos que *uma figura é um acidente de um corpo levado, dizemos que um corpo leva a sua figura.*

23.
Essência, forma e matéria, o que são.

Agora, esse acidente que usamos para nomear qualquer corpo, ou o acidente que denomina seu sujeito, é normalmente chamado de essência, assim como a racionalidade é a essência de um homem; a brancura, qualquer coisa branca e a extensão, a essência de um corpo. Essa mesma essência, à medida que é gerada, é chamada de forma. Novamente, um corpo, em relação a qualquer acidente, é chamado de sujeito; e, em relação à forma, o mesmo corpo é chamado de matéria.

Também, a produção ou extinção de qualquer acidente faz com que seu sujeito sofra uma *mudança*; apenas a produção ou extinção da forma faz com que seja considerado *gerado ou destruído*; entretanto, em toda geração e mutação, o nome *matéria* permanece o mesmo. Pois uma mesa de madeira não é apenas feita de madeira, mas também é a própria madeira; e uma estátua de bronze não é apenas feita de bronze, mas é o próprio bronze; embora Aristóteles, em sua *Metafísica*, diga que tudo que é feito de alguma coisa não deva ser chamado de ἐκεινὸ, mas de ἐκέινινον; como aquilo que é de madeira não deve ser chamado de ξύλον, mas de ξύλινον, isto é, não de *madeira*, mas *feito de madeira*.

24.
Primeira Matéria, o que é isso.

E em relação à matéria comum a todas as coisas que os filósofos, seguidores de Aristóteles, normalmente chamam de *matéria-prima*, ou seja, *primeira matéria*, ela não é qualquer corpo distinto de todos os outros corpos, nem é um deles. O que é então? Um mero nome; mesmo assim, um nome que não é usado em vão; pois significa uma concepção de corpo, sem a consideração de qualquer forma ou outro acidente, exceto magnitude e extensão, e disposição para receber forma e outro acidente. Portanto, o que usarmos do nome *corpo em geral*, se usarmos o da *matéria-prima*, estará ótimo. Pois quando um homem sem saber o que veio primeiro, água ou gelo, descobre qual deles é a matéria de ambos, ficará satisfeito em supor a existência de uma terceira matéria; portanto, aquele que descobrir qual é a matéria de todas as coisas deverá supor que não é a matéria de qualquer coisa que existe. Assim, *matéria-prima* não é nada; e não é atribuído a ela forma ou qualquer outro acidente, apenas quantidade; considerando que todas as coisas singulares têm suas formas e acidentes, a *matéria-prima* é um corpo em geral, isto é, o corpo considerado universalmente, não por sua forma ou acidente, mas por sua quantidade.

25.
POR QUE DEMONSTRAR QUE O TODO É MAIOR DO QUE QUALQUER PARTE DISSO.

DE ACORDO com o que já foi dito, esses axiomas podem ser demonstrados, o que é presumido por Euclides no início do seu primeiro elemento, sobre a igualdade e desigualdade de magnitudes; que, omitindo o restante, irei aqui demonstrar que o *todo é maior do que qualquer uma de suas partes*; para que o leitor possa compreender que esses axiomas são demonstráveis e, portanto, não são princípios de demonstração; e, a partir disso, aprenda-se a desconfiar que nem tudo é um princípio. *Maior* é definido como aquilo cuja parte é igual ao todo de outra parte. Agora, se supormos que qualquer todo seja A, e uma parte dele seja B; sendo que o todo B é igual a ele mesmo, e o mesmo B é uma parte de A; assim, uma parte de A será igual ao todo B. Portanto, pela definição anterior, A é maior do que B; conforme demonstrado.

{ Capítulo IX }

DA CAUSA E DO EFEITO

1. Ação e paixão, o que são.
2. Ação e paixão, mediata e imediata.
3. Causa simplesmente tomada. Causa sem a qual nenhum efeito se segue, ou causa necessária por suposição.
4. Causa eficiente e material.
5. Uma causa inteira é sempre suficiente para produzir o seu efeito. No mesmo instante em que a causa é inteira, o efeito é produzido. Todo efeito tem uma causa necessária.
6. A geração de efeitos é contínua. O que é o começo na causa.
7. Não há causa do movimento, a menos que seja em um corpo contíguo e movido.
8. Os mesmos agentes e pacientes, se dispostos de forma semelhante, produzem efeitos semelhantes, porém, em momentos diferentes.
9. Toda mutação é movimento.
10. Acidentes contingentes, o que são.

1.
Ação e paixão, o que são.

É dito que um corpo trabalha sobre ou *age*, isto é, *faz* algo a outro corpo quando gera ou destrói algum acidente neste corpo: e o corpo em que um acidente é gerado ou destruído *sofre*, ou seja, tem algo feito a ele por outro corpo; como quando um corpo é colocado em movimento por outro corpo que gera movimento nele, tal corpo é chamado de AGENTE; e o corpo no qual o movimento é então gerado é chamado de PACIENTE; assim, o fogo que aquece a mão é o *agente*, e a mão, que é aquecida, é o *paciente*. Esse acidente, que é gerado no paciente, é chamado de EFEITO.

2.
Ação e paixão, mediata e imediata.

Quando um agente e um paciente são contínuos um ao outro, sua ação e paixão são, então, ditas *imediatas*, caso contrário, *mediatas*, e quando outro corpo, encontrando-se entre o agente e paciente, é contíguo a ambos, é então tanto um agente e um paciente; um agente em relação ao corpo próximo a ele sobre o qual trabalha, e um paciente em relação ao corpo seguinte, do qual sofre a ação. Além disso, se muitos corpos são tão demandados que cada dois próximos um ao outro são contíguos, então todos os que estão entre o primeiro e o último são ambos agentes e pacientes, e o primeiro é um agente apenas, e o último somente um paciente.

3.
Causa simplesmente tomada. Causa sem a qual nenhum efeito se segue, ou causa necessária por suposição.

Um agente é tido para *produzir* determinado ou certo efeito no paciente, de acordo com algum acidente ou acidentes, com o qual tanto o agente quanto o paciente são afetados; isto é, o agente tem o seu efeito precisamente como agente, não por ser um corpo, mas por ser um agente, ou então corpo movido. Pelo contrário, todos os agentes, visto que são todos corpos parecidos, produziriam efeitos semelhantes em todos os pacientes. E, portanto, o fogo, por exemplo, não esquenta por ser um corpo, mas por ser quente; nenhum corpo coloca em movimento outro corpo por ser um corpo, mas por ser movido para o lugar desse outro corpo. A causa, portanto, de todos os efeitos consiste em certos acidentes, tanto em agentes quanto em pacientes; quando estão todos presentes, o efeito é produzido; mas se qualquer um deles faltar, o efeito não é produzido; e esse acidente, do agente ou do paciente, sem o qual o efeito não pode ser produzido, é chamado *causa sine qua non*, ou *causa necessária por suposição*, como também é a *causa requisito para a produção do efeito*. Mas uma CAUSA simplesmente, ou *uma causa inteira, é o agregado de todos os acidentes de ambos os agentes, sejam quantos forem, e o paciente, juntos; quando todos estão supostamente presentes, somente pode ser entendido que o efeito é produzido no mesmo instante; e caso falte algum deles, somente pode ser entendido que o efeito não é produzido.*

4.
Causa eficiente e material.

O TOTAL de acidentes no agente ou nos agentes, requisito para a produção do efeito produzido, é chamado de *causa eficiente* desse fato; e o total de acidentes no paciente, sendo o efeito produzido, normalmente é chamado de *causa material*. Falo do efeito sendo produzido; pois onde não há efeito, não pode haver causa; nada pode ser chamado de causa onde não há nada que possa ser chamado de efeito. Mas tanto a causa eficiente quanto a material são parciais, ou partes dessa causa, que no artigo anterior chamei de causa inteira. E, a partir daí, fica claro que o efeito que esperamos, embora os agentes não sejam defeituosos de sua parte, podem, contudo, serem frustrados por um defeito no paciente; e quando o paciente é suficiente, por um defeito nos agentes.

5.
Uma causa inteira é sempre suficiente para produzir o seu efeito. No mesmo instante que a causa é inteira, o efeito é produzido. Todo efeito tem uma causa necessária.

Uma CAUSA inteira é sempre suficiente para a produção do efeito se o efeito for possível. Para deixar qualquer efeito que seja considerado para ser produzido; se for produzido, é evidente que a causa que o produziu foi uma causa suficiente; mas se não for produzido, e ainda for possível, é evidente que algo estava faltando em algum agente, ou em algum paciente, sem o qual não poderia ter sido produzido; ou seja, que algum acidente requisitado para a sua produção estava faltando e, portanto, que a causa não foi inteira, o que é o contrário do que era suposto.

Entende-se também a partir disso que, em qualquer instante, a causa é inteira, no mesmo instante em que o efeito é produzido. Porque, se não é produzido, algo que é requisito para a sua produção ainda está faltando; e, portanto, a causa não foi inteira, como se supunha.

Supondo-se que uma causa necessária seja definida para ser uma causa necessária, só resta ao efeito acontecer. Isso também pode ser entendido como qualquer que seja o efeito produzido a qualquer momento, ele só é produzido por uma causa necessária. Para qualquer coisa que seja produzida, à medida que é produzida, tendo uma causa inteira, isto é, tendo todas essas coisas que se supõem, pode-se apenas entender que o efeito acontece; ou seja, havia uma causa necessária. E da mesma forma pode ser mostrado que quaisquer que sejam os efeitos a serem produzidos, eles devem ter uma causa necessária, de modo que todos os efeitos que foram ou serão produzidos doravante tenham uma causa necessária; dessa forma todos os efeitos que foram ou serão produzidos têm sua necessidade nas coisas antecedentes.

6.
A GERAÇÃO DE EFEITOS É CONTÍNUA.
O QUE É O COMEÇO NA CAUSA.

E A PARTIR disso, quando a causa é inteira, o efeito é produzido no mesmo instante, é evidente que a causa e a produção de efeitos consiste em certo progresso contínuo; pois, como há uma mutação contínua no agente, ou nos agentes, pelo trabalho de outros agentes sobre eles, assim como o paciente sobre os quais trabalham é continuamente alterado e mudado. Por exemplo: como o calor do fogo aumenta mais e mais, assim também os seus efeitos, ou seja, o calor dos corpos que estão ao lado dele e, novamente, de outros corpos que estão ao lado deles aumenta mais e mais em conformidade; já não é pequena a discussão que toda mutação

Elementos da Filosofia — Capítulo **IX** — 127

consiste somente em movimento; a verdade será demonstrada mais à frente no artigo 9. Mas neste progresso de causa, isto é, de ação e paixão, se alguém entender em sua imaginação uma parte dele, e dividi-lo em partes, a primeira parte ou início somente pode ser considerada como ação ou causa; pois, se isso deve ser considerado como efeito ou paixão, então seria necessário considerar algo antes disso, por sua causa ou ação; o que não pode ser, pois nada pode ocorrer antes do início. Dessa maneira, a última parte é considerada apenas como efeito; pois não pode ser chamado de causa, se nada segui-lo; mas, após o último, nada segue. E a partir daí é que em todas as ações o início e a causa são considerados a mesma coisa. E cada uma das partes intermediárias são ambas ação e paixão, e causa e efeito, conforme são comparadas com a parte antecedente ou subsequente.

7.
Não há causa do movimento, a menos que seja em um corpo contíguo e movido.

Pode não haver causa de movimento, exceto em um corpo contínuo e movido. Para que existam quaisquer dois corpos não contínuos, e entre os quais o espaço intermediário é vazio, ou, se preenchido, cheio com outro corpo em repouso; estando um dos corpos propostos supostamente em repouso, digo que estará sempre em repouso. Pois, se deve ser movido, a causa desse movimento expressa no 8º capítulo, artigo 19, será algum corpo externo; e, portanto, se entre ele e o corpo externo não houver nada senão espaço vazio, então qualquer que seja a disposição do corpo externo ou do paciente em si, ainda que em repouso, podemos conceber que continuará em repouso até ser tocado por algum outro corpo. Mas a causa, por definição, é o total de todos esses acidentes, que supondo estarem presentes, não se pode conceber nada que não seja o efeito que se segue; os acidentes em corpos externos ou no paciente em si não podem ser a causa do movimento futuro. Dessa forma, vendo que podemos conceber que tudo que está em repouso ainda estará em repouso, embora possa ser tocado por algum outro corpo, exceto que outro corpo seja movido; portanto, em um corpo contínuo em repouso não pode haver causa do movimento. Contudo, não há nenhuma causa de movimento em qualquer corpo, a não ser que seja contínuo e movido.

A mesma razão pode servir para provar que o que for movido será sempre movido da mesma forma e com a mesma velocidade, a não ser que seja impedido por algum outro corpo contínuo movido; e, consequentemente, que nenhum corpo, estando em repouso ou numa interposição de vácuo, pode gerar, extinguir ou diminuir o movimento em outros corpos. Há quem escreveu que as coisas movidas são mais resistentes por parte de coisas em repouso, em vez das coisas movidas. Por esta razão, o movimento concebido não é tão contrário ao movimento como repouso e foi enganado pelas palavras *descanso* e *movimento* que não passam de nomes contraditórios; pois o movimento, na verdade, não promove resistência por causa do descanso, mas pelo movimento contrário.

8.
OS MESMOS AGENTES E PACIENTES, SE DISPOSTOS DE FORMA SEMELHANTE, PRODUZEM EFEITOS SEMELHANTES, PORÉM, EM MOMENTOS DIFERENTES.

MAS SE um corpo trabalha sobre outro corpo de uma só vez, e depois o mesmo corpo trabalha sobre o mesmo corpo em outro momento a fim de que tanto o agente e o paciente, e todas as suas partes, estejam em todas as coisas em que estavam sem haver diferença, com exceção apenas em relação ao tempo, isto é, que uma ação seja anterior a outra mais tarde no tempo. Fica evidente por si só que os efeitos serão iguais e parecidos, não diferindo em nada além de tempo. E como os efeitos procedem de suas causas, sua diversidade depende da diversidade de suas causas também.

9.
TODA MUTAÇÃO É MOVIMENTO.

PARTINDO do pressuposto de que isso seja verdade, é necessário que a mutação seja apenas em relação ao movimento das partes do corpo movido. Primeiramente, não dizemos que qualquer coisa tenha sido movida, mas o que aparece aos nossos sentidos de forma contrária do que parecia antes. Em segundo lugar, tais aparências são efeitos produzidos no sensível; e,

Elementos da Filosofia Capítulo IX 129

portanto, se forem diferentes, faz-se necessário, de acordo com o artigo anterior, que alguma parte do agente, anteriormente em repouso, seja agora movida. Sendo assim, a mutação consiste nesse movimento; ou em alguma outra parte, anteriormente movida e que passa, agora, a ser movida de outra forma. É dessa mesma forma que a mutação consiste nesse novo movimento que, por ter sido anteriormente movido agora está em repouso, como já mostrei anteriormente. Isso não pode acontecer sem movimento, e assim, mais uma vez, mutação é movimento. Isso acontece de algumas maneiras para os pacientes, ou algumas de suas partes; então a mutação, seja qual for a forma feita, consistirá no movimento das partes, seja do corpo percebido ou do corpo sensível, ou de ambos. Mutação, portanto, é movimento, ou seja, das partes ou do agente ou do paciente; conforme demonstrado. E, para isso, é consequente que o repouso não pode ser a causa de qualquer coisa, nem qualquer ação pode proceder de si; pois nem movimento nem mutação podem ser causados por ele.

10.
ACIDENTES CONTINGENTES, O QUE SÃO.

ACIDENTES, em relação a outros acidentes que os precedem, podem ocorrer antes deles no tempo, e do quais não dependem como ocorre em relação às causas, são chamados de acidentes contingentes. Em relação a esses acidentes pelos quais não são gerados; pois, no que se refere às suas causas, todas as coisas acontecem com igual necessidade; caso contrário não teriam causa alguma, o que não é concebível em relação às coisas geradas.

{ Capítulo X }

DA FORÇA E DA AÇÃO

1. Força e causa são semelhantes.
2. Uma ação é produzida no mesmo instante em que a força é plena.
3. Força ativa e passiva são apenas partes da força plena.
4. Quando uma ação é considerada possível.
5. O que é uma ação necessária e contingente.
6. A força ativa consiste em movimento.
7. Causa formal e final, o que são.

1.
Força e causa são semelhantes.

Força e ação correspondem à *causa* e *efeito*; além disso, são a mesma coisa. Entretanto, por vários fatores, possuem nomes diversos. Pois quando um agente tem todos os acidentes necessários para a produção do mesmo efeito no paciente, dizemos que tem a *força* de produzir esse efeito se aplicado a um paciente. Mas, conforme o capítulo anterior, tais acidentes constituem a causa eficiente; e, portanto, os mesmos acidentes que constituem a causa eficiente, também constituem a *força* do agente. Assim, a *força do agente* e a *causa eficiente* são a mesma coisa. A diferença entre eles é de que a *causa* é considerada pelo *efeito* já produzido, e a força pelo mesmo efeito a ser produzido; de modo que a *causa* respeita o passado, e a força, o futuro. Além disso, a *força do agente* é a usualmente chamada de *força ativa*.

Igualmente, quando um paciente tem todos os acidentes que lhe são necessários para a produção do mesmo efeito, dizemos que depende da *força* dele a produção desse efeito, se aplicado a um agente apropriado. Esses agentes, definidos no capítulo anterior, constituem a causa material; e, portanto, a *força passiva* e *causa material* são a mesma coisa; contanto que respeitem as diferentes considerações sobre causa e passado, e força e futuro. Por conseguinte, a força do agente e do paciente juntas, denominada força *total* ou *plena*, é a mesma coisa que *causa total*; pois ambas consistem na soma de todos os acidentes, tanto no agente como no paciente, que são necessários para a produção do efeito. Por fim, visto que o acidente produzido é, em relação à causa, chamado de efeito; em relação à força, é chamado de *ação*.

2.
Uma ação é produzida no mesmo instante em que a força é plena.

À medida que o efeito é produzido no mesmo instante em que a causa está total, toda a ação (que também possa ser produzida) é produzida no mesmo instante que a força está plena. E, sendo que apenas pode haver efeito a partir de uma causa necessária e suficiente, igualmente uma ação só pode ser produzida por uma força suficiente, ou por aquela que só poderia produzi-la.

3.
Força ativa e passiva são apenas partes da força plena.

Como já demonstrado anteriormente, ficou evidente que as causas materiais e eficientes são muitas e, por si só, apenas partes de uma causa total, e não podem produzir qualquer efeito se não forem reunidas; da mesma forma, a força ativa e passiva são apenas partes da força total e plena; e, exceto se reunidas, nenhuma ação pode proceder delas; portanto, essas forças, como demonstrei aqui no primeiro artigo, são condicionais, isto é, *os agentes só têm ação se aplicados a um paciente, e vice-versa*; caso contrário, não ocorre ação em nenhum deles, e nem acidentes, que neles residem separadamente. Podem ser apropriadamente chamados de força; e nem uma ação será considerada possível só para a força do agente ou do paciente.

4.
Quando uma ação é considerada possível.

É impossível a produção de uma ação quando não há uma força plena. A força plena é aquela em que todas as coisas, necessárias para a produção de uma ação, coincidem; se a força nunca for plena, sempre haverá falta de algumas coisas que, sem as quais, uma ação não pode ser produzida; portanto, essa ação nunca será produzida, ou seja, será uma ação impossível; e cada ação, que não é impossível, é possível. Portanto, toda ação, sendo possível, deve ser produzida em algum momento; pois, se nunca for produzida, as coisas necessárias para sua produção nunca iram coincidir; desse modo, essa ação é *impossível* por definição, o que é contrário ao que foi suposto.

5.
O que é uma ação necessária e contingente.

Uma *ação necessária* é aquela cuja produção é impossível de impedir; e, assim, cada ação que pode ser produzida será necessariamente produzida, pois a ação que não deve ser produzida é impossível; porque, como já demonstrei, cada ação possível deve ser produzida em algum momento; e, além disso, a proposição *"o que será, será"* é tão necessária quanto *"um homem é um homem"*.

Mas aqui talvez alguém esteja se perguntando se as coisas futuras, usualmente chamadas de *contingentes*, são necessárias. Geralmente todos os contingentes possuem suas causas necessárias, como vimos no capítulo anterior, e são chamados de contingentes em relação a outros eventos, sobre os quais não dependem. Como, por exemplo, a chuva, que pode ocorrer amanhã, deve ser necessária, ou seja, uma causa necessária. Entretanto, pensamos e dizemos que acontece por acaso, porque ainda não entendemos suas causas, mesmo que existam; pois os homens normalmente a chamam de *casual* ou *contingente* quando não observam a causa necessária; e da mesma maneira que costumavam falar de uma coisa passada, sem mesmo saber se ela podia ser feita ou não, dizem que, possivelmente, nunca tenha sido feita.

Assim, todas as proposições referentes ao futuro, contingentes ou não, como a do *vai chover amanhã*, ou a de que *o sol nascerá amanhã*, são verdadeiramente verdadeiras ou verdadeiramente falsas. Contudo, a chamamos de contingente porque ainda não sabemos se elas são verdadeiras ou falsas, visto que sua variação não depende de nosso conhecimento, mas da precedência de suas causas. Embora há quem confesse que essa proposição como um todo, *choverá ou não amanhã*, seja verdadeira, suas partes nunca serão reconhecidas — como em *choverá amanhã*, ou, *não choverá amanhã* — são, por si só, *verdadeiras*; pois dizem que nem isso ou aquilo é *definitivamente verdadeiro*. Mas o que é *definitivamente verdadeiro* (senão a verdade sobre nosso conhecimento) ou evidentemente verdadeiro? Por fim, dizem ainda ser desconhecido se isso é verdadeiro ou não; mas evidenciam a verdade, de forma mais obscura, e com as mesmas palavras, com as quais procuram esconder sua própria ignorância.

6.
A FORÇA ATIVA CONSISTE EM MOVIMENTO.

No ARTIGO 9 do capítulo anterior, demonstrei que a causa eficiente de todo o movimento e mudança consiste no movimento do agente, ou dos agentes; e no artigo 3, que a força do agente é a mesma coisa que a causa eficiente. Por conseguinte, pode-se inferir que toda força ativa consiste também em movimento; e que a força não é um tipo de acidente que difere de todas as ações, mas realmente uma ação chamada de força, pois outra ação deverá ser produzida por ela mais tarde. Por exemplo, se o primeiro de três corpos for colocado à frente do segundo, e o segundo à frente do terceiro, o movimento do segundo, em relação ao primeiro que o produziu, é a ação do segundo corpo; mas, em relação ao terceiro, é a força ativa do mesmo segundo corpo.

7.
Causa formal e final, o que são.

Aqueles que escrevem sobre metafísica consideram outras duas causas além da *eficiente* e *material*, isto é, a essência, que alguns chamam de *causa formal*, e FINAL, ou *causa final*; ambas são, no entanto, causas eficientes. Pois, quando se diz que a essência de uma coisa é a sua causa — *assim como ser racional é a causa do homem* — isso não é inteligível; pois tudo é uma única coisa, como se fosse dito, *ser um homem é a causa do homem*, o que não é adequado. E, ainda assim, o conhecimento da *essência* de qualquer coisa é a causa do conhecimento da própria coisa; pois, se primeiro soubermos que uma coisa é *racional*, saberemos que a mesma é um *homem*; e isso nada mais é do que uma causa eficiente. A posição de uma causa *final* está entre coisas que possuam sentido e vontade; e provarei também que isso é uma causa eficiente mais adiante.

{ Capítulo XI }

Da Identidade e Da Diferença

1. No que uma coisa difere da outra.
2. Diferenciar em número, magnitude, espécie e gênero.
3. Relação, proporção e relatividade.
4. Proporcional
5. A proporção de magnitudes de uma à outra, em que consiste.
6. A relação não é um novo acidente, mas um dos que foram relativos antes da relação ou comparação serem feitas. Também as causas dos acidentes correlativos são as causas da relação.
7. Do início da individuação.

1.
No que uma coisa difere da outra.

Até aqui falei simplesmente sobre corpo e acidentes comuns a todos os corpos, como *magnitude, movimento, ação, paixão, poder, possibilidade etc.* Agora falarei sobre os acidentes pelos quais um corpo se difere de outro. Mas antes devemos entender o que é *distinto* e *não distinto*, ou seja, quais coisas são iguais e quais são diferentes; pois também é comum para todos os corpos que possam ser diferenciados uns dos outros. Assim, dois corpos são *diferentes* entre si quando algo pode ser dito de um deles, mas não pode ser dito do outro ao mesmo tempo.

2.
Diferenciar em número, magnitude, espécie e gênero.

Primeiramente, é evidente que dois corpos são *diferentes*; e, por serem dois, podem estar juntos em um mesmo local, ou em dois locais diferentes ao mesmo tempo. Portanto, todos os corpos diferem uns dos outros em *número*, ou seja, como um e outro; sendo que *ambos* são nomes opostos por contradição.

Em *magnitude*, os corpos diferem quando um é maior do que o outro, como um *cúbito* e *dois de comprimento*, e de duas e *três libras de peso*. E esses *iguais* são opostos.

Corpos que diferem mais do que em magnitude são chamados de *distintos*; e os que diferem apenas em magnitude são chamados de *parecidos*. Ainda sobre corpos distintos, alguns são diferentes em *espécie*, outros em *gênero*. Em espécie, quando suas diferenças são percebidas por um mesmo sentido, como em *preto* e *branco*. E, em gênero, quando suas diferenças são percebidas por diversos sentidos, como em *branco* e *quente*.

3.
Relação, proporção e relatividade.

E a semelhança ou a *diferença*, a *igualdade* ou a *desigualdade* de um corpo em relação a outro, é chamada de relação; e os próprios corpos, de *relativos* ou *correlativos. Aristóteles* os chama de τὰ πρὸς τί; em que o primeiro é normalmente chamado de *antecedente*, e o segundo de *consequente*; e a relação do antecedente com o consequente, de acordo com a magnitude, isto é, sua igualdade, excesso ou defeito é chamado de proporção do antecedente em relação ao consequente. Portanto, essa *proporção* não é nada mais do que a igualdade ou desigualdade da magnitude do antecedente comparado com a magnitude do consequente, apenas por suas diferenças, ou também comparado com suas diferenças. Por exemplo, a *proporção* de três para dois consiste apenas no fato de que três *excede* dois por uma unidade; e a proporção de dois para cinco é que dois, comparado a cinco, é *desprovido* de três simplesmente, ou comparado com os diferentes números; e, portanto, na proporção de desiguais, a proporção do menor para o maior é chamada de defeito; e do maior para o menor, de excesso.

4.
Proporcional

Além disso, sobre os desiguais, alguns são maiores, alguns menores, e outros igualmente desiguais; portanto, há *proporção de proporções*, como também de magnitudes; isto é, onde dois desiguais têm relação a outros dois desiguais; como, quando a desigualdade entre 2 e 3 é comparada à desigualdade entre 4 e 5. Nessa comparação, há sempre quatro magnitudes; ou todas são apenas uma. Se houver apenas três, a do meio vale por duas; e se a proporção da primeira para a segunda for igual à proporção da terceira para a quarta, então as quatro são consideradas *proporcionais*; caso contrário, não são proporcionais.

5.
A proporção de magnitudes de uma à outra, em que consiste.

A proporção do antecedente para o consequente consiste em suas diferenças, não apenas 7, mas também em relação à comparação com um dos relativos; isto é, tanto em relação à maior, que excede a menor, quanto ao restante, após a menor ser subtraída da maior; como a proporção de dois a cinco consiste em três, em que cinco excede dois, não apenas em três, mas também comparado com cinco ou dois. Embora haja a mesma diferença entre dois e cinco, e nove e doze, ou seja, três, não há a mesma desigualdade; e, portanto, a proporção de dois para cinco não é, em toda relação, a mesma de nove e doze, mas apenas naquela chamada de aritmética.

6.

A RELAÇÃO NÃO É UM NOVO ACIDENTE, MAS UM DOS QUE FORAM RELATIVOS ANTES DA RELAÇÃO OU COMPARAÇÃO SEREM FEITAS. TAMBÉM AS CAUSAS DOS ACIDENTES CORRELATIVOS SÃO AS CAUSAS DA RELAÇÃO.

MAS NÃO devemos pensar na relação como se ela fosse um acidente diferenciado de todos os outros acidentes da relatividade; mas de um deles, isto é, daquele cuja comparação é feita. Por exemplo, a semelhança de um *branco* para outro *branco*, ou sua diferença para o *preto*, é o mesmo acidente com sua *brancura*; e a *igualdade* e a *desigualdade* são o mesmo acidente com a *magnitude* da coisa comparada, ainda que com outro nome. Pois, aquilo que é chamado de branco ou maior, quando comparado ou não com outra coisa, é chamado de *parecido* ou *distinto*, *igual* ou *desigual*. A partir disso, é evidente que as causas dos acidentes, que são relativas, são também as causas de *semelhanças, diferenças, igualdades e desigualdades*; ou seja, aquele que faz dois corpos desiguais, também faz sua desigualdade; e aquele que faz uma regra ou uma ação, também faz, se a ação for congruente à regra, sua congruência; e se incongruente, sua incongruência. E a partir daí, *comparações* mais complexas de um corpo a outro.

7.

DO INÍCIO DA INDIVIDUAÇÃO.

MAS o mesmo corpo pode, em momentos diferentes, ser comparado consigo mesmo. Dessa forma, inicia-se uma grande controvérsia entre filósofos sobre o *início da individuação*, isto é, em que sentido pode ser concebido que um corpo é em algum momento o mesmo, e em outro não. Por exemplo, se um homem adulto fosse o mesmo homem que foi quando era novo, ou outro homem; ou se uma cidade continuasse a mesma em épocas diferentes, ou outra cidade. Alguns colocam a *individualidade* na unidade de *matéria*; outros, na unidade de *forma*; e outros dizem que consiste na unidade do *agregado de todos os acidentes juntos*. Na *matéria*, defende-se que dois pedaços de cera, esféricos ou cúbicos, são a mesma cera por serem da mesma matéria. Na *forma*, quando um homem cresce para ser um adulto, embora sua matéria mude, ele continua o mesmo homem em número; pois essa *identidade*, que não pode ser atribuída à matéria, deve ser provavelmente relacionada à forma. No *agregado dos acidentes*, nenhum caso pode ser feito; mas, quando algum novo acidente é gerado, um novo nome é geralmente imposto à coisa; portanto, aquele que designou essa causa de *individualidade* pensou que a própria coisa havia se tornado uma outra coisa. De acordo com a primeira opção, aquele que peca e aquele que pune não devem ser o mesmo homem, por causa do fluxo perpétuo e das mudanças corporais do homem; nem deve a cidade que faz leis em uma época e as anula em outra ser a mesma cidade. De acordo com a segunda opinião, dois corpos que existem ao mesmo tempo seriam um só corpo em número. Se, por exemplo, o navio de *Teseu* — em relação à diferença aqui feita pela reparação contínua de retirar tábuas velhas e colocar tábuas novas — após todas as tábuas serem trocadas, continuava sendo o mesmo navio em número do que antes; e se algum homem tivesse guardado as tábuas retiradas, colocando-as juntas mais tarde na mesma ordem para construir um novo navio, ele, sem dúvida, seria o mesmo navio em número do que foi no início; e, portanto, haveria dois navios numericamente iguais, o que é um absurdo. Mas, de acordo com a terceira opção, nada seria o mesmo que foi; pois um homem em pé não seria o mesmo se estivesse sentado; nem a água, que está em um vaso, seria a mesma fora dele. Portanto, o início da *individuação* nem sempre deve ser considerado apenas em relação a matéria ou forma.

Entretanto, devemos considerar o nome que alguma coisa recebe, quando pesquisamos sua *identidade*. Uma coisa é perguntar sobre Sócrates se ele é o mesmo homem, e outra é perguntar se ele é o mesmo corpo; pois seu corpo, quando velho, não pode ser o mesmo que foi quando jovem em razão da diferença de magnitude; pois um corpo tem uma só magnitude; ainda que seja o mesmo homem. E, portanto, em qualquer momento que o nome, pelo qual é perguntado se uma coisa é a mesma que foi, é dado apenas pela matéria, então, se a matéria for a mesma, a coisa também será *individualmente* a mesma; como a água, que estava no mar, é a mesma que depois estará na nuvem; e qualquer corpo é o mesmo, estando suas partes juntas ou separadas; congeladas ou dissolvidas. Também, se o nome for dado para essa forma, como é o início do movimento, então, desde que esse movimento permaneça, ele será a mesma coisa *individual*; como o homem que será sempre o mesmo, cujas ações e pensamentos procedem todos do mesmo início de movimento, isto é, de sua geração; como o rio que será o mesmo que aflora de uma só fonte, mesmo que a mesma água, ou outra água, ou algo mais do que água aflore de lá; como a mesma cidade, cujos atos procedem continuamente da mesma instituição, os homens sendo os mesmos ou não. Por fim, se o mesmo nome é dado para algum acidente, então, a *identidade* da coisa dependerá da matéria; pois, pela retirada ou inclusão da matéria, os acidentes existentes são destruídos, e outros novos são gerados, que não podem ser a mesma coisa em número; assim, um navio, que significa matéria, será o mesmo enquanto a matéria permanecer a mesma; mas se nenhuma parte da matéria for a mesma, então, será numericamente outro navio; e se parte da matéria permanecer e parte for mudada, então, o navio será o mesmo apenas parcialmente.

{ Capítulo XII }

Da Quantidade

1. A definição de quantidade.
2. A exposição da quantidade.
3. Como a linha, a superfície e o sólido são expostos.
4. Como o tempo é exposto.
5. Como o número é exposto.
6. Como a velocidade é exposta.
7. Como o peso é exposto.
8. Como a proporção da magnitude é exposta.
9. Como a proporção de tempo e velocidade é exposta.

1.
A DEFINIÇÃO DE QUANTIDADE.

O QUE *e como é uma dimensão múltipla* foi dito no capítulo 8, isto é, que há três dimensões: da linha ou do comprimento, das superfícies, e do sólido; e cada uma delas, se determinadas, ou seja, se o limite for conhecido, é normalmente chamada de *quantidade*; pois, pela *quantidade*, todo homem compreende o que a palavra significa por meio da resposta à pergunta: — *Quanto custa?* Quando, portanto, pergunta-se, por exemplo: — *Quanto tempo leva a jornada?*, a resposta não é *indefinidamente comprida*; nem quando é perguntado: *Qual o tamanho do campo?*, a resposta não é *indefinidamente longa*; nem também se alguém pergunta: — *Como é a massa?*, a resposta não é *indefinidamente sólida*; mas *definitivamente* que a jornada é de tantos quilômetros, que o campo é de tantos acres, que a massa é de tantos metros quadrados; ou, pelo menos, que a magnitude da coisa perguntada pode ser, de certa forma, compreendida na mente. Portanto, a quantidade só pode ser definida como uma *dimensão determinada*; ou *uma dimensão cujos limites são estabelecidos pelo seu espaço ou por alguma comparação*.

2.
A EXPOSIÇÃO DA QUANTIDADE.

E A QUANTIDADE é determinada de duas formas; a primeira, pelo sentido, quando um objeto concreto é colocado a sua frente; como quando uma linha, uma superfície ou um corpo sólido, em metro ou cúbito, é exposto aos olhos; cuja forma de determinação é chamada de *exposição*, e a quantidade assim conhecida é chamada de *quantidade exposta*; e a segunda, pela memória, isto é, pela comparação com alguma quantidade exposta. Na primeira, quando é perguntado *de que quantidade uma coisa é*, responde-se sobre *a quantidade que se vê exposta*. Na segunda, a resposta só pode ser dada pela comparação com alguma quantidade exposta; pois, se for perguntado: — *A que distância fica?* A resposta será: — *Fica a tantos passos*; ou seja, pela comparação do caminho com um passo, ou qualquer outra medida determinada e conhecida pela exposição; ou pela quantidade em relação à outra quantidade conhecida pela exposição, como o diâmetro de um quadrado em relação a seus lados, ou qualquer outra coisa semelhante. Mas, deve-se entender que a quantidade exposta precisa ser alguma coisa permanente ou constante — tal como é indicada em uma matéria consistente e durável; ou, pelo menos, como algo revogável ao sentido — pois, caso contrário, nenhuma comparação pode ser feita. Portanto, pelo que foi dito no capítulo anterior, a comparação de uma magnitude com outra é a mesma coisa do que com a proporção. Fica evidente que a quantidade determinada na segunda é apenas a proporção de uma dimensão não exposta à outra que está exposta; ou seja, a comparação da igualdade e desigualdade disso com uma quantidade exposta.

3.
COMO A LINHA, A SUPERFÍCIE E O SÓLIDO SÃO EXPOSTOS.

LINHAS, superfícies e sólidos são expostos, em primeiro lugar, pelo *movimento*, como no capítulo 8, que disse de que forma são gerados. Entretanto, desde que as marcas desse movimento sejam permanentes; como quando são definidas sobre alguma matéria, como uma linha no papel; ou gravadas em alguma matéria durável. Em segundo, por *aposição*, como quando uma linha ou comprimento é aplicado à outra linha ou comprimento, uma largura à outra largura, e uma espessura à outra espessura; o que seria como descrever uma linha por pontos, uma superfície por linhas, e algo sólido por superfícies; exceto que, por pontos, deve ser entendido por linhas bem curtas; e, por superfícies, coisas sólidas bem finas. E, em terceiro, linhas e superfícies podem ser expostas por *partes*, isto é, uma linha pode ser feita com o corte de superfícies expostas; e uma superfície, com o corte de alguma coisa sólida exposta.

4.
COMO O TEMPO É EXPOSTO.

O *TEMPO* é exposto tanto pela exposição de uma linha quanto por alguma coisa móvel, movida uniformemente sobre essa linha; ou, pelo menos, que se supõe ser movida. Pois, sendo o tempo uma ideia de movimento, na qual consideramos o anterior e o posterior, que é a sucessão, não é suficiente para a exposição de tempo que uma linha seja descrita; mas também devemos ter em mente a imagem de alguma coisa móvel, passando sobre essa linha; e seu movimento deve ser uniforme para que o tempo possa ser dividido e composto conforme necessário. E, portanto, quando filósofos, em suas explanações, desenham uma linha e dizem: — *Que essa linha seja o tempo*, isso deve ser compreendido como se tivessem dito: — *Que a concepção do movimento uniforme sobre essa linha seja o tempo*. Pois, embora os círculos em discagem sejam linhas, não são suficientes para sinalizar o tempo, exceto que também haja, ou tenha havido, um movimento da sombra ou da mão.

5.
Como o número é exposto.

Um *número* é exposto pela exposição de pontos, ou de nomes de números, *um, dois, três etc.*; e esses pontos não devem ser contínuos, para que não sejam diferenciados por sinais, mas precisam ser colocados de modo que possam ser *discernidos* uns dos outros; pois é a partir disso que esse número é chamado de *quantidade discreta*, enquanto toda quantidade, criada pelo movimento, é chamada de quantidade contínua. Mas para que esse número possa ser exposto pelos nomes de números, é necessário que esses nomes sejam decorados em ordem, como em um, dois, três etc.; pois, ao dizermos um, um, um, e assim por diante, não saberemos em que número estaremos depois de dois ou três; que também nos aparece dessa forma, não como número, mas como figura.

6.
Como a velocidade é exposta.

Para a exposição da *velocidade* — que, por definição, é um movimento que em um tempo determinado passou sobre um determinado espaço — não é apenas necessário que o tempo seja exposto, mas também que seja exposto o espaço conduzido pelo corpo, cuja velocidade seria determinada por nós; e que se compreenda que um corpo seja também movido naquele espaço, fazendo com que se exponham duas linhas, sendo que sobre uma se compreenda que o movimento uniforme foi feito para que o tempo possa ser determinado; e que, sobre a outra, a velocidade seja computada. Como se fôssemos expor a velocidade do corpo A, traçando duas linhas A B (A ——— B) e C D (C ——— D) e também colocando um corpo em C, e depois dizer que a velocidade do corpo A é tão grande a ponto de passar sobre a linha A B ao mesmo tempo em que o corpo C passa sobre a linha C D com um movimento uniforme.

7.
Como o peso é exposto.

O *peso* é exposto por qualquer corpo pesado, de qualquer matéria, sendo sempre igual a algo pesado.

8.
Como a proporção da magnitude é exposta.

A *proporção* de duas magnitudes é exposta quando as próprias magnitudes são expostas, ou seja, a proporção da igualdade é exposta quando as magnitudes são iguais; e a da desigualdade, quando são desiguais. Como visto no artigo 5 do capítulo anterior, a proporção de duas magnitudes desiguais consiste em suas diferenças, comparadas com qualquer uma delas; e quando duas magnitudes desiguais são expostas, suas diferenças também são expostas; e quando magnitudes que possuem proporções em conjunto são expostas, suas proporções também são expostas; e, da mesma forma, as proporções desiguais, que consistem no fato de não haver diferenças de magnitude entre elas, são expostas ao mesmo tempo em que as próprias magnitudes iguais são expostas. Por exemplo, se as linhas expostas A B e C D forem iguais, a proporção de igualdade é exposta em ambas; e se as linhas expostas E F e E G forem desiguais, a proporção que E F tem com E G, e aquela que E G tem com E F são também expostas em ambas; pois não só as próprias linhas como também sua diferença, G F, estão expostas. A proporção de desiguais é a quantidade; pois a diferença G F, na qual consiste, é a quantidade. Mas a proporção de igualdade não é a quantidade; pois, entre iguais, não há diferença; nem igualdade maior do que outra, da mesma forma que uma desigualdade é maior do que outra desigualdade.

9.
Como a proporção de tempo e velocidade é exposta.

A proporção de dois *tempos*, ou de duas *velocidades uniformes*, é exposta quando duas linhas são expostas pela forma com que dois corpos são compreendidos como corpos que se movem uniformemente. E, portanto, essas duas linhas servem para mostrar suas próprias proporções, e as dos tempos e velocidades, conforme forem consideradas expostas pelas próprias magnitudes, ou por tempos ou velocidades. Pois, ao serem expostas as duas linhas A e B, suas proporções também são expostas. E se são consideradas traçadas com uma velocidade igual e uniforme, então, visto que seus tempos são maiores, ou iguais, ou menores, à medida que os mesmos espaços são transmitidos em tempos maiores, ou iguais, ou menores, as linhas A e B irão exibir igualdade ou desigualdade, ou seja, a proporção dos tempos. Por fim, se as mesmas linhas, A e B, forem consideradas como traçadas ao mesmo tempo, então, visto que suas velocidades são maiores, ou iguais, ou menores, à medida que passam ao mesmo tempo por linhas longas, ou iguais, ou curtas, as mesmas linhas, A e B, irão exibir igualdade ou desigualdade, ou seja, a proporção de suas velocidades.

{ Capítulo XIII }

Do Analogismo, ou
Da Mesma Proporção

1-4. A natureza e a definição da proporção, aritmética e geométrica.
5. A definição, e algumas propriedades da mesma proporção aritmética.
6-7. A definição e transmutação do analogismo, ou da mesma proporção geométrica.
8-9. As definições de hiperlogismo e hipologismo, isto é, da proporção maior e menor, e suas transmutações.
10-12. Comparação de quantidades analógicas de acordo com suas magnitudes.
13-15. Composição das proporções.
16-25. A definição e as propriedades de proporção contínua.
26-29. Comparação de proporções aritméticas e geométricas.

[Neste capítulo, o sinal + significa que as quantidades entre as quais é colocado estão adicionadas; e o sinal − significa que a quantidade anterior é subtraída da posterior. Assim, A + B é igual a ambos A e B juntos; e A − B significa que o A é o todo, e o B é a parte subtraída do A. Igualmente, duas letras juntas, sem qualquer sinal, significa, a menos que pertençam a uma figura, que uma das quantidades é multiplicada pela outra; assim, A B significa o produto de A multiplicado por B.]

1-4.
A NATUREZA E A DEFINIÇÃO DA PROPORÇÃO, ARITMÉTICA E GEOMÉTRICA.

1.

MUITO e pouco são proporções inteligíveis por comparação. São comparados a alguma coisa exposta, ou seja, a alguma magnitude percebida pelo sentido ou definida por palavras, para que possam ser compreendidas pela mente. E a magnitude é comparada àquilo que é maior ou menor ainda, ou igual a ela. Portanto, a proporção (que, como já demonstrei, é a estimação ou a compreensão de magnitudes por comparação) é triplicada, ou seja, a proporção da *igualdade*, isto é, da igualdade à desigualdade; ou do *excesso*, que é da maior para a menor; ou do *defeito*, que é a proporção da menor para a maior.

Assim, cada uma dessas proporções é duplicada; pois, se for perguntado sobre qualquer magnitude dada, *qual é a sua grandeza*, a resposta pode ser alcançada de duas formas, por meio da sua comparação. Primeiro, dizendo que ela é maior ou menor do que outra magnitude, como sete é menor que dez por três unidades; e isso é chamado de *proporção aritmética*. Segundo, dizendo que é maior ou menor do que outra magnitude por sua parte ou suas partes, como sete é menor do que dez por três décimos de parte do mesmo dez. E embora essa proporção não seja sempre explicável em número, ela é uma proporção determinada, e de um tipo diferente da anterior, e chamada de *proporção geométrica*, e simplesmente *a proporção mais comum*.

2.

A PROPORÇÃO, aritmética ou geométrica, só pode ser exposta em duas magnitudes (das quais a anterior é normalmente chamada de *antecedente*, e a posterior de *consequente* da proporção), como já expliquei no artigo 8 do capítulo anterior. E, portanto, se duas proporções forem comparadas, quatro magnitudes serão expostas, isto é, dois antecedentes e dois consequentes; pois embora algumas vezes o consequente da proporção do anterior seja o mesmo do antecedente do posterior, nessa comparação dupla, precisa ser numerado duas vezes; para que haja sempre quatro termos.

3.

DUAS PROPORÇÕES, sejam elas aritméticas ou geométricas, quando as magnitudes comparadas em ambas (que Euclides, na quinta definição do seu sexto livro, chama de *quantidades das proporções*) são iguais, uma das proporções não pode ser maior ou menor do que a outra; pois uma igualdade não é maior nem menor do que outra igualdade. Mas duas proporções de desigualdade, se forem proporções de excesso ou defeito, uma delas pode ser maior ou menor do que a outra, ou podem ser ambas iguais; pois embora existam duas magnitudes propostas que são desiguais uma à outra, pode haver outras duas desiguais, e outras duas igualmente desiguais, e outras duas menos desiguais do que as duas que foram propostas. E, assim, pode ficar entendido que as proporções de excesso e defeito são quantidades, capazes de serem maiores ou menores; mas a proporção de igualdade não é a quantidade, pois ela não é capaz de ser *maior* nem *menor*. Portanto, as proporções de desigualdade podem ser adicionadas juntas, ou subtraídas uma da outra, multiplicadas ou divididas uma por outra, ou por número; o que não acontece com as de igualdade.

4.

DUAS PROPORÇÕES iguais são normalmente chamadas de *mesma proporção*; e, com isso, a proporção do primeiro antecedente para o primeiro consequente é a *mesma* que ocorre do segundo antecedente para o segundo consequente. E quando quatro magnitudes são, dessa forma, uma para outra em proporção geométrica, são chamadas de *proporcionais*; ou, para outros, *analogismo*. E a proporção maior é a proporção de um antecedente maior em relação ao mesmo consequente, ou do mesmo antecedente em relação ao consequente menor; e quando a proporção do primeiro antecedente para o primeiro consequente é maior do que aquela do segundo antecedente para o segundo consequente, as quatro magnitudes, que são, dessa forma, uma para outra, podem ser chamadas de *hiperlogismo*.

A *proporção menor* é a proporção de um antecedente menor em relação ao mesmo consequente, ou do mesmo antecedente em relação a um consequente maior; e quando a proporção do primeiro antecedente para o primeiro consequente é menor do que aquela do segundo para o segundo, essas quatro magnitudes podem ser chamadas de *hipologismo*.

5.
A DEFINIÇÃO, E ALGUMAS PROPRIEDADES DA MESMA PROPORÇÃO ARITMÉTICA.

UMA PROPORÇÃO aritmética é a *mesma* do que outra proporção aritmética quando um dos antecedentes excede seu consequente, ou é excedido por ele, tanto quanto o outro antecedente excede seu consequente, ou é excedido por ele. E, portanto, em quatro magnitudes, aritmeticamente proporcionais, a soma das extremidades é igual à soma dos meios. Pois, se A. B :: e C. D são aritmeticamente proporcionais e a diferença em ambos os lados é o mesmo excesso, ou o mesmo defeito, E, então B + C (se A é maior do que B) será igual a A − E + C; e A + D será igual a A + C − E; mas A − E + C e A + C − E são iguais. Ou se A é menor que B, então B + C será igual a A + E + C; e A + D será igual a A + C + E; mas A + E + C e A + C + E são iguais.

Igualmente, se nunca houver muitas magnitudes, aritmeticamente proporcionais, a soma de todas elas será igual ao produto da metade do número dos termos multiplicados pela soma das extremidades. Pois, se A. B :: C. D :: E. F são aritmeticamente proporcionais, os pares A + F, B + E, C + D serão iguais uns aos outros; e sua soma será igual a A + F, multiplicado pelo número de suas combinações, ou seja, pela metade do número dos termos.

Se, das quatro magnitudes desiguais, qualquer combinação de par for igual a outra combinação de par, então a maior e a menor delas estará na mesma combinação. Se as magnitudes desiguais forem A, B, C, D, e A + B igual a C + D, e A for maior do que todas elas, direi que B é a menor. Pois, se isso ocorrer, que qualquer outra magnitude, como D, por exemplo, for a menor. Portanto, visto que A é maior do que C, e B do que D, a combinação A + B será maior do que C + D; o que é contrário ao que foi suposto.

Se houver quatro magnitudes, quaisquer que sejam, a soma da maior e da menor, a soma do meio, e a diferença das duas menores serão aritmeticamente proporcionais. Pois, se houver quatro magnitudes, em que A é a maior, D a menor, e B e C os meios, eu direi que A + D. B + C :: A − B. C − D são aritmeticamente proporcionais. A diferença entre o primeiro antecedente e seu consequente é A + D − B − C; e a diferença entre o segundo antecedente e seu consequente é A − B − C + D; entretanto, essas duas diferenças são iguais e, portanto, como dito neste artigo 5, A + D. B + C :: A − B. C − D são aritmeticamente proporcionais.

Se, de quatro magnitudes, duas forem iguais a outras duas, elas estarão em proporções aritmeticamente recíprocas. Pois se A + B for igual a C + D, eu direi que A. C :: D. B são aritmeticamente proporcionais. Mas se não forem, que A. C :: D. E (supondo que E seja maior ou menor do que B) sejam aritmeticamente proporcionais; e, então, A + E será igual a C + D; portanto, A + B e C + D não são iguais; o que é contrário ao que foi suposto.

6-7.
A DEFINIÇÃO E TRANSMUTAÇÃO DO ANALOGISMO, OU DA MESMA PROPORÇÃO GEOMÉTRICA.

6.

UMA PROPORÇÃO geométrica é a mesma que outra proporção geométrica quando a mesma causa, produzindo efeitos iguais em tempos iguais, determina ambas as proporções.

Se um ponto, movido uniformemente, descreve duas linhas, com uma velocidade igual ou diferente, todas as suas partes atuais, ou seja, descritas ao mesmo tempo, serão duas para duas, em proporção geométrica, sejam os antecedentes considerados na mesma linha, ou não. Pois, do ponto A que as duas linhas, A D e A G, descritas com movimento uniforme; e que nelas sejam consideradas duas partes A B, A E, e novamente, mais duas partes, A C e A F, de certa forma que A B e A E sejam atuais e, por conseguinte, A C e A F sejam também atuais. Digo, inicialmente (considerando os antecedentes A B e A C na linha A D, e os consequentes A E e A F na linha A G), que A B. A C :: A E. A F são proporcionais. Pois, visto que (pelo capítulo 8, e artigo 15°) a velocidade é o movimento considerado como determinado por um comprimento ou linha específica, em certo momento transmitida por ele, a quantidade da linha A B será determinada pela velocidade e tempo pelos quais a mesma linha A B é descrita; e pela mesma razão, a quantidade da linha A C será determinada pela velocidade e tempo, pelos quais a linha A C é descrita; e, portanto, a proporção de A B para A C, seja ela uma proporção de igualdade, ou de excesso ou defeito, é determinada pelas velocidades e tempos, pelos quais as linhas A B e A C são descritas; mas sendo que o movimento do ponto A sobre as linhas A B e A C é uniforme, e são ambas descritas com a mesma velocidade; e, portanto, uma delas tendo ou não, em relação à outra, a proporção de maioria ou minoria, a única causa dessa proporção é a diferença de seus tempos; e pela mesma razão, fica evidente que a proporção de A E para A F é determinada apenas pela diferença de seus tempos. Visto que tanto A B e A E quanto A C e A F são atuais, a diferença dos tempos, pelos quais A B e A C são descritos, é a mesma em relação àquela que A E e A F são descritas. Dessa forma, a proporção de A B para A C, e a proporção de A E para A F são ambas determinadas pela mesma causa. Mas a causa, que determina a proporção de ambas, funciona igualmente em tempos iguais, pois é um movimento uniforme; e, portanto, (pela última definição precedente) a proporção de A B para A C é a mesma que a de A E para A F; e, em consequência, A B. A C :: A E. A F são proporcionais.

Levando em consideração que os antecedentes estão em linhas diferentes, digo que A B. A E :: A C. A F são proporcionais; e visto que as linhas A B e A E são descritas ao mesmo tempo, a diferença de velocidades, pelas quais são descritas, é a única causa da proporção que elas possuem de uma para outra. E o mesmo pode ser dito da proporção de A C para A F. Mas como ambas as linhas A D e A G são ultrapassadas pelo movimento uniforme, a diferença das velocidades, pelas quais A B, A E são descritas, será a mesma que a diferença das velocidades pelas quais as linhas A C e A F são descritas. Assim, a causa que determina a proporção de A B para A E é a mesma que determina a proporção de A C para A F; e, portanto, A B. A E :: A C. A F são proporcionais; que era o que faltava ser provado.

Proposição 1: Se quatro magnitudes estiverem em proporção geométrica, também serão proporcionais por permutação, ou seja, transpondo os termos médios. Pois, como já demonstrei, tanto A B. A C :: A E. A F quanto, por permutação, A B. A E :: A C. A F são proporcionais.

Proposição 2: Se houver quatro magnitudes proporcionais, também serão proporcionais por *inversão* ou *conversão*, ou seja, ao tornarem os antecedentes em consequentes. Pois se, no último *analogismo*, eu tivesse invertido A B e A C em A C e A B, e da mesma forma convertido A E e A F em A F e A E, a mesma demonstração ainda serviria. E assim como as linhas A C e A B, A B e A C possuem a mesma velocidade; tanto A C e A F quanto A F e A C são atuais.

Proposição 3: Se proporcionais forem adicionados a proporcionais, ou subtraídas deles, os agregados, ou remanescentes, serão proporcionais. Pois atuais, adicionados a atuais ou subtraídos deles, tornam os agregados ou remanescentes em atuais; embora essa adição ou subtração seja de todos os termos, ou apenas dos antecedentes, ou apenas dos consequentes.

Proposição 4: Se ambos os antecedentes de quatro proporcionais, ou ambos os consequentes, ou todos os termos forem multiplicados ou divididos pelo mesmo número ou quantidade, os produtos ou quocientes serão proporcionais. Pois tanto a multiplicação quanto a divisão de proporcionais são as mesmas que a adição e subtração delas.

Proposição 5: Se houver quatro proporcionais, elas serão também proporcionais por *composição*, ou seja, pela combinação de um antecedente do antecedente com o consequente, e tendo como consequente apenas o próprio consequente ou apenas o antecedente. Pois essa composição é a adição de proporcionais, isto é, dos consequentes aos próprios antecedentes que, por suposição, são proporcionais.

Proposição 6: Igualmente, se o antecedente único, ou consequente único, for colocado como antecedente, e o consequente for constituído de ambos, elas também serão proporcionais. Pois isso é a *inversão de proporção por composição.*

Proposição 7: Se houver quatro proporcionais, elas também serão proporcionais por divisão, isto é, considerando que o remanescente após o consequente seja subtraído do antecedente, ou a diferença entre o antecedente e o consequente ao antecedente, e o todo ou o subtraído ao consequente; se A . B :: C . D forem proporcionais, elas serão, por divisão,

A – B. B B :: C – D. D, e A – B. A :: C – D. C; e quando o consequente for maior do que o antecedente, B – A. :: D – C. C, e B – A. B :: D – C. D. Pois, em todas essas divisões, os proporcionais são, pela própria suposição do analogismo A . B :: C . D, considerados de A e B, e de C e D.

Proposição 8: Se houver quatro proporcionais, elas também serão proporcionais pela *conversão da proporção*, isto é, pela inversão da proporção dividida, ou considerando o todo para o antecedente, e a diferença ou remanescente para o consequente. Se A . B :: C . D forem proporcionais, então A . A – B :: C . C – D . e B . A – B :: D . C – D serão proporcionais. Pois, visto que essas inversões são proporcionais, elas próprias também serão proporcionais.

Proposição 9: Se houver dois analogismos, ambos com quantidades iguais, o segundo para o segundo, e o quarto para o quarto, a soma ou a diferença das primeiras quantidades será para o segundo, assim como a soma ou a diferença das terceiras quantidades será para o quarto. Se A. B :: C. D e E. B :: F. D forem analogismos. Eu direi que A + E. B :: C + F. D são proporcionais. Pois, os ditos analogismos serão, por permutação, A. C :: B. D, e E. F :: B. D; e, portanto, A. C :: E. F serão proporcionais, porque ambos possuem a proporção de B para D em comum. Dessa forma, se houver, na permutação do primeiro analogismo, a adição de E e F para A e C, onde E e F são proporcionais para A e C, então (pela terceira proposição) A + E. B :: C + F. D serão proporcionais; que era conforme demonstrado.

Igualmente, pode ser demonstrado que A – E. B :: C – F. D são proporcionais.

7.

Se houver dois analogismos, onde quatro antecedentes produzem um analogismo, seus consequentes também deverão produzir um analogismo; como também as somas de seus antecedentes serão proporcionais às somas de seus consequentes. Se A. B :: C. D e E. F :: G. H forem dois analogismos, e A. E :: C. G forem proporcionais, então, por permutação, A. C :: E. G, e E. G :: F. H, e A. C :: B. D serão proporcionais; portanto, B. D :: E. G, isto é, B. D :: F. H, e por permutação, B. F :: D. H são proporcionais. Assim, I digo que A + E. B + F :: C + G. D + H são proporcionais. Pois, se A. E :: C. G são proporcionais, A + E. E :: C + G. G também serão, por composição, proporcionais, e por permutação, A + E. C + G :: E. G serão proporcionais; portanto, A + E. C + G :: F. H também serão proporcionais. Novamente, como mostrei anteriormente, B. F :: D. H são proporcionais, B + F. F :: D + H. H também serão, por composição, proporcionais; e, por permutação, B + F. D + H :: F. H também serão proporcionais; portanto, A + E. C + G :: B + F. D + H são proporcionais; que era o que faltava ser provado.

Proposição: pela mesma razão, se nunca houver tantos analogismos, e os antecedentes forem proporcionais aos antecedentes, também pode ser possível demonstrar que os consequentes serão proporcionais aos consequentes, igualmente como a soma dos antecedentes à soma dos consequentes.

8-9.
As definições de hiperlogismo e hipologismo, isto é, da proporção maior e menor, e suas transmutações.

8.
Em um hiperlogismo, ou seja, em que a proporção do primeiro antecedente para seu consequente é maior do que a proporção do segundo antecedente ao seu consequente, a permutação de proporcionais, a adição de proporcionais a proporcionais, a subtração de umas de outras, como também a sua composição e divisão, e a sua multiplicação e divisão pelo mesmo número produzem sempre um hiperlogismo. Em primeiro lugar, supondo que A. B :: C D e A. C :: E. F sejam analogismos, A + E. B :: C + F. D também será um analogismo; e A + E. B :: C. D será um hipelogismo; portanto, por permutação, A + E. C :: B. D é um hiperlogismo, porque A. B :: C. D é um analogismo. Em segundo lugar, se para o hiperlogismo A + E. B :: C D as proporcionais G e H forem adicionadas, A + E + G. B :: C + H. D será um hiperlogismo, e por razão, A + E + G. B :: C + F + H. D, um analogismo. Igualmente, se G e H forem retirados, A + E - G. B :: C – H. D será um hiperlogismo; pois A + E – G. B :: C + F – H. D é um analogismo. Em terceiro lugar, por composição, A + E + B. B :: C + D. D será um hiperlogismo, porque A + E + B. B :: C + F + D. D é um analogismo e, portanto, estará em todas as variações de composição. Em quarto lugar, por divisão, A + E – B. B :: C – D. D será um hiperlogismo, e por razão, A E – B. B :: C + F – D. D é um analogismo. Igualmente, A + E – B. A + E :: C – D. C é um hiperlogismo; pois

A + E – B. A + E :: C + F – D. C é um analogismo. Em quinto lugar, por multiplicação, 4 A + 4 E. B :: 4 C. D é um hiperlogismo, porque 4 A. B :: 4 C. D é um analogismo; e, por divisão, ¼ A + ¼ E. B :: ¼ C. D é um hiperlogismo, porque ¼ A. B :: ¼ C. D é um analogismo.

9.

Mas se A + E. B :: C. D for um hiperlogismo, então, por inversão, B. A + E :: D. C será um hipologismo, pois se B. A :: D. C for um analogismo, o primeiro consequente será muito maior. Igualmente, por conversão de proporção, A + E. A + E – B :: C. C – D é um hipologismo, pois sua inversão, isto é, A + E – B. A + E :: C – D. C é um hiperlogismo, com acabei de mostrar. Portanto, B. A + E – B :: D. C – D também é um hipologismo, porque, como mostrei anteriormente, sua inversão, ou seja, A + E – B. B :: C – D. D é um hiperlogismo. Observa-se que este hipologismo A + E. A + E – B :: C. C – D é normalmente expresso; se a proporção do todo (A + E) para aquela que é dela subtraída (B) for maior do que a proporção do todo (C) para aquela que dela é subtraída (D), então a proporção do todo (A + E) em relação ao remanescente (A + E – B) será menor do que a proporção do todo (C) em relação ao remanescente (C — D).

10-12.
Comparação de quantidades analógicas de acordo com suas magnitudes.

10.

Se houver quatro proporções, a diferença das duas primeiras para as duas últimas será como a do primeiro antecedente para o segundo antecedente, ou como a do primeiro consequente para o segundo consequente. Pois, se A. B :: C. D são proporcionais, então, por divisão, A – B. B :: C – D. D serão proporcionais; e, por permutação, A – B. C – D :: B. D; ou seja, as diferenças são proporcionais para os consequentes e, portanto, também são para os antecedentes.

11.

De quatro proporcionais, se a primeira for maior do que a segunda, a terceira também deverá ser maior do que a quarta. Pois, visto que a primeira é maior do que a segunda, a proporção da primeira para a segunda é a proporção de excesso; e a proporção da terceira para a quarta é a mesma que a da primeira para a segunda; e, portanto, a proporção da terceira para a quarta também é de excesso; tornando a terceira maior do que a quarta. Pode-se provar dessa forma que quando a primeira é menor do que a segunda, a terceira também é menor do que a quarta; e quando as duas primeiras são iguais, as duas últimas também são.

12.

SE HOUVER quatro proporcionais, A. B :: C. D, e a primeira e a terceira forem multiplicadas por qualquer número, como 2; e a segunda e a quarta também forem multiplicadas por qualquer número, como 3; e o produto da primeira, 2 A, for maior do que o produto da segunda, 3 B; o produto da terceira, 2 C, também será maior do que o produto da quarta, 3 D. Mas se o produto da primeira for menor do que o produto da segunda, então, o produto da terceira será menor do que o da quarta. Por fim, se os produtos da primeira e da segunda forem iguais, os produtos da terceira e da quarta também deverão ser iguais. Esta proposição vai de encontro às definições das *mesmas proporções* de *Euclides*; e pode ser demonstrada da seguinte forma: visto que A. B :: C. D são proporcionais, também por permutação (artigo 6, proposição 1) A. C :: B. D serão proporcionais; por conseguinte (pela proposição 4, artigo 6), 2 A. 2 C :: 3 B. 3 D serão proporcionais; e novamente, por permutação, 2 A. 3 B :: 2 C. 3 D serão proporcionais; e, assim, pelo último artigo, se 2 A for maior do que 3 B, então 2 C será maior do que 3 D; se menor, menor; e se maior, maior; que era conforme demonstrado.

13-15.
Composição das proporções.

13.

SE QUAISQUER três magnitudes forem propostas, ou quaisquer três coisas que têm alguma proporção entre si — como três números, três vezes, três graus etc. — as proporções da primeira para a segunda e da segunda para a terceira juntas são iguais à proporção da primeira para a terceira. Digamos que existam três linhas, pois qualquer proporção pode ser reduzida à proporção de linhas, A B, A C, A D; e, em primeiro lugar, que a proporção da primeira A B para a segunda A C, como da segunda A C para a terceira A D (A —— B —— C —— D) seja a proporção de defeito, ou de menor para maior; portanto, as proporções juntas de A B para A C, e de A C para A D serão iguais a proporção de A B para A D. Digamos ainda que o ponto A seja movido sobre toda a linha A D de forma uniforme; então, as proporções de A B para A C, como as de A C para A D serão determinadas pelos diferentes tempos pelas quais são descritas; ou seja, A B tem para A C a proporção determinada pelos diferentes tempos pelas quais são descritas; e A C tem para A D a proporção determinada por seus tempos. Mas a proporção de A B para A D é aquela determinada pela diferença de tempos pelos quais A B e A D são descritas; e a diferença de tempos pelos quais A B e A C são descritas, juntamente com a diferença de tempos pelos quais A C e A D são descritas, é a mesma que a diferença de tempos pelos quais A B e A D são descritas. E, portanto, a mesma causa que determina as duas proporções de A B para A C e de A C para A D também determina a proporção de A B para A D. Assim, pela definição da mesma proporção, proposta anteriormente no artigo 6, a proporção de A B para A C, juntamente com a proporção de A C para A D, é a mesma que a proporção de A B para A D.

Em segundo lugar, que A D seja a primeira, A C a segunda, e A B a terceira, e que sua proporção seja de excesso, ou a maior para a menor; então, como antes, as proporcionais de A D para A C, e de A C para A B, e de A D para A B serão determinadas pela diferença de seus tempos; o que, na descrição de A D e A C, e de A C e A B juntas, é a mesma que a diferença dos tempos na descrição de A D e A B. Portanto, a proporção de A D para A B é igual às duas proporções de A D para A C e de A C para A B.

Por último, se uma das proporções, isto é, de A D para A B, for de excesso, e a outra de defeito, como em A B para A C, então a proporção de A D para A C será igual às duas proporções juntas de A D para A B, e de A B para A C. Pois a diferença dos tempos pelos quais A D e A B são descritos é o excesso de tempo; em que há mais tempo para a descrição de A D do que de A B; e a diferença de tempos pelos quais A B e A C são descritos é o defeito do tempo, onde há menos tempo para a descrição de A B do que para A C; mas se este excesso e defeito forem adicionados juntos, produzirão D B – B C, que é igual a D C, em que o primeiro A D

Elementos da Filosofia Capítulo **XIII** **161**

excede o terceiro A C; e, assim, as proporções do primeiro A D para o segundo A B, e do segundo A B para o terceiro A C são determinadas pela mesma causa que determina a proporção do primeiro A D para o terceiro A C. Portanto, se qualquer de três magnitudes etc.:

Proposição 1: Se não houver tantas magnitudes com proporções de uma para outra, a proporção da primeira para última é composta de proporções da primeira para a segunda, da segunda para a terceira, e assim por diante até a última; ou, a proporção da primeira para a última é a mesma do que a soma de todas as proporções intermediárias. Pois qualquer número de magnitudes que possua proporção entre si, como A, B, C, D, E, sendo propostos, a proporção de A para E, como mostrado recentemente, é composta das proporções de A para D e de D para E; e novamente, a proporção de A para D, das proporções de A para C, e de C para D; e por último, a proporção de A para C, das proporções de A para B, e de B para C.

Proposição 2: Dessa forma, pode ser entendido como duas proporções quaisquer podem ser compostas. Pois, se as proporções de A para B, e de C para D forem propostas para serem adicionadas juntas, que B tenha, para outra coisa, como para E, a mesma proporção que C tem para D, e que sejam colocadas nesta ordem, A, B, E; pois a proporção de A para E será evidentemente à soma das duas proporções de A para B, e de B para E, ou seja, de C para D. Ou que seja como D para C, de A para outra coisa, como para E, e que sejam colocadas nesta forma, E, A, B; pois a proporção de E para B será composta das proporções de E para A, ou seja, de C para D, e de A para B. Também, pode ser entendido como uma proporção pode ser subtraída de outra. Pois se a proporção de C para D for subtraída da proporção de A para B, que seja com C para D, ou A para outra coisa, como para E, e colocadas nesta forma, A, E, B, e tirando a proporção de A para E, ou seja, de C para D, ainda haverá a proporção de E para B.

Proposição 3: Se houver duas ordens de magnitudes que possuam proporção entre si, e se as várias proporções da primeira ordem forem as mesmas e iguais em número do que as proporções da segunda ordem; então, sejam as proporções em ambas ordens sucessivamente explicáveis entre si, o que é chamado de *proporção ordenada*, ou não sucessivamente explicáveis, o que é chamado de *proporção perturbada*, a primeira e a última em ambas serão proporcionais. Pois a proporção da primeira para a última é igual a todas as proporções intermediárias que, permanecendo ambas na mesma ordem, e iguais em número, seus agregados também serão iguais entre si; mas para seus agregados, as proporções da primeira para a última são iguais; e, portanto, a proporção da primeira para a última em uma ordem é a mesma proporção da primeira para a última em outra ordem; Assim, a primeira e a última em ambas são proporcionais.

14.

SE QUAISQUER duas quantidades forem produzidas de multiplicações mútuas de várias quantidades que possuam proporção entre si, e se as quantidades eficientes em ambos os lados forem em número, a proporção dos produtos será composta de tantas proporções quanto as quantidades eficientes possuírem entre si.

Primeiramente, que os dois produtos sejam A B e C D, em que um é produzido da multiplicação de A em B, e o outro da multiplicação de C em D. Direi que a proporção de A B para C D é composta das proporções do A eficiente ao C eficiente, e do B eficiente ao D eficiente. Pois que A B, C D e C D sejam colocados em ordem; e como B é para D, então que C seja para outra quantidade como E; e que A, C, E também sejam colocados em ordem. Então (de acordo com a proposição 4 do artigo 6), A B será a primeira quantidade para C B, que será a segunda quantidade da primeira ordem, assim como A para C na segunda ordem; e novamente, como C B para C D na primeira ordem, assim como B para D, ou seja, por construção, assim como C para E em segunda ordem; e, portanto (de acordo com a última proposição), A B. C. D :: A. E serão proporcionais. Mas a proporção de A para E é composta das proporções de A para C, e de B para D; por conseguinte, também a proporção de A B para C D é composta desta.

Em segundo lugar, que os dois produtos sejam A B F e C D G, cada um deles produzidos de três eficientes, o primeiro de A, B e F, e o segundo de C, D e G; direi que a proporção de A B F para C D G é composta das proporções de A para C, de B para D, e de F para G. Pois que elas sejam colocadas em ordem como antes; e como B é para D, assim como C é para outra quantidade, E; e, novamente, como F é para G, que E seja para outro, H; e que a primeira ordem fique assim, A B F, C B F, C D F e C D G; e a segunda ordem assim, A C E H. Então, a proporção de A B F para C B F na primeira ordem será como A para C na segunda; e a proporção de C B F para C D F na primeira ordem, como B para D, ou seja, como C para E (por construção) na segunda ordem; e a proporção de C D F para C D G na primeira, como F para G, ou seja, como E para H (por construção) na segunda ordem; e, portanto, A B F. C D G :: A. H serão proporcionais. Mas a proporção de A para H é composta das proporções de A para C, de B para D e de F para G. Por conseguinte, a proporção do produto A B F para C D G é também composta desta. E essa operação mostra quantos são os eficientes que produzem as quantidades dadas.

Com base nisso, surge uma outra forma de compor várias proporções em uma, isto é, uma forma que é proposta na 5ª definição do 6º livro de Euclides; que é pela multiplicação de todos os antecedentes das proporções entre si; e, da mesma forma, dos consequentes entre si. E deste ponto em diante fica evidente, em primeiro lugar, que a causa pela qual paralelogramos — produzidos pela dedução de duas linhas diretas entre si, e todos os sólidos iguais às figuras assim produzidas — têm suas proporções compostas de proporções dos eficientes; e, em segundo lugar, porque a multiplicação de duas ou mais frações entre si é a mesma coisa do que a composição das proporções dos seus vários numerais a seus vários denominadores. Por exemplo, se as frações 1/2, 2/3, 3/4 fossem multiplicadas entre si, os numerais, 1, 2, 3 seriam primeiramente multiplicados entre si, o que produziria 6; e, em seguida, os denominadores 2, 3, 4, o que produziria 24; e esses dois produtos produziram a fração 6/24. Igualmente, se as proporções de 1 para 2, de 2 para 3, e de 3 para 4 forem compostas, da forma como mostrei anteriormente, a mesma proporção de 6 para 24 será produzida.

15.

SE QUALQUER proporção for composta de forma invertida, o composto será a proporção de igualdade. Pois, seja dada qualquer proporção, como de A para B, e que o seu inverso seja de C para D; e assim como C para D, que B seja para outra quantidade; pois, dessa forma, serão compostas (de acordo com a segunda proposição do artigo 12). Visto que a proporção de C para D é o inverso da proporção de A para B, ela será como C para D, assim como B para A; e, portanto, se forem colocadas na ordem, A, B, A, a proporção composta das proporções de A para B, e de C para

D será a proporção de A para A, isto é, a proporção de igualdade. E, por conseguinte, fica evidente porque dois produtos iguais têm seus eficientes reciprocamente proporcionais. E, para a produção de dois produtos iguais, as proporções de seus eficientes devem ser aquelas que compostas podem produzir a proporção de igualdade, o que não pode acontecer, a menos que uma seja o inverso da outra; pois, se entre A e B qualquer outra quantidade, como C, for interposta, sua ordem será A, C, A, e a proporção posterior de C para A será o inverso da proporção anterior de A para C.

16-25.
A DEFINIÇÃO E AS PROPRIEDADES DE PROPORÇÃO CONTÍNUA.

16.

UMA PROPORÇÃO é considerada como sendo multiplicada por um número quando é concebida frequentemente como se houvesse unidades naquele número; e se a proporção for da maior para a menor, então a quantidade da proporção deverá também ser aumentada pela multiplicação; mas, quando a proporção for da menor para a maior, então, à medida que o número aumenta, a quantidade de proporção diminui; como nestes três números, 4, 2, 1, a proporção de 4 para 1 não é apenas a duplicata de 4 para 2, mas também duplamente maior; entretanto, ao inverter-se a ordem desses números para 1, 2, 3, a proporção de 1 para 2 será maior do que de 1 para 4; e, portanto, embora a proporção de 1 para 4 seja a duplicação de 1 para 2, não será duplamente maior do que a de 1 para 2, mas, contrariamente, a metade disso. Igualmente, uma proporção é considerada dividida quando entre duas quantidades são interpostos um ou mais meios em proporção contínua, e então a proporção da primeira para a segunda é considerada uma subduplicata da primeira para a terceira, e uma subtriplicata da primeira para a quarta.

Essa mistura de proporções, em que algumas são proporções de excesso, e outras de defeito, assim como a conta de débito e crédito de um mercante não é facilmente calculada como alguns pensam, torna a composição de proporções às vezes uma adição, e às vezes uma subtração; o que parece para quem sempre entendeu, por composição, a adição e, por diminuição, a subtração. Portanto, para tornar essa conta mais simples, devemos considerar (o que é normalmente pressuposto e verdadeiro)

Elementos da Filosofia Capítulo **XIII** **165**

que, se nunca houver tantas quantidades, a proporção da primeira para a última será composta das proporções da primeira para a segunda, e da segunda para a terceira, e assim por diante até a última, sem considerar sua igualdade, excesso, ou defeito; e, se duas proporções, uma de desigualdade e outra de igualdade, forem adicionadas juntas, a proporção não será maior nem menor; como, por exemplo, se as proporções de A para B e de B para B forem compostas, a proporção da primeira para a segunda será a mesma que a soma de ambas, porque a proporção de igualdade, não sendo quantidade, não será aumentada nem diminuída. Mas se houver três quantidades, A, B, C, desiguais, e a primeira for a maior e a última a menor, então a proporção de B para C será uma adição para aquela de A para B, fazendo-a ainda maior; e ao contrário, se A for a menor e C a maior quantidade, então a adição da proporção de B para C fará a proporção composta de A para C ser menor do que a proporção de A para B, isto é, o todo será menor do que a parte. Portanto, a composição de proporções não é, neste caso, o aumento delas, mas a diminuição; pois a mesma quantidade, se (Euclides, v. 8) comparada com duas outras quantidades, causa uma maior proporção para a menor do que para a maior. Igualmente, quando as proporções compostas são uma de excesso e outra de defeito, se a primeira for de excesso, como os números 8, 6, 9, a proporção composta, isto é, de 8 para 9, será menor do que a proporção de uma de suas partes, ou seja, de 8 para 6. Mas se a proporção da primeira para a segunda for de defeito, e da segunda para a terceira de excesso, como os números 6, 8, 4, então a proporção da primeira para a terceira será maior do que a proporção da primeira para a segunda, da mesma forma que 6 causa uma proporção maior para 4 do que para 8; fica evidente que o quanto menos alguma quantidade for deficiente de outra, ou o quanto mais uma exceda de outra, a sua proporção para essa outra será maior.

Digamos que agora haja três quantidades em proporção contínua, A B 4, A C 6, A D 9. Pois, por A D ser maior do que A C, mas não maior do que A D, a proporção de A D para A C será (por Euclides, v.8) maior do que a de A D para A D; e, da mesma forma, porque as proporções de A D para A C, e de A C para A B são as mesmas, as proporções de A D para A C e de A C para A B, sendo ambas proporções de excesso, produzem a proporção toda de A D para A B, ou de 9 para 4, e não apenas a duplicata de A D para A C, ou seja, de 9 para 6, mas também o dobro, ou duas vezes maior. Por outro lado, porque a proporção de A D para A D, ou de 9 para 9, sendo uma proporção de igualdade, não é de quantidade, e ainda maior do que a de A C para A D, ou 6 para 9, ela será 0 – 9 para 0 – 6, e A C para A D; e novamente, 0 – 9 para 0 – 6, e 0 – 6 para 0 – 4; mas 0 – 4, 0 – 6, 0 – 9 estão em proporção contínua; e, porque 0 – 4 é maior do que 0 – 6, a proporção de 0 – 4 para 0 – 6 será o dobro da proporção de 0 – 4 para 0 – 9, digo o dobro, não a duplicata, mas sim uma subduplicata.

Se alguém não estiver satisfeito com esse raciocínio, permita-se primeiro considerar que (por Euclides, v. 8) a proporção de A B para A C é maior do que a de A B para A D quando D é colocado na linha A C prolongada; e quanto mais longe o ponto D estiver do C, maior será a proporção de A B para A C do que a de A B para A D. Há, portanto, algum ponto (que supostamente seria E) na distância de C, como na proporção de A B para A C que será duas vezes maior do que a de A B para A E. Tendo considerado isso, que ele determine o tamanho da linha A E, e demonstre, se puder, que A E é maior ou menor do que A D.

Usando o mesmo método, se houver mais quantidades do que três, como A, B, C, D, em proporção contínua, e A for o menor, pode parecer que a proporção de A para B seja de tripla magnitude, embora subtripla em quantidade, para a proporção de A para D.

17.

SE NUNCA houver tantas quantidades, o número será ímpar, e se sua ordem proceder a partir da quantidade do meio para ambos os lados em proporção contínua, a proporção das duas que estão próximas de cada lado em relação ao meio será uma subduplicata para a proporção das duas que estão próximas a elas em ambos os lados, e uma subtriplicata da proporção das duas que ainda estão em posição remota. Sendo que as magnitudes são C, B, A, D, E, e que A, B, C, como também A, D, E, estão em proporção contínua; digo que a proporção de D para B é uma subduplicata da proporção de E para C. Pois a produção de D para B é composta das proporções de D para A, e de A para B uma vez concebidas; mas a proporção de E para C é composta da mesma duas vezes concebida; e, portanto, a proporção de D para B é uma subduplicata da proporção de E para C. E, da mesma maneira, se ela estivesse acompanhada de três termos em ambos os lados, poderia ser possível demonstrar que a proporção de D para B seria uma subtriplicata da proporção das extremidades.

18.

Se nunca houver tantas proporcionais contínuas, como a primeira, segunda, terceira etc., suas diferenças serão proporcionais a elas. Pois, a segunda, terceira etc. são distintamente consequentes da anterior, e antecedentes da proporção posterior. Mas (de acordo com o artigo 10) a diferença do primeiro antecedente e consequente, para a diferença do segundo antecedente e consequente, é do primeiro antecedente para o segundo antecedente, isto é, como o primeiro termo para o segundo, ou do segundo para o terceiro etc., em proporcionais contínuas.

19.

Se houver três proporcionais contínuas, a soma das extremidades, juntamente com o meio, duas vezes concebido, a soma do meio e qualquer uma das extremidades, e a mesma extremidade, serão proporcionais contínuas. E que A. B. C sejam proporcionais contínuas. Sendo que A. B :: B. C são proporcionais, por composição, A + B. B :: B + C. C também serão proporcionais; e, por permutação, A + B. B + C :: B. C também serão proporcionais; e novamente, por composição, A + 2 B + C. B + C :: B + C. C; que é conforme demonstrado.

20.

Em quatro proporcionais contínuas, a maior e a menor juntas formam uma quantidade maior do que as outras duas juntas. Digamos que A. B :: C. D sejam proporcionais contínuas, e que a maior seja A e a menor seja D; digo que A + D é maior do que B + C. Pois, de acordo com o artigo 10, A − B. C − D :: A. C são proporcionais; e, portanto, A − B é, de acordo com o artigo 11, maior do que C − D. E se adicionarmos B em ambos os lados, A será maior do que C + B − D. E novamente, se adicionarmos D em ambos os lados, A + D será maior do que B + C; que é conforme demonstrado.

21.

SE HOUVER quatro proporcionais, as extremidades multiplicadas entre si, e os meios multiplicados entre si produzirão produtos iguais. Que A. B :: C. D sejam proporcionais; digo que A D é igual a B C. Pois a proporção de A D para B C é composta, de acordo com o artigo 13, das proporções de A para B, e D para C, isto é, seu inverso B para A; e, portanto, de acordo com o artigo 14, esta proporção composta é a proporção de igualdade; e, portanto, a proporção de A D para B C também é a proporção de igualdade. E, por conseguinte, são iguais.

22.

SE HOUVER quatro quantidades, e a proporção da primeira para a segunda for a duplicata da proporção da terceira para a quarta, o produto das extremidades para o produto dos meios será como o produto da terceira para a quarta. Que as quatro quantidades sejam A, B, C e D; e que a proporção de A para B seja a duplicata de C para D, digo que A D está para o produto de A em D assim como B C está para o produto dos meios, como C para D. Sendo que a proporção de A para B é a duplicata da proporção de C para D, se for como C para D, e D para outra, E, então A. B :: C. E serão proporcionais; pois a proporção de A para B é, por suposição, a duplicata da proporção de C para D; e C para E, também a duplicata de C para D por definição, artigo 15. Portanto, de acordo com o último artigo, A E ou A em E é igual a B C ou B em C; mas, de acordo com a proposição 4 – artigo 6, A D está para A E como D para E assim como C para D; e, assim, A D está para B C, como já mostrei, o mesmo que é para A E, como C para D; que é conforme demonstrado.

Além disso, se a proporção da primeira A para a segunda B for a triplicata da proporção da terceira C para a quarta D, o produto das extremidades para o produto dos meios será como a duplicata da proporção da terceira para a quarta. Pois, se for como C para D e D para E, e novamente como D para E e E para outra, F, então a proporção de C para F será a triplicata da proporção de C para D; e, consequentemente, A. B :: C. F serão proporcionais, e A F igual a B C. E da mesma forma que A D é para A F, D é para F; e, portanto, como A D é para B C, também D é para F, isto é, também C é para E; mas a proporção de C para E é a

Elementos da Filosofia Capítulo **XIII** **169**

duplicata da proporção de C para D; assim, também a proporção de A D para B C é a duplicata da proporção de C para D, como foi proposto.

23.

Se houver quatro proporcionais, e um meio for interposto entre a primeira e a segunda, e outro entre a terceira e a quarta, o primeiro desses meios será para a segunda, como a primeira das proporcionais é para a terceira, ou como a segunda delas é para a quarta. Que A. B :: C. D sejam proporcionais, e que E seja um meio entre A e B, e F um meio entre C e D; digo que A. C :: E. F são proporcionais. Pois a proporção de A para E é uma subduplicata da proporção de A para B, ou de C para D. Também, a proporção de C para F é uma subduplicata da proporção de C para D; e, portanto, A. E :: C. F são proporcionais; e, por permutação, A. C :: E. F também são proporcionais; que é conforme demonstrado.

24.

Uma coisa é considerada como dividida em uma proporção de meio e extremidade quando o todo e as partes estão em proporção contínua. Como, por exemplo, quando A + B. A. B são proporcionais contínuas; ou quando a linha reta A C está dividida em B, de forma que A C. A B. B C estão em proporção contínua. E, se a mesma linha A C for dividida novamente em D, para que A C. C D. A D sejam proporcionais contínuas; então, também, A C. A B. A D. serão proporcionais contínuas; e, da mesma forma, ainda que em ordem contrária, C A. C D. C B serão proporcionais contínuas; o que não pode acontecer em qualquer linha normalmente dividida.

25.

Se houver três proporcionais contínuas e, novamente, três outras proporcionais contínuas que possuam o mesmo termo médio, suas extremidades serão da mesma proporção. Sendo que A. B. C e D. B. E são proporcionais contínuas, digo que A. D :: E. C deverão ser proporcionais. Pois a proporção de A para D é composta das proporções de A para B, e de B para D; e a proporção de E para C é composta das proporções de E para B, isto é, de B para D, e de B para C, ou seja, de A para B. Portanto, por igualdade, A. D :: E. C são proporcionais.

26-29.
Comparação de proporções aritméticas e geométricas.

26.

Se duas quantidades desiguais tornarem-se extremidades, e se for interposto entre elas qualquer número de meios em proporção geométrica e o mesmo número de meios em proporção aritmética, os vários meios em proporção geométrica serão menores do que os em proporção aritmética. Pois entre A, o menor, e E, o maior, estão interpostos três meios, B, C, D, em proporção geométrica, e outros mais, F, G, H, em proporção aritmética; digo que B será menor do que F, C do que G, e D do que H. Primeiramente, a diferença ente A e F é a mesma do que aquela entre F e G, do que aquela entre G e H, pela definição de proporção aritmética; e, portanto, a diferença das proporcionais que estão próximas umas das outras em relação à diferença das extremidades é, quando há apenas um meio, a metade da diferença; quando há dois, uma terceira parte; três, uma quarta, e assim por diante; sendo que neste exemplo é de um quarto. Mas a diferença entre D e E, de acordo com o artigo 17, é maior do que um quarto da diferença entre as extremidades, pois a proporção é geométrica e, portanto, a diferença entre A e D é menor do que três quartos da mesma diferença das extremidades. Igualmente, se a diferença entre A e D for dividida em três partes iguais, talvez se possa provar que a diferença entre A e C é menor do que dois quartos da diferença dos extremos de A e E. E, por fim, se a diferença entre A e C for dividida em duas partes iguais, a diferença entre A e B será menor do que um quarto da diferença das extremidades de A e E.

De acordo com as considerações feitas aqui, fica evidente que B, que é A junto com algo mais, que é menor do que um quarto da diferença das extremidades de A e E, é menor do que F, ou seja, do que o mesmo A com algo mais, que é igual a quarta parte mencionada. Igualmente, que C, que é A com algo mais que é menos do que dois quartos da diferença mencionada, é menor do que G, isto é, do que A junto com os dois quartos mencionados. E finalmente, que D, que excede A por menos de três quartos iguais da diferença mencionada, é menor do que H, que excede o mesmo A por três quatros da diferença dita. E seria da mesma maneira se houvesse quatro meios, exceto que, em vez de quartos de diferença das extremidades, teríamos quintas partes; e assim por diante.

27.

Teorema: se uma quantidade for dada, e a ela adicionada outra, e outra subtraída dela, e então outra maior ou menor, a proporção da remanescente para a agregada será maior quando a menor quantidade for adicionada e subtraída, do que quando a maior for adicionada e subtraída. Que B seja adicionado e subtraído da quantidade de A; para que A − B seja o remanescente, e A + B, o agregado; e novamente, que C, uma maior quantidade do que B, seja adicionado e subtraído do mesmo A, para que A − C seja o remanescente e A + C, o agregado; digo que A − B. A + B :: A − C. A + C será um hiperlogismo. Pois A − B. A :: A − C. A é um hiperlogismo de um antecedente maior para o mesmo consequente; e, portanto, A − B. A + B :: A − C. A + C é um hiperlogismo ainda maior, sendo feito de um antecedente ainda maior para um consequente menor.

28.

Se partes desiguais forem subtraídas de duas quantidades iguais, e se entre o todo e a parte de cada houver dois meios interpostos, um em proporção geométrica e outro em aritmética; a diferença entre esses dois meios será muito maior onde a diferença entre o todo e suas partes for ainda maior. Que A B e A B sejam quantidades iguais, das quais duas partes desiguais sejam subtraídas, isto é, A E, a menor, e A F, a maior; e entre A B e A E que A G seja um meio em proporção geométrica, e A H um meio em proporção aritmética. Também que entre A B e A F, A I seja um meio em proporção geométrica, e A K, um meio em proporção aritmética; digo que H G é maior do que K I. Pois, em primeiro lugar temos este analogismo: A B. A G :: B G. G E, de acordo com o artigo 18. Em segundo, por composição, temos este: A B + A G. A B :: B G + G E, isto é, B E. B G. Em terceiro, ao subtrairmos as metades dos antecedentes, temos: 1/2 A B + 1/2 A G. A B :: 1/2 B G + 1/2 G E, isto é, B H. B G. Em quarto, por conversão: A B. 1/2 A B + A G :: B G. B H. Em quinto, por divisão: 1/2 A B − 1/2 A G. 1/2 A B + 1/2 A G :: H G. B H. E, dobrando o primeiro antecedente e o primeiro consequente: A B − A G. A B + A G :: H G. B H.

Também, pelo mesmo método, podemos encontrar este analogismo: A B – A I. A B + A I :: K I. B K.

Agora, visto que a proporção de A B para A E é maior do que a de A B para A F, a proporção de A B para A G, que é metade da maior proporção, é maior do que a proporção de A B para A I, metade da proporção menor; e, portanto, A I é maior do que A G. Assim, a proporção de A B – A G para A B + A G, de acordo com o teorema anterior, será maior do que a proporção de A – B A I para A B + A I; e, portanto, também a proporção de H G para B H será maior do que aquela de K I para B K, e muito maior do que a proporção de K I para B H, que é maior do que B K; pois, B H é metade de B E, como B K é a metade de B F, que, por suposição, é menor do que B E. Portanto, H G é maior do que K I; que é conforme demonstrado.

Proposição: fica evidente, a partir deste momento, que se qualquer quantidade for supostamente dividida em partes iguais, infinitas em número, a diferença entre os meios aritméticos e geométricos será infinitamente mínima, isto é, praticamente nenhuma. Sob essa consideração, a arte de produzir esses números, chamados de logaritmos, parece ter sido criada.

29.

SE QUALQUER número de quantidades for proposto, sendo elas desiguais ou iguais entre si, e que haja outra quantidade, que multiplicada pelo número das quantidades propostas será igual a todas elas, a outra quantidade será um meio em proporção aritmética para todas essas quantidades propostas.

{ Capítulo XIV }

Do Reto e Do Curvado, Ângulo e Forma

1. A definição e as propriedades de uma linha reta.

2. A definição e as propriedades de uma superfície plana.

3. Vários tipos de linhas curvas.

4. A definição e as propriedades de uma linha circular.

5. As propriedades de uma linha reta contidas em uma superfície plana.

6. A definição de linhas tangentes.

7. A definição de um ângulo, e de suas variações.

8. Em círculos concêntricos, arcos do mesmo ângulo estão uns para os outros, assim como estão todas as circunferências.

9. A medida de um ângulo, em que consiste.

10. A distinção de ângulos, assim chamados.

11. Das linhas retas a partir do centro de um círculo até uma tangente do próprio círculo.

12. A definição geral de linhas paralelas, e as propriedades de linhas paralelas retas.

13. As circunferências de círculos estão umas para outras, assim como estão seus diâmetros.

14. Em triângulos, linhas retas paralelas às bases estão uma para outra, assim como estão as partes dos lados que cortam a partir do vértice.

15. De que fração de uma linha reta é feita a circunferência de um círculo.

16. Um ângulo de contingência pode até ser quantidade, mas de um tipo diferente do ângulo propriamente dito; e não pode adicionar ou retirar nada dele.

17. A inclinação de linhas planas é um ângulo propriamente dito.

18. O que é um ângulo sólido.

19. Qual a natureza das assíntotas.

20. O que determina a situação.

21. O que é situação semelhante; o que é figura; e o que são figuras semelhantes.

1.

A definição e as propriedades de uma linha reta.

Entre dois pontos dados, a linha mais curta é aquela cujos pontos extremos não podem ser traçadas em partes sem que a medida seja alterada, isto é, sem alterar a proporção dessa linha em relação a qualquer outra linha dada. Pois a magnitude de uma linha é computada pela maior distância que pode existir entre seus pontos extremos, sendo que qualquer linha, estendida ou arqueada, sempre tem a mesma extensão por apenas ter uma grande distância entre seus pontos extremos.

E visto que a ação pela qual uma linha reta é curvada, ou vice-versa, nada mais é do que a aproximação de seus pontos extremos entre si, ou sua colocação adiante em partes, *uma linha curvada* pode certamente ser definida como *aquela cujos pontos extremos podem ser compreendidos como traçados em partes*; e uma *linha reta, aquela cujos pontos extremos não podem ser traçados em partes; e comparativamente, uma mais curvada, aquela linha cujos pontos extremos estão mais próximos entre si do que os outros, supondo-se que ambas as linhas sejam da mesma extensão.* Assim, de qualquer forma que uma linha esteja arqueada, ela sempre formará um seno ou uma cavidade, muitas vezes em um lado; isso, para que a mesma linha curvada possa simultaneamente ter sua cavidade total em apenas um lado, ou possa ter uma parte em um lado e uma parte em outro. E quando isso é bem compreendido, fica fácil entender a comparação abaixo sobre linhas retas e curvadas.

Em primeiro lugar, se uma linha reta e uma curva tiverem seus pontos extremos padrões, a linha curva será maior do que a reta. Pois, se os pontos extremos da linha curvada forem traçados em sua maior distância, ela resultará em uma linha reta da qual, que foi uma linha reta desde o início, será apenas uma parte; e, portanto, a linha reta era menor do que a curva, que possuía os mesmos pontos extremos. E, pela mesma razão, se duas linhas curvas tiverem seus pontos extremos padrões, e se ambas tiverem suas cavidades do mesmo lado, a mais distante delas será a linha mais longa.

Em segundo lugar, uma linha reta e uma perpetuamente curva não podem ser coincidentes, não na parte menor. Pois, se pudessem, então não apenas uma linha reta teria seus pontos extremos semelhantes a uma linha curva, mas também ambas seriam, por coincidência, iguais entre si; o que, como já mostrei, não é possível.

Em terceiro lugar, entre dois pontos dados, pode-se entender apenas uma linha reta; pois não pode haver mais do que um intervalo ou extensão menor entre os mesmos pontos. Pois se pode haver duas linhas, elas serão coincidentes, e ambas serão uma linha reta; ou se não forem coincidentes, então a aplicação de uma para a outra por acréscimo fará com que a linha estendida tenha seus pontos extremos a uma distância maior um do outro; e consequentemente, estava curvada desde o início.

Em quarto lugar, a partir do que foi dito anteriormente, duas linhas retas podem incluir uma superfície. Pois, se tiverem ambos os pontos extremos em comum, serão coincidentes; mas se tiverem apenas um ou nenhum em comum, então seus pontos extremos estarão desconectados em uma ponta ou em ambas, não incluirão superfície, deixando tudo em aberto e indeterminado.

Em quinto lugar, toda parte de uma linha reta é uma linha reta. Visto que toda parte de uma linha reta é a menor parte que pode ser traçada entre seus próprios pontos extremos; e se todas as partes não constituíssem uma linha reta, nunca seriam maiores do que a linha toda.

2.
A DEFINIÇÃO E AS PROPRIEDADES DE UMA SUPERFÍCIE PLANA.

UMA SUPERFÍCIE plana é aquela que pode ser descrita por uma linha reta movida, de modo que todos esses vários pontos descrevem várias linhas retas. Uma linha reta, portanto, está necessariamente toda na mesma superfície plana que ela descreve. Igualmente, as linhas retas, que são feitas pelos pontos que descrevem uma superfície plana, estão todas na mesma superfície. Além disso, se alguma linha for movida em uma superfície plana, as linhas, que são por ela descritas, estarão todas na mesma superfície.

Todas as outras superfícies que não são planas, são curvas, isto é, são côncavas ou convexas. E as mesmas comparações, feitas sobre linhas retas e curvadas, também podem ser feitas sobre superfícies planas e curvadas.

Pois, primeiro, se uma superfície plana e uma curva terminar com as mesmas linhas, a curva será maior que a plana. E se as linhas, das quais a superfície curva consiste, forem estendidas, serão consideradas mais longas do que aquelas das quais a superfície plana consiste, que não podem ser estendidas, pois são retas.

Segundo, duas superfícies, das quais uma é plana, e a outra continuamente curva, não podem ser coincidentes, não na parte menor. Pois se fossem coincidentes, seriam iguais; além disso, as mesmas superfícies seriam planas e curvas, o que é impossível.

Terceiro, nas mesmas linhas terminadas não pode haver mais do que uma superfície plana; pois só pode haver uma superfície menor nesta.

Quarto, nenhum número de superfícies planas pode incluir uma sólida, a menos que duas delas terminem em um vértice comum. Pois, se duas superfícies planas tiverem ambas as mesmas linhas terminadas, serão coincidentes, isto é, serão apenas uma superfície; e se as linhas terminadas não forem as mesmas, deixarão um ou mais lados abertos.

Quinto, toda parte de uma superfície plana é uma superfície plana. Visto que a superfície plana total é menor do que aquelas que possuem as mesmas linhas terminadas; e também todas as partes da mesma superfície são menores do que todas as outras que são terminadas com as mesmas linhas; se cada parte não devesse constituir uma superfície, todas as partes juntas seriam iguais ao todo.

3.
Vários tipos de linhas curvas.

Existe apenas um tipo retilíneo, seja em superfícies ou linhas; mas vários são os tipos de curvatura. Em termos de magnitudes curvadas, algumas são congruentes, isto é, são coincidentes quando aplicadas entre si; outras são incongruentes. Novamente, algumas são ὁμοιομερεῖς ou *uniformes*, isto é, têm suas partes congruentes entre si; outras são ἀνομοιομερεῖς ou de *várias formas*. Além disso, dentre as curvadas, algumas são continuamente curvadas, outras têm partes que não são curvadas.

4.
A DEFINIÇÃO E AS PROPRIEDADES DE UMA LINHA CIRCULAR.

SE UMA linha for movida em uma superfície plana enquanto uma extremidade permanece imóvel, a linha toda será movida ao seu redor até que alcance seu ponto de partida inicial; e isso descreverá uma superfície plana que termina por aquela linha curva feita pela extremidade da linha reta movida. Agora, essa superfície é chamada de círculo; e desse círculo, o ponto imóvel é o *centro*; a linha curva em que termina, o *perímetro*, e cada parte da linha curva, uma *circunferência* ou *arco*; a linha reta que gerou o círculo é o *semidiâmetro* ou *raio*; e qualquer linha reta que passa pelo centro e termina em ambos lados da circunferência é chamada de *diâmetro*. Além disso, cada ponto do raio, que descreve o círculo, descreve ao mesmo tempo seu próprio perímetro, terminando seu próprio círculo, que é considerado *concêntrico* a todos os outros círculos, pois ele e todos os outros têm um centro em comum.

Portanto, em cada círculo, todas as linhas retas do centro até a circunferência são iguais. Pois são todas coincidentes com o raio que gera o círculo.

O diâmetro também divide o perímetro e o círculo em duas partes iguais. Se essas duas partes forem aplicadas uma à outra, e os semiperímetros coincidentes, então, sendo que ambas possuem um diâmetro em comum, elas serão iguais; e os semicírculos também serão iguais por serem coincidentes. Mas se os semiperímetros não forem coincidentes, então qualquer linha reta que passa pelo centro, onde o centro está no diâmetro, será cruzada por eles em dois pontos. Portanto, visto que todas as linhas retas do centro até a circunferência são iguais, uma parte da mesma linha reta será igual ao todo; o que é impossível.

Pela mesma razão, o perímetro de um círculo será uniforme, isto é, qualquer uma de suas partes será coincidente com qualquer outra parte desta.

5.
As propriedades de uma linha reta contidas em uma superfície plana.

Por conseguinte, pode ser considerado que a propriedade de uma linha reta está contida em uma superfície plana que contém seus dois pontos extremos. Pois, visto que seus dois pontos extremos estão em uma superfície plana, essa linha reta que descreve a superfície irá passar por ambos; e se um deles se tornar um centro, e se uma circunferência, cujo raio seja a linha reta que descreve a superfície, for descrita na distância entre ambos, essa circunferência passará por outro ponto. Portanto, entre os dois pontos propostos, há uma linha reta, pela definição de um círculo, contida unicamente na superfície plana proposta; assim, se outra linha reta fosse traçada entre os mesmos pontos, não estando ainda contida na mesma superfície plana, ficaria evidente que, entre dois pontos, duas linhas retas podem ser traçadas; o que já foi demonstrado ser impossível.

Também pode ser considerado que se duas superfícies planas cruzarem-se entre si, a parte que possuem em comum será uma linha reta. Pois os dois pontos extremos da interseção estão em ambas as superfícies planas que se cruzam; e, entre esses pontos, uma linha reta pode ser traçada; e uma linha reta entre qualquer dois pontos está na mesma superfície plana em que os pontos estão; e, visto que estão em ambos os planos, a linha reta que os conecta estará também em ambas as superfícies planas, tornando-se a parte comum de ambas. E qualquer outra linha, que possa ser traçada entre esses pontos, será coincidente com essa linha, isto é, será a mesma linha; ou não será coincidente, não estando em nenhuma, ou apenas em uma dessas superfícies planas.

Como uma linha reta que pode ser considerada movida enquanto uma extremidade permanece fixa, como o centro; portanto, da mesma forma, é fácil compreender que uma superfície plana pode ser circundada sobre uma linha reta, enquanto a mesma permanece imóvel no mesmo local, como o *eixo* daquele movimento. Assim, fica evidente que quaisquer três pontos estão em alguma superfície plana. Pois, semelhantes a quaisquer dois pontos, se conectados por uma linha reta, serão compreendidos na mesma superfície plana em que está a linha reta; portanto, se essa superfície for circundada sobre a mesma linha reta, ela irá, em sua transformação, assimilar qualquer terceiro ponto, seja lá onde estiver posicionado; e, então, esses três pontos estarão todos nessa superfície; e, consequentemente, as três linhas retas que conectam esses pontos também estarão na mesma superfície.

6.
A DEFINIÇÃO DE LINHAS TANGENTES.

CONSIDERA-SE que duas linhas que se *tocam,* sendo ambas traçadas para o mesmo ponto, não se cruzarão, a não ser que sejam produzidas, ou seja, da mesma maneira pela qual são geradas. E, portanto, se duas linhas retas tocarem-se em qualquer ponto, serão contínuas por toda a sua extensão. Igualmente, duas linhas continuamente curvadas farão o mesmo se forem contínuas e aplicadas uma à outra de acordo com sua congruência; por outro lado, se forem aplicadas com incongruência, irão se tocar, como todas as outras linhas curvadas, mas apenas em um ponto. Dessa forma, fica evidente que não pode haver congruência entre uma linha reta e uma linha continuamente curvada; caso contrário, a mesma linha pode ser simultaneamente reta ou curva. Além disso, quando uma linha reta toca uma curva, se a reta nunca for movida sobre o ponto de contato, ela cruzará a curva; pois, sendo que a reta toca a curva em apenas um ponto, se a reta inclinar, fará mais do que tocar a curva; ou seja, será congruente a ela, ou a cruzará; mas como não pode ser congruente, apenas a cruzará.

7.
A DEFINIÇÃO DE UM ÂNGULO E DE SUAS VARIAÇÕES.

UM ÂNGULO, de acordo com a acepção geral da palavra, pode ser assim definido: *quando duas linhas, ou muitas superfícies, coincidem em um único ponto, e divergem em outras partes, a medida dessa divergência é um* ângulo. E um ângulo é de dois tipos; pois, primeiro, pode ser constituído pela coincidência de linhas, e então ser um *ângulo superficial;* ou pela coincidência de superfícies, e então ser chamado de *ângulo sólido.*

Igualmente, pelas duas formas pelas quais duas linhas podem divergir uma da outra, ângulos superficiais são divididos em dois tipos. Pois duas linhas retas, aplicadas entre si, e contínuas em toda sua extensão, podem ser separadas ou abertas de certa forma que suas coincidências, em um ponto, permanecerão; e essa separação ou abertura pode ser por movimentação circular, tornando o centro seu ponto de coincidência, e fazendo com que as linhas permaneçam retilíneas, a medida pela qual a separação ou a divergência será chamada simplesmente de *ângulo*; ou podem ser separadas pela flexão ou curvatura em cada ponto imaginável; e a medida dessa separação é chamada de *ângulo de contingência*.

Além disso, de ângulos superficiais, aqueles que estão em superfícies planas são planos; e aqueles que não são planos, são denominados pelas superfícies em que estão.

Por fim, são *ângulos retilíneos* aqueles constituídos de linhas retas; e ângulos curvados aqueles constituídos de *linhas curvas*; e aqueles constituídos de ambas linhas retas e curvas são chamados de *ângulos mistos*.

8.
EM CÍRCULOS CONCÊNTRICOS, ARCOS DO MESMO ÂNGULO ESTÃO UNS PARA OS OUTROS, ASSIM COMO ESTÃO TODAS AS CIRCUNFERÊNCIAS.

Dois arcos interceptados entre dois raios de círculos concêntricos têm a mesma proporção entre si que seus perímetros totais têm entre si. Pois que o ponto A seja o centro dos dois círculos BCD e EFG, no qual os raios AEB e AFC interceptam os arcos BC e EF; digo que a proporção do arco BC para o arco EF é a mesma que a do perímetro BCD para o perímetro EFG. Pois, se o raio AFC for considerado movimentando-se sobre o centro A com um movimento circular e uniforme, ou seja, com uma igual rapidez por toda parte, o ponto C irá, no devido tempo, descrever o perímetro BCD, e também, em parte desse tempo, o arco BC; e porque essas velocidades são iguais, pelas quais o arco e o perímetro todo são descritos, a proporção da magnitude do perímetro BCD para a magnitude do arco BC é determinada pela diferença das vezes em que o perímetro e o arco são descritos. Ambos os perímetros e arcos são descritos ao mesmo tempo; e, portanto, as proporções do perímetro BCD para o arco BC, e do perímetro EFG para o arco EF, são ambas determinadas pela mesma causa. Portanto, BCD. BC :: EFG. EF são proporcionais

Elementos da Filosofia Capítulo **XIV** **181**

(de acordo com o artigo 6 do último capítulo), e pela permutação B C D. E F G :: B C. E F também serão proporcionais; conforme demonstrado.

9.
A MEDIDA DE UM ÂNGULO, EM QUE CONSISTE.

NADA contribui para a medida de um ângulo, nem o comprimento, nem a igualdade, nem a desigualdade das linhas que o compreende. Pois as linhas A B e A C compreendem o mesmo ângulo, que é compreendido pelas linhas A E e A F, ou A B e A F. Um ângulo também não é aumentado ou diminuído pela medida absoluta de um arco, que o estende; pois tanto o maior arco B C quanto o menor arco E F são estendidos para o mesmo ângulo. Mas a medida de um ângulo é estimada pela medida do arco estendido comparada com a medida do perímetro completo. E, portanto, a medida de um ângulo pode ser definida como: *a medida de um ângulo é um arco ou uma circunferência de um círculo, determinada por sua proporção em relação a todo perímetro.* Assim, quando um arco é interceptado entre duas linhas retas traçadas do centro, vemos que quanto maior for a proporção desse arco em relação a todo perímetro, maior será o ângulo. A partir desse ponto, podemos entender que quando as linhas que contêm um ângulo são linhas retas, a medida desse ângulo pode ser levada a qualquer distância do centro. Mas se uma ou ambas das linhas contidas forem curvas, então a medida do ângulo deve ser tomada na distância menor do certo, ou da sua coincidência; pois a distância menor deve ser considerada como uma linha reta, visto que nenhuma linha curva pode ser imaginada tão pequena, mas que pode haver uma linha reta ainda menor. E, embora a linha reta menor não possa ser dada, pois ainda pode estar dividida, ainda podemos chegar a uma parte tão pequena, o que não é nada considerável, que chamamos de um ponto. E esse ponto pode ser entendido como uma linha reta que toca uma linha curva; pois um ângulo é gerado pela separação, por meio do movimento circular, de uma linha reta de outra que a toca, como dito no artigo 7. Portanto, um ângulo, formado por duas cores curvas, é o mesmo formado por duas linhas retas que as tocam.

10.

A distinção de ângulos, assim chamados.

Assim, *ângulos verticais*, como ABC, DBF, são iguais. Pois se, dos dois semiperímetros DAC, FDA iguais, um arco comum for removido, os arcos remanescentes AC, DF serão iguais entre si.

Outra distinção de ângulos é entre *reto* e *oblíquo*. *Um ângulo reto é aquele cuja medida é 1/4 do perímetro.* E as linhas, que constituem um ângulo reto, são consideradas *perpendiculares* entre si. Igualmente, dentre ângulos oblíquos, aquele que é maior do que um reto é chamado de *ângulo obtuso*; e aquele que é menor, de *ângulo agudo*. Assim, que todos os ângulos que possam ser possivelmente considerados no mesmo ponto, tomados juntos, são iguais a quatro ângulos retos; pois suas medidas juntas constituem o perímetro todo. Igualmente, todos os ângulos, constituídos em um lado de uma linha reta, a partir de qualquer ponto tomado nela, são iguais a dois ângulos retos; pois se esse ponto constituir o centro, essa linha reta será o diâmetro de um círculo, cuja circunferência determina a medida de um ângulo; e esse diâmetro dividirá o perímetro em duas partes iguais.

11.

Das linhas retas a partir do centro de um círculo até uma tangente do próprio círculo.

Se uma tangente for o diâmetro de um círculo, cujo centro é o ponto de contato, uma linha reta traçada do centro do círculo anterior para o círculo posterior constituirá dois ângulos com a tangente, ou seja, com o diâmetro do círculo anterior, iguais a dois ângulos retos, de acordo com o último artigo. E porque, pelo artigo 6, a tangente tem em ambos os lados a mesma inclinação para o círculo, ambos terão um ângulo reto; como também o semidiâmetro será perpendicular em relação a mesma tangente. Além disso, o semidiâmetro, à medida que é o semidiâmetro, é a menor linha reta que pode ser traçada do centro até a tangente; e uma ou outra linha reta, que alcance a tangente, passará por fora do círculo, e será, então, maior do que o semidiâmetro. Igualmente, de todas as linhas retas que possam ser traçadas do centro até a tangente, essa é a maior, que faz o maior ângulo com a perpendicular; o que ficará evidente se, sobre o mesmo centro, outro círculo for descrito cujo semidiâmetro é uma linha reta traçada próxima à perpendicular, e de lá será traçada uma perpendicular, ou seja, uma tangente, até ela.

A partir disso, também é evidente que, se duas linhas retas, que constituem ângulos iguais em ambos os lados da perpendicular, sejam produzidas até a tangente, elas serão iguais.

12.
A DEFINIÇÃO GERAL DE LINHAS PARALELAS, E AS PROPRIEDADES DE LINHAS PARALELAS RETAS.

HÁ EM Euclides uma definição de linhas paralelas alinhadas; mas não acredito que haja uma definição geral de linhas paralelas; e, portanto, uma definição universal seria que quaisquer duas linhas, retas ou curvas, como também quaisquer duas superfícies são paralelas *quando duas linhas retas iguais, quando presas, fazem sempre ângulos iguais com cada uma delas.*

Dessa definição, primeiro, que qualquer duas linhas retas, não inclinadas em direções opostas, caídas sobre duas outras linhas retas, paralelas, e interceptando partes iguais em ambas, são também iguais e paralelas. Se AB e CD, ambas inclinadas da mesma maneira, caírem sobre as linhas paralelas AC e BD, e se AC e BD forem iguais, AB e CD serão também iguais e paralelas. Pois se as perpendiculares BE e DF forem traçadas, os ângulos retos EBD e FDH serão iguais. Portanto, sendo EF e BD paralelas, os ângulos EBA e FDC serão iguais. Agora, se DC não for igual a BA, que qualquer outra linha reta igual a BA seja traçada do ponto D; e visto que não pode cair sobre o ponto C, que caia sobre o G. Assim, AG será maior ou menor do que BD; e, portanto, os ângulos EBA e FDC não são iguais, como era suposto. Dessa forma, AB e CD são iguais.

Novamente, porque fazem ângulos iguais com as perpendiculares BE e DF; portanto, o ângulo CDH será igual ao ângulo ABD, e, de acordo com a definição das linhas paralelas, AB e CD serão paralelas.

A linha plana incluída, das duas formas, nas linhas paralelas é chamada de paralelogramo.

Proposição 1: a partir disso, os ângulos A B D e C D H são iguais, isto é, que uma linha reta, como B H, caindo sobre duas linhas paralelas, como A B e C D, fazem o ângulo interno A B D igual ao ângulo oposto e externo C D H.

Proposição 2: e, a partir disso, que uma linha reta, caindo sobre duas linhas paralelas, torna os ângulos alternos iguais, isto é, o ângulo A G F igual ao ângulo G F D. Visto que G F D é igual ao ângulo oposto externo E G B, ele também será igual a seu ângulo vertical A G F, que é alterno à G F D.

Proposição 3: que os ângulos internos no mesmo lado da linha F G são iguais a dois ângulos retos. Pois, os ângulos em F, isto é, G F C e G F D, são iguais a dois ângulos retos. Mas G F D é igual ao seu ângulo alterno A G F. Por conseguinte, ambos os ângulos G F C e A G F, que são internos ao mesmo lado da linha F G, são iguais a dois ângulos retos.

Proposição 4: que os três ângulos de um triângulo plano e reto são iguais a dois ângulos retos; e de qualquer lado sendo produzido, o ângulo externo será igual aos dois ângulos internos e opostos. Pois se for traçada uma linha paralela, pelo vértice de um triângulo plano A B C, para quaisquer dos lados, como para A B, os ângulos A e B serão iguais a seus ângulos alternos E e F, e o ângulo C será comum. Mas, de acordo com o artigo 10, os três ângulos E, C e F são iguais a dois ângulos retos; e, portanto, os três ângulos do triângulo são iguais a ele. Novamente, os dois ângulos B e D são iguais aos dois ângulos retos, de acordo com o artigo 10. Por conseguinte, exceto B, restarão os ângulos A e C, iguais ao ângulo D.

Proposição 5: se os ângulos A e B forem iguais, os lados A C e C B também serão iguais, pois A B e E F são linhas paralelas; e, ao contrário, se os lados A C e C B forem iguais, os ângulos A e B também serão iguais. Pois se não forem, que sejam os ângulos B e G iguais. Assim, sendo que G B e E F são linhas paralelas, e os ângulos G e B iguais, os lados G C e C B também serão iguais; e porque C B e A C são iguais por suposição, C G e C A também serão iguais; o que não pode ser, de acordo com o artigo 11.

Proposição 6: a partir disso, fica evidente que se dois raios de um círculo forem conectados por uma linha reta, os ângulos que produzem com a linha conectada serão iguais entre si; e se for adicionado ao segmento pela mesma linha, ligado pela mesma linha que conecta o raio, então os ângulos, que esses raios produzem com a circunferência, também serão iguais entre si. Pois uma linha reta que liga qualquer arco produz ângulos iguais com esta; pois se o arco e a ligação forem divididos ao meio, as duas metades do segmento serão congruentes entre si, devido à uniformidade tanto da circunferência quanto do círculo e da linha reta.

13.

As circunferências de círculos estão umas para outras, assim como estão seus diâmetros.

Os perímetros de círculos estão uns para os outros, assim como estão seus semidiâmetros. Pois, que haja dois círculos, sendo B C D, o maior, e E F G, o menor, tendo o centro comum em A; e que seus semidiâmetros sejam A C e A E. Digo que A C tem a mesma proporção para A E que o perímetro B C D tem para o perímetro E F G.

A magnitude dos semidiâmetros A C e A E é determinado pela distância dos pontos C e E do centro A; e as mesmas distâncias são adquiridas pelo movimento uniforme de um ponto de A para C, de tal forma que, em tempos iguais, as distâncias adquiridas são iguais. Mas os perímetros B C D e E F G são também determinados pelas mesmas distâncias dos pontos C e E do centro A; e, portanto, os perímetros B C D e E F G, como também os semidiâmetros A C e A E, têm suas magnitudes determinadas pela mesma causa que, em tempos iguais, produz espaços iguais. Portanto, de acordo com o capítulo 13 e artigo 6, os perímetros dos círculos e seus semidiâmetros são proporcionais; conforme demonstrado.

14.

Em triângulos, linhas retas paralelas às bases estão uma para outra, assim como estão as partes dos lados que cortam a partir do vértice.

Se duas linhas retas, que constituem um ângulo, forem cortadas por linhas retas paralelas, as paralelas interceptadas estarão uma para outra, assim como estão as partes que cortam a partir do vértice. Que as linhas retas A B e A C produzam um ângulo em A e que sejam cortadas pelas duas linhas retas paralelas B C e D E, fazendo com que as partes sejam cortadas a partir do vértice em ambas as linhas, como em A B, pode ser em A B e A D. Digo que as linhas paralelas B C e D E são uma para outra, como as partes A B e A D. Pois, sendo A B dividida em qualquer número de partes iguais, como em A F, F D, D B; e pelos pontos F e D, que de F G e D E são traçados paralelos até a base B C, e cortem A C em G e E; e novamente, pelos pontos G e E, que outras linhas retas sejam traçadas em paralelo para A B, e que cortem B C em H e L se agora o ponto A for entendido como movido uniformemente sobre A B, e ao mesmo tempo B for movido para C, e todos os pontos F, D e B forem movidos uniformemente e com igual rapidez sobre F G, D E, e B C; então que B passe sobre B H, igual a F G, ao mesmo tempo que A passa sobre A F; e A F e F G estarão uma para outra, assim como suas velocidades; e quando A estiver em F, D estará em K; quando A estiver em D, D estará em E; e da mesma forma que A passa pelos pontos F, D e B, o ponto B passa pelos pontos H, I, e C; e as linhas retas F G, D K, K E, B H, H I, e I C são iguais devido ao paralelismo; e, portanto, da mesma forma que a velocidade em A B está para a velocidade em B C, também está de A D para D E; e da mesma forma que a velocidade em A B está para a velocidade em B C, também está a de A B para B C; ou seja, todas as linhas paralelas serão distintamente, para todas as partes, cortadas a partir do vértice, com A F é para F G. Por conseguinte, A F. G F :: A D. D E :: A B. B C são proporcionais.

As subtensas de ângulos iguais em círculos diferentes, como as linhas retas B C e F E estão uma para outra como os arcos que subtendem. Pois, de acordo com o artigo 8, os arcos de ângulos iguais estão um para o outro, assim como estão seus perímetros; e, de acordo com o artigo 13, os perímetros, assim como estão seus semidiâmetros; e as subtensas B C e F E são paralelas uma para outra devido à igualdade dos ângulos que produzem com os semidiâmetros; e, portanto, as mesmas subtensas, de acordo com o último artigo, serão proporcionais ao semidiâmetro, ou seja, aos perímetros, isto é, aos arcos que subtendem.

15.
De que fração de uma linha reta é feita a circunferência de um círculo.

Se, em um círculo, quaisquer números de subtensas iguais forem colocadas imediatamente uma após a outra, e se linhas retas forem traçadas a partir dos pontos de extremos da primeira subtensa para os pontos extremos de todas as subtensas restantes, a primeira subtensa produzida fará um ângulo externo duplo com a segunda subtensa, feito pela mesma primeira subtensa, e uma tangente para o círculo, tocando nesses pontos extremos; e se uma linha reta que subtende dois desses arcos for produzida, ela fará um ângulo externo com a terceira subtensa, o triplo em relação ao ângulo que é feito pela tangente com a primeira subtensa; e assim continuamente. Pois, com o raio AB, que um círculo seja descrito, e nele que qualquer número de subtensas iguais, BC, CD e DE, seja colocado; também que BD e BE sejam traçadas; e pela produção de BC, BD e BE para qualquer distância em G, H e I, que produzam ângulos com as subtensas que sucedam um ao outro, isto é, ângulos externos GCD, e HDE. Por fim, que a tangente KB seja traçada, fazendo o ângulo KBC com a primeira subtensa. Digo que o ângulo GCD é duas vezes maior do que o ângulo KBC, e o ângulo HDE três vezes maior que o mesmo ângulo KBC. Pois, se AC for traçada, cortando BD em M, e do ponto C for traçada uma LC perpendicular para a mesma AC, então CL e MD serão paralelas, devido aos ângulos retos em C e M; e, portanto, os ângulos alternados LCD e BDC serão iguais, da mesma forma que os ângulos BDC e CBD serão iguais, por causa da igualdade das linhas retas BC e CD. Por conseguinte, o ângulo GCD é duas vezes maior do que os ângulos CBD ou CDB; e, portanto, também o ângulo GCD é duas vezes maior do que o ângulo LCD, ou seja, do que o ângulo KBC. Novamente, CD é paralela a BE, pela igualdade dos ângulos CBE e DEB, e das linhas retas CB e DE; e, portanto, os ângulos GCD e GBE são iguais; e, consequentemente, GBE, como também DEB, é também duas vezes maior do que o ângulo KBC. E o ângulo externo HDE é igual aos dois ângulos internos DEB e DBE; e, portanto, o ângulo HDE é três vezes maior do que o ângulo KBC etc.; conforme demonstrado.

Proposição 1: a partir disso, fica evidente que os ângulos K B C e C B D, como também todos os ângulos que são compreendidos por duas linhas retas que se encontram na circunferência de um círculo e persistem sobre arcos iguais, são iguais entre si.

Proposição 2: se a tangente B K for movida na circunferência com um movimento uniforme sobre o centro B, ela irá, em tempos iguais, cortar arcos iguais; e passará sobre todo o perímetro, ao mesmo tempo em que descreve um semiperímetro sobre o centro B.

Proposição 3: a partir disso, também podemos entender o que determina a curvatura ou dobra de uma linha reta na circunferência de um círculo; isto é, que é uma fração que aumenta continuamente da mesma maneira que números, que aumentam pela adição contínua de uma unidade. Pois a linha reta indefinida K B, sendo quebrada em B de acordo com qualquer ângulo, como o de K B C, e novamente em C de acordo com um ângulo duplo, e em D de acordo com um ângulo que é triplo, e em E de acordo com um ângulo que é quádruplo para o primeiro ângulo, e assim por diante, descreverá uma figura que será realmente retilínea, se as partes quebradas forem consideradas possuidoras de magnitude; mas se forem entendidas como o mínimo que possam ser, ou seja, como muitos pontos, então a figura descrita não será retilínea, mas circular, cuja circunferência será a linha quebrada.

Proposição 4: de acordo com o que foi dito neste artigo, também pode ser demonstrado que um ângulo no centro é duas vezes maior do que um ângulo em uma circunferência do mesmo círculo se os arcos interceptados forem iguais. Pois uma linha reta, pelo movimento que um ângulo é determinado, passa sobre arcos iguais em tempos iguais, como também do centro e da circunferência; e enquanto essa linha, que começa na circunferência, está passando sobre metade do seu próprio perímetro e, ao mesmo tempo, sobre todo o perímetro daquela linha que começa no centro, os arcos cortados por ela no perímetro, cujo centro é A, serão o dobro dos que produzem seus próprios semiperímetros, cujo centro é B. Mas, em círculos iguais, da mesma forma que os arcos estão uns para os outros, assim como também estão os círculos.

Pode também ser demonstrado que o ângulo externo feito por uma subtensa produzida e a próxima subtensa igual é igual a um ângulo do centro, insistindo sobre o mesmo arco; como no último diagrama, o ângulo G C D é igual ao ângulo C A D; pois o ângulo externo G C D é duas vezes maior do que o ângulo C B D; e o ângulo C A D, insistindo sobre o mesmo arco C D, também é duas vezes maior do que o mesmo ângulo C B D ou K B C.

16.

UM ÂNGULO DE CONTINGÊNCIA PODE ATÉ SER QUANTIDADE, MAS DE UM TIPO DIFERENTE DO ÂNGULO PROPRIAMENTE DITO; E NÃO PODE ADICIONAR OU RETIRAR NADA DELE.

UM ÂNGULO de contingência, se comparado a um ângulo comum, por menor que seja, tem a mesma proporção que um ponto tem para uma linha; isto é, nenhuma proporção ou quantidade. Pois, primeiro, um ângulo de contingência é feito pela flexão contínua; de forma que na sua geração não há movimento circular qualquer, no qual consiste a natureza de um ângulo comum; e, portanto, não pode ser comparado a ele mesmo de acordo com quantidade. Segundo, sendo que o ângulo externo feito por uma subtensa produzida e a próxima subtensa é igual a um ângulo, a partir do centro que insiste sobre o mesmo arco, da mesma forma que o ângulo G C D é igual ao ângulo C D A, o ângulo de contingência será igual ao ângulo a partir do centro, que é feito por A B e o mesmo A B; pois nenhuma parte de uma tangente pode estender-se por baixo de qualquer arco; e da mesma forma que o ponto de contato deve ser subtraído para a subtensa, o ângulo da contingência deve constituir o ângulo externo, e ser igual a esse ângulo cujo arco é o mesmo ponto B.

Agora, visto que um ângulo em geral é definido como a abertura ou divergência de duas linhas, que concordam em um único ponto; e visto que uma abertura é maior do que a outra, não se pode negar que, pela sua própria geração, um ângulo de contingência é quantidade; pois quando há maior e menor, também há quantidade; e essa quantidade consiste em uma flexão maior e menor; pois quanto maior for um círculo, maior será a proximidade da sua circunferência à natureza de uma linha reta; Da circunferência de um círculo, produzida pela curvatura de uma linha reta, quanto menor for a linha reta, maior será a curvatura; e, portanto, quando uma linha reta é uma tangente para muitos círculos, o ângulo de contingência que produz é maior do que o produzido com um círculo maior.

Nada, entretanto, é adicionado ou subtraído de um ângulo propriamente dito, pela adição ou subtração de muitos ângulos de contingência. E, à medida que um ângulo de um tipo nunca pode ser igual a um ângulo de outro tipo, eles nunca serão maiores ou menores entre si.

Assim, um ângulo de um segmento, isto é, o ângulo, que qualquer linha reta produz com qualquer arco, é igual ao ângulo que é produzido pela mesma linha reta, e outra que toca o círculo no ponto de sua coincidência; como o ângulo feito entre GB e BK é igual ao feito entre GB e o arco BC.

17.
A INCLINAÇÃO DE LINHAS PLANAS É UM ÂNGULO PROPRIAMENTE DITO.

UM ÂNGULO, feito por duas linhas planas, é normalmente chamado de inclinação dessas linhas planas; e porque linhas planas têm igual inclinação em todas as suas partes, ao contrário da sua inclinação, um ângulo é tomado por duas linhas retas, uma que está em uma linha plana, e outra que está em outra dessas linhas planas, ambas perpendiculares à parte comum.

18.
O QUE É UM ÂNGULO SÓLIDO.

UM ÂNGULO sólido pode ser concebido de duas formas. A primeira, pelo agregado de todos os ângulos produzidos pelo movimento de uma linha reta, enquanto um ponto extremo que ainda permanece fixo é carregado em qualquer figura plana, na qual o ponto fixo da linha reta não está contido. E, nesse sentido, tudo parece ser compreendido por Euclides. Agora fica evidente que a quantidade de um ângulo sólido concebido é o agregado de todos os ângulos em uma superfície assim descrita, isto é, na superfície de um ângulo sólido piramidal. A segunda, quando uma pirâmide ou cone tem seu vértice no centro de uma esfera, um ângulo sólido pode ser entendido como a proporção de uma superfície esférica, estendida por baixo desse vértice em relação a toda superfície da esfera.

Nesse sentido, ângulos sólidos são entre si da mesma forma que as bases esféricas de ângulos sólidos que possuem seus vértices no centro da mesma esfera.

19.
Qual a natureza das assíntotas.

Todas as formas pelas quais duas linhas se respeitam entre si, ou toda a variedade de suas posições, podem ser compreendidas sob quatro tipos; pois quaisquer duas linhas que sejam ambas paralelas, ou produzidas, se necessário, ou uma movida paralelamente em relação a outra, produzirão um ângulo; ou, pela produção e movimentação semelhante, tocarão entre si; ou por fim, serão *assíntotas*. A natureza de linhas paralelas, ângulos, e tangentes, já foi demonstrada. Ainda irei falar brevemente sobre a natureza das assíntotas.

As assíntotas dependem que a quantidade seja indefinidamente divisível. Assim, que qualquer linha dada, e um corpo que supostamente deve ser movido de uma extremidade em direção a outra, é possível, pela tomada de graus de velocidades cada vez menor, em tal proporção, à medida que as partes da linha são produzidas de forma menor pela divisão contínua, que o mesmo corpo pode ser sempre movido em direção daquela linha, e ainda assim nunca alcançar o seu final. Portanto, fica evidente que se qualquer linha reta, como A F, for cortada em qualquer lugar em B, e novamente B F for cortada em C, e C F em D, e D F em E, e assim eternamente, e que seja traçada do ponto F, a linha reta F F em qualquer ângulo A F F; e, por fim, se as linhas retas A F, B F, C F, D F, E F, possuidoras da mesma proporção entre si dos segmentos da linha A F, forem colocadas em ordem e de forma paralela a mesma linha A F, a linha curva A B C D E e a linha reta F F serão *assíntotas*, ou seja, sempre se aproximarão, mas nunca se tocarão. Agora, sendo que qualquer linha pode ser cortada eternamente de acordo com as proporções que os segmentos têm entre si, os diversos tipos de assíntotas são indefinidos em número, e não serão mais necessariamente discutidos aqui. Da natureza das assíntotas em geral, resta apenas dizer que se aproximam uma da outra, mas nunca se tocam. Mas, em especial, na assíntota de linhas hiperbólicas, é evidente que devem se aproximar em uma distância menor do que qualquer quantidade dada.

20.
O QUE DETERMINA A *SITUAÇÃO*.

Situação *é a relação de um local a outro;* e onde há muitos locais, a situação é determinada por quatro coisas; pela *distância entre eles;* por *várias distâncias de um local designado*; pela *ordem das linhas retas traçadas do local designado para os locais de todos*; e pelos *ângulos feitos pelas linhas traçadas.* Pois, se suas distâncias, ordem e ângulos forem dados, isto é, sejam certamente conhecidos, seus vários locais também serão certamente conhecidos, visto que não pode haver outros.

21.
O QUE É *SITUAÇÃO SEMELHANTE*; O QUE É *FIGURA*; E O QUE SÃO *FIGURAS SEMELHANTES.*

Pontos, seja quantos forem, têm *situações semelhantes* a de um número igual de outros pontos, quando todas as linhas retas, traçadas de um ponto para todos esses, têm distintamente a mesma proporção em relação às traçadas na mesma ordem e em ângulos iguais a partir do mesmo ponto para todos os outros. Pois, que haja qualquer número de pontos, como A, B, e C, para os quais um ponto D permita que as linhas retas DA, DB e DC sejam traçadas; e que haja um número semelhante de outros pontos, como E, F, e G, e a partir de um ponto H permita que as linhas HE, HF, e HG sejam traçadas, de forma que os ângulos ADB e BDC sejam distintamente, e na mesma ordem, iguais aos ângulos EHF e FHG, e as linhas retas DA, DB, e DC proporcionais às linhas retas HE, HF, e HG; digo que os três pontos A, B e C têm situação semelhante aos três pontos E, F e G, ou estão colocados de forma parecida. Pois, se HE for compreendido como colocado sobre DA, de forma que o ponto H esteja em D, o ponto F estará na linha reta DB, devido à igualdade dos ângulos ADB e EHF; e o ponto G estará na linha reta DC, devido à igualdade dos ângulos BDC e FHG; e as linhas retas AB e EF, como também BC e FG, serão paralelas, pois $AD. EH :: BD. FH :: CD. GH$ são proporcionais por construção; e, portanto, as distâncias entre os pontos A e B, e os pontos B e C serão proporcionais às distâncias entre os pontos E e F, e os pontos F e G. Por conseguinte, na situação dos pontos A, B e C, e na situação dos pontos E, F e G, os ângulos na mesma ordem são iguais; de forma que suas situações diferem apenas na desigualdade de suas distâncias, e nas distâncias dos pontos D e H. Agora, em ambas as ordens dos pontos, essas desigualdades são iguais; pois A B. B C :: E F. F G, que são suas distâncias entre si, como também D A. D B. D C :: H E. H F. H G, que são suas distâncias dos supostos pontos D e H, são proporcionais. Sua diferença consiste unicamente na magnitude de suas distâncias. Mas, pela definição de *semelhante* (capítulo 1, artigo 2), essas coisas, que diferem apenas em magnitude, são semelhantes. Portanto, os pontos A, B e C têm entre si uma situação semelhante aos pontos E, F e G, ou estão colocados de forma parecida; conforme demonstrado.

Figura *é a quantidade, determinada pela situação ou colocação de todos seus pontos extremos.* Agora, chamo esses pontos de extremos, por serem contíguos ao local que não possuem a figura. Entretanto, em linhas e superfícies, todos os pontos podem ser chamados de extremos; mas em sólidos, apenas àqueles que estão na superfície os incluem.

Figuras semelhantes são aquelas cujos pontos extremos em uma delas são todos colocados como todos os pontos extremos no outro; pois tais figuras apenas diferem em magnitude.

E figuras semelhantes são *colocadas de forma parecida*, quando em ambas as linhas retas homólogas, isto é, as linhas retas que conectam os pontos que correspondem entre si, são paralelas, e têm seus lados proporcionais inclinados da mesma forma.

E visto que cada linha reta é semelhante a qualquer outra linha reta, quando apenas a planura é considerada; se as linhas que incluem linhas planas, ou as superfícies, que incluem pontos sólidos, tiverem suas proporções conhecidas, não será difícil saber se qualquer figura é semelhante ou não à outra figura proposta.

E, portanto, isso é tudo sobre *os primeiros fundamentos da filosofia*. O próximo lugar pertence à *geometria*; na qual as quantidades de figuras são procuradas a partir de proporções de linhas e ângulos. Contudo, torna-se necessário àquele que estuda geometria saber primeiro qual é a natureza da quantidade, proporção, ângulo e figura. Tendo explicado tudo isso nos três últimos capítulos, achei apropriado adicioná-los a esta parte; sendo assim, passo para o próximo capítulo.

Terceira Parte

Das Proporções dos Movimentos e das Magnitudes

{ Capítulo XV }

DA NATUREZA, DAS PROPRIEDADES, E DAS CONSIDERAÇÕES DISTINTAS DE MOVIMENTO E EMPENHO

1. Repetição de alguns princípios da doutrina do movimento anotada anteriormente.
2. O acréscimo de outros princípios.
3. Certos teoremas em relação à natureza do movimento.
4. Diversas considerações sobre movimento.
5. A maneira à qual tende o primeiro empenho dos corpos movidos.
6. No movimento realizado por afluência, com uma das forças parando, o empenho é exercido pela maneira à qual tende o repouso.
7. Todo empenho é propagado ao infinito.
8. Quanto maior a velocidade ou a magnitude de uma força, maior será sua eficácia em qualquer corpo que esteja em seu caminho.

1.
Repetição de alguns princípios da doutrina do movimento anotada anteriormente.

As seguintes coisas devem ser tratadas quanto ao movimento e à magnitude, acidentes mais comuns a todos os corpos. Este lugar, portanto, pertence mais adequadamente aos elementos da geometria. Entretanto, devido a essa parte da filosofia, que foi aprimorada pelas pessoas mais inteligentes de todas as épocas, ter proporcionado muitos assuntos que podem ser bem discutidos dentre os limites deste discurso, achei propício alertar o leitor para que, antes de continuar, leve em conta as obras de Euclides, Arquimedes, Apolônio e outros escritores antigos e modernos. Pois qual é a finalidade de fazer de novo aquilo que já foi feito? Assim sendo, o pouco que direi sobre geometria em alguns dos próximos capítulos deve ser novo e deve, também, contribuir para a filosofia natural.

Já mencionei algo sobre os princípios desta doutrina nos capítulos oito e nove; vou resumi-los aqui, para que o leitor, ao prosseguir, tenha-os em mente.

Em primeiro lugar, portanto no capítulo VIII, artigo 10, *o movimento é* definido como *a privação contínua de um lugar, e a aquisição de um outro.*

Em segundo lugar, demonstra-se que *tudo aquilo que é movido é movido no tempo.*

Em terceiro lugar, no mesmo capítulo, porém no artigo 11, defini *o repouso como um corpo que permanece por algum tempo em um lugar.*

Em quarto lugar, demonstra-se que *tudo aquilo que é movido não está em qualquer lugar determinado;* da mesma forma que *foi movido, ainda é movido, e ainda será movido;* de forma que em toda a parte daquele lugar, no qual o movimento é realizado, podemos considerar três tempos, sejam eles o *passado,* o *presente* e o *futuro.*

Em quinto lugar, no artigo 15 do mesmo capítulo, defini *velocidade* ou *rapidez para o movimento considerado poder, ou seja, o poder pelo qual um corpo que se move pode, em um dado tempo, transmitir um dado comprimento;* o que também pode ser resumidamente assim enunciado: *a velocidade é a quantidade de movimento determinado por tempo e limite.*

Em sexto lugar, no mesmo capítulo, mas no artigo 16, mostrei que *o movimento é a medida de tempo.*

Em sétimo lugar, no mesmo capítulo, mas no artigo 17, defini os movimentos como sendo igualmente rápidos, quando em tempos iguais os comprimentos são transmitidos por eles.

Em oitavo lugar, no artigo 18 do mesmo capítulo, *os movimentos* são definidos como *iguais, quando a rapidez de um corpo movido, calculada em cada uma das partes de sua magnitude, é igual à rapidez de um outro corpo, também calculada em cada uma das partes de sua magnitude.* De onde concluímos que *os movimentos iguais a outros, e os movimentos igualmente rápidos,* não são a mesma coisa; pois dois cavalos, quando correm lado a lado, imprimem um movimento maior do que o movimento de um deles sozinho; mas a rapidez de ambos é a mesma quando consideramos um deles apenas.

Em nono lugar, no artigo 19 do mesmo capítulo, demonstrei que *aquilo que está em repouso sempre estará em repouso, a menos que haja algum outro corpo além dele, que, ao entrar em seu lugar, não sofre mais se permanecer em descanso. E aquilo que é movido será sempre movido, a menos que haja algum outro corpo, além do primeiro, que impeça seu movimento.*

Em décimo lugar, no capítulo IX, artigo 7, demonstrei que *quando qualquer corpo anteriormente em repouso é movido, a causa eficaz imediata daquele movimento está em algum corpo próximo e movido.*

Em décimo primeiro lugar, demonstrei que, no mesmo lugar, *aquilo que é movido será sempre movido da mesma maneira e com a mesma rapidez, como se não fosse impedido por algum outro corpo próximo e movido.*

2.
O ACRÉSCIMO DE OUTROS PRINCÍPIOS.

Aos PRINCÍPIOS já expressos, acrescentarei os seguintes. Em primeiro lugar, defino empenho *como movimento feito em espaço e tempo menores do que possam ser dados;* isto é, menos do que possa ser determinado ou designado pela exposição ou número, ou seja, pelo movimento realizado ao longo do comprimento de um ponto, ou em um instante ou ponto de tempo. Devido à explicação cuja definição deve ser lembrada, isto é, que por um ponto não é entendido o que não tem qualidade, ou que não pode, de forma alguma, ser dividido; pois não há tal coisa na natureza; mas aquilo cuja quantidade não é absolutamente considerada, ou seja, da qual nem quantidade nem qualquer parte é levada em conta na demonstração; de forma que um ponto não pode ser considerado como indivisível, mas como algo não dividido; igualmente, um instante deve ser considerado como algo não dividido, e não como tempo indivisível.

De forma semelhante, o empenho deve ser concebido como movimento; porém, de forma que nem a quantidade do tempo nem o limite no qual seja realizado possam, na demonstração, ser envolvidos na comparação com a quantidade daquele tempo, ou daquele limite do qual faz parte. E, no entanto, como um ponto pode ser comparado a um ponto, assim pode um empenho ser comparado a um outro empenho, concluindo que um é maior ou menor do que o outro. Pois se os pontos verticais de dois ângulos forem comparados, serão iguais ou não na mesma proporção que os ângulos em si mantêm um em relação ao outro. Ou, se uma linha reta cortar muitas circunferências de círculos concêntricos, a desigualdade dos pontos de junção estará na mesma proporção que os perímetros têm um em relação ao outro. E, da mesma maneira, se dois movimentos começam e terminam juntos, seus empenhos serão iguais ou desiguais de acordo com a proporção de suas velocidades; como vemos, um projétil de chumbo desce com mais empenho do que uma bola de lã.

Em segundo lugar, defino o impulso, *ou prontidão de movimento, como a rapidez ou velocidade do corpo movido, porém, considerado nos vários pontos daquele tempo no qual é movido. No sentido de que o impulso é nada mais do que a quantidade ou velocidade do empenho. Porém considerado no tempo total, é a velocidade total do corpo movido ao longo de todo o tempo, e igual ao produto de uma linha representativa do tempo, multiplicada por uma linha que representa aritmeticamente o* impulso *ou a prontidão.* Que representa aritmeticamente, ou o que é, é definido no 29° artigo do capítulo XIII.

E porque em tempos iguais as formas que são passadas são como as velocidades, e o *impulso* é a velocidade que alcançam, calculada nos vários pontos do tempo, segue que durante qualquer espaço de tempo, e qualquer que seja a maneira com que o *impulso* é maior ou menor, o comprimento do caminho traçado será maior ou menor na mesma proporção; e a mesma linha representará tanto o caminho do corpo movido, quanto os vários *impulsos* ou graus de *rapidez* como o caminho é vencido.

Elementos da Filosofia   Capítulo **XV**   **201**

E se o corpo movido não for um ponto, mas uma linha reta movida de forma que cada ponto daquilo faça uma linha reta variada, o plano descrito por seu movimento, seja uniforme, acelerado ou atrasado, será maior ou menor, sendo o tempo igual, na mesma proporção que o *impulso* calculado em um movimento e o *impulso* calculado no outro. Pois o motivo é o mesmo nos paralelogramos e seus lados.

Igualmente, pelo mesmo motivo, se o corpo movido for um plano, o corpo sólido descrito será ainda maior ou menor nas proporções dos diversos *impulsos* ou velocidades calculadas ao longo de uma linha, aos diversos *impulsos* calculados um em relação ao outro.

Isto entendido, admitamos que A B C D seja um paralelogramo, no qual supomos que o lado A B seja movido paralelamente ao lado oposto C D, diminuindo ao longo do caminho até que desapareça no ponto C, assim descrevendo a figura A B E F C; o ponto B, como A e B diminuem, descreverá, portanto, a linha B E F C; e suponha que o tempo deste movimento é definido pela linha C D; e no mesmo tempo C D, suponha que o lado A C seja movido de forma paralela e uniforme a B D. A partir do ponto O tomado ao acaso na linha C D, desenhe O R paralela a B D, cortando a linha B E F C no E, e o lado A B no R. Igualmente, a partir do ponto Q tomado ao acaso na linha C D, desenhe Q S para paralela a B D, cortando a linha B E F C no F, e o lado A B no S; e desenhe E G e F H paralelas a C D, cortando A C no G e no H. Finalmente, suponha a mesma construção feita em todos os pontos possíveis ao longo da linha B E F C. Digo que como as proporções da rapidez em Q F, O E, D B, e que todo o resto supostamente paralelo a D B, e concluído na linha B E F C, são proporções de suas diversas vezes projetadas pelos diversos paralelos H F, G E, A B, e todo o resto supostamente paralelo à linha de tempo C D concluído na linha B E F C, o agregado ao agregado, assim é a área ou o plano D B E F C em relação a área ou plano A C F E B. Pois assim como A B, diminuindo de maneira contínua ao longo da linha B E F C, desaparece no tempo C D no ponto C, ocorre o mesmo na linha D C, diminuindo de maneira contínua até desaparecer na mesma linha C F E B no ponto B; e o ponto D descreve naquele movimento decrescente a linha D B igual a linha A C descrita pelo ponto A no movimento decrescente de A B; e a rapidez é sempre igual. Novamente, porque no tempo G E o ponto O descreve a linha O E, e no mesmo tempo o ponto S descreve a linha S E, a linha O E estará para a linha S E da mesma forma que a rapidez com que O E é descrita em relação à rapidez com que S E é descrita. De maneira semelhante, porque no mesmo tempo no qual em H F o ponto Q descreve a linha Q F, e o ponto R a linha R F, será como a rapidez pela qual Q F é descrita em relação à rapidez pela qual R F é descrita, assim a mesma linha Q F em relação à mesma linha R F; e assim em todas as linhas que possivelmente sejam desenhadas paralelamente a B D nos pontos em que cortam a linha B E F C. Mas todas as paralelas a B D, assim como a S R, R F, A C, e o restante que possivelmente seja desenhado a partir da linha A B em relação à linha B E F C, perfazem a área do plano A B E F C; e todas as paralelas ao mesmo B D, como Q F, O E, D B e o restante desenhado aos pontos em que cortam a mesma linha B E F C, perfazem a área do plano B E F C D. Da mesma forma como o agregado da rapidez na qual o plano B E F C D é descrito, o agregado da rapidez na qual o plano A C F E B é descrito, assim ocorre com o mesmo plano B E F C D em relação ao mesmo plano A C F E B. Mas o agregado dos tempos representados pelas paralelas A B, G E, H F e restante também perfazem a área A C F E B. Então, como o agregado de todas as linhas Q F, O E, D B e todo o restante das linhas paralelas a B D e terminadas na linha B E F C, está para o agregado de todas as linhas H F, G E, A B e todo o restante das linhas paralelas a C D e terminadas na mesma linha B E F C; ou seja, como o agregado das linhas de rapidez ao agregado das linhas de tempo, ou como a rapidez total nas paralelas a D B em relação ao tempo total nas paralelas a C D, assim ocorre ao plano B E F C D em relação ao plano A C F E B. E as proporções de G F para F G, e de O E para E G, e de D B para B A, e todo o restante considerado como um único conjunto, são as proporções do plano D B E F C em relação ao plano A B E F C. Todavia, as linhas Q F, O E, D B e restantes são as que projetam a rapidez; e as linhas H F, G E, A B e restantes são as que projetam os tempos dos movimentos; assim sendo, a proporção do plano D B E F C em relação ao plano A B E F C é a proporção de todas as velocidades consideradas como um único conjunto em relação a todos os tempos considerados como um único conjunto. Por conseguinte, como as proporções da rapidez etc., conforme demonstrada.

O mesmo acontece igualmente na diminuição dos círculos, em que as linhas de tempo são semidiâmetros, como pode facilmente ser concebido se imaginarmos o plano total A B C D revertido sob o eixo B D; pois a linha B E F C estará em todo o lugar nas superfícies assim compostas, e as linhas H F, G E, A B, que são aqui paralelogramos, serão lá cilindros, os diâmetros de cujas bases são as linhas H F, G E, A B etc., e a altitude um ponto, o que significa dizer que uma quantidade menor do que qualquer quantidade possa ser nomeada; e as linhas Q F, O E, D B etc., pequenos sólidos cujos comprimentos e larguras são menores do que qualquer quantidade que possa ser nomeada.

Entretanto, deve-se notar que, a menos que a proporção da soma da rapidez à proporção da soma dos tempos seja determinada, a proporção da figura D B E F C em relação à figura A B E F C não pode ser determinada.

Em terceiro lugar, defino resistência *como o empenho de um corpo movido total ou parcialmente contrário ao empenho de um outro corpo movido, que toca o mesmo.* Digo "totalmente contrário" quando o empenho de dois corpos progride na mesma linha reta a partir dos extremos opostos, e "em parte contrário" quando dois corpos têm seu empenho em duas linhas, que, progredindo a partir dos pontos extremos de uma linha reta, não se encontram.

Em quarto lugar, posso definir o que deve ser pressionar, ou seja, que *de dois corpos movidos, um pressiona o outro quando, com o seu empenho, faz com que o total ou uma parte do outro corpo saia do lugar.*

Em quinto lugar, *um corpo pressionado e não inteiramente removido restaura a si mesmo quando, retirado o corpo que o pressionou, as partes que foram movidas, devido à constituição interna do corpo pressionado, retornam cada uma ao seu devido lugar.* Podemos observar isto nas molas, na bexiga humana, e em muitos outros corpos cujas partes recuam mais ou menos em resposta ao empenho feito pelo corpo que pressiona; mas depois, quando o corpo que pressiona é removido, os que foram pressionados, devido à força que neles reside, restauram a si mesmos e conferem ao corpo todo a mesma forma que antes.

Em sexto lugar, defino força *como o* impulso *ou rapidez de movimento multiplicado em si mesmo, ou na magnitude do movimento por meio a partir do qual o dito movimento imprime mais ou menos força ao corpo que a ele resiste.*

3.
Certos teoremas em relação à natureza do movimento.

Considerando as premissas até aqui, irei agora demonstrar, em primeiro lugar, que se um ponto movido vier a tocar um outro ponto que esteja em repouso, por menor que seja o impulso ou a rapidez de seu movimento, tal ponto moverá o outro ponto. Pois, se por tal impulso ele não mover o outro de lugar, também não o moverá com o dobro do mesmo impulso. Pois o nada em dobro ainda é o nada; e pela mesma razão não moverá o que quer que seja com aquele impulso, não importando o número de vezes pelo qual seja multiplicado, porque o nada, seja ou não multiplicado, será sempre o nada. Por conseguinte, quando um ponto está em repouso, se não recuar ao menor impulso, nunca irá recuar; consequentemente será impossível que o tal ponto, que está em repouso, seja movido algum dia.

Em segundo lugar, quando um ponto movido, por menor que seja seu impulso, cai sobre um ponto de qualquer corpo em repouso, não importando qual seja a rigidez deste corpo em repouso, este, no primeiro toque, vai recuar um pouco. Pois, se tal corpo não recuar devido ao impulso que sofre naquele dado ponto, nunca recuará ao mesmo impulso em qualquer outro de seus muitos pontos. Pois, vendo que todos estes pontos trabalham igualmente, se um deles não sofrer por efeito do tal impulso, o conjunto de todos igualmente não sofrerá nenhum impulso, mesmo que sejam feitos impulsos muitas vezes e nos muitos pontos do corpo como um todo, ou seja, não há qualquer efeito; e como consequência haveria corpos tão rijos que seria impossível quebrá-los; ou seja, uma dificuldade finita, ou uma força finita, não recuaria àquilo que é infinito; e isto é um absurdo.

Proposição. É evidente que o repouso não faz nada em absoluto, e nem tem qualquer eficácia; e que somente o movimento dá movimento às coisas que estão em repouso, retirando-o das coisas movidas.

Em terceiro lugar, cessar o movimento não cessa aquilo que foi movido por ele. Pois (veja o número 11 do artigo 1 deste capítulo) tudo o que é movido persiste da mesma forma e com a mesma rapidez, contanto que não seja impedido por algo movido contra ele. Agora é evidente que parar não é contrário a mover; e, portanto, segue que a pausa do movimento não faz com que seja necessário que a coisa movida tenha de igualmente ser pausada.

Proposição. Estão enganados os que calculam que tirar o impedimento ou a resistência seja uma das causas do movimento.

4.
Diversas considerações sobre movimento.

O movimento é considerado em vários aspectos; em primeiro lugar, como em um corpo *indiviso*, ou seja, visto como um ponto; ou como um corpo dividido. Em um corpo indiviso, quando imaginamos a maneira como o movimento é realizado, temos uma linha; e em um corpo dividido, quando computamos o movimento das diversas partes daquele corpo, temos as partes.

Em segundo lugar, partindo da diversidade da regra de movimento, ele é realizado no corpo, considerado como indiviso, às vezes *uniforme* e algumas vezes *multiforme*. É *uniforme* quando linhas iguais são sempre transmitidas em tempos iguais; e é *multiforme* quando é transmitido uma vez mais, em outro tempo, e em menor espaço. Novamente, entre os movimentos multiformes, há alguns em que os graus de aceleração e diminuição progridem nas mesmas proporções que os espaços transmitidos, quer duplicados, quer triplicados, ou multiplicados por qualquer número de vezes; e há outros movimentos nos quais acontece o contrário.

Em terceiro lugar, partindo do número de movimentos; ou seja, um movimento é realizado por um único movimento, e um outro, pelo concurso de muitos movimentos.

Em quarto lugar, partindo da posição da linha na qual um corpo é movido, em relação a alguma outra linha; e, por conseguinte, um movimento é denominado *perpendicular*, outro é *oblíquo*, e outro é *paralelo*.

Em quinto lugar, partindo da posição do movimento em relação ao corpo movido; donde um movimento é *compulsão* ou *impulso*, e um outro é *tração* ou *extração*. Falamos em *compulsão* quando o movimento faz com que o corpo movido retroceda; e *tração* quando o movimento faz com que o corpo se desloque. Novamente, há dois tipos de *compulsão*; um, quando os movimentos em questão e o corpo movido começam juntos, o que pode ser denominado *empuxo* ou *empurrão* e carregamento; o outro, quando o movimento acontece primeiro, seguido pelo corpo movido, situação em que o movimento é denominado *choque* ou *pancada*.

Em sexto lugar, o movimento é considerado às vezes como efeito tão somente no qual uma força é realizada no corpo movido, o que é geralmente denominado *momento*. Assim, *momento é o excesso de movimento no qual uma força é exercida sobre o movimento ou sobre o empenho do corpo em repouso.*

Em sétimo lugar, o movimento pode ser considerado a partir da diversidade do *meio*; como um movimento pode ser feito no *vácuo* ou em *lugar vazio*; um outro movimento, em um *fluido*; um outro, em um *meio consistente*, ou seja, em um *meio* cujas partes são, por algum poder, tão *consistentes* e *coerentes*, que nenhuma parte deste recuará em presença do movimento, a menos que o tudo também recue.

Em oitavo lugar, quando um corpo movido é considerado como tendo partes, aparece, então, uma outra distinção de movimento: *movimento simples* e *movimento composto*. É *simples*, quando todas as suas diversas partes descrevem várias linhas iguais; é *composto*, quando as linhas descritas são desiguais.

5.
A MANEIRA À QUAL TENDE O PRIMEIRO
EMPENHO DOS CORPOS MOVIDOS.

TODO empenho tende àquela parte, o que significa dizer que a maneira é determinada pelo movimento da força, se tal força aplicada for uma só; ou, caso haja muitas forças, a maneira é determinada pela afluência de forças. Por exemplo, se um corpo movido realiza um movimento direto, seu primeiro empenho estará em uma linha reta; se realizar um movimento circular, seu primeiro empenho estará na circunferência de um círculo.

6.
NO MOVIMENTO REALIZADO POR AFLUÊNCIA, COM
UMA DAS FORÇAS PARANDO, O EMPENHO É EXERCIDO
PELA MANEIRA À QUAL TENDE O REPOUSO.

E QUALQUER que seja a linha na qual um corpo se movimenta a partir da afluência de duas forças, assim que em qualquer ponto dela uma das forças para, então, imediatamente, o primeiro empenho daquele corpo será transformado em um empenho na linha de outra força.

Elementos da Filosofia Capítulo **XV** **207**

Por conseguinte, quando qualquer corpo é movido pela afluência de dois ventos, e um desses ventos para, o empenho e o movimento de tal corpo ocorrem naquela linha, na qual ele é então movido pelo único vento que ainda sopra. E na descrição de um círculo, em que o movimento daquilo que é movido é determinado por uma força em uma tangente, bem como pelo raio que o mantém a certa distância do centro, se houver a retenção do raio, aquele empenho, que estava na circunferência do círculo, estará agora na tangente, ou seja, em uma linha reta. Pois, considerando-se o empenho em uma parte menor da circunferência do que pode ser dado, ou seja, em um ponto, a maneira pela qual um corpo é movido na circunferência é composta por incontáveis linhas, sendo que cada uma delas é menor do que pode ser dado; estas são, portanto, aquilo que denominamos pontos. Consequentemente, quando qualquer corpo que é movido na circunferência de um círculo for liberado da retenção do raio, ele então prossegue em uma das linhas retas, ou seja, em uma tangente.

7.
TODO EMPENHO É PROPAGADO AO INFINITO.

TODO empenho, seja forte ou fraco, propaga-se infinitamente; afinal, todo empenho é movimento. Se, então, o primeiro empenho de um corpo for realizado no espaço que esteja vazio, ele sempre prosseguirá com a mesma velocidade; pois não se pode conceber que possa receber qualquer tipo de resistência no espaço vazio; e, assim (vide artigo 7, capítulo IX), sempre prosseguirá da mesma forma e com a mesma rapidez. E se, apesar disso, o empenho do corpo ocorrer no espaço preenchido, considerando-se que empenho é movimento, aquilo que estiver próximo à sua trajetória será removido; e o mesmo com o empenho seguinte, novamente com a remoção do que estiver próximo, e assim infinitamente. Assim sendo, a propagação do empenho, de uma parte de espaço preenchido até a seguinte, prossegue infinitamente. Além disso, tal propagação alcança, de imediato, qualquer distância, não importa o tamanho. Pois, no mesmo instante em que a primeira parte do *meio* completo remove aquela que a segue, a segunda também remove a parte seguinte a ela, e, portanto, todo o empenho ocorre em espaço vazio ou preenchido, prossegue não apenas a qualquer distância (não importando o tamanho), mas igualmente em qualquer tempo, por menor que seja, isto é, em um instante. Nem faz sentido que o empenho, ao prosseguir, enfraqueça gradativamente, até que, finalmente, não possa mais ser percebido pelos sentidos; pois o movimento pode ser insensível; mas, aqui, não observo as coisas por sentimento ou experiência, e sim por meio do raciocínio.

8.
QUANTO MAIOR A VELOCIDADE OU A MAGNITUDE DE UMA FORÇA, MAIOR SERÁ SUA EFICÁCIA EM QUALQUER CORPO QUE ESTEJA EM SEU CAMINHO.

QUANDO duas forças são da mesma magnitude, a mais rápida delas exerce mais força do que aquela que é mais lenta em um corpo que resiste ao seu impulso. Além disso, se duas forças têm igual velocidade, a maior delas trabalha com mais força do que a menor. Pois, onde a magnitude é igual, a força de maior velocidade é mais exercida no corpo sobre a qual recai; e onde a velocidade é igual, a força de maior magnitude que cai sobre o mesmo ponto, ou em uma parte igual de um outro corpo, perde menos velocidade, porque o corpo que oferece resistência trabalha apenas naquela parte da força que toca, e, assim, diminui o impulso daquela parte tão somente; ao passo que, no meio tempo, as partes que não são tocadas prosseguem e retêm sua força, até que também são tocadas; e sua força tem o mesmo efeito. Consequentemente, por exemplo, baterias um pouco maiores do que um pequeno pedaço de madeira da mesma espessura e velocidade, e um pouco mais espessas do que um pedaço mais fino do mesmo comprimento e velocidade, exercem um maior efeito sobre a superfície.

{ Capítulo XVI }

Do Movimento Acelerado e Uniforme, e do Movimento por Afluência

1. A velocidade de qualquer corpo, em qualquer tempo que for calculada, será proveniente da multiplicação do impulso, ou da rapidez de seu movimento pelo tempo.

2-5. Se dois corpos forem deslocados com movimento uniforme por dois comprimentos, a proporção entre os comprimentos será composta das proporções de tempo a tempo, e de impulso a impulso, diretamente consideradas.

6. Se dois corpos percorrerem dois comprimentos com movimento uniforme, a proporção entre seus tempos será composta das proporções de comprimento a comprimento, e de impulso a impulso reciprocamente consideradas; ainda, a proporção entre seus impulsos será composta das proporções de comprimento a comprimento, e de tempo a tempo, reciprocamente consideradas.

7. Se dois corpos percorrerem dois comprimentos com movimento uniforme, a proporção entre seus tempos será composta das proporções de comprimento a comprimento, e de impulso a impulso reciprocamente consideradas; ainda, a proporção entre seus impulsos será composta das proporções de comprimento a comprimento, e de tempo a tempo, reciprocamente consideradas.

8. Se um corpo for carregado com movimento uniforme por dois moventes juntos, que se encontrem em um ângulo, a linha pela qual ele passa será uma linha reta, estendendo o complemento daquele ângulo para dois ângulos retos.

9-19. Se um corpo for carregado por dois moventes juntos, um deles sendo movido uniformemente, o outro com movimento acelerado, sendo a proporção entre seus comprimentos e seus tempos explicável numericamente, como descobrir que linha aquele corpo descreve.

1.

A VELOCIDADE DE QUALQUER CORPO, EM QUALQUER TEMPO QUE FOR CALCULADA, SERÁ PROVENIENTE DA MULTIPLICAÇÃO DO IMPULSO, OU DA RAPIDEZ DE SEU MOVIMENTO PELO TEMPO.

A VELOCIDADE de qualquer corpo, em qualquer tempo que for deslocado, tem sua quantidade determinada pela soma de todas as diversas velocidades ou impulsos, que apresente nos diversos pontos do tempo de movimento do corpo. Visto que a velocidade (conforme definição no cap. VIII, art. 15) é o poder pelo qual um corpo pode, em um determinado tempo, percorrer um certo comprimento; e rapidez de movimento ou impulso (conforme cap. XV, art. 2, num. 2), é a velocidade considerada somente em um ponto do tempo, todos os impulsos considerados em todos os pontos do tempo serão a mesma coisa que o impulso médio multiplicado pelo tempo total, ou se for um todo, será a velocidade do movimento total.

Proposição: Se o impulso for o mesmo em todos os pontos, qualquer linha reta que o represente poderá ser obtida da medida do tempo: e a rapidez ou impulso aplicados ordenadamente a qualquer linha reta formando um ângulo com ela, e representando o percurso do movimento do corpo, delineará um paralelogramo que representará a velocidade do movimento total. Mas, se o impulso ou a rapidez do movimento iniciarem a partir do descanso e aumentarem uniformemente, isto é, na mesma proporção continuamente com os tempos decorridos, a velocidade total do movimento será representada por um triângulo, sendo um lado o tempo total, e o outro o maior impulso adquirido naquele tempo; ou ainda, por um paralelogramo, do qual um dos lados é o tempo total do movimento, e o outro, a metade do maior impulso; ou, finalmente, por um paralelogramo tendo em um lado uma média proporcional entre o tempo total e a metade daquele tempo, e do outro lado a metade do maior impulso. Pois esses dois paralelogramos são iguais entre si e, individualmente, iguais ao triângulo produzido da linha total do tempo, e do maior impulso adquirido; conforme é demonstrado pelos elementos de geometria.

2-5.
EM TODO MOVIMENTO, OS COMPRIMENTOS PERCORRIDOS
ESTÃO ENTRE SI, ASSIM COMO OS PRODUTOS FEITOS
PELO IMPULSO MULTIPLICADO PELO TEMPO.

2.

EM TODOS os movimentos uniformes, os comprimentos transmitidos estão entre si, assim como o produto do impulso médio multiplicado por seu tempo está para o produto do impulso médio multiplicado também pelo seu tempo.

Pois que A B seja o tempo, e A C o impulso pelo qual qualquer corpo percorre, com movimento uniforme, o comprimento D E; e em qualquer parte do tempo A B, assim como no tempo A F, que outro corpo seja deslocado com movimento uniforme, primeiro, com o mesmo impulso A C. Este corpo, portanto, no tempo A F com o impulso A C passará pelo comprimento A F. Visto, portanto, que quando corpos são deslocados ao mesmo tempo e com a mesma velocidade e impulso por todo trajeto de seu movimento, a proporção de um comprimento transmitido a outro comprimento transmitido é a mesma do tempo a tempo, o comprimento transmitido no tempo A B com o impulso A C estará para o comprimento transmitido no tempo A F com o mesmo impulso A C, assim como o próprio A B está para A F e assim como o paralelogramo A I está para o paralelogramo A H e assim como o produto do tempo A B no impulso médio A C está para produto do tempo A F no mesmo impulso A C. Novamente, suponha-se que um corpo seja deslocado no tempo A F, não com o mesmo, mas com algum outro impulso uniforme, como A L. Visto, portanto, que um dos corpos possui em todas as partes de seu movimento o impulso A C, e o outro de maneira semelhante o impulso A L, o comprimento transmitido pelo corpo deslocado com o impulso A C estará para o comprimento transmitido pelo corpo deslocado com o impulso A L, assim como o próprio A C está para A L, ou seja, como o paralelogramo A H está para o paralelogramo F L. Portanto, pela proporção ordenada será como o paralelogramo A I para o paralelogramo F L, ou seja, como o produto do impulso médio no tempo está para o produto do impulso médio no tempo, também o comprimento transmitido no tempo A B com o impulso A C para o comprimento transmitido no tempo A F com o impulso A L; conforme demonstrado.

Proposição: Visto, portanto, em movimento uniforme, como mostrado, os comprimentos transmitidos estão entre si como os paralelogramos produzidos pela multiplicação do impulso médio pelos tempos, isto é, em razão da igualdade do impulso em todo o percurso, como os tempos em si, também estará, por permuta, como o tempo para o comprimento, da mesma forma o tempo para comprimento; e em geral, para este local são aplicáveis todas as propriedades e transmutações de analogismos, que estabeleci e demonstrei no capítulo XIII.

3.

No MOVIMENTO iniciado a partir do descanso e aceleração uniformemente, isto é, onde o impulso foi continuamente aumentado de acordo com a proporção dos tempos, ele também estará, como um produto feito pelo impulso médio multiplicado pelo tempo, para outro produto feito semelhantemente pelo impulso médio multiplicado pelo tempo, como o comprimento transmitido em um tempo para o comprimento transmitido em outro tempo.

Pois que A B represente um tempo; no começo do qual o tempo A, que o impulso seja como o ponto A; mas à medida que o tempo avança, então que o impulso aumente de maneira uniforme, até que no último ponto daquele tempo A B, a saber, em B, o impulso adquirido seja B I. Novamente, que A F represente outro tempo, cujo começo é em A, que o impulso seja como o próprio ponto A; mas conforme o tempo prossegue, então que o impulso aumente uniformemente, até que no último ponto F do tempo A F o impulso adquirido seja F K; e que D E seja o comprimento percorrido no tempo A B com impulso aumentado uniformemente. Digo que o comprimento D E está para o comprimento transmitido no tempo A F, assim como o tempo A B multiplicado pela média do impulso aumentado através do tempo A B, está para o tempo A F multiplicado pela média do impulso aumentando no decorrer do tempo A F.

Visto que o triângulo A B I é a velocidade total do corpo deslocado no tempo A B, até o impulso adquirido ser B I; e o triângulo A F K a velocidade total do corpo deslocado no tempo A F com impulso aumentando até adquirir o impulso F K; o comprimento D E para o comprimento adquirido no tempo A F, com impulso aumentando a partir do descanso em A até adquirir o impulso F K, estará como o triângulo A B I para o triângulo A F K, ou seja, se os triângulos A B I e A F K forem similares, em proporção duplicada do tempo A B para o tempo A F; mas, se diferentes, na proporção composta das proporções de A B para A F e de B I para F K. Por conseguinte, assim como A B I está para A F K, também que D E esteja para D P; por isso, o comprimento transmitido no tempo A B com impulso aumentando para B I, estará para o comprimento transmitido no tempo A F com impulso aumentando para F K, assim como o triângulo A B I está para o triângulo A F K; mas o triângulo A B I é produzido pela multiplicação do tempo A B pela média do impulso aumentando para B I; e o triângulo A F K é produzido pela multiplicação do tempo A F pela média do *impulso* aumentando para F K; e, portanto, o comprimento D E que é transmitido no tempo A B com impulso aumentando para B I, para o comprimento D P, o qual é transmitido no tempo A F com impulso aumentando para F K, está como o produto do tempo A B multiplicado por seu impulso médio, para o produto do tempo A F multiplicado também por seu impulso médio; o que deveria ser provado.

Proposição 1: Em movimento uniformemente acelerado, a proporção dos comprimentos transmitidos para aquela de seus tempos é composta das proporções de seus tempos para seus tempos, e de impulso para impulso.

Proposição 2: Em movimento uniformemente acelerado, os comprimentos transmitidos em tempos iguais, considerados em sucessão contínua a partir do começo do movimento, são como as diferenças de números quadrados iniciando-se da unidade, a saber, 3,5,7 etc. Pois se na primeira vez em que o comprimento transmitido for 1, na primeira e segunda vez o comprimento transmitido será 4, que é o quadrado de 2, e nas três primeiras vezes será 9, que é o quadrado de 3, e nas quatro primeiras vezes será 16, e assim por diante. Agora as diferenças destes quadrados são 3, 5, 7 etc.

Proposição 3: Em movimento uniformemente acelerado a partir do descanso, o comprimento transmitido está para outro comprimento transmitido uniformemente no mesmo tempo, mas com tal impulso adquirido pelo movimento acelerado no último ponto daquele tempo, assim como um triângulo está para um paralelogramo, que possui suas altitudes e bases comuns. Visto que o comprimento D E é percorrido com velocidade como o triângulo A B I, é necessário que, para percorrer um comprimento que é o dobro de D E, que a velocidade seja como o paralelogramo A I; pois o paralelogramo A I é o dobro do triângulo A B I.

4.

Em movimento que, iniciando-se do descanso é de tal forma acelerado, que o impulso ali aumenta continuamente em proporção duplicada à proporção dos tempos no qual é produzida, um comprimento transmitido em um tempo estará para um comprimento em outro tempo, assim como o produto que resulta do impulso médio multiplicado pelo tempo de um daqueles movimentos, para o produto do impulso médio multiplicado pelo tempo de outro movimento.

Pois que A B represente um tempo, em cujo primeiro instante A que o impulso seja o ponto A; mas à medida que o tempo prossegue, que o impulso aumente continuamente em proporção duplicada à dos tempos, até que no último ponto de tempo B o impulso adquirido seja B I; então tomando o ponto F em qualquer lugar no tempo A B, que o impulso F K adquirido no tempo A F seja ordenadamente aplicado ao ponto F. Visto, portanto, que a proporção de F K para B I presumivelmente é duplicada àquela de A F para A B, a proporção de A F para A B será subduplicada àquela de F K para B I; e que a de A B para A F será (conforme cap. XIII, art. 16) duplicada àquela de B I para F K; e consequentemente o ponto K estará em uma linha parabólica, cujo diâmetro é A B e a base B I; e pela mesma razão, para qualquer ponto do tempo A B em que o impulso adquirido naquele tempo seja ordenadamente aplicado, a linha reta desenhando o impulso estará na mesma linha parabólica A K I. Por conseguinte, o impulso médio multiplicado pelo tempo total A B será a parábola A K I B, igual ao paralelogramo A M, cujo paralelogramo possui em um lado da linha do tempo A B e para o outro a linha do impulso A L, que são dois terços do impulso B I; pois cada parábola é igual a dois terços do paralelogramo com o qual possui sua altitude e base comuns. Por conseguinte, a velocidade total em A B será o paralelogramo A M, como sendo produzido pela multiplicação do impulso A L pelo tempo A B. E de maneira semelhante, se F N for considerada, o que são dois terços do impulso F K, e o paralelogramo F O completo, F O será a velocidade total no tempo A F, sendo produzida pelo impulso uniforme A O ou F N multiplicado pelo tempo A F. Agora, que o comprimento transmitido no tempo A B e com velocidade A M seja a linha reta D E; e finalmente, que o comprimento transmitido no tempo A F com a velocidade A N seja D P; digo que assim como A M está para A N, ou como a parábola A K I B para a parábola A K F, também D E está para D P. Pois como A M está para F L, ou seja, como A B está para A F, também que D E esteja para D G. Agora, a proporção de A M para A N é composta de proporções de A M para F L, e de F L para A N. Mas assim como A M para F L, também por construção D E está para D G; e assim como F L está para A N (visto que o tempo em ambos é o mesmo, a saber, A F), também o comprimento D G está para o comprimento D P; pois comprimentos transmitidos ao mesmo tempo estão um para o outro assim como estão suas velocidades. Por conseguinte, por proporção ordenada, assim como A M está para A N, ou seja, assim como o impulso médio A L, multiplicado por seu tempo A B, está para o impulso médio A O multiplicado por A F, também D E está para D P; conforme demonstrado.

Proposição 1: Comprimentos transmitidos com movimento acelerado de tal forma que o impulso aumente continuamente em proporção duplicada à de seus tempos, se a base representa o impulso, estarão em proporção triplicada dos impulsos adquiridos no último ponto de seus tempos. Pois, assim como o comprimento D E está para o comprimento D P, também está o paralelogramo A M para o paralelogramo A N, e da mesma forma a parábola A K I B para a parábola A K F. Mas a proporção da parábola A K I B para a parábola A K F é triplicada em relação à proporção que a base B I possui para a base F K. Por conseguinte, também a proporção de D E para D P é triplicada em relação à de B I para F K.

Proposição 2: Comprimentos transmitidos em tempos iguais sucedendo-se entre si a partir do início, por movimento acelerado de tal forma que a proporção de seu impulso seja duplicada em relação à proporção dos tempos, estão entre si assim como as diferenças dos números cúbicos começando pela unidade, ou seja, 7, 19, 37 etc. Pois, se na primeira vez o comprimento transmitido for 1, o comprimento no final da segunda vez será 8, e no final da terceira vez será 27, e no final da quarta vez será 64 etc.; os quais são números cúbicos, cujas diferenças são 7, 19, 37 etc.

Proposição 3: Em movimento acelerado de tal forma, como o em que o comprimento transmitido sempre esteja para o movimento transmitido em proporção duplicada à de seus tempos, o comprimento uniformemente transmitido no tempo total, e com impulso por todo o percurso igual ao adquirido por último está como uma parábola está para um paralelogramo de mesma altitude e base, ou seja, como 2 para 3. Pois a parábola A K I B é o impulso aumentando no tempo A B; e o paralelogramo A I é o maior impulso uniforme multiplicado pelo mesmo tempo A B. Por conseguinte, os comprimentos transmitidos estarão como uma parábola está para um paralelogramo etc., ou seja, como 2 para 3.

5.

Se eu realizasse uma explicação de tais movimentos conforme são realizados pelo impulso aumentando em proporção triplicada, quadruplicada, quintuplicada etc., às de seus tempos, seria um trabalho infinito e desnecessário. Pois, pelo mesmo método pelo qual calculei referidos comprimentos, conforme são transmitidos com impulso, aumentando em proporção única e duplicada, qualquer pessoa poderia calcular como são transmitidos com impulso aumentando em proporções triplicadas, quadruplicadas ou quaisquer outras proporções que desejasse.

Efetuando tal cálculo pode-se descobrir que onde o impulso aumenta em proporção triplicada à dos tempos, a velocidade será desenhada pela primeira parábola (o que será visto no próximo capítulo); e os comprimentos transmitidos estarão em proporção quadruplicada à dos tempos. E de maneira semelhante, onde o impulso aumenta em proporção quadruplicada à dos tempos, a velocidade total será desenhada pela segunda parábola e os comprimentos transmitidos estarão em proporção quintuplicada à dos tempos; e assim continuamente.

6.

Se dois corpos forem deslocados com movimento uniforme por dois comprimentos, a proporção entre os comprimentos será composta das proporções de tempo a tempo, e de impulso a impulso, diretamente consideradas.

Se dois corpos com movimento uniforme transmitirem dois comprimentos, cada um com seu próprio impulso e tempo, a proporção dos comprimentos transmitidos será composta das proporções de tempo a tempo, e de impulso a impulso, diretamente consideradas.

Que dois corpos sejam deslocados uniformemente, um no tempo A B com o impulso A C e o outro no tempo A D com o impulso A E. Digo que os comprimentos transmitidos possuem suas proporções entre

Elementos da Filosofia   Capítulo **XVI**   **217**

si compostas das proporções de A B para A D, e de A C para A E. Pois, que qualquer comprimento, como Z, seja transmitido por um dos corpos no tempo A B com o impulso A C; e qualquer outro comprimento, como X, seja transmitido por outro corpo no tempo A D com o impulso A E; e que os paralelogramos A F e A G estejam completos. Agora, visto que Z está para X (pelo art. 2), assim como o impulso A C multiplicado pelo tempo A B está para o impulso A E multiplicado pelo tempo A D, ou seja, como A F para A G; a proporção de Z para X será composta das mesmas proporções, das quais a proporção de A F para A G é composta; mas a proporção de A F para A G é composta das proporções do lado A B para o lado A D, e do lado A C para o lado A E (conforme fica evidente pelos Elementos de Euclides), ou seja, das proporções do tempo A B para o tempo A D e do impulso A C para o impulso A E. Por conseguinte, a proporção de Z para X também é composta das mesmas proporções do tempo A B para o tempo A D, e do impulso A C para o impulso A E; conforme demonstrado.

Proposição 1: Quando dois corpos são deslocados com movimento uniforme, se os tempos e impulsos estiverem em proporção recíproca, os comprimentos transmitidos serão iguais. Pois, se fosse como A B para A D reciprocamente A E para A C, a proporção de A F para A G seria composta das proporções de A B para A D e de A C para A E, ou seja, das proporções de A B para A D, e de A D para A B. Por conseguinte, A F estaria para A G, assim como A B para A B, ou seja, igual; e também os dois produtos da multiplicação do impulso pelo tempo seriam iguais; e, por consequência, Z seria igual a X.

Proposição 2: Se dois corpos forem deslocados ao mesmo tempo, mas com diferentes impulsos, os comprimentos transmitidos seriam como de impulso para impulso. Pois, se o tempo de ambos for A D, e seus diferentes impulsos forem A E e A C, a proporção de A G para D C será composta das proporções de A E para A C e de A D para A D, ou seja, das proporções de A E para A C e de A C para A C; e também a proporção de A G para D C, ou seja, a proporção de comprimento para comprimento será como A E para A C, ou seja, como aquela de impulso para impulso. Igualmente, se dois corpos forem deslocados uniformemente e ambos com o mesmo impulso, mas em tempos diferentes, a proporção dos comprimentos transmitidos por eles será como a de seus tempos. Pois, se ambos possuem o mesmo impulso A C e seus tempos diferentes forem A B e A D, a proporção de A F para D C será composta das proporções de A B para A D e de A C para A C; ou seja, das proporções de A B para A D e de A D para A D; e, portanto, a proporção de A F para D C, ou seja, de comprimento a comprimento, será a mesma de A B para A D, que é a proporção de tempo a tempo.

7.

SE DOIS CORPOS PERCORREREM DOIS COMPRIMENTOS COM MOVIMENTO UNIFORME, A PROPORÇÃO ENTRE SEUS TEMPOS SERÁ COMPOSTA DAS PROPORÇÕES DE COMPRIMENTO A COMPRIMENTO, E DE IMPULSO A IMPULSO RECIPROCAMENTE CONSIDERADAS; AINDA, A PROPORÇÃO ENTRE SEUS IMPULSOS SERÁ COMPOSTA DAS PROPORÇÕES DE COMPRIMENTO A COMPRIMENTO, E DE TEMPO A TEMPO, RECIPROCAMENTE CONSIDERADAS.

SE DOIS corpos percorrerem dois comprimentos com movimento uniforme, a proporção dos tempos nos quais se deslocam será composta das proporções de comprimento a comprimento e de impulso a impulso reciprocamente considerados.

Pois, que sejam dados quaisquer dois comprimentos, como Z e X, sendo um deles transmitido com o impulso A C, e ou outro com o impulso A E. Digo que a proporção dos tempos nos quais são transmitidos será composta das proporções de Z para X, e de A E, que é o impulso com o qual X é transmitido para A C, o impulso com o qual Z é transmitido. Visto que A F é o produto do impulso A C multiplicado pelo tempo A B, o tempo do movimento através de Z será uma linha produzida pela aplicação do paralelogramo A F na linha reta A C, cuja linha é A B; e, portanto, A B é o tempo de movimento através de Z. Igualmente, visto que A G é o produto do impulso A E multiplicado pelo tempo A D, o tempo de movimento através de X será uma linha produzida pela aplicação de A G à linha reta A D; mas A D é o tempo de movimento através de X. Agora a proporção de A B para A D é composta de proporções do paralelogramo A F para o paralelogramo A G, e do impulso A E para o impulso A C; o que pode, portanto, ser demonstrado. Coloque os paralelogramos em ordem A F, A G, D C e será revelado que a proporção de A F para D C é composta das proporções de A F para A G e de A G para D C; mas A F está para D C assim como A B está para A D; por conseguinte, também a proporção de A B para A D é composta das proporções de A F para A G e de A G para D C. E porque o comprimento Z está para o comprimento X assim como A F está para A G, e o impulso A E para o impulso A C assim como A G para D C, portanto a proporção de A B para A D será composta das proporções do comprimento Z para o comprimento X, e do impulso A E para o impulso A C; conforme demonstrado.

Da mesma maneira, pode ser provado que, em dois movimentos uniformes, a proporção do impulso é composta das proporções de comprimento a comprimento e de tempo a tempo reciprocamente considerados.

Pois, se supormos que A C for o tempo, e A B o impulso com o qual o comprimento Z é percorrido; e A E for o tempo, e A D o impulso com o qual o comprimento X é percorrido, a demonstração seguirá como no artigo anterior.

8.

Se um corpo for carregado com movimento uniforme por dois moventes juntos, que se encontrem em um ângulo, a linha pela qual ele passa será uma linha reta, estendendo o complemento daquele ângulo para dois ângulos retos.

Se um corpo for carregado por dois moventes em conjunto, com movimentação reta e uniforme, e coincidirem em qualquer ângulo dado, a linha que aquele corpo percorrerá será uma linha reta.

Que o movente A B tenha movimento reto e uniforme, e seja deslocado até chegar em C D; e que outro movente A C, tendo também movimento reto e uniforme, e formando com o movente A B qualquer ângulo dado C A B, seja entendido como deslocado ao mesmo tempo para D B; e que o corpo seja colocado no ponto de sua confluência, A. Digo que a linha descrita pelo corpo em movimento é uma linha reta. Pois, que o paralelogramo A B D C seja completo, e sua diagonal A D seja desenhada; e na linha reta A B que qualquer ponto E seja considerado; e a partir dele, que E F seja desenhado em paralelo às linhas retas A C e B D, cortando A D em G; e através do ponto G que H I seja desenhado em paralelo às linhas retas A B e C D; e por último, que a medida do tempo seja A C. Visto que ambos os movimentos são realizados ao mesmo tempo, quando A B está em C D, o corpo também estará em C D; e da mesma forma, quando A C está em B D, o corpo estará em B D. Mas A B está em C D ao mesmo tempo em que A C está em B D; e, portanto, o corpo estará em C D e em B D ao mesmo tempo; por conseguinte, estará no ponto comum D. Novamente, visto que o movimento a partir de A C para B D é uniforme, ou seja, os espaços transmitidos estão em proporção entre si, assim como os tempos nos quais são transmitidos, quando A C está em E F, a proporção de A B para A E será a mesma daquela de E F para E G, ou seja, do tempo A C para o tempo A H. Por conseguinte, A B estará em H I ao mesmo tempo em que A C está em E F, de forma que o corpo estará ao mesmo tempo em E F e H I, e portanto, no ponto comum G. E igualmente estará onde quer que o ponto E seja considerado entre A e B. Por conseguinte, o corpo estará sempre na diagonal A D; conforme demonstrado.

Proposição. A partir daqui é demonstrado que o corpo será carregado através da mesma linha reta A D, apesar de o movimento não ser uniforme, desde que tenha a mesma aceleração; pois a proporção de A B para A E sempre será a mesma da de A C para A H.

9-19.

S E UM CORPO FOR CARREGADO POR DOIS MOVENTES JUNTOS, UM DELES SENDO MOVIDO UNIFORMEMENTE, O OUTRO COM MOVIMENTO ACELERADO, SENDO A PROPORÇÃO ENTRE SEUS COMPRIMENTOS E SEUS TEMPOS EXPLICÁVEL NUMERICAMENTE, COMO DESCOBRIR QUE LINHA AQUELE CORPO DESCREVE.

9.

S E UM corpo for carregado por dois moventes em conjunto, que se encontrem em qualquer ângulo dado, e forem deslocados, um de maneira uniforme, o outro com movimento uniformemente acelerado a partir do descanso, ou seja, que a proporção de seus impulsos seja igual à de seus tempos, ou seja, que a proporção de seus comprimentos seja o dobro da das linhas de seus tempos até a linha do maior impulso adquirido por aceleração ser igual à da linha do tempo do movimento uniforme; a linha na qual o corpo é carregado será uma linha curva de uma semiparábola, cuja base é o último impulso adquirido, e o vértice o ponto de descanso.

Que a linha reta A B seja compreendida como deslocada com movimento uniforme para C D; e que outro movente na linha reta A C supostamente deslocado ao mesmo tempo para B D, mas com movimento uniformemente acelerado, ou seja, com tal movimento, que a proporção dos espaços nos quais são transmitidos seja sempre duplicada à dos tempos, até o impulso adquirido ser B D igual à linha reta A C; e que a semiparábola A G D B seja descrita. Digo que, por confluência dos dois moventes, o corpo será carregado por meio da linha curva semiparabólica A G D. Pois, para que o paralelogramo A B D C esteja completo; e a partir do ponto E, seja considerado qualquer lugar na linha reta A B, que E F seja desenhada em paralelo a A C e cortando a linha curva em G; e por último, por meio do ponto G que H I seja desenhada em paralelo às linhas retas A B e C D. Visto, portanto, que a proporção de A B para A E é, presumidamente, duplicada à proporção de E F para E G, ou seja, do tempo A C para o tempo A H, ao mesmo tempo em que A C está em E F, A B estará em H I; e, portanto, o corpo deslocado estará no ponto comum G. E sempre estará, em qualquer parte de A B em que o ponto E seja considerado. Por conseguinte, o corpo deslocado será sempre encontrado na linha parabólica A G D; conforme demonstrado.

10.

Se um corpo for carregado por dois moventes em conjunto, que se encontrem em qualquer ângulo dado, e forem deslocados sendo um uniformemente e o outro com impulso aumentando a partir do descanso, até que esteja igual ao do movimento uniforme, e com tal aceleração que a proporção dos comprimentos transmitidos esteja em qualquer ponto triplicada à dos tempos nos quais são transmitidos; a linha na qual o corpo é deslocado será a linha curva da primeira semiparábola de dois meios, cuja base é o último impulso adquirido.

Que a linha reta A B seja deslocada uniformemente para C D; e que outro movente A C seja deslocado ao mesmo tempo para B D com movimento de tal forma acelerado, que a proporção dos comprimentos transmitidos esteja, em qualquer ponto, triplicada em relação à de seus tempos; e que o impulso adquirido no final daquele movimento seja B D, igual à linha reta A C; e por último, que A G D seja a linha curva da primeira semiparábola de dois meios. Digo que, pela confluência de dois moventes juntos, o corpo está sempre naquela linha curva A G D. Pois, que o paralelogramo A B D C esteja completo; e partir do ponto E, considerado em qualquer lugar na linha reta A B, que E F seja desenhado em paralelo a A C, e cortando a linha curva em G; e através do ponto G, que H I seja desenhado em paralelo às linhas retas A B e C D. Visto, portanto, que a proporção de A B para A E está, presumivelmente, triplicada à proporção de E F para E G, ou seja, do tempo A C para o tempo A H, ao mesmo tempo em que A C está em E F, A B estará em H I; e, portanto, o corpo deslocado estará no ponto comum G. E assim sempre estará, em qualquer parte de A B que for considerado o ponto E; e por consequência, o corpo sempre estará na linha curva A G D; conforme demonstrado.

11.

Pelo mesmo método pode ser demonstrada a linha formada pelo movimento de um corpo carregado pela confluência de quaisquer dois moventes deslocados, um deles uniformemente, o outro com aceleração, mas em proporções de tempos e espaços explicáveis por números, por exemplo, duplicadas, triplicadas etc., ou que possa ser desenhada por qualquer número partido. Pois esta é a regra. Que os dois números do comprimento e do tempo sejam somados, e que sua soma seja o denominador de uma fração, cujo numerador for o número do comprimento. Procure esta fração na tabela do terceiro artigo do capítulo XVII, e a linha vista será a que denomina a figura trilateral observada no lado esquerdo; e o tipo dela será o enumerado anteriormente, sobre a fração. Por exemplo, que haja uma confluência de dois moventes, sendo um deslocado uniformemente e o outro com movimento acelerado de tal forma que os espaços estejam para os tempos assim como 5 para 3. Que a fração seja produzida e cujo denominador seja a soma de 5 e 3, e o numerador 5, a saber, a fração de 5/8. Procure na tabela e você encontrará 5/8 como a terceira na coluna, pertencente à figura trilateral de quatro meios. Por conseguinte, a linha de movimento resultante da confluência desses dois moventes, conforme foram descritos por último, será a linha curva da terceira parábola de quatro meios.

12.

Se o movimento for feito pela confluência de dois moventes, um é deslocado uniformemente e o outro inicia a partir do descanso no ângulo da confluência com qualquer aceleração; o movente, deslocado uniformemente, deverá apresentar o corpo deslocado nos diversos espaços paralelos, menos do que se ambos os moventes tivessem movimento uniforme; e continuamente menos, conforme o movimento do outro movente for mais e mais acelerado.

Que o corpo seja colocado em A e seja deslocado por dois moventes, um dos quais com movimento uniforme a partir da linha reta A B para a linha reta C D paralela a ele; e o outro com qualquer aceleração, a partir da linha reta A C para a linha reta B D paralela a ele; e em seu paralelogramo A B D C, que um espaço seja considerado entre quaisquer dois paralelos E F e G H. Digo que, enquanto o movente A C percorre a latitude existente entre E F e G H, o corpo é menos deslocado para a frente a partir de A B em direção a C D, do que seria caso o movimento de A C para B D tivesse sido uniforme.

Pois, suponhamos que enquanto o corpo descende para a paralela E F pelo poder do movente a partir de A C em direção a B D, o mesmo corpo ao mesmo tempo é deslocado para frente para qualquer ponto F na linha E F, pelo poder do movente a partir de A B em direção a C D; e que a linha reta A F seja desenhada e produzida indeterminadamente, cortando G H em H. Visto, portanto, que como A E está para A G, também E F está para G H; se A C devesse descer em direção a B D com movimento uniforme, o corpo no tempo G H (pois considero A C e seus paralelos a medida do tempo) seria encontrado no ponto H. Mas, em virtude de se pressupor que A C seja deslocado em direção a B D com movimento continuamente acelerado, ou seja, em proporção maior de espaço a espaço, do que de tempo a tempo, no tempo G H o corpo estará em algum paralelo além dele, como entre G H e B D. Suponha-se, agora, que no final do tempo G H ele esteja no paralelo I K, e em I K que I L seja considerado igual a G H. Quando, portanto, o corpo está no paralelo I K, ele estará no ponto L. Por conseguinte, quando estava no paralelo G H, estava em algum ponto entre G e H, como no ponto M; mas se ambos os movimentos foram uniformes, ele estava no ponto H; e, portanto, enquanto o movente A C percorre a latitude existente entre E F e G H, o corpo é menos deslocado de A B em direção a C D do que ele teria sido se ambos os movimentos fossem uniformes; conforme provado.

13.

QUALQUER comprimento dado sendo percorrido num dado tempo com movimento uniforme, para descobrir qual comprimento deverá ser percorrido no mesmo tempo com movimento uniformemente acelerado, ou seja, com tal movimento que a proporção dos comprimentos percorridos seja continuamente duplicada à de seus tempos, e que a linha do último impulso adquirido seja igual à linha do tempo total do movimento.

Que A B seja um comprimento transmitido com movimento uniforme no tempo A C; e que seja necessário a ele encontrar outro comprimento que será transmitido ao mesmo tempo com movimento uniformemente acelerado, de forma que a linha do último impulso adquirido seja igual à linha reta A C.

Que o paralelogramo A B D C esteja completo; e que B D seja dividido ao meio em E; e entre B E e B D, que B F seja uma média proporcional; e que A F seja desenhado e produzido até que encontre C D produzido em G; e finalmente, que o paralelogramo A C G H esteja completo. Digo que A H é o comprimento necessário.

Pois, assim como a proporção duplicada está para a proporção única, também que A H esteja para A I, ou seja, que A I seja a metade de A H; e que I K seja desenhado em paralelo à linha reta A C, e cortando a diagonal A D em K, e a linha reta A G em L. Visto, portanto, que A I é a metade de A H, I L também será a metade de B D, ou seja, igual a B E; e I K igual a B F; pois B D, ou seja, G H, B F e B E, ou seja, I L, sendo contínuos proporcionais, A H, A B e A I também serão contínuos proporcionais. Mas, assim como A B está para A I, ou seja, assim como A H está para A B, também B D está para I K, e também G H, ou seja, B D para B F; e portanto, B F e I K são iguais. Agora, a proporção de A H para A I é o dobro da proporção de A B para A I, ou seja, para a de B D para I K, ou de G H para I K. Por conseguinte, o ponto K estará numa parábola, cujo diâmetro é A H e a base G H, onde G H é igual a A C. O corpo, portanto, prosseguindo a partir do descanso em A, com movimento uniformemente acelerado no tempo A C, quando percorreu o comprimento A H, adquirirá o impulso

Elementos da Filosofia Capítulo **XVI** **225**

G H igual ao tempo A C, ou seja, tal impulso, como aquele com o qual o corpo percorrerá o comprimento A C no tempo A C. Por conseguinte, qualquer comprimento sendo dado etc., conforme proposto.

14.

Seja qualquer comprimento dado, e que num dado tempo é transmitido com movimento uniforme, para descobrir qual comprimento será transmitido ao mesmo tempo com movimento tão acelerado, que os comprimentos transmitidos estejam continuamente em proporção triplicada à de seus tempos, e a linha do último impulso adquirido seja igual à linha do tempo dado.

Que o comprimento dado A B seja transmitido com movimento uniforme no tempo A C; e que seja necessário descobrir qual comprimento deve ser transmitido ao mesmo tempo com movimento tão acelerado, que os comprimentos transmitidos estejam continuamente em proporção triplicada à de seus tempos, e o último impulso adquirido seja igual ao tempo dado.

Que o paralelogramo A B D C esteja completo; e que B D esteja dividido de tal forma em E, que B E seja uma terceira parte de todo B D; e que B F seja uma média proporcional entre B D e B E; e que A F seja desenhada e produzida até que encontre a linha reta C D em G; e finalmente, que o paralelogramo A C G H esteja completo. Digo que A H é o comprimento necessário.

Pois, assim como a proporção triplicada está para uma proporção única, que também A H esteja para outra linha, A I, ou seja, tornar A I uma terceira parte de A H total; e que I K seja desenhada em paralelo à linha reta A C, cortando a diagonal A D em K, e a linha reta A G em L; então, assim como A B está para A I, que A I também esteja para outro A N; e a partir do ponto N que N D seja desenhada em paralelo a A C, cortando A G, A D e F K produzidas em P, M e O; e por último, que F O e L M sejam desenhadas, o que será igual e paralelo às linhas retas B N e I N. Por esta construção, os comprimentos transmitidos A H, A B, A I e A N serão contínuos proporcionais; e, de maneira semelhante, os tempos G H, B F, I L e N P, ou seja, N Q, N O, N M e N P serão contínuos proporcionais, e na mesma proporção com A H, A B, A I e A N. Por conseguinte, a proporção de A H para A N é a mesma que a de B D, ou seja, de N Q para NP; e a proporção de NQ para NP triplicada àquela de NQ para NO, ou seja, triplicada à de BD para IK; por conseguinte, também o comprimento AH está para o comprimento AN em proporção triplicada à do tempo BD, para o tempo IK; e portanto a linha curva da primeira figura trilateral de dois meios cujo diâmetro é AH, e a base GH igual a AC deverá percorrer o ponto O; e, consequentemente, AH deverá ser transmitido no tempo AC e deverá ter seu último impulso adquirido GH igual a AC, e as proporções dos comprimentos adquiridos em quaisquer dos tempos triplicadas em relação às proporções dos próprios tempos. Por conseguinte, AH é o comprimento necessário para ser descoberto.

Pelo mesmo método, se um comprimento dado é transmitido com movimento uniforme em qualquer tempo dado, outro comprimento pode ser descoberto e deverá ser transmitido ao mesmo tempo com movimento acelerado de tal forma que os comprimentos transmitidos estarão em relação aos tempos nos quais são transmitidos em proporção quadruplicada, quintuplicada e assim por diante, infinitamente. Pois, se BD estiver dividida em E, de forma que BD esteja para BE assim como 4 para 1; e ali considerada entre BD e BE uma média proporcional FB; e assim como AH está para AB, também AB será produzida para um terceiro, e novamente de forma que o terceiro para o quarto, e o quarto para o quinto, AN, de forma que a proporção de AH para AN seja quadruplicada à de AH para AB, e o paralelogramo NBFO esteja completo, a linha curva da primeira figura trilateral de três meios percorrerá o ponto O; e consequentemente, o corpo deslocado adquirirá o impulso GH igual a AC no tempo AC. O que também ocorre com o descanso.

15.

AINDA, se a proporção dos comprimentos transmitidos estiver para a de seus tempos, como qualquer número para qualquer número, o mesmo método serve para descobrir o comprimento transmitido com tal impulso, e em tal tempo.

Pois que AC seja o tempo no qual um corpo é transmitido com movimento uniforme de A para B; e o paralelogramo ABDC estando completo, que seja necessário para descobrir um comprimento no qual o corpo possa ser deslocado no mesmo tempo AC a partir de A, com movimento acelerado de tal forma, que a proporção dos comprimentos transmitidos à dos tempos seja continuamente como 3 para 2.

Que B D seja então dividido por E, que B D esteja para B E assim como 3 para 2; e entre B D e B E, que B F seja uma média proporcional; e que A F seja desenhada e produzida até que encontre com C D produzido em G; e tornando A M uma média proporcional entre A H e A B, que seja como A M para A B, como A B para A I; e então a proporção de A H para A I estará para a de A H para A B assim como 3 para 2; pois das proporções, das quais a de A H para A M é a número um, a de A H para A B é a número dois, e a de A H para A I é a número três; e consequentemente, como 3 para 2 à de G H para B F, e (F K sendo desenhada em paralelo a B I e cortando A D em K) igualmente à de G H ou B D para I K. Por conseguinte, a proporção do comprimento A H para A I está para a proporção do tempo B D para I K assim como 3 para 2; e portanto, se no tempo A C o corpo for deslocado com movimento acelerado, como foi proposto, até adquirir o impulso H G igual a A C, o comprimento transmitido ao mesmo tempo será A H.

16.

MAS SE a proporção dos comprimentos em relação à dos tempos foi como 4 para 3, então deveriam ter sido consideradas duas médias proporcionais entre A H e A B, e suas proporções deveriam continuar, de forma que A H para A B tivesse três das mesmas proporções, das quais A H para A I tivesse quatro; e tudo mais deveria ter sido feito como já mostrado. Agora, a maneira como interpor qualquer número de meios entre duas linhas dadas não foi descoberta ainda. Não obstante possa representar uma regra geral; *se houver um tempo dado, e um comprimento for transmitido no tempo com movimento uniforme; como, por exemplo, se o tempo for A C, e o comprimento A B, a linha reta A G, que determina o comprimento C G ou A H, transmitido no mesmo tempo A C com qualquer movimento acelerado, deverá cortar B D em F de tal forma, que B F será uma média proporcional entre B D e B E, B E sendo considerado de tal forma em B D que a proporção de comprimento a comprimento esteja em todo lugar para a proporção de tempo a tempo, assim como todo B D está para sua parte B E.*

17.

Se em um tempo dado dois comprimentos forem transmitidos, um com movimento uniforme, o outro com movimento acelerado em qualquer proporção dos comprimentos em relação aos tempos; e novamente, em parte do mesmo tempo, partes dos mesmos comprimentos forem transmitidas com os mesmos movimentos, o comprimento total excederá o outro comprimento na mesma proporção na qual uma parte exceda a outra parte.

Por exemplo, que A B seja um comprimento transmitido no tempo A C, com movimento uniforme; e que A H seja outro comprimento transmitido ao mesmo tempo com movimento uniformemente acelerado, de maneira que o último impulso adquirido seja G H igual a A C; e em A H que qualquer parte A I seja considerada e transmitida em parte do tempo A C com movimento uniforme; e que outra parte A B seja considerada e transmitida na mesma parte de tempo A C com movimento uniformemente acelerado; digo que, assim como A H está para A B, também estará A B para A I.

Que B D seja desenhado em paralelo e igual a H G, e dividido ao meio em E, e entre B D e B E que uma média proporcional seja considerada como B F; e a linha reta A G, pela demonstração do art. 13, deva percorrer F. E dividindo A H ao meio em I, A B será a média proporcional entre A H e A I. Novamente, porque A I e A B são descritos pelos mesmos movimentos, se I K for desenhado em paralelo e igual a B F ou A M, e dividido ao meio em N, e entre I K e I N for considerada a média proporcional I L, a linha reta A F, pela demonstração do mesmo art. 13, percorrerá L. Dividindo A B ao meio em O, a linha A I será uma média proporcional entre A B e A O. Onde A B é dividido em I e O, de maneira semelhante a como A H é dividido em B e I; e assim como A H está para A B, também está A B para A I, conforme provado.

Proposição. Ainda, assim como A H está para A B, também H B está para B I; e também B I está para I O.

E, dessa forma, onde um dos movimentos é uniformemente acelerado, como foi provado durante a demonstração do art. 13; então, quando as acelerações estão em proporção duplicada aos tempos, o mesmo pode ser provado pela demonstração do art. 14; e pelo mesmo método em todas as outras acelerações, cujas proporções em relação aos tempos são explicáveis numericamente.

18.

Se dois lados que contenham um ângulo em qualquer paralelogramo forem deslocados ao mesmo tempo para os lados opostos a eles, um deles com movimento uniforme, o outro com movimento uniformemente acelerado; o lado deslocado uniformemente afetará muito mais com sua confluência através do comprimento total transmitido, como afetaria se o outro movimento fosse também uniforme, e o comprimento transmitido por ele ao mesmo tempo era uma média proporcional entre o total e a metade.

Que o lado A B do paralelogramo A B D C seja compreendido como sendo deslocado com movimento uniforme até ser coincidente com C D; e que o tempo do movimento seja A C ou B D. Ainda, ao mesmo tempo, que o lado A C seja compreendido como deslocado com movimento uniformemente acelerado, até ser coincidente com B D; então dividindo A B ao meio em E, que A F seja uma média proporcional entre A B e A E; e desenhando F G paralelo a A C, que o lado A C seja compreendido como deslocado ao mesmo tempo em que A C com movimento uniforme, até ser coincidente com F G. Digo que todo A B confere tanto à velocidade do corpo colocado em A, quando o movimento de A C for uniformemente acelerado até que chegue em B D, quanto a parte A F confere a esta, quando o lado A C é deslocado uniformemente e ao mesmo tempo para F G.

Visto que A F é uma média proporcional entre A B total e sua metade A E, B D (conforme artigo 13) será o último impulso adquirido por A C, com movimento uniformemente acelerado até que chegue ao mesmo B D; e consequentemente, a linha reta F B será o excesso pelo qual o comprimento transmitido por A C com movimento uniformemente acelerado excederá o comprimento transmitido pelo mesmo A C no mesmo tempo com movimento uniforme, e com impulso em qualquer lugar igual a B D. Por conseguinte, se todo A B for deslocado uniformemente para C D durante o mesmo tempo em que A C é deslocado uniformemente para F G, a parte F B, visto que definitivamente não coincide com o movimento do lado A C, que deveria ser deslocado somente para F G, nada conferirá ao seu movimento. Novamente, supondo que o lado A C seja deslocado para B D com movimento uniformemente acelerado, o lado A B com seu movimento uniforme para C D colocará menos à frente o corpo quando estiver acelerado em todos os paralelos, do que quando definitivamente não estiver acelerado; e quanto maior a aceleração, menos o colocará para frente, conforme demonstrado no artigo 12. Quando, portanto, A C está em F G com movimento acelerado, o corpo não estará no lado C D no ponto G, mas no ponto D; dessa forma G D será o excesso pelo qual o comprimento transmitido com movimento acelerado para B D excede o comprimento transmitido com movimento uniforme para F G; de maneira que o corpo por sua aceleração evite a ação da parte A F, chegue ao lado C D no tempo A C e descreva o comprimento C D, que é igual ao comprimento A B. Por conseguinte, o movimento uniforme de A B para C D no tempo A C não mais funciona no comprimento total A B sobre o corpo uniformemente acelerado de A C para B D, do que se A C fosse deslocado ao mesmo tempo com movimento uniforme para F G; consistindo a diferença apenas no fato de que, quando A B opera sobre o corpo uniformemente deslocado de A C para F G, e que, pelo movimento acelerado excede o movimento uniforme, está completamente em F B ou G D; mas quando o mesmo A B opera sobre o corpo acelerado, e que, pelo movimento acelerado excede o movimento uniforme, fica dispersado por todo o comprimento A B ou C D, ainda assim, se fosse recolhido e colo-cado conjuntamente, seria igual ao mesmo F B ou G D. Por conseguinte, se dois lados que contenham um ângulo etc.; conforme demonstrado.

19.

SE DOIS comprimentos transmitidos possuem para seus tempos qualquer outra proporção explicável numericamente, e o lado A B for dividido de tal forma em E, que A B esteja para A E na mesma proporção em que os comprimentos transmitidos têm para os tempos nos quais são transmi-tidos, e entre A B e A E for considerada uma média proporcional A F; isto pode ser demonstrado, pelo mesmo método, que o lado deslocado com movimento uniforme opere tanto com sua confluência através de todo comprimento A B, como operaria se outro movimento também fosse uniforme e o comprimento transmitido no mesmo tempo A C fosse a média proporcional A F. E, portanto, muito relacionado ao movimento por confluência.

{ Capítulo XVII }

DAS FORMAS DEFICIENTES

1. Definições de uma forma deficiente; de uma forma completa; do complemento de uma forma deficiente; e de proporções que sejam proporcionais e comensuráveis entre si.
2. A proporção de uma forma deficiente para seu complemento.
3. As proporções de formas deficientes para os paralelogramos nos quais são descritas, estabelecidas em uma tabela.
4. A descrição e produção das mesmas formas.
5. O desenho de tangentes em relação a elas.
6. Em qual proporção as mesmas formas excedem um triângulo de linhas retas de mesma altitude e base.
7. Uma tabela de formas deficientes sólidas descritas em um cilindro.
8. Em qual proporção as mesmas formas excedem um cone de mesma altitude e base.
9. Como uma forma deficiente plana pode ser descrita em um paralelogramo, de maneira que um triângulo de mesma base e altitude, como outra forma deficiente, plana ou sólida, considerado duas vezes, está para a mesma forma deficiente, juntamente com a forma na qual é descrito.
10. A transferência de certas propriedades de formas deficientes descritas em um paralelogramo em relação às proporções dos espaços transmitidos com diversos graus de velocidade.
11. Das formas deficientes descritas em um círculo.
12. A proposição demonstrada no artigo 2 confirmada pelos elementos da filosofia.
13. Uma maneira incomum de raciocínio relativa à igualdade entre a superfície de uma porção de uma esfera e um círculo.
14. Como, a partir da descrição de formas deficientes em um paralelogramo, qualquer número de médias proporcionais pode ser encontrado entre duas linhas retas dadas.

1.

Definições de uma forma deficiente; de uma forma completa; do complemento de uma forma deficiente; e de proporções que sejam proporcionais e comensuráveis entre si.

Denomino *formas deficientes* as que podem ser compreendidas como criadas pelo movimento uniforme de uma certa quantidade, diminuindo continuamente até finalmente não possuirem nenhuma magnitude.

E denomino *forma completa*, respondendo a uma forma deficiente, gerada com o mesmo movimento e ao mesmo tempo, por uma quantidade que sempre retém sua magnitude total.

O *complemento* de uma forma deficiente é aquele que, sendo acrescido à forma deficiente, a torna completa.

Quatro proporções são tidas como *proporcionais* quando a primeira delas está para a segunda assim como a terceira está para a quarta. Por exemplo, se a primeira proporção for duplicada em relação à segunda, e novamente, a terceira for duplicada em relação à quarta, tais proporções são consideradas *proporcionais.*

E proporções *comensuráveis* são as que estão entre si assim como um número para outro número. Como no caso de certa proporção dada, se uma proporção está duplicada e a outra, triplicada, a proporção duplicada estará para a proporção triplicada assim como 2 para 3; mas para a proporção dada estará como 2 para 1; e portanto, denomino as três proporções de *comensuráveis.*

2.

A proporção de uma forma deficiente para seu complemento.

Uma forma deficiente, produzida por uma quantidade continuamente descendente ao nada por proporções em qualquer ponto proporcionais e comensuráveis, está para seu complemento assim como a proporção da altitude total para uma altitude reduzida em qualquer tempo está para a proporção da quantidade total que descreve a forma, para a mesma quantidade reduzida no mesmo tempo.

Elementos da Filosofia　　　　　　　　　　　　Capítulo **XVII**　　**233**

Que a quantidade A B, por seu movimento no decorrer na altitude A C, descreva a forma completa A C; e novamente, que a mesma quantidade, ao descender continuamente para nada em C, descreve a forma deficiente A B E F C, cujo complemento será a forma B D C F E. Agora, que A B presumivelmente seja deslocado até que descanse em G K, de maneira que a altitude reduzida seja G C, e A B reduzida seja G E; e que a proporção da altitude total A C para a altitude reduzida G C, seja, por exemplo, triplicada à proporção da quantidade total A B ou G K para a quantidade reduzida G E. E de maneira semelhante, que H I seja considerada igual a G E, e que seja reduzida para H F; e que a proporção de G C para H C seja triplicada à de H I para H F; e que o mesmo ocorra em quantas partes da linha reta A O for possível; e uma linha seja desenhada entre os pontos B, E, F e C. Digo que a forma deficiente A B E F C está para seu complemento B D C F E assim como 3 para 1, ou como a proporção de A C para G C está para a proporção de A B, ou seja, de G K para G E.

Pois (pelo art. 2, cap. X V) a proporção do complemento B E F C D para a forma deficiente A B E F C são todas as proporções de D B para B A, O E para E G, Q F para F H, e de todas as linhas paralelas a D B que terminam na linha B E F C, para todas as paralelas a A B que terminam nos mesmos pontos da linha B E F O. E visto que as proporções de D B para O E, e de D B para G I F etc., estão em qualquer ponto triplicadas às proporções de A B para G E, e de A B para H F etc., as proporções de H F para A B, e de G E para A B etc. (pelo art. 16, cap. XIII), estão triplicadas às proporções de Q F para D B, e de O E para D B etc., e portanto, a forma deficiente A B E F C, que é o agregado de todas as linhas H F, G E, A B etc., é o triplo do complemento B E F C D produzido de todas as linhas Q F, O E, D B etc.; conforme provado.

Decorre daí que o mesmo complemento B E F C D é 1/4 do paralelogramo total. E pelo mesmo método pode ser calculada em todas as outras formas deficientes criadas como anteriormente descrito, a proporção do paralelogramo para cada uma de suas partes; como quando os paralelos aumentam a partir de um ponto na mesma proporção, o paralelogramo será dividido em dois triângulos iguais; quando um aumento é o dobro do outro, ele será dividido em uma semiparábola e seu complemento ou em 2 e 1.

Permanecendo a mesma estrutura, a mesma conclusão também pode ser demonstrada dessa forma.

Que a linha reta CB seja formada cortando GK em L, e através de L, que MN seja desenhada em paralelo à linha reta AC; por conseguinte, os paralelogramos GM e LD serão iguais. Então, que LK seja dividida em três partes iguais, de maneira que possa estar para uma dessas partes na mesma proporção de AC para GC, ou de GK para GL, tomando a proporção de GK para GE. Portanto, LK estará para uma dessas três partes assim como a proporção aritmética entre GK e GL está para a proporção aritmética entre GK e a mesma GK menos a terceira parte de LK; e KE será de algum modo maior do que um terço de LK. Visto agora que a altitude AG ou ML está, devido à contínua redução, prevista para ser menor do que qualquer quantidade que possa ser dada; LK, que está interceptada entre a diagonal BC e o lado BD, será também menor do que qualquer quantidade que possa ser dada; e consequentemente, se G for colocado tão perto de A em g, de forma que a diferença entre O g e CA for menor do que qualquer quantidade que possa ser atribuída, a diferença também entre C l (redeslocando L para l) e CB será menor do que qualquer quantidade que possa ser atribuída; e a linha gl, sendo desenhada e produzida para a linha BD em k, cortando a linha curva em e, a proporção de G k para G l ainda será triplicada em relação à proporção de G k para G e, e a diferença entre k e e, a terça parte de $k l$, será menor do que qualquer quantidade que possa ser dada; e portanto, o paralelogramo eD diferirá de uma terça parte do paralelogramo A e por uma diferença menor do que qualquer quantidade que possa ser atribuída. Novamente, que HI seja desenhada em paralelo e igual a GE, cortando CB em P, a linha curva em F, e OE em I, e a proporção de C g para CH será triplicada à proporção de HF para HP, e IF será maior do que a terça parte de PI. Mas novamente, configurando H em h tão perto de g, como se a diferença entre C h e C g pudesse estar mas como um ponto, o ponto P também estará em p tão próximo a I, como aquela diferença entre C p e C l estará mas como um ponto; e desenhando $h p$ até que encontre BD em i, cortando a linha curva em f, e tenho desenhado $e o$ paralelo a BD, cortando DC em o, o paralelogramo diferirá menos da terça parte do paralelogramo $g f$, do que por qualquer quantidade que possa ser dada. E assim será em todos os outros espaços criados da mesma maneira.

Por conseguinte, as diferenças das médias aritméticas e geométricas, que são como tantos pontos B, e, f etc. (visto que a figura toda é feita de tantos espaços indivisíveis) constituirão uma determinada linha, como a linha B E F C, que dividirá a forma completa A D em duas partes, a qual uma, a saber, A B E F C, que denomino forma deficiente, é o triplo da outra, a saber, B D C F E, que denomino de complemento daquela. E, considerando que a proporção das altitudes entre si está neste caso em todo lugar triplicada em relação àquela das quantidades decrescentes entre si; da mesma maneira, se a proporção das altitudes foi em todo lugar quadruplicada à das quantidades decrescentes, poderia ter sido demonstrado que a forma deficiente foi quadruplicada ao seu complemento; e da mesma forma em qualquer outra proporção. Dessa forma, a forma deficiente produzida etc., conforme demonstrado.

A mesma regra também se aplica na diminuição das bases dos cilindros, conforme demonstrado no segundo artigo do capítulo X V.

3.

As proporções de formas deficientes para os paralelogramos nos quais são descritas, estabelecidas em uma tabela.

Por esta proposição, as magnitudes de todas as formas deficientes, quando as proporções pelas quais suas bases continuamente diminuem são proporcionais às pelas quais suas altitudes decrescem, podem ser comparadas às magnitudes de seus complementos; e consequentemente, às magnitudes de suas formas completas. E serão consideradas; como prescrevi nas tabelas seguintes em que comparo um paralelogramo com formas trilaterais; e primeiro, com um triângulo de linhas retas, formado pela base do paralelogramo continuamente decrescendo em tal maneira que as altitudes sempre estejam em proporção entre si assim como as bases estão, e então o triângulo será igual ao seu complemento; ou as proporções das altitudes e bases serão como 1 para 1, e então o triângulo será a metade do paralelogramo. Segundo, com a forma trilateral produzida pelo contínuo decréscimo das bases em proporção subduplicada à das altitudes; assim, a forma deficiente será o dobro de seu complemento, e do paralelogramo assim como 2 para 3. Então, com aquela em que a proporção das altitudes é o triplo da proporção das bases; e então a forma deficiente será o triplo de seu complemento e do paralelogramo assim como 3 para 4. Também a proporção das altitudes em relação à das bases pode ser como 3 para 2; e então a forma deficiente estará para seu complemento assim como 3 para 2; e para o paralelogramo como 3 para 5; e assim por diante, conforme mais médias proporcionais forem consideradas, ou conforme as proporções forem mais multiplicadas, como pode ser visto na tabela a seguir. Por exemplo, se as bases forem reduzidas de maneira que a proporção das altitudes em relação à das bases for sempre como 5 para 2, determinada a proporção que a forma produzida tem no paralelogramo, que deveria ser uma unidade; então visto que onde a proporção é considera cinco vezes, deve haver quatro medianos; veja na tabela entre as formas trilaterais de quatro medianos, e visto que a proporção era de 5 para 2, procure o número 2 na linha superior, e descendo na segunda coluna até encontrar aquela forma trilateral, você encontrará $\frac{5}{7}$; mostrando que a forma deficiente está para o paralelogramo, assim como $\frac{5}{7}$ para 1 ou como 5 para 7.

	1	2	3	4	5	6	7
Paralelogramo	1						
Triângulo de lado reto	$\frac{1}{2}$						
Forma trilateral de 1 mediano	$\frac{2}{3}$						
Forma trilateral de 2 medianos	$\frac{3}{4}$	$\frac{3}{5}$					
Forma trilateral de 3 medianos	$\frac{4}{5}$	$\frac{4}{6}$	$\frac{4}{7}$				
Forma trilateral de 4 medianos	$\frac{5}{6}$	$\frac{5}{7}$	$\frac{5}{8}$	$\frac{5}{9}$			

	1	2	3	4	5	6	7
Forma trilateral de 5 medianos	$\frac{6}{7}$	$\frac{6}{8}$	$\frac{6}{9}$	$\frac{6}{10}$	$\frac{6}{11}$		
Forma trilateral de 6 medianos	$\frac{7}{8}$	$\frac{7}{9}$	$\frac{7}{10}$	$\frac{7}{11}$	$\frac{7}{12}$	$\frac{7}{13}$	
Forma trilateral de 7 medianos	$\frac{8}{9}$	$\frac{8}{10}$	$\frac{8}{11}$	$\frac{8}{12}$	$\frac{8}{13}$	$\frac{8}{14}$	$\frac{8}{15}$

4.
A DESCRIÇÃO E PRODUÇÃO DAS MESMAS FORMAS.

AGORA, para melhor compreensão da natureza dessas formas trilaterais, mostrarei como podem ser descritas por pontos; iniciando pelas que estão na primeira coluna da tabela. Qualquer paralelogramo descrito como ABCD que a diagonal BD seja desenhada; e o triângulo de linha reta BCD sendo a metade do paralelogramo; então, que qualquer número de linhas, como EF, seja desenhado em paralelo ao lado BC, e cortando a diagonal BD em G; e que esteja em todo lugar, como EF para EG, também EG para outro, EH; e através de todos os pontos H, que a linha BHHD seja desenhada; e a forma BHHDC será aquela que denomino forma trilateral de um mediano, porque em três proporcionais, como EF, EG e EH, há um mediano, a saber, EG; e esta forma trilateral será 2/3 do paralelogramo, e é chamada *parábola*. Novamente, que EG esteja para EH, e EH para outro, EI, e que a linha BIID seja desenhada, produzindo a forma trilateral BIIDC; e isto será 3/4 do paralelogramo, chamada por muitos como *parábola cúbica*. De maneira semelhante, se as proporções forem ainda continuadas em EF, será produzido o resto das formas trilaterais da primeira coluna; que assim demonstro. Que sejam desenhadas linhas retas, como HK e GL, paralelas à base DC. Visto portanto que a proporção de EF para EH está duplicada em relação à de EF para EG, ou de BC para BL, ou seja, de CD para LG, ou de KM (produzindo KH para AD em M) para KH, a proporção de BC para BK estará duplicada em relação à de KM para KH; mas assim como BC está para BK, também D C ou K M estão para K N, e portanto a proporção de K M para K N é duplicada à de K M para K H; e estará então onde quer que o paralelo K M esteja localizado. Por conseguinte, a figura B H H D C é o dobro de seu complemento B H H D A, e consequentemente 2/3 do paralelogramo total. Da mesma maneira, se por l for desenhada O P I Q paralela e igual a C D, pode-se demonstrar que a proporção de O Q para O P, ou seja, de B C para B O, está triplicada à de O a para O l, e portanto, que a forma B II D C é o triplo de seu complemento B II D A, e consequentemente 3/4 do paralelogramo total etc.

Em segundo lugar, tais formas trilaterais conforme estejam em quaisquer das linhas transversais podem assim ser descritas. Que A B C D seja um paralelogramo, cuja diagonal é B D. Descreveria nele tais formas, como na tabela anterior que denomino formas trilaterais de três medianos. Em paralelo a D C, desenho E F tantas vezes quanto necessário, cortando B D em G; e entre E F e E G, considero três proporcionais E H, E I e E K. Se, agora, existirem linhas desenhadas através de todos os pontos H, I e K, aquela por meio de todos os pontos H resultará na forma B H D C, que é a primeira daquelas formas trilaterais; e aquela, por meio de todos os pontos I, resultará na forma B I D C, que é a segunda; e aquela desenhada por meio de todos os pontos K, resultará na forma B K D C, a terceira das formas trilaterais. A primeira dessas, visto que a proporção de E G para E G é quadruplicada em relação à de E F para E H, estará para seu complemento como 4 para 1, e para o paralelogramo como 4 para 5. A segunda, visto que a proporção de E F para E G está para a de E F para E I como 4 para 2, será o dobro de seu complemento, e 4/5 ou 2/3 do paralelogramo. A terceira, visto que a pro-proporção de E F para E G é a de E F para E K assim como 4 para 3, estará para seu complemento assim como 4 para 3, e para o paralelogramo assim como 4 para 7.

Quaisquer dessas formas descritas podem ser produzidas a gosto, portanto; que A B C D seja um paralelogramo, e nele que a forma B K D C seja descrita, a saber, como a forma trilateral de três medianos. Que B D seja produzida indefinidamente para E, e que E F seja feita em paralelo à base D C, cortando A D produzida em G, e B C produzida em F; e em G E que o ponto H seja tão considerado que a proporção de F E para F G possa ser quadruplicada à de F E para F H, o que pode ser feito tornando

F H a maior das três proporcionais entre F E e F G; a linha curva B K D produzida percorrerá o ponto H. Pois, se a linha reta B H for desenhada, cortando C D em I, e H L for desenhada em paralelo a G D, e encontrando C D produzida em L; ela estará como F E para F G, e da mesma forma C L para C I, ou seja, em proporção quadruplicada àquela de F E para F H, ou de C D para C I. Por conseguinte, se a linha B K D for produzida conforme sua criação, ela recairá sobre o ponto H.

5.
O DESENHO DE TANGENTES EM RELAÇÃO A ELAS.

UMA LINHA reta pode ser desenhada de maneira a tocar a linha curva de referida forma em qualquer ponto, dessa maneira. Que seja necessário desenhar uma tangente à linha B K D H no ponto D. Que os pontos B e D estejam conectados, e desenhando D A igual e paralela a B C, que B e A sejam conectadas; e porque esta forma é, por interpretação, a terceira de três medianos, que sejam considerados em A B três pontos, e então, que por eles a mesma A B seja dividida em quatro partes iguais; das quais se considera a terceira, a saber, A M, de maneira que A B possa estar para A M, assim como a figura B K D C está para seu complemento. Digo que a linha reta M D alcançará a forma no ponto dado D. Pois, que seja desenhado em qualquer lugar entre A B e D C um paralelo, como R Q, cortando a linha reta B D, a linha curva B K D, a linha reta M D e a linha reta A D, nos pontos P, K, O e Q. R K será, portanto, por interpretação, o último dos três medianos em proporção geométrica entre R O e R P. Por conseguinte (pela proposição do art. 28, capítulo XIII.) R K será menor do que R O; e portanto, M D recairá sem a forma. Agora, se M D for produzida para N, F N será o maior dos três medianos em proporção aritmética entre F E e F G; e F H será o maior doss três medianos em proporção geométrica também entre F E e F G. Por conseguinte (pela mesma proposição do art. 28, capítulo XIII) F H será menor do que F N; portanto, D N recairá sem a forma, e a linha reta M N alcançará a mesma figura somente no ponto D.

6.
EM QUAL PROPORÇÃO AS MESMAS FORMAS EXCEDEM UM TRIÂNGULO DE LINHAS RETAS DE MESMA ALTITUDE E BASE.

A PROPORÇÃO de uma forma deficiente para seu complemento, sendo conhecida, também fará conhecida a proporção de um triângulo de linhas retas para o excesso da forma deficiente acima do mesmo triângulo; e essas proporções estabeleci na tabela a seguir; na qual, por exemplo, se você procurar o quanto a quarta forma trilateral de cinco medianos excede um triângulo de mesma altitude e base, você encontrará na confluência da quarta coluna com as formas trilaterais de cinco medianos $\dfrac{2}{10}$; através da qual é representado que a forma trilateral excede o triângulo em dois décimos ou em um quinto do mesmo triângulo.

		1	**2**	**3**	**4**	**5**	**6**	**7**
	O triângulo	1						
O excesso de	Uma forma trilateral de 1 mediano	$\dfrac{1}{3}$						
	Uma forma trilateral de 2 medianos	$\dfrac{2}{4}$	$\dfrac{1}{5}$					
	Uma forma trilateral de 3 medianos	$\dfrac{3}{5}$	—	$\dfrac{1}{7}$				
	Uma forma trilateral de 4 medianos	$\dfrac{4}{6}$	$\dfrac{3}{7}$	$\dfrac{2}{8}$	$\dfrac{1}{9}$			
	Uma forma trilateral de 5 medianos	$\dfrac{5}{7}$	$\dfrac{4}{8}$	$\dfrac{3}{9}$	$\dfrac{2}{10}$	$\dfrac{1}{11}$		
	Uma forma trilateral de 6 medianos	$\dfrac{6}{8}$	$\dfrac{5}{9}$	$\dfrac{4}{10}$	$\dfrac{3}{11}$	$\dfrac{2}{12}$	$\dfrac{1}{13}$	
	Uma forma trilateral de 7 medianos	$\dfrac{7}{9}$	$\dfrac{6}{10}$	$\dfrac{5}{11}$	$\dfrac{4}{12}$	$\dfrac{3}{13}$	$\dfrac{2}{14}$	$\dfrac{1}{15}$

7.
Uma tabela de formas deficientes sólidas descritas em um cilindro.

Na próxima tabela estão fixadas a proporção de um cone e os sólidos das referidas formas trilaterais, a saber, as proporções entre elas e um cilindro. Como por exemplo, na confluência da segunda coluna com as formas trilaterais de quatro medianos, você tem 5/9; o que lhe possibilita entender que o sólido da segunda forma trilateral de quatro medianos está para o cilindro assim como 5/9 para 1, ou como 5 para 9.

		1	2	3	4	5	6	7
	Um cilindro	1						
	Um cone	$\dfrac{1}{3}$						
	Uma forma trilateral de 1 mediano	$\dfrac{2}{4}$						
	Uma forma trilateral de 2 medianos	$\dfrac{3}{5}$	$\dfrac{3}{7}$					
O sólido de	Uma forma trilateral de 3 medianos	$\dfrac{4}{6}$	$\dfrac{4}{8}$	$\dfrac{4}{10}$				
	Uma forma trilateral de 4 medianos	$\dfrac{5}{7}$	$\dfrac{5}{9}$	$\dfrac{5}{11}$	$\dfrac{5}{13}$			
	Uma forma trilateral de 5 medianos	$\dfrac{6}{8}$	$\dfrac{6}{10}$	$\dfrac{6}{12}$	$\dfrac{6}{14}$	$\dfrac{6}{16}$		
	Uma forma trilateral de 6 medianos	$\dfrac{7}{9}$	$\dfrac{7}{11}$	$\dfrac{7}{13}$	$\dfrac{7}{15}$	$\dfrac{7}{17}$	$\dfrac{7}{19}$	
	Uma forma trilateral de 7 medianos	$\dfrac{8}{10}$	$\dfrac{8}{12}$	$\dfrac{8}{14}$	$\dfrac{8}{16}$	$\dfrac{8}{18}$	$\dfrac{8}{20}$	$\dfrac{8}{22}$

8.
Em qual proporção as mesmas formas excedem um cone de mesma altitude e base.

Por último, os excessos de sólidos das referidas formas trilaterais de um cone de mesma altitude e base são fixados na tabela a seguir:

		1	2	3	4	5	6	7
	O cone	1						
Os excessos dos sólidos destas formas trilaterais sobre um cone	Do sólido de uma forma trilateral de 1 mediano	$\frac{6}{12}$						
	Idem idem, 2 medianos	$\frac{12}{15}$	$\frac{6}{21}$					
	Idem idem, 3 medianos	$\frac{18}{18}$	$\frac{12}{24}$	$\frac{6}{30}$				
	Idem idem, 4 medianos	$\frac{24}{21}$	$\frac{18}{27}$	$\frac{12}{33}$	$\frac{6}{39}$			
	Idem idem, 5 medianos	$\frac{30}{24}$	$\frac{24}{30}$	$\frac{18}{36}$	$\frac{12}{42}$	$\frac{6}{48}$		
	Idem idem, 6 medianos	$\frac{36}{27}$	$\frac{30}{33}$	$\frac{24}{39}$	$\frac{18}{45}$	$\frac{12}{51}$	$\frac{6}{57}$	
	Idem idem, 7 medianos	$\frac{42}{30}$	$\frac{36}{36}$	$\frac{30}{42}$	$\frac{24}{48}$	$\frac{18}{54}$	$\frac{12}{60}$	$\frac{6}{66}$

9.

Como uma forma deficiente plana pode ser descrita em um paralelogramo, de maneira que um triângulo de mesma base e altitude, como outra forma deficiente, plana ou sólida, considerado duas vezes, está para a mesma forma deficiente, juntamente com a forma na qual é descrito.

Se quaisquer destas formas deficientes, as quais agora mencionei, como A B O D for inscrita dentro da figura completa B E, tendo A D C E por seu complemento; e for produzido sobre C B o triângulo A B I; e o paralelogramo A B I K estiver completo; e ter sido desenhado em paralelo à linha reta C I, qualquer número de linhas, como M F, cortando cada um deles a linha curva da forma deficiente em D, e as linhas retas A C, A B e A I em H, G, e L; e assim como G F está para G D, também G L seja feita para outra, G N; e através de todos os pontos N for desenhada a linha A N I, haverá uma forma deficiente A N I B, cujo complemento será A N I K. Digo que, a forma A N I B está para o triângulo A B I, assim como a forma deficiente A B C D considerada duas vezes está para a mesma figura deficiente juntamente com a figura completa B E. Pois, assim como a proporção de A B para A G, ou seja, de G M para G L, está para a proporção de G M para G N, também está a magnitude da figura A N I B para a de seu complemento A N I K, pelo segundo artigo deste capítulo.

Mas, pelo mesmo artigo, assim como a proporção de A B para A G, ou seja, de G M para G L, está para a proporção de G F para G D, ou seja, por interpretação, de G L para G N, também a forma A B C D está para seu complemento A D C E.

E por composição, assim como a proporção de G M para G L, juntamente com a de G L para G N, está para a proporção de G M para G L, também a forma completa B E está para a forma deficiente A B C D.

E por conversão, assim como a proporção de G M para G L está para ambas as proporções de G M para G L e de G L para G N, ou seja, para a proporção de G M para G N, que é a proporção composta de ambos, também a forma deficiente A B C D está para a forma completa B E.

Mas estava, assim como a proporção de G M para G L para a de G M para G N, também a forma A N I B estava para seu complemento A N I K.

E, portanto, A B C D. B E :: A N I B. A N I K são proporcionais. E, por composição, A B C D + B E. A B C D :: B K. A N I B são proporcionais.

E, duplicando as consequentes, A B C D + B E. 2 A B C D :: B K. 2 A N I B são proporcionais.

E considerando as metades da segunda e da quarta, A B C D + B E. 2 A B C D :: A B L A N I B também são proporcionais; conforme provado.

10.

A TRANSFERÊNCIA DE CERTAS PROPRIEDADES DE FORMAS DEFICIENTES DESCRITAS EM UM PARALELOGRAMO EM RELAÇÃO ÀS PROPORÇÕES DOS ESPAÇOS TRANSMITIDOS COM DIVERSOS GRAUS DE VELOCIDADE.

Do QUE tem sido comentado sobre as formas deficientes descritas em um paralelogramo, podem ser descobertos quais proporções e espaços, transmitidos com movimento acelerado em determinados tempos, têm para os próprios tempos, conforme o corpo deslocado é acelerado nos diversos tempos com um ou mais graus de velocidade.

Pois, que o paralelogramo A B C D, e nele a forma trilateral D E B C for descrita; e que F G seja desenhada em qualquer lugar paralela à base, cortando a diagonal B D em H, e a linha curva B E D em E; e que a proporção de B C para B F seja, por exemplo, triplicada àquela de F G para F E; sobre o qual a forma D E B C será o triplo de seu complemento B E D A; e de maneira semelhante, I E sendo desenhada em paralelo a B C, a forma trilateral E K B F será o triplo de seu complemento B K E I. Por conseguinte, as partes da forma deficiente cortadas do vértice por linhas retas paralelas à base, a saber, D E B C e E K B F, estarão entre si como os paralelogramos A C e I F; ou seja, em proporção composta das proporções das altitudes e das bases. Visto, portanto, que a proporção da altitude B C para a altitude B F é o triplo da proporção da base D C para a base F E, a forma D E B C para a forma E K B F será o quádruplo da proporção da mesma D C para F E. E, pelo mesmo método, pode-se descobrir que proporção qualquer das mencionadas formas trilaterais possui para qualquer parte da mesma, cortada do vértice por uma linha reta paralela à base.

Elementos da Filosofia   Capítulo **XVII**   **245**

Agora, como as mencionadas formas são compreendidas para serem descritas pela contínua diminuição da base, como a de C D, por exemplo, até que termine em um ponto, como em B; também podem ser compreendidas para serem descritas pelo contínuo aumento de um ponto, como a de B, até que adquira qualquer magnitude, como a de C D.

Suponha-se, agora, que a forma B E D C a ser descrita pelo aumento do ponto B para a magnitude C D. Visto, portanto, que a proporção de B C para B F é o triplo da de C D para F E, a proporção de F E para C D será, por conversão, como demonstrarei neste momento, ser o triplo da de B F para B C. Por conseguinte, se a linha reta B C for considerada para a medida do tempo no qual o ponto B é deslocado, a forma E K B F representará a soma de todas as velocidades aumentadas no tempo B F; e a forma D E B C representará, de forma semelhante, a soma de todas as velocidades aumentadas no tempo B C. Visto, portanto, que a proporção da forma E K B F para a forma D E B C é composta das proporções de altitude a altitude, e base a base; e visto que a proporção de F E para C D é o triplo da de B F para B C; a proporção da forma E K B F para a figura D E B C será o quádruplo da de B F para B C; ou seja, a proporção da soma das velocidades no tempo B F, para a soma das velocidades no tempo B C, será o quádruplo da proporção de B F para B C. Por conseguinte, se um corpo for deslocado a partir de B com velocidade tão aumentada, que a velocidade adquirida no tempo B F estiver para a velocidade adquirida no tempo B C em proporção triplicada à dos próprios tempos B F para B C, e o corpo for carregado para F no tempo B F; o mesmo corpo no tempo B C será carregado através de uma linha igual à quinta proporcional a partir de B F em proporção contínua de B F para B C. E, pela mesma maneira de trabalho, podemos determinar quais espaços são transmitidos pelas velocidades aumentadas de acordo com quaisquer outras proporções.

Permanece o fato que demonstro a proporção de F E para C D ser o triplo da de B F para B C. Visto, portanto, que a proporção de C D, ou seja, de F G para F E está subtriplicada à de B C para B F; a proporção de F G para F E também estará subtriplicada à de F G para F H. Por conseguinte, a proporção de F G para F H é o triplo da de F G, ou seja, de C D para F E. Mas, em quatro proporcionais contínuas, das quais a última é a primeira, a proporção da primeira para a quarta (pelo artigo 16 do capítulo XIII) está subtriplicada à proporção da terceira para a mesma quarta.

Por conseguinte, a proporção de FG para GF está subtriplicada à de FE para CD; e, portanto, a proporção de FE para CD é o triplo daquela de FH para FG, ou seja, de BF para BC; conforme provado.

Assim, pode ser deduzido que, quando a velocidade de um corpo é aumentada na mesma proporção da dos tempos, os graus de velocidade superiores entre si procedem como os números em sucessão imediata de unidade, a saber, como 1, 2, 3, 4 etc. E quando a velocidade é aumentada em proporção duplicada à dos tempos, os graus procedem como números de unidade, pulando um, como 1, 3, 5, 7 etc. Ultimamente, quando as proporções das velocidades são o triplo das dos tempos, a progressão dos graus é como a dos números de unidade, pulando dois em todo lugar, como 1, 4, 7, 10 etc., e da mesma forma em outras proporções. Pois proporcionais geométricas, quando consideradas em todos os pontos, são as mesmas das proporcionais aritméticas.

11.
Das formas deficientes descritas em um círculo.

Além disso, deve ser observado que, como em quantidades, produzidas por quaisquer magnitudes decrescendo, as proporções das figuras entre si estão como as proporções das altitudes para as das bases; assim também nas produzidas com movimento descendente, cujo movimento nada mais é do que o poder pelo qual as formas descritas são maiores ou menores. E, portanto, na descrição da Espiral de Arquimedes, alcançada pela diminuição contínua do semidiâmetro de um círculo na mesma proporção na qual a circunferência é reduzida, o espaço contido dentro do semidiâmetro e a linha espiral é uma terceira parte do círculo total. Pois, os semidiâmetros dos círculos, à medida que os círculos são entendidos como produzido por seus agregado, são muitos setores; e, portanto, na descrição de uma espiral, o setor que a descreve é reduzido em proporções duplicadas às reduções da circunferência do círculo no qual é inscrito; de maneira que o complemento da espiral, ou seja, o espaço no círculo sem a linha espiral, é o dobro do espaço dentro da linha espiral.

Da mesma maneira, se for considerada uma média proporcional em todo lugar entre o semidiâmetro do círculo, que contém a espiral e a parte do semidiâmetro que está dentro do mesmo, será produzida outra forma, que será a metade do círculo. E, para concluir esta regra, aplica-se a todos os espaços que possam ser descritos por uma linha ou superfície decrescendo em magnitude de poder; de maneira que se as proporções nas quais decrescem forem comensuráveis às proporções de tempo nos quais decrescem, as magnitudes das formas que descrevem serão conhecidas.

12.
A proposição demonstrada no artigo 2 confirmada pelos elementos da filosofia.

A verdade desta proposição, a qual demonstrei no artigo 2, que é o fundamento de tudo que tem sido dito relativamente às formas deficientes, pode ser derivado dos elementos da filosofia, como se tivesse sua origem nisto: *que toda igualdade e desigualdade entre dois efeitos, ou seja, toda proporção procede e é determinada pelas causas iguais e desiguais dos efeitos, ou da proporção, cuja causa, concorrendo para um efeito, tem em relação às causas que concorrem para a produção do outro efeito*; e que, portanto, as proporções das quantidades são iguais às proporções de suas causas. Visto, portanto, que duas formas deficientes, das quais uma é o complemento da outra, são produzidas, uma por movimento descendente em um certo tempo e proporção, e a outra pela perda de movimento ao mesmo tempo; as causas que produzem e determinam as quantidades de ambas as formas, de maneira que possam ser somente o que são, difere apenas no fato de que as proporções pelas quais a quantidade que gera a forma prossegue descrevendo-a, ou seja, as proporções dos remanescentes de todos os tempos e altitudes podem ser proporções distintas das pelas quais a mesma quantidade gerada decresce ao produzir o complemento da forma, ou seja, as proporções da quantidade que cria a forma continuamente diminuída. Por conseguinte, assim como a proporção dos tempos nos quais o movimento é perdido está para a das quantidades decrescentes pelas quais a forma deficiente é criada, assim também estará o defeito ou complemento para a própria forma criada.

13.
Uma maneira incomum de raciocínio relativa à igualdade entre a superfície de uma porção de uma esfera e um círculo.

Também existem outras quantidades determináveis pelo conhecimento de suas causas, a saber, a partir da comparação dos movimentos pelos quais são feitas; e mais facilmente do que a partir dos elementos comuns de geometria. Por exemplo, que a superfície de qualquer porção de uma esfera é igual ao círculo cujo raio é uma linha reta desenhada a partir do polo da porção até a circunferência de sua base, posso demonstrar desta maneira. Que BAC seja um porção de uma esfera, cujo eixo é AE e cuja base é BC; e que AB seja a linha reta desenhada a partir do polo A para a base em B; e que AD, igual a AB, encoste no grande círculo BAC no polo A. Será provado que o círculo feito pelo raio AD é igual à superfície da porção BAC. Que a forma plana $AEBD$ seja entendida de maneira a fazer uma rotação em torno do eixo AE; e é evidente que pela linha reta AD um círculo será descrito; e ao lado do arco AB a superfície de uma porção de uma esfera; e finalmente, pela subtensa AB a superfície de um cone direito. Agora, visto que tanto a linha reta AB como o arco AB produz uma e a mesma rotação, e ambos têm dos mesmos pontos extremos A e B, a causa porque a superfície esférica, produzida pelo arco, é maior do que a superfície cônica, feita pela subtensa, é que o arco AB é maior do que a subtensa AB; e isto ocorre porque, embora ambas sejam desenhadas de A para B, ainda assim a subtensa é desenhada reta, mas o arco de forma angular, a saber, de acordo com o ângulo que o arco produz com a subtensa, cujo ângulo é igual ao ângulo DAB (pois um ângulo de contingência nada acrescenta a um ângulo de um seguimento, como foi mostrado no capítulo XIV, artigo 16). Por conseguinte, a magnitude do ângulo DAB é a causa pela qual a superfície da porção, descrita pelo arco AB, é maior do que a superfície do cone direito descrito pela subtensa AB.

Novamente, a razão pela qual o círculo descrito pela tangente AD é maior do que a superfície do cone direito descrito pela subtensa AB (mesmo que a tangente e a subtensa sejam iguais, e ambas deslocadas ao redor ao mesmo tempo) é que AD se situa em ângulos retos ao eixo, mas AB obliquamente; cuja obliquidade consiste no mesmo ângulo

D A B. Visto, portanto, que a quantidade do ângulo D A B é aquela que torna excesso tanto a superfície da porção e o círculo feito pelo raio A D, acima da superfície do cone direito descrito pela subtensa A B; ocorre que tanto a superfície da porção e aquela do círculo excedem igualmente a superfície do cone. Por conseguinte, o círculo produzido por A D ou A B, e a superfície esférica produzida pelo arco A B, são iguais entre si; conforme provado.

14.
COMO, A PARTIR DA DESCRIÇÃO DE FORMAS DEFICIENTES EM UM PARALELOGRAMO, QUALQUER NÚMERO DE MÉDIAS PROPORCIONAIS PODE SER ENCONTRADO ENTRE DUAS LINHAS RETAS DADAS.

SE ESSAS formas deficientes que descrevi num paralelogramo fossem capazes de descrição exata, então qualquer número de proporções médias seria encontrado entre duas linhas retas dadas. Por exemplo, no paralelogramo A B C D que a forma trilateral de dois medianos sejam descritas (o que muitos chamam de *parábola cúbica*); e que R e S sejam duas linhas retas dadas; entre as quais, se for necessário encontrar duas médias proporcionais, isto pode, portanto, ser feito. Que R esteja para S, e B C esteja para B F; e que F E seja desenhada em paralelo a B A, e que fora da linha curva em E; e então através de E que G H seja desenhada em paralelo e igual à linha reta A D, e corte a diagonal B D em I;, pois temos Gl como a maior das duas médias entre G H e G E, conforme a descrição da forma no artigo 4. Por conseguinte, se G H está para Gl, também R para outra linha, T, que T será a maior de duas médias entre R e S. E, portanto, se novamente R está para T, também T está para outra linha, X, que será produzida conforme exigido.

Da mesma maneira, quatro médias proporcionais podem ser encontradas, pela descrição de uma forma trilateral de quatro medianos; assim como qualquer outro número de medianos etc.

{ Capítulo XVIII }

DA EQUAÇÃO DE LINHAS ESTREITAS COM AS LINHAS CURVAS DAS PARÁBOLAS E OUTRAS FORMAS QUE IMITAM PARÁBOLAS

1. Para encontrar a linha reta igual à linha curva de uma semiparábola.
2. Para encontrar uma linha reta igual à linha curva da primeira semiparábola, ou a linha curva de qualquer outra das formas deficientes de uma tabela do terceiro artigo do capítulo anterior.

1.
Para encontrar a linha reta igual à linha curva de uma semiparábola.

Uma parábola sendo dada, encontra uma linha reta igual à linha curva da semiparábola. Que a linha parabólica dada seja A B C, e que o diâmetro encontrado seja A D, e que a base desenhada D C; e estando completo o paralelogramo A D C E , desenhe a linha reta A C. Então, dividindo A D em duas partes iguais em F, desenhe F H igual e paralela à D C, cortando A C em K, e a linha parabólica em O; e entre F H e F O considere uma média proporcional F P, e desenhe A O, A P e P C. Digo que as duas linhas A P e P C, consideradas em conjunto como uma linha, são iguais à linha parabólica A B O C.

Pois a linha A B O C, sendo uma linha parabólica, é criada pela confluência de dois movimentos, um uniforme de A para E, o outro ao mesmo tempo uniformemente acelerado do descanso em A para D. E porque o movimento de A para E é uniforme, A E pode representar os tempos de ambos os movimentos, do começo ao fim. Que, portanto, A E seja o tempo; e consequentemente as linhas aplicadas ordenadamente na semiparábola desenharão as partes do tempo no qual o corpo, que descreve a linha A B O C, está em todos os pontos da mesma; de maneira que, assim como no final do tempo A E ou D C ela está em C, também no final do tempo F O estará em O. E porque a velocidade em A D é aumentada uniformemente, ou seja, na mesma proporção em relação ao tempo, as mesmas linhas aplicadas ordenadamente na semiparábola desenharão também o contínuo aumento do impulso, até que seja o maior, desenhado pela base D C. Portanto, supondo-se um movimento uniforme na linha A F, no tempo F K, o corpo em A pela confluência de dois movimentos uniformes em A F e F K será deslocado uniformemente na linha A K; e K O será o aumento do impulso ou a rapidez adquirida no tempo F K; e a linha A O será uniformemente descrita pela confluência de dois movimentos uniformes em A F e F O no tempo F O. A partir de O desenhe O L em paralelo a E C, cortando A C em L; e desenhe L N em paralelo a D C, cortando E C em N, e linha parabólica em M; e faça isso no outro lado para A D em I; e I N, I M e I L estarão, pela construção de uma parábola, em proporção contínua, e igual às três linhas F H, F P e F O; e uma linha

Elementos da Filosofia   Capítulo **XVIII**   253

reta paralela a E C percorrendo M recairá em P; e, portanto, O P será o impulso obtido no tempo F O ou I L. Finalmente, produza P M para C D em Q; e Q C ou M N ou P H serão o aumento do impulso proporcional ao tempo F P ou I M ou D Q. Suponha agora um movimento uniforme de H para C no tempo P H. Visto, portanto, no tempo F P com movimento uniforme e o impulso aumentado em proporção com os tempos, é descrita a linha reta A P; e no resto do tempo e impulso, a saber, P H, é descrita a linha C P uniformemente; ocorre que toda a linha A P C está descrita com o impulso integral, e no mesmo tempo com que é descrita a linha parabólica A B C; e, portanto, a linha A P C, produzida das duas linha retas A P e P C, é igual à linha parabólica A B C; conforme provado.

2.
PARA ENCONTRAR UMA LINHA RETA IGUAL À LINHA CURVA DA PRIMEIRA SEMIPARÁBOLA, OU A LINHA CURVA DE QUALQUER OUTRA DAS FORMAS DEFICIENTES DE UMA TABELA DO TERCEIRO ARTIGO DO CAPÍTULO ANTERIOR.

PARA encontrar uma linha reta igual à linha curva da primeira semi-parábola. Que A B C seja a linha curva da primeira semiparábola; A D o diâmetro; D C a base; e que o paralelogramo completo seja A D C E, cuja diagonal é A C. Divida o diâmetro em duas partes iguais em F, e desenhe F H igual e em paralelo a D C, cortando A C em K, a linha curva em O, e E C em H. Então, desenhe O L em paralelo a E C, cortando A C em L; e desenhe L N em paralelo à base D C, cortando a linha curva em M, e a linha reta E C em N; em faça isso no outro lado para A D em I. Finalmente, através do ponto M desenhe P M Q em paralelo e igual a H C, cortando F H em P; e junte C P, A P e A O. Digo que as duas linhas retas A P e P C são iguais à linha curva A B O C.

Pois a linha A B O C, sendo a linha curva da primeira semiparábola, é criada pela confluência de dois movimentos, um uniforme de A para E, o outro no mesmo tempo acelerado a partir do descanso em A para D, como aquele em que o impulso aumenta em proporção perpetuamente triplicada à do aumento de tempo, ou que é um todo, os comprimentos transmitidos estão em proporção triplicada à dos tempos de suas transmissões; pois à medida que o impulso ou rapidez aumentam, também aumentam os comprimentos transmitidos. E porque o movimento de A para E é uniforme a linha AE pode representar o tempo, e consequentemente as linhas, desenhadas ordenadamente na semiparábola, delinearão as partes do tempo no qual o corpo, iniciando a partir do descanso em A, descreve seu movimento na linha curva ABOC. E porque DC, que representa o maior impulso adquirido, é igual a AE, as mesmas linhas ordenadas representarão as diversas argumentações do impulso aumentando a partir do descanso em A. Portanto, supondo um movimento uniforme de A para F, no tempo FK haverá descrito, pela confluência dos dois movimentos uniformes AF e FK, a linha AK uniformemente, e KO será o aumento do impulso no tempo FK; e pela confluência dos dois movimentos uniformes em AF e FO será descrita a linha AO uniformemente. Através do ponto L, desenhe a linha reta LMN em paralelo a DC, cortando a linha reta AD em I, a linha curva ABC em M, e a linha reta EC em N; e através do ponto M desenhe a linha reta PMO em paralelo e igual a HC, cortando DC em Q e FH em P. Pela confluência, portanto, de dois movimentos uniformes em AF e FP no tempo FP será uniformemente descrita a linha reta AP; e LM ou OP será o aumento do impulso a ser acrescido para o tempo FO. E porque a proporção de IN para IL é o triplo da proporção de FH para FP; e o impulso proporcional obtido no tempo FP é PH.

De maneira que FH, sendo igual a DC, que delineou o impulso total adquirido pela aceleração, não há mais aumento de impulso a ser computado. Agora, no tempo PH, suponha um movimento uniforme de H para C; e pelos dois movimentos uniformes em CH e HP será descrita uniformemente a linha reta PC. Visto, portanto, que as duas linhas retas AP e PC são descritas no tempo AE com o mesmo aumento de impulso, com o qual a linha curva ABOC é descrita no mesmo tempo AE, ou seja, visto que a linha APC e a linha ABOC são transmitidas pelo mesmo corpo ao mesmo tempo e com iguais velocidades, as próprias linhas são iguais; conforme demonstrado.

Pelo mesmo método (se quaisquer das semiparábolas na tabela do artigo 3 do capítulo anterior forem exibidas) pode ser encontrada uma linha reta igual à linha curva dali, ou seja, ao dividir o diâmetro em duas partes iguais, e prosseguir como antes. Ainda assim, ninguém até agora comparou qualquer curva com qualquer linha reta, apesar de muitos geômetras de todas as idades terem se esforçado. Mas a razão pela qual não o fizeram pode ser porque, não havendo em Euclides definição de igualdade, nem qualquer sinal que permita julgar além da congruência (fato que é o 8° axioma de seu primeiro Livro dos Elementos) algo de nenhuma utilidade na comparação de reta e curva; e outros após Euclides (exceto Arquimedes e Apolônio e, na nossa época, Bonaventura), achando que a indústria dos anciãos havia alcançado tudo o que deveria ser feito em geometria, e ainda, que tudo o que pudesse ser apresentado seria ou deduzido do que escreveram, ou que de maneira nenhuma poderia ser feito: isto, portanto, foi debatido por alguns dos próprios anciãos, caso pudesse haver qualquer igualdade entre linhas curvas e retas; cuja questão Arquimedes, que supôs que alguma linha reta era igual à circunferência de um círculo, parece ter sido desprezada, à medida que ele tinha razão. E há um escritor falecido que afirmou haver igualdade entre uma linha reta e uma curva; mas agora, disse tal escritor, desde a queda de Adão, sem a assistência especial de Graça Divina, ela não será encontrada.

{ Capítulo XIX }

Dos Ângulos de Incidência e Reflexão, Semelhantes por Suposição

1. Se duas linhas retas recaindo sobre outra linha reta forem paralelas, as linhas que refletem a partir delas deverão também ser paralelas.

2. Se duas linhas retas desenhadas a partir de um ponto recaírem sobre outra linha reta, as linhas refletidas a partir delas, se desenhadas de outra maneira, se encontrarão num ângulo igual ao feito pelas linhas de incidência.

3. Se duas linhas paralelas, desenhadas de forma não oposta, mas a partir das mesmas partes, recaírem sobre a circunferência de um círculo, as linhas refletidas a partir delas, se produzidas e se encontrando dentro do círculo, formarão um ângulo em dobro em relação ao formado por duas linhas retas desenhadas a partir do centro para os pontos de incidência.

4. Se duas linhas retas desenhadas a partir do mesmo ponto sem um círculo recaírem na circunferência, e as linhas refletidas a partir delas, produzidas encontrando-se dentro do círculo, formarão um ângulo igual ao dobro daquele ângulo, que foi formado pelas linhas retas desenhadas a partir do centro para os pontos de incidência, juntamente com o ângulo que as próprias linhas incidentes formam.

5. Se duas linhas retas desenhadas a partir de um ponto recaírem sobre a circunferência côncava de um círculo, e o ângulo que formarem for menor do que o dobro do ângulo do centro, a linha refletida a partir delas e encontrando-se dentro do círculo formará um ângulo, o qual, sendo adicionado ao ângulo das linhas incidentes, será igual ao dobro do ângulo do centro.

6. Se através de qualquer ponto duas linhas curvadas desiguais forem desenhadas cortando uma a outra, e o centro do círculo não for situado entre elas, e as linhas refletidas a partir delas concorrerem em qualquer lugar, não poderá, através do ponto pelo qual as duas antigas linhas foram desenhadas, ser desenhada qualquer outra linha cuja linha refletida deva percorrer o ponto comum das duas linhas antigas refletidas.

7. Em acordes iguais a mesma coisa não é verdadeira.

8. Dois pontos dados na circunferência de um círculo para desenhar duas linhas retas em relação a eles, de maneira que suas linhas refletidas possam conter qualquer ângulo dado.

9. Se uma linha reta recaindo sobre a circunferência de um círculo for produzida até alcançar o semidiâmetro, e que parte dela, interceptada entre a circunferência e o semidiâmetro, for igual a parte do semidiâmetro que está entre o ponto de confluência e o centro, a linha refletida estará em paralelo ao semidiâmetro.

10. Se a partir de um ponto dentro de um círculo, duas linhas retas forem desenhadas para a circunferência, e suas linhas refletidas se encontrarem na circunferência do mesmo círculo, o ângulo formado pelas linhas refletidas será um terço do ângulo formado pelas linhas incidentes.

*
* *

SE UM corpo contrastando sobre a superfície de outro corpo, sendo refletido a partir dele, formar ângulos iguais na superfície, ele não pertence a este ponto para debate, sendo um conhecimento que depende das causas naturais da reflexão; do que nada foi dito, mas será a partir de agora.

Neste lugar, portanto, que se suponha ser o ângulo de incidência igual ao ângulo de reflexão; nossa atual pesquisa possa ser aplicada, não para encontrar as causas, mas algumas consequências.

Denomino *ângulo de incidência* aquele formado entre uma linha reta e outra linha, reta ou curva, sobre a qual recaia, e denomino *linha refletiva*; e um *ângulo de reflexão* igual a ele, formado no mesmo ponto entre a linha reta refletida e a linha refletiva.

1.

Se duas linhas retas recaindo sobre outra linha reta forem paralelas, as linhas que refletem a partir delas deverão também ser paralelas.

Se duas linhas retas, que recaiam sobre outra linha reta, forem paralelas, suas linhas refletidas serão também paralelas. Que duas linhas retas A B e C D, que recaem sobre a linha reta E F, nos pontos B e D, sejam paralelas; e que as linhas refletidas a partir delas sejam B G e D H. Digo que B G e D H também são paralelas.

Pois os ângulos A B E e C D E são iguais por causa do paralelismo de A B e C D; e os ângulos G B F e H D F são iguais a eles por suposição; pois as linhas B G e D H são refletidas a partir das linhas A B e C D. Por conseguinte, B G e D H são paralelas.

2.

Se duas linhas retas desenhadas a partir de um ponto recaírem sobre outra linha reta, as linhas refletidas a partir delas, se desenhadas de outra maneira, se encontrarão num ângulo igual ao feito pelas linhas de incidência.

Se duas linhas retas desenhadas a partir do mesmo ponto recaírem sobre outra linha reta, as linhas refletidas a partir delas, se desenhadas de outra maneira, se encontrarão num ângulo igual ao das linhas incidentes.

A partir do ponto A em que as duas linhas retas A B e A D forem desenhadas; e que recaiam sobre a linha reta E K nos pontos B e D; e que as linhas B I e D G sejam refletidas a partir delas. Digo que I B e G D convergem, e que se forem produzidas no outro lado da linha E K, elas se encontrarão, como em F; e que o ângulo B F D será igual ao ângulo B A D.

Pois o ângulo de reflexão I B K é igual ao ângulo de incidência A B E; e para o ângulo I B K o ângulo vertical E B F é igual; e, portanto, o ângulo A B E é igual ao ângulo E B F. Novamente, o ângulo A D E é igual ao ângulo de reflexão G D K, ou seja, para o ângulo vertical E D F; e, portanto, os dois ângulos A B D e A D B do triângulo A B D são um por um iguais aos dois ângulos F B D e F D B dos triângulo F B D; por conseguinte, também o terceiro ângulo B A D é igual ao terceiro ângulo B F D; conforme provado.

Proposição I. Se a linha reta A F for desenhada, será perpendicular à linha reta E K, pois ambos os ângulos em E serão iguais, em razão da igualdade dos dois ângulos A B E e F B E, e dos dois lados A B e F B.

Proposição II. Se sobre qualquer ponto entre B e D recair uma linha reta, como A C, cuja linha refletida é C H, isto também, produzido além de C, recairá sobre F; o que é evidente pela demonstração anterior.

3.

SE DUAS LINHAS PARALELAS, DESENHADAS DE FORMA NÃO OPOSTA, MAS A PARTIR DAS MESMAS PARTES, RECAÍREM SOBRE A CIRCUNFERÊNCIA DE UM CÍRCULO, AS LINHAS REFLETIDAS A PARTIR DELAS, SE PRODUZIDAS E SE ENCONTRANDO DENTRO DO CÍRCULO, FORMARÃO UM ÂNGULO EM DOBRO EM RELAÇÃO AO FORMADO POR DUAS LINHAS RETAS DESENHADAS A PARTIR DO CENTRO PARA OS PONTOS DE INCIDÊNCIA.

SE A partir de dois pontos considerados sem um círculo, duas linhas paralelas, desenhadas não em oposição, mas a partir das mesmas partes, recaírem sobre a circunferência; as linhas refletidas a partir delas, se produzidas e se encontrando dentro do círculo, formarão um ângulo em dobro em relação ao formado por duas linhas retas desenhadas a partir do centro para os pontos de incidência.

Que duas paralelas retas A B e D C recaiam sobre a circunferência B C nos pontos B e C; e que o centro do círculo seja E; e que A B refletida seja B F, e D C refletida seja C G; e que as linhas F B e G C produzidas se encontrem dentro do círculo em H; e que E B e E C estejam conectados. Digo que o ângulo F H G é o dobro do ângulo B E C.

Visto que A B e D C são paralelas, e E B corta A B em B, a mesma E B produzida cortará D C em algum lugar; que ela corte em D; e que D C seja produzida de qualquer maneira para I, e que a intersecção de D C e B F esteja em K. O ângulo, portanto, I C H, sendo externo ao triângulo C K H, será igual aos dois ângulos opostos C K H e C H K. Novamente, I C E sendo externo ao triângulo C D E, é igual aos dois ângulos em D e E. Por conseguinte, o ângulo I C H, sendo o dobro do ângulo I C E, é igual aos ângulos em D e E duas vezes considerados; e, portanto, os dois ângulos C K H e C H K são iguais aos dois ângulos em D e E duas vezes considerados. Mas o ângulo C K H é igual aos ângulos D e A B D, ou seja, D duas vezes considerado; pois A B e D C sendo paralelas, os ângulos alternados D e A B D são iguais. Por conseguinte, C H K, que é o ângulo F H G também é igual ao ângulo em E duas vezes considerado; conforme provado.

Proposição. Se, a partir de dois pontos considerados dentro de um círculo, duas paralelas recaírem sobre a circunferência, as linhas refletidas a partir delas deverão se encontrar num ângulo que é o dobro do produzido por duas linhas retas desenhadas a partir do centro em direção aos pontos de incidência. Pois as paralelas A B e I C, recaindo sobre os pontos B e C, são refletidas nas linhas B H e C H, e produzem o ângulo em H em dobro em relação ao ângulo em E, como foi demonstrado.

4.

SE DUAS LINHAS RETAS DESENHADAS A PARTIR DO MESMO PONTO SEM UM CÍRCULO RECAÍREM NA CIRCUNFERÊNCIA, E AS LINHAS REFLETIDAS A PARTIR DELAS, PRODUZIDAS ENCONTRANDO-SE DENTRO DO CÍRCULO, FORMARÃO UM ÂNGULO IGUAL AO DOBRO DAQUELE ÂNGULO, QUE FOI FORMADO PELAS LINHAS RETAS DESENHADAS A PARTIR DO CENTRO PARA OS PONTOS DE INCIDÊNCIA, JUNTAMENTE COM O ÂNGULO QUE AS PRÓPRIAS LINHAS INCIDENTES FORMAM.

SE DUAS linhas retas desenhadas a partir do mesmo ponto sem um círculo recaindo sobre a circunferência, e as linhas refletidas a partir delas produzidas, se encontrarem dentro do círculo, produzirão um ângulo igual ao dobro daquele ângulo, que é produzido por duas linhas retas desenhadas a partir do centro para os pontos de incidência, conjuntamente com o ângulo feito pelas próprias linhas incidentes.

Que duas linhas retas A B e A C sejam desenhadas a partir do ponto A para a circunferência do círculo, cujo centro é D; e que as linhas refletidas a partir delas sejam B E e C G, e sendo produzidas, perfazem dentro do círculo o ângulo H; que também as duas linhas retas D B e D C sejam desenhadas a partir do centro D para os pontos de incidência B e C. Digo que o ângulo H é igual a duas vezes o ângulo em D juntamente com o ângulo em A.

Pois, que A C seja produzida de qualquer maneira em I, assim, o ângulo I C H, que é externo ao triângulo C K H, será igual aos dois ângulos C K H e O H K. Novamente, o ângulo I C D, que é externo ao triângulo C L D, será igual aos dois ângulos O L D e C D L. Mas o ângulo I C H é o dobro do ângulo I C D, sendo, portanto, igual aos ângulos C L D e C D L duas vezes considerados. Por conseguinte, os ângulos C K H e C H K são iguais aos ângulos O L D e C D L duas vezes considerados. Mas o ângulo C L D, sendo externo ao triângulo A L B, é igual aos dois ângulos L A B e L B A; e, consequentemente, C L D duas vezes considerado é igual a L A B e L B A duas vezes considerado. Por conseguinte, C K H e C H K são iguais ao ângulo C D L juntamente com L A B e L B A duas vezes considerado. Também o ângulo C K H é igual ao ângulo L A B uma vez e A B K, ou seja, L B A duas vezes considerado. Por conseguinte, o ângulo C H K é igual ao remanescente do ângulo C D L, ou seja, ao ângulo em D, duas vezes considerado, e o ângulo L A B, ou seja, o ângulo em A, uma vez considerado; conforme provado.

Proposição. Se duas linhas retas convergentes, como I C e M B, recaírem sobre a circunferência côncava de um círculo, suas linhas refletidas, como C H e B H, irão se encontrar no ângulo H, igual a duas vezes o ângulo D, juntamente com o ângulo em A produzido pelas linhas incidentes. Ou, se as linhas incidentes forem H B e I C, cujas linhas refletidas C H e B M se encontrem no ponto N, o ângulo C N B será igual a duas vezes o ângulo D, juntamente com o ângulo C K H produzido pelas linhas de incidência. Pois o ângulo C N B é igual ao ângulo H, ou seja, duas vezes o ângulo D, juntamente com os dois ângulos A, e N B H, ou seja, K B A. Mas os ângulos K B A e A são iguais aos ângulos O K H. Por conseguinte, o ângulo C N B é igual a duas vezes o ângulo D, juntamente com o ângulo C K H produzido pelas linhas de incidência I C e H B produzidas em K.

5.
Se duas linhas retas desenhadas a partir de um ponto recaírem sobre a circunferência côncava de um círculo, e o ângulo que formarem for menor do que o dobro do ângulo do centro, a linha refletida a partir delas e encontrando-se dentro do círculo formará um ângulo, o qual, sendo adicionado ao ângulo das linhas incidentes, será igual ao dobro do ângulo do centro.

Se duas linhas retas desenhadas a partir de um ponto recaírem sobre a circunferência côncava de um círculo, e o ângulo que formarem for menor do que o dobro do ângulo do centro, as linhas refletidas a partir delas e encontrando-se dentro do círculo formará um ângulo, o qual, sendo adicionado ao ângulo das linhas incidentes será igual ao dobro do ângulo do centro.

Que as duas linhas A B e A C, desenhadas a partir do ponto A, recaiam sobre a circunferência côncava de um círculo cujo centro é D; e que suas linhas refletidas B E e O E se encontrem no ponto E; também que o ângulo A seja menor do que duas vezes o ângulo D. Digo que os ângulos A e E, juntamente considerados, são iguais a duas vezes o ângulo D.

Pois, que as linhas retas A B e E C cortem as linhas retas D C e D B nos pontos G e H; e o ângulo B H C será igual aos dois ângulos E B H e E; também o mesmo ângulo B H C será igual aos dois ângulos D e D H C; e de maneira semelhante, o ângulo B G C também será igual aos dois ângulos A C D e A, e o mesmo ângulo B G C será também igual aos dois ângulos D B G e D. Por conseguinte, os quatro ângulos E B H, E, A C D e A são iguais aos quatro ângulos D, D C H, D B G e D. Se, portanto, iguais forem levados em ambos os lados, ou seja, em um lado A C D e E B H, e em outro lado D C H e D B G, (pois o ângulo E B H é igual ao ângulo D B G, e o ângulo A C D igual ao ângulo D C H), os remanescentes em ambos os lados serão iguais, isto é, em um lado os ângulos A e E, e em outro lado o ângulo D duas vezes considerado. Por conseguinte, os ângulos A e E são iguais a duas vezes o ângulo D.

Proposição. Se o ângulo A for maior do que duas vezes o ângulo D, suas linhas refletidas divergirão. Pois, pela conclusão da terceira proposição, se o ângulo A for igual a duas vezes o ângulo D, as linhas refletidas

BE e CE forem paralelas; e se for menor, elas concorrerão, como agora foi demonstrado. E portanto, se for maior, as linhas refletidas BE e CE divergirão, e consequentemente, se forem produzidas de outra maneira, concorrerão e produzirão um ângulo igual ao excesso do referido ângulo A duas vezes o ângulo D; como é evidente pelo artigo 4.

6.

SE ATRAVÉS DE QUALQUER PONTO DUAS LINHAS CURVADAS DESIGUAIS FOREM DESENHADAS CORTANDO UMA A OUTRA, E O CENTRO DO CÍRCULO NÃO FOR SITUADO ENTRE ELAS, E AS LINHAS REFLETIDAS A PARTIR DELAS CONCORREREM EM QUALQUER LUGAR, NÃO PODERÁ, ATRAVÉS DO PONTO PELO QUAL AS DUAS ANTIGAS LINHAS FORAM DESENHADAS, SER DESENHADA QUALQUER OUTRA LINHA CUJA LINHA REFLETIDA DEVA PERCORRER O PONTO COMUM DAS DUAS LINHAS ANTIGAS REFLETIDAS.

SE, POR meio de qualquer ponto único, duas linhas curvas forem desenhadas cortando-se entre si dentro do círculo, ou, se forem produzidas sem ele, e o centro do círculo não for localizado entre elas, e as linhas refletidas a partir delas concorrerem onde quer que seja; não poderá, através do ponto pelo qual as linhas anteriores foram desenhadas, ser desenhada outra linha reta, cuja linha refletida passe pelo ponto em que as duas antigas linhas refletidas concorrerem.

Sejam quaisquer duas linhas curvas desiguais, como BK e CH, desenhadas através do ponto A no círculo BC; e que suas linhas refletidas BD e CE se encontrem em F; e que o centro não esteja entre AB e AC; e a partir do ponto A, que qualquer outra linha reta como AG seja desenhada para a circunferência B e C. Digo que GN, que passa pelo ponto F, onde as linhas refletidas BD e CE se encontram, não será a linha refletida de AG.

Pois, seja o arco BL considerado igual ao arco BG, e a linha reta BM igual à linha reta BA; e LM sendo desenhada, produzida para a circunferência em O. Visto, portanto, que BA e BM são iguais, e o arco BL igual ao arco BG, e o ângulo MBL igual ao ângulo ABG, AG e ML também serão iguais, e, produzindo GA para a circunferência em I, as linhas LO e GI todas serão, da mesma maneira, iguais. Mas LO é maior do que G F N, como deve atualmente ser demonstrado; e, portanto, G I também é maior do que G N. Por conseguinte, os ângulos N G C e I G B não são iguais. Por conseguinte, a linha G F N não é refletida a partir da linha de incidência A G, e consequentemente, nenhuma outra linha reta, além de A B e A C, que é desenhada através do ponto A, e recai sobre a circunferência B C, pode ser refletida para o ponto F; o que deveria ser demonstrado.

Provo, dessa forma, que L O é maior do que G N. L O e G N cortam-se em P; e P L é maior do que P G. Visto, portanto, que L P P G :: P N. P O são proporcionais, portanto, os dois extremos L P e P O juntamente considerados, ou seja, L O, são maiores do que P G e P N juntamente considerados, ou seja, G N; que era o que ainda precisava ser provado.

7.
EM ACORDES IGUAIS A MESMA COISA NÃO É VERDADEIRA.

MAS, SE duas linhas curvas iguais forem desenhadas através de um ponto dentro de um círculo, e as linhas refletidas a partir delas se encontrarem em outro ponto, então outra linha reta pode ser desenhada entre elas através do ponto anterior, cuja linha refletida deve passar pelo último ponto.

Que duas linhas curvas B C e E D se cortem no ponto A dentro do círculo B C D; e que suas linhas refletidas C H e D I se encontrem no ponto F. Então, dividindo o arco C D igualmente em G, que as duas linhas curvas G K e G L sejam desenhadas através dos pontos A e F. Digo que G L será a linha refletida a partir do acorde K G. Pois os quatro acordes B C, C H, E D e D I são, por suposição, todos iguais entre si; e, portanto, o arco B C H é igual ao arco E D I; assim como o ângulo B C H para o ângulo E D I; e o ângulo A M C para seu ângulo vertical F M D; e a linha reta D M para a linha reta G M; e, da mesma maneira, a linha reta A C para a linha reta F D; e as linhas curvas C G e G D, sendo desenhadas, também serão iguais; e também os ângulos F D G e A C G, nos seguimentos iguais G D I e G C B. Por conseguinte, as linhas retas F G e A G são iguais; e, portanto, o ângulo F G D é igual ao ângulo A G O, ou seja, o ângulo de incidência igual ao ângulo de reflexão. Por conseguinte, a linha G L é refletida a partir da linha incidente C G; conforme provado.

Proposição. Pela própria visão da forma, fica evidente que, se G não estiver no ponto central entre CD e D, a linha refletida GL não passará pelo ponto F.

8.
DOIS PONTOS DADOS NA CIRCUNFERÊNCIA DE UM CÍRCULO PARA DESENHAR DUAS LINHAS RETAS EM RELAÇÃO A ELES, DE MANEIRA QUE SUAS LINHAS REFLETIDAS POSSAM CONTER QUALQUER ÂNGULO DADO.

DOIS PONTOS na circunferência de um círculo dados para desenhar duas linhas retas em relação a eles, de maneira que suas linhas refletidas possam ser paralelas, ou conter qualquer ângulo dado.

Na circunferência do círculo, cujo centro é A, que dois pontos B e C sejam dados; e que seja exigido desenhar para elas a partir de dois pontos considerados sem o círculo duas linhas incidentes, de maneira que suas linhas refletidas possam, primeiro, ser paralelas.

Que AB e AC sejam desenhadas; como também qualquer linha incidente DC, com sua linha refletida OF; e que o ângulo ECD seja produzido em dobro em relação ao ângulo A; e que HB seja desenhada em paralelo a EC, e produzida até encontrar com DC produzida em I. Finalmente, produzindo AB indefinidamente para K, que GB seja desenhada de maneira que o ângulo GBK possa ser igual ao ângulo HBK, e então GB será a linha refletida da linha incidente HB. Digo que DC e HB são duas linhas incidentes, cujas linhas refletidas CF e BG são paralelas.

Visto que o ângulo ECD é o dobro do ângulo BAC, o ângulo HIC é também, por causa das paralelas EC e HI, o dobro do mesmo BAC; portanto, também FC e GB, ou seja, as linhas refletidas a partir das linhas incidentes DC e HB, são paralelas. Por conseguinte, a primeira exigência está cumprida.

Em segundo lugar, que sejam exigidas para desenhar os pontos B e C duas linhas retas de incidência, de modo que as linhas refletidas a partir delas possam conter o ângulo dado Z.

Para o ângulo ECD produzido no ponto C, que seja acrescentado em um lado o ângulo DCL igual à metade de Z, e no outro lado o ângulo ECM igual ao ângulo DCL; e que a linha reta BN seja desenhada em paralelo à linha reta CM; e que o ângulo KBO seja produzido igual ao ângulo NBK; o que, sendo feito, BO será a linha de reflexão a partir da linha de incidência NB. Finalmente, a partir da linha incidente LC, que a linha refletida CO seja desenhada, cortando BO em O, e formando o ângulo COB. Digo que, o ângulo COB é igual ao ângulo Z.

Que NB seja produzida até se encontrar com a linha reta LC produzida em P. Visto, portanto, que o ângulo LCM é, por interpretação, igual a duas vezes o ângulo BAC, juntamente com o ângulo Z; o ângulo NPL, que é igual a LCM por causa das paralelas NP e MC, também será igual a duas vezes o mesmo ângulo BAC, juntamente com o ângulo Z. E visto que as duas linhas retas OC e OB recaem a partir do ponto O sobre os pontos C e B; e suas linhas refletidas LC e NB se encontram no ponto P; o ângulo NPL será igual a duas vezes o ângulo BAC juntamente com o ângulo COB. Porém, já provei que o ângulo NPL é igual a duas vezes o ângulo BAC juntamente com o ângulo Z. Portanto, o ângulo COB é igual ao ângulo Z; por conseguinte, dois pontos na circunferência de um círculo dado, desenhei etc.; o que deveria ser feito.

Mas, se for exigido para desenhar as linhas incidentes a partir de um ponto dentro do círculo, de maneira que as linhas refletidas a partir delas possam conter um ângulo igual ao ângulo Z, o mesmo método será utilizado, ressalvando-se que neste caso o ângulo Z não será acrescentado a duas vezes o ângulo BAC, mas será extraído dele.

9.

SE UMA LINHA RETA RECAINDO SOBRE A CIRCUNFERÊNCIA DE UM CÍRCULO FOR PRODUZIDA ATÉ ALCANÇAR O SEMIDIÂMETRO, E QUE PARTE DELA, INTERCEPTADA ENTRE A CIRCUNFERÊNCIA E O SEMIDIÂMETRO, FOR IGUAL A PARTE DO SEMIDIÂMETRO QUE ESTÁ ENTRE O PONTO DE CONFLUÊNCIA E O CENTRO, A LINHA REFLETIDA ESTARÁ EM PARALELO AO SEMIDIÂMETRO.

SE UMA linha reta, recaindo sobre a circunferência de um círculo for produzida até alcançar o semidiâmetro, e que parte dela, interceptada entre a circunferência e o semidiâmetro, for igual à parte do semidiâmetro que está entre o ponto de confluência e o centro, a linha refletida estará em paralelo ao semidiâmetro.

Que qualquer linha A B seja o semidiâmetro do círculo cujo centro é A; e sobre a circunferência B D que a linha reta C D recaia, e seja produzida até que corte A B em E, de maneira que E D e E A possam ser iguais; e a partir da linha incidente C D que a linha D F seja refletida. Digo que A B e D F serão paralelas.

Que A G seja desenhada através do ponto D. Visto, portanto, que E D e E A são iguais, os ângulos E D A e E A D também serão iguais. Mas os ângulos F D G e E D A são iguais; pois cada um deles é a metade do ângulo E D H ou F D C. Por conseguinte, os ângulos F D G e E A D são iguais; e consequentemente D F e A B são paralelas; conforme provado.

Proposição. Se E A for maior do que E D, então D F e A B, sendo produzidas, irão concorrer; mas se E A for menor do que E D, então B A e D H, sendo produzidas, irão concorrer.

10.
SE A PARTIR DE UM PONTO DENTRO DE UM CÍRCULO, DUAS LINHAS RETAS FOREM DESENHADAS PARA A CIRCUNFERÊNCIA, E SUAS LINHAS REFLETIDAS SE ENCONTRAREM NA CIRCUNFERÊNCIA DO MESMO CÍRCULO, O ÂNGULO FORMADO PELAS LINHAS REFLETIDAS SERÁ UM TERÇO DO ÂNGULO FORMADO PELAS LINHAS INCIDENTES.

SE A partir de um ponto dentro de um círculo, duas linhas retas forem desenhadas para a circunferência, e suas linhas refletidas se encontrarem na circunferência do mesmo círculo, o ângulo formado pelas linhas de reflexão será um terço do ângulo formado pelas linhas de incidência.

A partir do ponto B, considerado dentro do círculo cujo centro é A, que as duas linhas retas B C e B D sejam desenhadas para a circunferência; e que suas linhas refletidas C E e D E se encontrem na circunferência do mesmo círculo no ponto E. Digo que o ângulo C E D será uma terça/terceira parte do ângulo C B D.

Que A C e A D sejam desenhadas. Visto, portanto, que os ângulos C E D e C B D juntamente considerados são iguais a duas vezes o ângulo C A D (como foi demonstrado no artigo 5); e o ângulo C A D duas vezes considerado é o quádruplo do ângulo C E D; os ângulos C E D e C B D juntamente considerados também serão iguais ao ângulo C E D quatro vezes considerado; e, portanto, se o ângulo C E D for excluído em ambos os lados, restará o ângulo C B D em um lado, igual ao ângulo C E D três vezes considerado no outro lado; o que deveria ser demonstrado.

Proposição. Portanto, sendo dado um ponto dentro de um círculo, poderão ser desenhadas duas linhas a partir dele para a circunferência, assim como suas linhas refletidas poderão se encontrar na circunferência. Pois isso está dividindo o ângulo C B D em três partes, sendo que o modo como isso é feito será apresentado no próximo capítulo.

{ Capítulo XX }

DA DIMENSÃO DE UM CÍRCULO, E A DIVISÃO DE ÂNGULOS OU ARCOS

1. A dimensão de um círculo nunca antes determinada através de números por Arquimedes e outros.
2. A primeira tentativa de encontrar a dimensão de um círculo por linhas.
3. A segunda tentativa de encontrar a dimensão de um círculo a partir da consideração da natureza da curvatura.
4. A terceira tentativa; e algumas coisas apresentadas para serem pesquisadas mais profundamente.
5. A equação da espiral de Arquimedes com uma linha reta.
6. Sobre a análise dos geômetras pelas forças das linhas.

1.
A dimensão de um círculo nunca antes determinada através de números por Arquimedes e outros.

Na comparação de um arco de um círculo com uma linha reta, muitos grandes geômetras, até mesmo os antigos, exercitaram suas destrezas; e muitos outros teriam feito o mesmo se não tivessem visto suas dores, embora empreendidas para o bem comum, se não trazidas à perfeição, difamadas por aqueles que invejam os elogios de outros homens. Dentre os escritores antigos cujos trabalhos vieram às nossas mãos, Arquimedes foi o primeiro que trouxe o comprimento do perímetro de um círculo dentro dos limites de números pouco diferindo da verdade; demonstrando o mesmo ser menor do que três diâmetros e uma sétima parte, porém maior do que três diâmetros e 1.071 partes do diâmetro. De modo que, supondo que o raio seja constituído por 10.000.000 partes iguais, o arco de um quadrante estará entre 15.714.285 e 15.704.225 das mesmas partes. Em nossa época, Ludovicus Van Cullen e Willebrordus Snellius, em empenho conjunto, chegaram ainda mais perto da verdade e afirmaram a partir de princípios verdadeiros que o arco de um quadrante colocando, como antes, em 10.000.000 por raios, não difere de uma unidade toda do número 15.707.963; o que se tivesse sido apresentado em suas operações aritméticas e nenhum homem tivesse descoberto nenhum erro em seus vastos trabalhos, teria sido demonstrado por eles. Esse é o maior progresso que foi feito através dos números; e aqueles que assim continuaram até o momento merecem elogios da indústria. Todavia, se considerarmos o benefício, que é o escopo de toda especulação, a melhoria que fizeram foi pouca ou nenhuma. Pois, qualquer homem comum pode muito mais brevemente e de forma mais precisa encontrar uma linha reta igual ao perímetro de um círculo e consequentemente transformar o círculo em quadrado enrolando um pequeno fio sobre um dado cilindro, do que algum geômetra fazer o mesmo dividindo o raio em 10.000.000 partes iguais. Mas, embora o comprimento da circunferência tenha sido exatamente estabelecido, seja por números, mecanicamente ou somente por acaso, isso ainda não contribuiu com nenhuma ajuda com respeito à divisão dos ângulos, a menos, felizmente, que esses dois problemas: *dividir um dado ângulo de acordo com qualquer proporção estabelecida* e *encontrar uma linha reta igual ao arco de um círculo* sejam recíprocos, e seguidos um pelo outro. Vendo, portanto, que o benefício proveniente do conhecimento do comprimento do arco de um quadrante consiste no fato de que possamos dividir um ângulo de acordo com qualquer proporção, seja ela precisa ou, pelo menos, precisa o suficiente para uso comum; e vendo que isso não pode ser feito pela aritmética, achei adequado tentar o mesmo por meio da geometria, e neste capítulo fazer uma tentativa, seja ela realizada pelo desenho de linhas retas e circulares ou não.

2.
A PRIMEIRA TENTATIVA DE ENCONTRAR A DIMENSÃO DE UM CÍRCULO POR LINHAS.

DESCREVA o quadrado A B C D; e com os raios A B, B C, e D C, os três arcos B D, C A, e A C; e deixe B D e C A cortar um ao outro em E, e os dois B D e A C em F. Portanto, as diagonais B D e A C sendo desenhadas, cortarão uma à outra no centro do quadrado G e os dois arcos B D e C A em duas partes iguais em H e Y; e o arco B H D será dividido por 3 em F e E. Através do centro G, desenhe as duas linhas retas K G L e M G N paralelas e iguais aos lados do quadrado A B e A D, cortando os quatro lados do mesmo quadrado nos pontos K, L, M e N; o que fará com que K L passe por F, e M N por E. Depois, desenhe O P em paralelo e igual ao lado B C cortando o arco B F D em F, e os lados A B e D C em O e P. Portanto, O F será o seno do arco B F, que é um arco de 30 graus; e o mesmo O F será igual à metade do raio. Finalmente, dividindo o arco B F ao mediano em Q, desenhe e estenda R Q, o seno do arco B Q até S, para que Q S seja igual à R Q, e consequentemente, R S seja igual à corda do arco B F; e desenhe e estenda F S até T no lado B C. Digo que a linha reta B T é igual ao arco B F; e consequentemente B V, o triplo de B T, é igual ao arco do quadrante B F E D. Estenda T F até que se encontre com o lado B A estendido em X; e dividindo O F ao mediano em Z, desenhe e estenda Q Z até que se encontre com o lado B A estendido. Vendo, portanto, que as linhas retas R S e O F são paralelas e divididas ao mediano em Q e Z, Q Z estendido cairá sobre X, e X Z Q estendido até o lado B C cortará B T ao mediano em α.

Sobre a linha reta F Z, a quarta parte do raio A B, forme o triângulo equilátero *a* Z F; e sobre o centro *a* com o raio *a* Z desenhe o arco Z F; o arco Z F será, portanto, igual ao arco Q F, a metade do arco B F. Novamente, corte a linha reta Z O ao mediano em b, e a linha reta b O ao mediano em c; e continue a divisão por 2 dessa maneira até que a última parte O c seja possivelmente a menor a ser tomada; e sobre ela e o restante das partes iguais a ela em que a linha reta O F possa ser cortada, sendo muitos os triângulos equiláteros a serem constituídos; dos quais seja d O c o último. Se, portanto, sobre o centro d com o raio d O o arco O c for desenhado, e sobre o restante das partes iguais da linha reta O F muitos arcos iguais forem desenhados de maneira semelhante, todos os arcos juntamente considerados serão iguais ao arco todo B F, e a metade deles, isto é, os que são abrangentes entre O e Z ou entre Z e F, serão iguais ao arco B Q ou Q F, e em suma, seja qual parte for a linha reta O c da linha reta O F, o arco O c será a mesma parte do arco B F, embora arco e corda sejam infinitamente divididos por 2. Agora vendo que o arco O c é mais curvo que a parte do arco B F que é igual a ele; e vendo também que quanto mais a linha reta X c é estendida, mais se difere da linha reta X O, se os pontos O e c forem entendidos como movidos para frente com movimento em linha reta em X O e X c, o arco O c será estendido pouco a pouco, até que finalmente tenha parcialmente a mesma curvatura da parte do arco B F que é igual a ele. De maneira semelhante, se a linha reta X b for desenhada e o ponto b for entendido como movido para frente ao mesmo tempo, o arco c b também será estendido pouco a pouco até que sua curvatura seja igual à curvatura do arco B F que é igual a ele. E o mesmo acontecerá com todos aqueles pequenos arcos iguais que são descritos sobre muitas partes iguais da linha reta O F. Também fica claro que por movimento em linha reta em X O e X Z, todos aqueles pequenos arcos ficarão no arco B F nos pontos B, Q e F. E, embora os mesmos pequenos arcos iguais não sejam coincidentes com as partes iguais do arco B F em todos os outros pontos do mesmo, ainda assim, certamente constituirão duas linhas curvas não somente iguais aos dois arcos B Q e Q F, igualmente curvos, mas também terão sua cavidade em direção às mesmas partes; como deve ser, a menos que não se possa imaginar que todos aqueles pequenos arcos sejam coincidentes com o arco B F em todos os seus pontos. São, portanto, coincidentes, e todas as linhas retas desenhadas a partir de X, passando pelos pontos de divisão da linha reta O F, também dividirão o arco B F nas mesmas proporções nas quais O F é dividido.

Agora, vendo que X b corta a quarta parte do arco B F a partir do ponto B, seja a quarta parte B e; e estenda o seno $f e$ até F T em g, para que $f e$ seja a quarta parte da linha reta $f g$, porque assim como Ob está para O F, $f e$ também está para $f g$. Mas B T é maior do que $f g$; e portanto o mesmo B T é maior do que quatro senos da quarta parte do arco B F. E de maneira semelhante, se o arco B F for subdividido por qualquer número de partes iguais, seja quais forem, pode ser provado que a linha reta B T é maior do que o seno de um daqueles pequenos arcos, tantas vezes considerados como partes do arco todo B F. De onde se conclui que a linha reta B T não é menor do que o arco B F. Mas nem pode ser maior, porque se qualquer linha reta menor do que B T fosse desenhada abaixo de B T, paralela a ela e finalizada nas linhas retas X B e X T, cortaria o arco B F e também o seno de algumas das partes do arco B F, considerados com tanta frequência quanto o pequeno arco é encontrado no arco todo B F, e seria maior do que muitos dos mesmos arcos; o que seria absurdo. Por isso a linha reta B T é igual ao arco B F; e a linha reta B V é igual ao arco do quadrante B F D; e B V quatro vezes considerada igual ao perímetro do círculo descrito com o raio A B. O arco B F e a linha reta B T também são totalmente divididos nas mesmas proporções; e consequentemente, em qualquer dado ângulo, seja ele maior ou menor que B A F, podem ser divididos em qualquer dada proporção.

Mas a linha reta B V, embora sua magnitude caia entre os termos estabelecidos por Arquimedes, é encontrada, se computada pelo critério de sinais, de certa forma maior do que a exibida pelos números Rudolphine. Contudo, se no lugar de B T outra linha reta, embora um pouco menor, for substituída, a divisão dos ângulos é imediatamente perdida, o que pode ser demonstrado por qualquer homem por meio desse esquema.

Seja como for, se qualquer homem achar que a linha reta B V é grande demais, ainda, vendo que o arco e todos os paralelos estão totalmente divididos de forma tão exata e que B V chega tão perto da verdade, gostaria que buscasse o porquê, admitindo que B V fosse precisamente verdadeiro, e que o corte dos arcos não deve ser igual.

Mas alguém ainda pode perguntar porque as linhas retas desenhadas a partir de X através das partes iguais do arco B F deveriam cortar na tangente B V muitas linhas retas iguais a elas, vendo que a linha reta conectada X V não passa pelo ponto D, mas corta a linha reta A D estendida em l; e consequentemente exige determinação desse problema. Acerca disso, direi o que penso ser a razão, a saber, de que enquanto a magnitude do arco não excede a magnitude do raio, ou seja, a magnitude da tangente B C, o arco e tangente são cortados de forma semelhante pelas linhas retas desenhadas a partir de X; caso contrário, não são cortados. Pois A V, estando ligado, cortando o arco B H D em I, se X C sendo desenhado, deva cortar o mesmo arco no mesmo ponto I, deveria ser verdade que o arco B I é igual ao raio B C, assim como é verdade que o arco B F é igual à linha reta B T; e desenhando X K, ele cortaria o arco B I ao mediano em *i*; também desenhando A*i* e estendendo-o até a tangente B C em *k*, a linha reta B *k* será a tangente do arco B *i*, (em que o arco é igual à metade do raio) e a mesma linha reta B *k* será igual à linha reta *k* I. Digo que tudo isso é verdade se a demonstração anterior for verdadeira; e consequentemente a divisão proporcional do arco e de sua tangente proceder até aqui. Mas fica claro pela regra de ouro que, considerando B *h* duplicado até B T, a linha X *h* não deve cortar o arco B E, que é o dobro do arco B F, mas sim um muito maior. Pois a magnitude das linhas retas X M, X B, e M E sendo conhecida (em números), também pode ser conhecida magnitude da linha reta cortada na tangente pela linha reta X E estendida até a tangente; e será menor que B *h*; portanto, a linha reta X *h* sendo desenhada cortará uma parte do arco do quadrante maior do que a do arco B E. Mas falarei mais profundamente a respeito da magnitude do arco B I no próximo capítulo.

E seja essa a primeira tentativa de descobrir a dimensão de um círculo pela divisão do arco B F.

3.
A SEGUNDA TENTATIVA DE ENCONTRAR A DIMENSÃO DE UM CÍRCULO A PARTIR DA CONSIDERAÇÃO DA NATUREZA DA CURVATURA.

AGORA tentarei o mesmo por meio de argumentos obtidos a partir da natureza da curvatura do próprio círculo, mas devo primeiramente estabelecer algumas premissas necessárias para essa especulação. Em primeiro lugar, se uma linha reta for curva dentro de um arco de um círculo igual a ela, como quando um fio esticado que toca um cilindro direito é curvo em cada ponto que for totalmente coincidente com o perímetro da base do cilindro, a flexão daquela linha será igual em todos os seus pontos; e consequentemente a curvatura do arco de um círculo será totalmente uniforme; o que não necessita de nenhuma outra demonstração além dessa, a de que o perímetro de um círculo é uma linha uniforme.

Em segundo lugar, e consequentemente: se dois arcos desiguais do mesmo círculo forem feitos através da curvatura de duas linhas retas iguais a eles, a flexão de uma linha mais longa enquanto é curva dentro do arco maior será maior do que a flexão da linha mais curta enquanto é curva dentro do arco menor de acordo com a proporção dos próprios arcos; e, consequentemente, a curvatura do arco maior está para a curvatura do arco menor, assim como a do arco maior está para a do arco menor.

Em terceiro lugar, se dois círculos desiguais e uma linha reta se tocarem no mesmo ponto, a curvatura de qualquer arco considerado no círculo menor será maior do que a curvatura de um arco igual a ele considerado no círculo maior, em proporção recíproca àqueles raios com os quais os círculos são descritos; ou que todos sejam um, qualquer linha reta sendo desenhada do ponto de contato até que corte ambas as circunferências, como a parte da linha reta que é cortada pela circunferência do círculo maior até a parte que é cortada pela circunferência do círculo menor.

Pois, sejam A B e A C dois círculos tocando um ao outro, e a linha reta A D no ponto A: e chamemos seus centros de E e F; e suponhamos que como A E está para A F, o arco A B também está para o arco A H. Digo que a curvatura do arco A C está para a curvatura do arco A H como a de A E está para a de A F. Pois suponhamos que a linha reta A D seja igual ao arco A B e a linha reta A G seja igual ao arco A C; e deixemos A D, por exemplo, ser duplicada até A G. Portanto, por razão da semelhança dos arcos A B e A C, a linha reta A B será duplicada até a linha reta A C, e o raio A E duplicado até o raio A F, e o arco A B duplicado até o arco A H. E porque a linha reta A D é tão curva para ser coincidente com o arco A B igual a ela quanto a linha reta A G é curva para coincidir com o arco A C também igual a ela, a flexão da linha reta A G dentro da linha curva A C será igual à flexão da linha reta A D dentro da linha curva A B. Mas a flexão da linha reta A D dentro da linha curva A B é duplicada até a flexão da linha reta A G dentro da linha curva A H; e, portanto, a flexão da linha reta A G dentro da linha curva A C é duplicada até a flexão da mesma linha reta A G dentro da linha curva A H. Por isso, assim como o arco

A B está para o arco A C ou A H; ou como o raio A E está para o raio A F; ou como a corda A B está para a corda A C; também reciprocamente está a flexão ou curvatura uniforme do arco A C para a flexão ou curvatura uniforme do arco A H, isto é, aqui duplicado. E esse pode ser o mesmo método demonstrado em círculos cujos perímetros são um para o outro, triplicados, quadruplicados, ou qualquer outra dada proporção. Portanto, a curvatura de dois arcos iguais considerados em vários círculos está em proporção recíproca a de seus raios, ou como arcos, ou como cordas; conforme demonstrado.

Descrevamos novamente A B C D, e nele os quadrantes A B D, B C A, e D A C; e dividindo cada lado do quadrado A B C D ao mediano em E, F, G e H conectem E G e F H que cortarão um ao outro no centro do quadrado em I, e divida o arco do quadrante A B D em três partes iguais em K e L. As diagonais A C e B D sendo desenhadas também cortarão uma à outra em I, e divida os arcos B K D e C L A em duas partes iguais em M e N. Depois, com o raio B F desenhe o arco F E, cortando a diagonal B D em O e dividindo o arco B M ao mediano em P, inicie a linha reta E a, igual à corda B P, do ponto E no arco E F, considere o arco ab igual ao arco O a, desenhe e estenda B a e B b até o arco A N em c e d; e finalmente, desenhe a linha reta A d. Digo que a linha reta A d é igual ao arco A N ou B M.

Provei no artigo anterior que o arco E O é duas vezes mais curvo do que o arco B P, ou seja, o arco E O é muito mais curvo do que o arco B P, assim como o arco B P é mais curvo do que a linha reta E a. A curvatura, portanto, da corda E a, do arco B P e do arco E O, é como 0, 1, 2. Também a diferença entre os arcos E O e E O, a diferença entre os arcos E O e Ea e a diferença entre os arcos E O e E b é como 0, 1, 2. Então também a diferença entre os arcos A N e A N, a diferença entre os arcos A N e Ac e a diferença entre os arcos A N e A d é como 0,1,2; e a linha reta A c é duplicada até a corda B P ou E a, e a linha reta Ad duplicada até à corda E b.

Novamente, divida a linha reta B F ao mediano em Q, e o arco B P ao mediano em R; e descrevendo o quadrante B Q S (cujo arco Q S é a quarta parte do arco do quadrante B M D, como o arco B R é a quarta parte do arco B M, que é o arco do semiquadrante A B M), inicie a corda Se igual à corda B R a partir do ponto S no arco S Q; e desenhe e estenda Be até o arco A N em f; o que, sendo feito, fará com que a linha reta A *f* seja quadruplicada até a corda B R ou S*e*. E vendo que a curvatura do arco S*e* ou do arco A *c* é duplicada até a curvatura do arco B R, o excesso de curvatura do arco A *f* acima da curvatura do arco A *c* será subdupla ao excesso de curvatura do arco A *c* acima da curvatura do arco A N; e portanto o arco N *c* será duplicado até o arco *c f*. Dessa forma o arco *c d* é dividido ao mediano em *f*, e o arco N *f* é ¾ do arco N *d*. E de maneira semelhante, se o arco B R for dividido por dois em V e a linha reta B Q em X, e o quadrante B X Y for descrito e a linha reta Y *g* igual à corda B V for iniciada do ponto Y no arco Y X, poderá ser demonstrado que a linha reta B *g* sendo desenhada e estendida até o arco A N cortará o arco *f d* em duas partes iguais, e que uma linha reta desenhada a partir de A até o ponto daquela divisão será igual às oito cordas do arco B V, e assim perpetuamente; e consequentemente, que a linha reta A *d* é igual a mui-tas cordas iguais de partes iguais do arco B M, o que pode ser feito por infinitas divisões por 2. Dessa forma a linha reta A *d* é igual ao arco B M ou A N, ou seja, à metade do arco do quadrante A B D ou B C A.

Conclusão. Um dado arco, não sendo maior do que o arco de um quadrante (por ser feito maior, vem novamente em direção ao raio B A estendido, a partir de onde retrocedeu anteriormente), se uma linha reta duplicada até a corda da metade do arco for adaptada do início do arco e em uma dimensão o arco que está subtendido por ela for maior do que o arco dado por tanto que um arco maior é subtendido por outra linha reta, essa linha reta será igual ao primeiro arco.

Supondo que a linha reta B V seja igual ao arco do quadrante B H D e A V esteja conectada cortando o arco B H D em I, pode-se questionar qual a proporção que o arco B I tem para o arco I D. Portanto, divida o arco A Y ao mediano em *o*, e na linha reta A D deixe A *p* ser considerado igual, e A *q* duplicada até a corda desenhada A*o*. Depois sobre o centro A com o raio A *q*, desenhe um arco de um círculo cortando o arco A Y em *r*, e duplique o arco Y *r* em *t*; o que fará com que a linha reta desenhada A *t* (que foi demonstrada anteriormente) seja igual ao arco A Y. Novamente, sobre o centro A com o raio A *t*, desenhe o arco *t u* cortando A D em *u*; e a linha reta A *u* será igual ao arco A Y. A partir do ponto *u* desenhe a linha reta *u s* igual e em paralelo à linha reta A B, cortando M N em *x* e dividida por 2 por M N no mesmo ponto *x*. Portanto, a linha reta A *x* sendo dese-nhada e estendida até que se encontre com B C, estendida em V cortará

B V duplicado até *B s*, ou seja, igual ao arco B H D. Agora seja o ponto I onde a linha reta A V corta o arco B H D, e divida o arco D I ao mediano em *y*; e na linha reta D C considere D z igual e D δ duplicado até a corda desenhado D *y*; e sobre o centro D com o raio D δ desenhe o arco de um círculo cortando o arco B H D no ponto *n* e considere o arco *n m* igual ao arco I *n*; o que fará com que a linha reta D *m* seja (pela conclusão anterior) igual ao arco D I. Agora, se as linhas retas D *m* e C V forem iguais, o arco B I será igual ao raio A B ou B C; e X C sendo desenhado consequentemente passará pelo ponto I. Além disso, se o semicírculo B H D ζ for completo, e se as linhas retas ζ I e B I forem desenhadas fazendo um ângulo reto (no semicírculo) em I, e o arco B I for dividido ao mediano em *i*, seguirá que A*i* sendo conectado estará em paralelo à linha reta ζ I, e sendo estendido até B C em *k*, cortará a linha reta B *k* igual à linha reta *k I*, e também igual à linha reta A *y* cortada em A D pela linha reta ζ I. Tudo que ficou claro, supondo que o arco B I e o raio B C são iguais.

Mas não se pode demonstrar que o arco B I e o raio B C são precisamente iguais (por mais que seja verdadeiro), a menos que seja primeiro provado o que está no art. I, isto é, que as linhas retas desenhadas a partir de X através das partes iguais de O F (estendidas até um determinado comprimento) cortam várias partes também na tangente B C rigorosamente iguais aos vários arcos cortados; que acontece mais exatamente na tangente de B C, e B I no arco B E; de tal modo que nenhuma desigualdade entre o arco B I e o raio B C possa ser descoberta nem pelas mãos, nem por raciocínio. Portanto, deve ser futuramente questionado se a linha reta A V corta o arco do quadrante em I na mesma proporção em que o ponto C divide a linha reta B V, que é igual ao arco do quadrante. Mas de qualquer maneira, foi demonstrado que a linha reta B V é igual ao arco B H D.

4.

A TERCEIRA TENTATIVA; E ALGUMAS COISAS APRESENTADAS PARA SEREM PESQUISADAS MAIS PROFUNDAMENTE.

TENTAREI agora a mesma dimensão de um círculo de outra forma, presumindo os dois lemas a seguir.

Elementos da Filosofia Capítulo **XX** **281**

Lema I. Se até o arco de um quadrante, e o raio, uma terceira linha Z for considerada em proporção contínua; então o arco do semiquadrante, metade da corda do quadrante e Z também estarão em proporção contínua.

Pois, vendo que o raio é um mediano proporcional entre a corda de um quadrante e sua semicorda, e o mesmo raio um mediano proporcional entre o arco do quadrante e Z, o quadrado do raio também será igual ao retângulo feito da corda e semicorda do quadrante, como o retângulo feito do arco do quadrante e Z; e esses dois retângulos serão iguais um ao outro. Dessa forma, assim como o arco de um quadrante está para sua corda, então reciprocamente está metade da corda do quadrante para Z. Mas, assim como o arco de um quadrante está para sua corda, também está metade do arco do quadrante para metade da corda do quadrante. Por isso, assim como metade do arco do quadrante está para metade da corda do quadrante (ou para o seno de 45 graus), também está metade da corda do quadrante para Z; conforme provado.

Lema II. O raio, o arco do semiquadrante, o seno de 45 graus e o semirraio são proporcionais.

Pois, vendo que o seno de 45 graus é um mediano proporcional entre o raio e o semirraio; e o mesmo seno de 45 graus também é um mediano proporcional (pelo lema anterior) entre o arco de 45 graus e Z; o quadrado do seno de 45 graus também será igual ao retângulo feito do raio e semirraio, como o retângulo feito do arco de 45 graus e Z. Dessa forma, assim como o raio está para o arco de 45 graus, então reciprocamente está Z para o semirraio; conforme demonstrado.

Seja agora A B C D um quadrado; e com os raios A B, B C e D A, descreva os três quadrantes A B D, B C A e D A C; e desenhe as linhas retas E F e G H, em paralelo aos lados B C e A B, divida o quadrado A B C D em quatro quadrados iguais. Eles cortarão o arco do quadrante A B D em três partes iguais em I e K, e o arco do quadrante B C A em três partes iguais em K e L. Também desenhe as diagonais A C e B D cortando os arcos B I D e A L C em M e N. Depois sobre o centro H com o raio H F igual à metade da corda do arco B M D, ou ao seno de 45 graus, desenhe o arco F O cortando o arco C K em O; e desenhe e estenda A O até que se encontre com B C estendido em P; também deixe que ele corte o arco B M D em Q e a linha reta D C em R. Se agora a linha reta H Q for igual à linha reta D R e sendo estendida até D C em S, ela cortará D S igual à metade da linha reta B P; digo então que a linha reta B P será igual ao arco B M D.

Pois vendo que P B A e A D R são como triângulos, P B estará para o raio B A e A D, também A D para D R; e, portanto, também P B, A D e D R, como P B, A D (ou A Q) e Q H estarão em proporção contínua; e estendendo H O até D C em T, D T será igual ao seno de 45 graus, o que será demonstrado pouco a pouco. Agora D S, D T e D R estão em proporção contínua pelo primeiro lema; e pelo segundo lema D C. D S :: D R. D F são proporcionais, e deste modo será, seja B P igual ou diferente do arco do quadrante B M D. Mas se são iguais, então estarão como o arco B M D, igual ao raio, está para o restante do mesmo arco B M D; também A Q para H Q, ou também B C para C P. E então B P e o arco B M D serão iguais. Mas não é demonstrado que as linhas retas H Q e D R são iguais; embora, se a partir do ponto B for desenhada uma linha reta igual ao arco B M D, então D R até H Q e também a metade da linha reta B P até D S serão sempre tão iguais que nenhuma desigualdade poderá ser descoberta entre elas. Eu então deixarei que isso seja pesquisado mais profundamente, embora esteja quase fora de dúvida que a linha reta B P e o arco B M D sejam iguais, ainda assim isso não pode ser admitido sem demonstração; e nenhum mediano de demonstração que não seja fundamentado na natureza da flexão ou dos ângulos é admitido. Mas através disso já mostrei uma linha reta igual ao arco de um quadrante na primeira e segunda agressão.

Permanece então que provei que D T é igual ao seno de 45 graus.

Em B A estendido, deixe A V ser considerado igual ao seno de 45 graus; e desenhando e estendendo V H, ele cortará o arco do quadrante C N A ao mediano em N, e o mesmo arco novamente em O, e a linha reta D C em T, para que D T seja igual ao seno de 45 graus, ou à linha reta A V; também a linha reta V H será igual à linha reta H I, ou ao seno de 60 graus.

Pois o quadrado de A V é igual a dois quadrados do semirraio; e consequentemente o quadrado de V H é igual a três quadrados do semirraio. Mas H I é um mediano proporcional entre o semirraio e três semirraios; e, portanto, o quadrado de H I é igual a três quadrados do semirraio. Dessa forma, H I é igual à H V. Mas porque A D é cortado ao mediano em H, V H e H T são iguais; e, portanto, D T também é igual ao seno de

Elementos da Filosofia Capítulo **XX** **283**

45 graus. No raio B A, considere B X igual ao seno de 45 graus; para tanto V X será igual ao raio; e o semirraio estará como V A para A H, o seno de 45 graus também estará como V X para X N. Por isso, V H estendido passa por N. Finalmente, sobre o centro V com o raio V A desenhe o arco de um círculo cortando V H em Y; o que fará com que V Y seja igual à H O (por H O ser, por construção, igual ao seno de 45 graus) e Y H será igual à O T; e, portanto, V T passará por O. Tudo isso foi demonstrado.

Aqui, acrescentarei certos problemas que, se qualquer analista puder fazer a construção, será capaz de julgar claramente o que, agora, disse a respeito da dimensão de um círculo. Agora, esses problemas não são nada mais (pelo menos ao senso comum) além de certos sintomas que acompanham a construção da primeira e terceira figura desse capítulo.

Descrevendo novamente o quadrado A B C D e os três quadrantes A B D, B C A e D A C, desenhe as diagonais A C e B D cortando os arcos B H D e C I A ao mediano em H e I; e as linhas retas E F e G L dividindo o quadrado A B C D em quatro quadrados iguais e dividindo em três os arcos B H D e C I A, isto é, B H D em K e M, e C I A em M e O. Depois, dividindo o arco B K ao mediano em P, desenhe e estenda Q P, o seno do arco B O, até R para que Q R seja duplicado até Q P; e, conectando K R, deixe-o ser estendido de uma forma até B C em S, e da outra forma até B A estendido em T. Também triplique B V até B S e consequentemente, (pelo segundo artigo desse capítulo) igual ao arco B D. Essa construção é a mesma da primeira figura, que achei adequado substituir, retirando todas as linhas, mas tais linhas são necessárias para o meu presente propósito.

Em primeiro lugar, portanto, se A V for desenhada cortando o arco B H D em X e o lado D C em Z, gostaria que algum analista, caso possa, explicasse porque as linhas retas T E e T C devem cortar o arco B D, um em Y, o outro em X, para fazer com que o arco B Y seja igual ao arco Y X; ou se não forem iguais, que ele determinasse suas diferenças.

Em segundo lugar, se no lado D A a linha reta D *a* for considerada igual à D Z, e V*a* for desenhada; porque V *a* e V B devem ser iguais; ou se não forem iguais, qual é a diferença.

Em terceiro lugar, desenhando Z *b* paralela e igual ao lado C B cortando o arco B H D em *c*, e desenhando a linha reta A *c* e estendendo-a para B V em *d*; porque A *d* deve ser igual e paralela à linha reta *a* V e consequentemente também igual ao arco B D.

Em quarto lugar, desenhando e K, o seno do arco B K, e considerando (em e A estendido) $e f$ igual à diagonal A C e ligando f C; porque f C deve passar por a (cujo ponto dado, o comprimento do arco B H D também é dado) e c; e porque $f e$ e f c devem ser iguais; ou, se não, porque são desiguais.

Em quinto lugar, desenhando fZ, gostaria que pudesse mostrar porque ela é igual à B V, ou ao arco B D; ou se não são iguais, qual é a diferença entre eles.

Em sexto lugar, admitindo que fZ seja igual ao arco B D, gostaria que determinasse se tudo cairá sem o arco B C A, ou cortará o mesmo, ou irá tocá-lo, e em qual ponto.

Em sétimo lugar, com o semicírculo B D g completo, porque g I desenhado e estendido deve passar por X, onde o comprimento do arco B D é determinado pelo ponto X. E o mesmo g I sendo ainda estendido adiante até D C em h, porque A d, que é igual ao arco B D, deve passar pelo ponto h.

Em oitavo lugar, sobre o centro do quadrado A B C D, que seja k o arco do quadrante E i L sendo desenhado cortando e K estendido em i, porque a linha reta desenhada i X deve estar paralela ao lado C D.

Em nono lugar, nos lados B A e B C considerando g l e B m rigorosamente iguais à metade de B V, ou ao arco B H, e desenhando m n em paralelo e igual ao lado B A cortando o arco B D em o, porque a linha reta que liga V l deve passar pelo ponto o.

Em décimo lugar, gostaria de saber porque a linha reta que liga a H deve ser igual a B m; ou, se não, o quanto uma difere da outra.

O analista que puder resolver esses problemas sem primeiro saber o comprimento do arco B D, ou utilizando qualquer outro método conhecido que não aquele que prossegue pela perpétua divisão por 2 de um ângulo, ou é desenhado a partir da consideração da natureza da flexão, fará mais do que o que a geometria comum é capaz de realizar. Mas, se a dimensão de um círculo não puder ser encontrada por nenhum outro método, eu a terei encontrado, ou então ela nunca será encontrada.

Do comprimento conhecido de um arco de um quadrante e da divisão proporcional do arco e da tangente B C, a divisão de um ângulo em qualquer dada proporção pode ser deduzida, como também o enquadramento de um círculo, o enquadramento de um dado divisor, e muitas

Elementos da Filosofia Capítulo **XX** 285

proposições semelhantes, que não se fazem necessárias aqui demonstrar. Irei, portanto, somente exibir uma linha reta igual ao espiral de Arquimedes, e então descartar essa especulação.

5.
A EQUAÇÃO DA ESPIRAL DE ARQUIMEDES COM UMA LINHA RETA.

UMA VEZ que se encontra o comprimento de um perímetro de um círculo, a linha reta também é encontrada, que toca uma espiral no final de sua primeira conversão. Pois sobre o centro A descreva o círculo B C D E e nele desenhe o espiral de Arquimedes A F G H B iniciando em A e terminando em B. Através do centro A desenhe a linha reta C E cortando o diâmetro B D em ângulos retos; e estenda-a até I para que A I seja igual ao perímetro B C D E B. Portanto, I B sendo desenhada tocará a espiral A F G H B em B; o que é demonstrado por Arquimedes em seu livro *De Spiralibus.*

E pode assim ser encontrada uma linha reta igual ao espiral A F G H B. Divida a linha reta Al, que é igual ao perímetro B C D E, por 2 em K; e considerando K L igual ao raio A B, complete o retângulo I L. Entenda M L como o eixo, e K L a base de uma parábola, e seja M K a linha curva dela. Agora se o ponto M for entendido como movido pelo concurso dos dois movimentos, aquele a partir de I M até K L com velocidade aumentando continuamente na mesma proporção de vezes, e o outro a partir de M L até I K uniformemente, ambos os movimentos iniciam juntos em M e terminam em K; Galileu demonstrou isso pelo movimento do ponto M, a linha curva de uma parábola será descrita. Novamente, se o ponto A for entendido como movido uniformemente na linha reta A B e ao mesmo tempo for carregado sobre o centro A pelo movimento circular de todos os pontos entre A e B, Arquimedes demonstrou que por tal movimento uma linha espiral será descrita. E vendo que os círculos de todos esses movimentos são concêntricos em A; e que o círculo interior é sempre menor do que o exterior na proporção de vezes em que A B é atravessado com movimento uniforme; a velocidade do movimento circular do ponto A também crescerá continuamente em proporção às vezes. E até agora as gerações da linha parabólica M K e da linha espiral A F G H B são iguais. Mas o movimento uniforme A B em concomitância com o movimento circular nos perímetros de todos os círculos concêntricos descreve que o círculo, cujo centro é A e o perímetro B C D E, é (pela conclusão do artigo 1, cap. X VI) o agregado de todas as velocidades juntas consideradas do ponto A enquanto ele descreve a espiral A F G H B. Também o retângulo I K L M é o agregado de todas as velocidades juntas consideradas do ponto M, enquanto ele descreve a linha curva M K. E, portanto, a velocidade toda pela qual a linha parabólica M K é descrita está para a velocidade toda com a qual a linha espiral A F G H B é descrita ao mesmo tempo, como o retângulo I K L M está para o círculo B C D E, que está para o triângulo A I B. Mas porque A I é dividido em 2 em K, e as linhas retas I M e A B são iguais, o retângulo I K L M e o triângulo A I B também são iguais. Por isso a linha espiral A F G H B e a linha parabólica M K, sendo descritas com velocidade igual em vezes iguais, são iguais umas às outras. Agora, no primeiro artigo do cap. XVIII, uma linha reta é encontrada igual a qualquer linha parabólica. Dessa forma uma linha reta também é encontrada igual a uma dada linha espiral da primeira revolução descrita por Arquimedes; o que foi feito.

6.
Sobre a análise dos geômetras pelas forças das linhas.

No sexto capítulo, que é sobre *Método*, em que falei sobre a analítica dos geômetras, que achei adequado adiar porque não poderia ter sido compreendido se não tivesse nomeado *linhas, superfícies, sólidos, igual* e *desigual etc.* Por isso, estabelecerei aqui meus pensamentos com relação a isso.

Análise é o raciocínio contínuo a partir das definições dos termos de uma proposição que supomos ser verdadeira, e novamente a partir das definições dos termos daquelas definições, e assim por diante, até chegarmos a algumas coisas conhecidas, à composição do que é a demonstração da verdade ou falsidade da primeira suposição; e esta composição ou demonstração é o que chamamos de *Síntese. Analítica*, portanto, é a arte pela qual nossa razão prossegue a partir de algo suposto até princípios, ou seja, de proposições primárias, ou como são conhecidas por essas, até que tenhamos proposições conhecidas suficientes para demonstração da verdade ou falsidade da coisa suposta. *Sintética* é a própria arte da demonstração. Portanto, síntese e análise não diferem em nada, além do fato de prosseguirem adiante ou voltarem; e a *Logística* abrange as duas. Para que na análise ou síntese de qualquer questão, ou seja, de qualquer problema, os termos de todas as proposições sejam convertíveis; ou se são explicados hipoteticamente, a verdade do resultado não deve somente seguir a verdade do seu antecedente, mas contrariamente também a verdade de seu antecedente deve necessariamente ser inferida a partir da verdade do resultado. Caso contrário, quando por resolução chegarmos aos princípios, não poderemos por composição retornar diretamente à coisa buscada. Pois aqueles termos que são os primeiros na análise serão os últimos na síntese; como por exemplo, quando da *resolução*, diremos, esses dois retângulos são iguais e, portanto, seus lados são reciprocamente proporcionais, devemos necessariamente dizer os lados dos retângulos são reciprocamente proporcionais e, portanto, os próprios retângulos são iguais; o que não poderíamos dizer, a menos que: *os retângulos têm seus lados reciprocamente proporcionais*, e *retângulos são iguais*, fossem termos convertíveis.

Agora em toda análise, o que se busca é a proporção de duas quantidades; pelas quais a proporção, uma figura sendo descrita, a quantidade buscada possa ser exposta ao senso comum. E essa *exposição* é o final e solução da questão, ou a construção do problema.

E vendo que a análise é o raciocínio a partir de algo suposto até chegarmos aos princípios, ou seja, às definições, ou aos teoremas antigamente conhecidos; e vendo que o mesmo raciocínio tende em último lugar à alguma equação, podemos, portanto, não fazer fim à resolução, até que cheguemos finalmente às próprias causas da igualdade e desigualdade, ou aos teoremas anteriormente demonstrados a partir daquelas causas; e então ter um número suficiente de teoremas para a demonstração daquilo que é buscado.

E vendo também que o final da analítica é, ou a construção de um problema enquanto possível, ou a detecção da impossibilidade do mesmo quando quer que o problema possa ser resolvido, o analista não deve ficar, até que chegue às coisas que contenham a causa eficiente daquilo a respeito do que ele fará a construção. Mas ele deve por necessidade ficar, quando vem às proposições primárias; e essas são definições. Essas definições, portanto, devem conter a causa eficiente da construção dele; digo da construção dele, não da conclusão que ele demonstra; pela causa da conclusão que é contida nas proposições mencionadas; ou seja, a verdade da proposição que ele prova é desenhada a partir das proposições que provam o mesmo.

Mas a causa da sua construção está nas próprias coisas, e consiste em movimento, ou no concurso dos movimentos. Dessa forma essas proposições, onde a análise termina, são definições, mas tais significam de que maneira a construção ou geração da coisa prossegue. Caso contrário, quando ele voltar por síntese para a prova do seu problema, não chegará a nenhuma demonstração; não sendo nenhuma demonstração verdadeira além daquela que é científica, e nenhuma demonstração é científica além daquela que prossegue do conhecimento das causas a partir dos quais a construção do problema é desenhada. Portanto, para resumir o que foi dito em poucas palavras; ANÁLISE *é o raciocínio a partir da suposta construção ou geração de algo à causa eficiente ou causas coeficientes daquilo que é construído ou gerado.* E SÍNTESE *é o raciocínio a partir das primeiras causas da construção, continuadas através de todas as causas do mediano até que cheguemos à própria coisa que é construída ou gerada.*

Mas porque há muitos meios pelos quais a mesma coisa possa ser gerada ou o mesmo problema construído, portanto, nem fazem todos os geômetras, nem os mesmos geômetras sempre utilizam um e o mesmo método. Pois, se para uma determinada quantidade fosse exigido construir outra quantidade igual, haveria alguns que questionariam se isso não poderia ser feito por meio de algum movimento. Pois há quantidades cuja igualdade e desigualdade possa ser discutida a partir do movimento e vez, bem como a partir da congruência; e há movimento, pelo qual duas quantidades, sejam elas linhas ou superfícies (embora uma delas seja curva e a outra reta), possam ser feitas congruentes ou coincidentes. E foi esse método que Arquimedes usou em seu livro *De Spiralibus*. Também a igualdade ou desigualdade de duas quantidades pode ser encontrada e demonstrada a partir da consideração do peso, como o mesmo Arquimedes fez em sua quadratura da parábola. Além disso, igualdade e desigualdade são frequentemente encontradas pela divisão de duas quantidades em partes que são consideradas indivisíveis; como Cavallerius Bonaventura fez em nossa época, e Arquimedes frequentemente fazia. Finalmente, o mesmo é realizado por consideração das forças das linhas, ou das raízes dessas forças, e por multiplicação, divisão, adição, e subtração, como também pela extração das raízes dessas forças, ou por descoberta de onde as linhas retas da mesma proporção terminam. Por exemplo, quando qualquer número de linhas retas, seja qual for a quantidade, for desenhado a partir de uma linha reta e passado pelo mesmo ponto, olhe qual proporção as linhas têm, e se suas partes que continuaram a partir do ponto preservam totalmente a mesma proporção, elas todas terminarão em uma linha reta. E o mesmo acontece se o ponto for considerado entre dois círculos. De modo que os lugares de todos os seus pontos de término façam ou linhas retas, ou circunferências de círculos, e sejam chamados de *lugares planos*. Então também quando linhas paralelas retas forem aplicadas até uma linha reta, se as partes da linha reta para os quais elas foram aplicadas estiverem uma para a outra em proporção duplicada para as linhas retas contíguas aplicadas, todas elas terminarão em uma divisão cônica; em que a divisão, sendo o lugar da finalização delas, é chamada de *lugar sólido*, porque serve para a descoberta da quantidade de qualquer equação que consista de três dimensões. Há, portanto, três maneiras de se encontrar a causa da igualdade ou desigualdade entre duas dadas quantidades; primeiro, pela computação dos *movimentos*; por movimento e vez igual, espaços iguais são descritos; e ponderação é movimento. Em segundo lugar, por *indivisíveis*: porque todas as partes juntas consideradas são iguais ao todo. E em terceiro lugar, pelas *forças*: pois quando são iguais, suas raízes também são iguais; e contrariamente, as forças serão iguais quando suas raízes forem iguais. Mas se a questão for muito complicada, uma determinada regra não poderá ser constituída por nenhum desses meios a partir da suposição de que a análise possa ser mais bem iniciada pelas quantidades desconhecidas; nem pela variedade de equações que a princípio aparecem, e que melhor escolhemos; mas o sucesso dependerá de destreza, da ciência previamente adquirida, e muitas vezes da sorte.

Pois nenhum homem jamais poderá ser um bom analista sem antes ser um bom geômetra; nem as regras da análise fazem um geômetra como a síntese faz; que se inicia nos elementos e prossegue por um uso lógico destes. Pois o ensino verdadeiro da geometria é por meio da síntese, de acordo com o método de Euclides; e aquele que tem Euclides como seu mestre pode ser um geômetra sem Vieta, embora Vieta tenha sido um geômetra admirável; mas aquele que tem Vieta como seu mestre, não será tão bom sem Euclides.

E pela parte da análise que trabalha pelas forças, embora seja estimado por alguns geômetras, não para os principais, ser a melhor maneira de solucionar todos os problemas, ainda assim não é algo de grande dimensão; estando tudo contido na doutrina dos retângulos e sólidos feitos retângulos. De modo que, embora eles cheguem a uma equação que determina a quantidade buscada, ainda às vezes não poderão pela arte exibir aquela quantidade em um plano, mas em alguma divisão cônica; ou seja, como os geômetras dizem, não geometricamente, mas mecanicamente. Problemas como esses são chamados de *sólidos*; e quando não se pode exibir a quantidade buscada com a ajuda de uma divisão cônica, os problemas são chamados de *lineares*. E, portanto, não há nenhuma utilização da analítica que prossegue pelas forças nas quantidades dos ângulos e dos arcos de círculos, de forma que os antigos pronunciaram-na impossível de ser exibida em um plano a divisão dos ângulos, exceto a divisão por 2, e a divisão por 2 de partes divididas por 2, de outra forma que não mecanicamente. Pois Pappus (antes da 31ª proposição de seu quarto livro), para distinguir e definir os vários tipos de problemas, disse que "alguns são *planos*, outros *sólidos*, e outros *lineares*. Aqueles, portanto, que possam ser solucionados por meio de linhas retas e das circunferências dos círculos (ou seja, que possa ser descrito com a régua e compasso, sem qualquer outro instrumento) são adequadamente chamados de *planos*; já as linhas, pelos quais tais problemas são descobertos, têm sua geração em um plano. Mas aqueles que são resolvidos pelo uso de uma ou mais divisões cônicas em sua construção são chamados de sólidos, porque a construção deles não pode ser feita sem a utilização das superfícies de figuras sólidas, isto é, de cones. Resta o terceiro tipo, que é chamado de *linear*, porque outras linhas além daquelas já mencionadas são utilizadas em sua construção etc." E um pouco depois ele disse, "desse tipo são as linhas *espirais*, as *quadratrizes*, as *conchoides*, e as *cissoides*. E os geômetras acham que não há nenhuma falha em fazer uso de cônicos ou de novas linhas para a descoberta de um problema plano." Agora, ele classifica a divisão por 3 de um ângulo entre problemas sólidos, e a divisão por 5 entre os lineares. Mas por que os antigos geômetras, que fizeram uso da quadratriz para encontrar uma linha reta igual ao arco de um círculo, seriam culpados? E o próprio Pappus, foi ele culpado quando encontrou a divisão por 3 de um ângulo pela ajuda de uma hipérbole? Ou sou eu o errado, que penso

Elementos da Filosofia   Capítulo **XX**   **291**

que encontrei a construção de ambos os problemas por meio da régua e compasso somente? Nem eles, nem eu. Pois os antigos fizeram uso da análise que prossegue pelas forças; e com elas foi uma falha fazer aquilo por meio de uma força mais remota, o que poderia ser feito por uma força mais próxima; como sendo um argumento de que eles não entenderam suficientemente a natureza da coisa. A virtude desse tipo de análise consiste na mudança, virada e jogada dos retângulos e analogismos; e a habilidade dos analistas de encontrar metodicamente quaisquer mentiras escondidas seja no sujeito ou predicado da conclusão buscada é meramente lógica. Mas isso não pertence propriamente à álgebra, ou à analítica especiosa, simbólica ou cóssica, que são a *braquigrafia* da analítica, e nem à arte de ensinar ou a de aprender geometria, mas à de registrar com brevidade e celeridade as invenções dos geômetras. Pois, embora seja fácil discursar pelos símbolos de proposições muito remotas, ainda assim não sei se tal discurso merece ser considerado muito útil quando feito sem nenhuma ideia das próprias coisas.

{ Capítulo XXI }

Do Movimento Circular

1. Em movimento simples, toda linha reta é considerada no corpo movido tão carregada que sempre está em paralelo aos lugares em que estava anteriormente.

2. Se o movimento circular for feito sobre um centro latente, e nesse círculo houver um epiciclo cuja revolução é feita de maneira contrária, de tal maneira que em vezes iguais faça ângulos iguais, cada linha reta considerada naquele epiciclo será tão carregada que sempre estará em paralelo aos lugares onde estava anteriormente.

3. As propriedades do movimento simples.

4. Se uma variável for movida com movimento circular simples, todos os pontos considerados nela descreverão seus círculos em vezes proporcionais às distâncias do centro.

5. O movimento simples dispersa corpos heterogêneos e congrega corpos homogêneos.

6. Se um círculo feito por movimento simples for comensurável a outro círculo feito por um ponto que é carregado pelo mesmo movimento, todos os pontos dos círculos irão, em algum momento, retornar à mesma situação de antes.

7. Se uma esfera possuir movimento simples, seu movimento dispersará mais corpos heterogêneos quanto mais remotos eles estiverem de seus polos.

8. Se o movimento circular simples de um corpo fluido for impedido por um corpo que não for fluido, o corpo fluido se espalhará sobre as superfícies daquele corpo.

9. O movimento circular sobre um centro fixo lançado pela tangente de forma a ficar sobre a circunferência sem se prender a ela.

10. Tais coisas, como são movidas com movimento circular simples, geram movimento circular simples.

11. Se o que for movido tiver um lado rígido e o outro fluido, seu movimento não será perfeitamente circular.

1.

Em movimento simples, toda linha reta é considerada no corpo movido tão carregada que sempre está em paralelo aos lugares em que estava anteriormente.

Já DEFINI o *movimento simples* como sendo aquele em que vários pontos considerados em um corpo em movimento fazem repetidas vezes, descrevendo vários arcos iguais. E, portanto, é necessário que no movimento circular simples toda linha reta considerada no corpo movido seja sempre carregada em paralelo a ela própria; o que eu assim demonstrei.

Primeiro, seja A B qualquer linha reta considerada em qualquer corpo sólido; e seja A D qualquer arco desenhado sobre qualquer centro C e raio C A. Entendamos o ponto B como descrito em direção às mesmas partes do arco B E, semelhantes e iguais ao arco A D. Agora, ao mesmo tempo em que o ponto A transmite o arco A D, o ponto B, que por razão de seu movimento simples supõe-se ser carregado com uma velocidade igual à de A, transmite o arco B E; e ao final do mesmo tempo o todo A B estará em D E; e, portanto, A B e D E são iguais. E vendo que os arcos A D e B E são iguais, suas linhas retas subtendidas A D e B E também serão iguais; e portanto, a figura de quatro lados A B D E será um paralelogramo. Dessa forma, A B é carregado em paralelo a si próprio. E o mesmo pode ser provado pelo mesmo método, se qualquer outra linha reta for considerada no mesmo corpo movido em que a linha reta A B for considerada. Para que todas as linhas retas consideradas em um corpo movido com movimento circular simples sejam carregadas em paralelo a elas próprias.

Conclusão I. Fica claro que o mesmo acontecerá em qualquer corpo que tenha movimento simples, embora não circular. Pois todos os pontos de qualquer linha reta, sejam eles quais forem, descreverão linhas, embora não circulares, mas ainda assim iguais; para que, embora as linhas curvas A D e B E não sejam arcos de círculos, mas sim de parábolas, elipses, ou quaisquer outras figuras, ambos os arcos e seus subtensos e as linhas retas que os une sejam iguais e paralelas.

Conclusão II. Também fica claro que os raios dos círculos iguais A D e B E, ou o eixo de uma esfera, serão tão carregados que estarão sempre em paralelo aos lugares onde estavam anteriormente. Pois a linha reta B F desenhada até centro do arco B E, sendo igual ao raio A C, será também igual à linha reta F E ou C D; e o ângulo B F E será igual ao ângulo A C D. Agora a intersecção das linhas retas C A e B E, estando em G, o ângulo C G E (vendo que B E e A D são paralelos) será igual ao mesmo ângulo D A C. Mas o ângulo E B F é igual ao mesmo ângulo D A C; e, portanto, os ângulos C G E e E B F também são iguais. Por isso A C e B F são paralelos; o que foi demonstrado.

2.

SE O MOVIMENTO CIRCULAR FOR FEITO SOBRE UM CENTRO LATENTE, E NESSE CÍRCULO HOUVER UM EPICICLO CUJA REVOLUÇÃO É FEITA DE MANEIRA CONTRÁRIA, DE TAL MANEIRA QUE EM VEZES IGUAIS FAÇA ÂNGULOS IGUAIS, CADA LINHA RETA CONSIDERADA NAQUELE EPICICLO SERÁ TÃO CARREGADA QUE SEMPRE ESTARÁ EM PARALELO AOS LUGARES ONDE ESTAVA ANTERIORMENTE.

SEJA UM dado círculo cujo centro é A e raio A B; e sobre o centro B e qualquer raio B C, descreva o epiciclo C D E. Entendamos o centro B como sendo carregado sobre o centro A, e o epiciclo todo com ele até que seja coincidente com o círculo F G H cujo centro é I; e seja B A I qualquer ângulo dado. Mas no momento em que o centro B é movido para I, o epiciclo C D E terá uma revolução contrária a seu próprio centro, isto é, de E por D a C de acordo com as mesmas proporções; ou seja, de tal maneira que em ambos os círculos, ângulos iguais sejam feitos em vezes iguais. Digo que E C, o eixo do epiciclo, será sempre carregado em paralelo a ele próprio. Faça o ângulo F I G igual ao ângulo B A I; I F e A B irão, portanto, ser paralelos; e quanto mais o eixo A G partir de seu lugar anterior A C (a medida da progressão é o ângulo C A G, ou C B D, que suponho ser igual a ela), mais o eixo I G, o mesmo com B C, partirá ao mesmo tempo de sua própria situação anterior. Por isso, no momento em que B C vem para I G pelo movimento de B até I sobre o centro A, ao mesmo tempo G virá para F pelo movimento contrário do epiciclo; ou seja, ele ficará em posição oposta à F, e I G estará em I F. Mas os ângulos F I G e G A C são iguais; e, portanto, A C, ou seja, B C e I F (que é o eixo, embora em locais diferentes) estarão em paralelo. Por isso, o eixo do epiciclo E D C será sempre carregado em paralelo a ele próprio; o que foi provado.

Conclusão. Fica claro que os dois movimentos anuais que Copérnico atribui à Terra são reduzíveis a esse único movimento circular simples pelo qual todos os pontos do corpo movido são sempre carregados com velocidade igual, ou seja, em vezes iguais fazem revoluções iguais uniformemente.

Esse, como é o mais simples, é também o mais frequente de todos os movimentos circulares; sendo o mesmo usado por todos os homens quando giram qualquer coisa com seus braços, como fazem em trituração ou peneiração. Pois todos os pontos de algo movido descrevem linhas que são semelhantes e iguais umas às outras. De modo que se um homem tivesse uma régua em que muitas pontas de canetas de comprimentos iguais fossem fixadas, ele poderia com esse único movimento escrever muitas linhas de uma vez.

3.
AS PROPRIEDADES DO MOVIMENTO SIMPLES.

TENDO mostrado o que um movimento simples é, também irei aqui estabelecer algumas propriedades deste.

Primeiro, quando um corpo é movido com movimento simples em um meio fluido que não tem vacuidade, ele muda a situação de todas as partes do fluido ambiente que resistem ao seu movimento; digo que não há partes tão pequenas do fluido ambiente, seja qual for a distância que continue, mas mudam a situação deles à medida que deixam seus lugares continuamente para que outras partes pequenas entrem nesse mesmo lugar.

Pois entenda qualquer corpo, como K L M N, como movido com movimento circular simples; e tenha o círculo qualquer determinada quantidade, suponha-se que seja a mesma de K L M N, que cada ponto deste descreva. Dessa forma, o centro A e qualquer outro ponto, e consequentemente o próprio corpo movido, será às vezes carregado em direção ao lado onde está K, e às vezes em direção lado onde está M. Quando, portanto, ele for carregado até K, as partes do meio fluido daquele lado voltarão; e, supondo que todo o espaço esteja cheio, as outras partes do outro lado terão êxito. E assim será quando o corpo for carregado até o lado M, e até N, e em todos os sentidos. Agora, quando as partes mais próximas do meio fluido voltarem, será necessário que as partes próximas àquelas partes mais próximas também voltem; e supondo que o espaço ainda esteja cheio, outras partes entrarão em seus lugares com sucessão perpétua e infinita. Portanto todas, até mesmo as menores partes do meio fluido, mudarão de lugar etc., o que foi provado.

É evidente a partir daqui que o movimento simples, seja circular ou não, de corpos que fazem retornos perpétuos a seus lugares anteriores, tenham maior ou menor força para dispersar as partes dos corpos resistentes à medida que são mais ou menos velozes, e à medida que as linhas descritas tenham maior ou menor magnitude.

Agora se supõe quando houver necessidade que a maior velocidade pode estar no menor circuito, e a menor velocidade no maior.

Se uma variável for movida com movimento circular simples, todos os pontos considerados nela descreverão seus círculos em vezes proporcionais às distâncias a partir do centro.

4.

SE UMA VARIÁVEL FOR MOVIDA COM MOVIMENTO CIRCULAR SIMPLES, TODOS OS PONTOS CONSIDERADOS NELA DESCREVERÃO SEUS CÍRCULOS EM VEZES PROPORCIONAIS ÀS DISTÂNCIAS DO CENTRO.

EM SEGUNDO lugar, supondo o mesmo movimento simples no ar, água, ou outro meio fluido; as partes consideradas do meio que aderem ao corpo movido serão carregadas com o mesmo movimento e velocidade, para que a qualquer momento qualquer ponto do movimento termine seu círculo ao mesmo tempo em que cada parte do mediano que adere ao movimento também descreva a parte de seu círculo, à medida que for igual ao círculo todo do movimento; digo que deverá descrever uma parte, e não o círculo todo, porque todas as suas partes recebem seu movimento a partir de um movimento concêntrico interior, e sobre círculos concêntricos, os exteriores são sempre maiores do que os interiores; nem pode o movimento marcado por qualquer movimento ser de maior velocidade do que aquele do próprio movimento. De onde segue que as partes mais remotas do ambiente fluido deverão terminar seus círculos em vezes que tenham uma para a outra a mesma proporção com suas distâncias do movimento. Pois cada ponto do ambiente fluido, enquanto toca o corpo que está carregando, é carregado com ele e faz o mesmo círculo, mas isso é deixado para trás quando o círculo exterior ultrapassa o interior. De modo que se supõe que algo que não seja fluido flutuará na parte do ambiente fluido que está mais perto do movimento, e junto com o movimento será carregado. Sobre o ambiente fluido, que não é o mais próximo, mas é quase, recebendo seu grau de velocidade a partir do mais próximo sendo que o grau não pode ser maior do que era no doador, faz ao mesmo tempo uma linha circular, não um círculo todo, porém igual ao círculo todo do mais próximo. Portanto, ao mesmo tempo em que o movimento descreve seu círculo, aquilo que não o toca não o descreverá; todavia, descreverá uma parte dele, como é igual ao círculo todo do movimento. E depois da mesma maneira, as partes mais remotas do ambiente descreverão ao mesmo tempo partes de seus círculos que devem ser separadamente iguais ao círculo todo do movimento; e, por consequência, deverão terminar seus círculos totais em vezes proporcionais às suas distâncias do movimento; conforme provado.

5.
O MOVIMENTO SIMPLES DISPERSA CORPOS HETEROGÊNEOS E CONGREGA CORPOS HOMOGÊNEOS.

EM TERCEIRO lugar, o mesmo movimento simples de um corpo colocado em um meio fluido congrega ou reúne em um lugar as coisas que naturalmente flutuam nesse meio, se forem homogêneas; e se forem heterogêneas, separa-as e dispersa-as. Mas se tais coisas heterogêneas não flutuam, mas se estabelecem, o mesmo movimento move-as e mistura-as de forma desordenada. Pois vendo que os corpos que são desiguais uns aos outros, ou seja, corpos heterogêneos, não são desiguais enquanto corpos; pois corpos enquanto corpos não têm diferença; somente por alguma causa especial, ou seja, a partir de algum movimento interno ou movimentos de suas partes menores (que mostrei no cap. IX, artigo 9, que toda mutação é tal movimento), permanece que corpos heterogêneos são desiguais ou diferentes uns dos outros a partir de seus movimentos internos e específicos. Corpos que têm essa diferença recebem movimentos desiguais e diferentes do mesmo movimento comum externo; e, portanto, não serão movidos juntos, ou seja, se dispersarão. E dispersados, em algum momento necessariamente encontrarão corpos como eles, e serão movidos iguais e juntamente com eles; e depois, se encontrando com mais corpos como eles, se unirão e se tornarão corpos maiores. De onde dizemos que corpos homogêneos são congregados e os heterogêneos se dispersam por movimento simples em um mediano onde naturalmente flutuarão. Novamente, como o mediano fluido não flutua, mas afunda, se o movimento do mediano fluido for forte o suficiente, será movimentado e carregado por aquele movimento, e consequentemente, os corpos serão impedidos de retornar ao lugar onde naturalmente afundaram, e onde somente eles se uniriam, e onde seriam desordenadamente carregados; ou seja, misturados em desordem.

Esse movimento, pelo qual corpos homogêneos são congregados e heterogêneos são dispersos, é comumente chamado de *fermentação*, do latim *Fervere*; como os gregos têm seu *Zúun*, que significa o mesmo de *Zéw ferveo*. Pois a ebulição faz com que todas as partes da água mudem de lugar; e as partes de qualquer coisa que forem jogadas dentro dela irão de várias maneiras de acordo com suas várias naturezas. E ainda todo o *fervor* ou ebulição não são causados pelo fogo; pois vinho novo e muitas outras coisas que também têm sua fermentação e fervor tiveram pouca ou nenhuma contribuição do fogo. Mas quando encontramos calor na fermentação, ela é feita pela fermentação.

6.

SE UM CÍRCULO FEITO POR MOVIMENTO SIMPLES FOR COMENSURÁVEL A OUTRO CÍRCULO FEITO POR UM PONTO QUE É CARREGADO PELO MESMO MOVIMENTO, TODOS OS PONTOS DOS CÍRCULOS IRÃO, EM ALGUM MOMENTO, RETORNAR À MESMA SITUAÇÃO DE ANTES.

EM QUARTO lugar, a qualquer momento o movimento cujo centro é A, movido em K L N, deve, por qualquer número de revoluções, ou seja, quando os perímetros B I e K L N forem comensuráveis, ser descrito com uma linha igual ao círculo que passa pelos pontos B e I; ao mesmo tempo em que todos os pontos do corpo flutuante cujo centro é B devem voltar a ter a mesma situação com relação ao movimento de onde partiram. Pois vendo que como a distância B A, ou seja, como o raio do círculo que passa por B I, está para o próprio perímetro B I, então o raio do círculo K L N está para o perímetro K L N; e vendo que as velocidades dos pontos B e K são iguais, o tempo da revolução em I B para o tempo da revolução em K L N também será como o perímetro B I para o perímetro K L N; e, portanto, várias revoluções em K L N juntamente consideradas serão iguais ao perímetro B I, serão finalizadas ao mesmo tempo em que o perímetro todo B I for finalizado; assim como os pontos L, N, F e H, ou qualquer um dos restantes, retornarão ao mesmo tempo para a mesma situação de onde partiram; e isso pode ser demonstrado, sejam quais forem os pontos considerados. De onde se conclui que todos os pontos devem nesse momento retornar à mesma situação; o que foi provado.

Daqui segue que se os perímetros B I e L K N não forem comensuráveis, todos os pontos nunca voltarão a ter a mesma situação ou configuração em relação um ao outro.

7.

Se uma esfera possuir movimento simples, seu movimento dispersará mais corpos heterogêneos quanto mais remotos eles estiverem de seus polos.

Em movimento simples, se o corpo movido for de figura esférica, terá menos força em direção a seus polos do que em direção a seu mediano para dispersar corpos heterogêneos ou congregar corpos homogêneos.

Haja uma esfera cujo centro é A e diâmetro B C; e entenda-a como movida com movimento circular simples; em que o movimento deixa o eixo ser a linha reta D E cortando o diâmetro B C em ângulos retos. Agora deixe o círculo que foi descrito por qualquer ponto B da esfera ter B F para seu diâmetro; e considerando F G igual a B C, e dividindo-o ao mediano em H, o centro da esfera A irá finalizar em H quando metade da revolução terminar. E vendo que H F e A B são iguais, um círculo descrito sobre o centro H com o raio H F ou H G será igual ao círculo cujo centro é A e raio A B. E se o mesmo movimento continuar, o ponto B irá, ao final da outra metade da revolução, retornar ao lugar de onde ele começou a ser movido; e, portanto, ao final da metade da revolução, o ponto B será carregado até F, e o hemisfério todo D B E dentro do hemisfério onde os pontos L, K e F estão. De onde se conclui que a parte do mediano fluido que é contígua ao ponto F irá ao mesmo tempo retornar ao comprimento da linha reta B F; e no retorno do ponto F ao B, ou seja, de G a C, o mediano fluido voltará em uma linha reta do ponto C. E esse é o efeito do movimento simples no meio da esfera, onde a distância dos polos é maior. Deixe agora o ponto I ser considerado na mesma esfera mais próxima do polo E, e através dele deixe a linha reta I K ser desenhada em paralelo à linha reta B F cortando o arco F L em K, e o eixo H L em M; depois ligando H K, sobre H F desenhe a perpendicular K N. Portanto, ao mesmo tempo em que B vem até F, o ponto I virá até K, B F e I K sendo iguais e descritos com a mesma velocidade. Agora o movimento em I K até o meio fluido sobre o qual ele trabalha, isto é, até a parte do mediano que é contígua ao ponto K é oblíqua, ao passo que se ele prosseguisse na linha reta H K seria perpendicular; e assim o movimento que prossegue em I K tem menos força do que aquele que prossegue em H K com a mesma velocidade. Mas os movimentos em H K e H F são igualmente jogados de volta ao mediano; e, portanto, a parte da esfera em K move menos o mediano do que a parte em F, isto é, muito menos à medida que K N for menos que H F. Por isso o mesmo movimento também tem menos força para dispersar corpos heterogêneos e congregar corpos homogêneos quando está mais próximo do que quando está mais remoto dos polos; conforme provado.

Conclusão. Também é necessário que esse movimento simples não tenha efeito em planos que são perpendiculares ao eixo e mais remotos do que o próprio polo do mediano da esfera. Pois o eixo D E com movimento simples descreve as superfícies do cilindro; e não há em seu movimento nenhum esforço em direção às bases do cilindro.

8.

Se o movimento circular simples de um corpo fluido for impedido por um corpo que não for fluido, o corpo fluido se espalhará sobre as superfícies daquele corpo.

Como foi dito, se em um meio fluido movido com movimento simples for entendido como flutuar algum corpo esférico que não seja fluido, as partes do mediano que são paradas por aquele corpo se esforçarão para se espalhar de todas as maneiras sobre as superfícies dele. E isso fica claro o suficiente por experiência, isto é, por espalhar a água derramada sobre uma calçada. Mas a razão disso pode ser essa. Vendo que a esfera A é movida em direção à B, o mediano em que foi movido também terá o mesmo movimento. Mas porque nesse movimento ele cai sobre um corpo não líquido, como G, então ele não pode continuar; e vendo que as pequenas partes do mediano não podem ir adiante e nem podem voltar diretamente contra a força do movimento; resta, portanto, que elas se espalhem sobre as superfícies daquele corpo em direção a O e P; conforme provado.

9.
O MOVIMENTO CIRCULAR SOBRE UM CENTRO FIXO LANÇADO PELA TANGENTE DE FORMA A FICAR SOBRE A CIRCUNFERÊNCIA SEM SE PRENDER A ELA.

MOVIMENTO circular composto, em que todas as partes do corpo movido descrevem as circunferências de uma vez, algumas maiores, outras menores, de acordo com a proporção de suas várias distâncias do centro comum, carregam com ele tais corpos que, como não são fluidos, aderem ao corpo então movido; e os que não aderem, se lançam para frente em uma linha reta que é uma tangente até o ponto em que eles são lançados. Pois seja um círculo cujo raio é A B; e coloque um corpo na circunferência em B, que, se for fixado lá, será necessariamente carregado com ele, como é manifesto de si próprio. Mas, enquanto o movimento prossegue, suponhamos que aquele corpo é solto em B. Digo, o corpo continuará seu movimento na tangente B C. Entenda ambos os raios A B e a esfera B como consistidos de matéria rígida; e supõe-se que o raio A B seja acometido no ponto B por algum outro corpo que caia sobre ele na tangente D B. Agora haverá um movimento feito pelo concurso das duas coisas, um esforça-se em direção a C na linha reta D B estendida, em que o corpo B prosseguirá se não for retido pelo raio A B; o outro, a própria retenção. Mas a retenção sozinha não causa esforço em direção ao centro; e, portanto, a retenção sendo retirada, o que é feito através da soltura de B, permanecerá um esforço em B, isto é, da tangente B C.

Elementos da Filosofia Capítulo **XXI** **303**

De onde se conclui que o movimento do corpo B solto prosseguirá na tangente B C; conforme provado.

Através dessa demonstração fica claro que o movimento circular sobre um eixo sem movimento sacode e coloca o toque mais distante do centro de seu movimento, mas não se prende rápido às suas superfícies; e quanto mais forem sacudidas, pelo fato de a dimensão da distância ser maior a partir dos polos do movimento circular e mais também da dimensão das coisas que são sacudidas, menos serão direcionadas ao centro pelo ambiente fluido, por outras causas.

10.
Tais coisas, como são movidas com movimento circular simples, geram movimento circular simples.

Se em um mediano fluido um corpo esférico for movido com movimento circular simples, e no mesmo mediano flutuar outra esfera cuja matéria não seja fluida, essa esfera também será movida com movimento circular simples.

Seja B C D um círculo cujo centro é A, e em cuja circunferência há uma esfera movida que descreve com movimento simples o perímetro B C D. Seja também E F G outra esfera de matéria consistente, cujo semidiâmetro é E H e o centro H; e com o raio A H descreva o círculo H I. A esfera E F G será movida pelo movimento do corpo em B C D na circunferência H I com movimento simples.

Pois vendo que o movimento em B C D (pelo artigo 4 desse capítulo) faz com que todos os pontos do mediano fluido descrevam ao mesmo tempo linhas circulares iguais umas às outras, os pontos E, H e G da linha reta E H G irão ao mesmo tempo descrever com raios iguais círculos iguais. Desenhe E B igual e em paralelo à E H; e, portanto também, se sobre o centro B e raio B E o arco E K for desenhado igual ao arco H I, e as linhas estreitas A I, B K e I K forem desenhadas, B K e A I serão iguais e também paralelas, porque os dois arcos E K e H I, ou seja, os dois ângulos K B E e I A H são iguais; e consequentemente, as linhas retas A B e K I que os ligam também serão iguais e paralelas. Por isso K I e E G são paralelos. Vendo, portanto, que E e H são carregados ao mesmo tempo até K e I, toda a linha reta I K será paralela a E H, de onde ela partiu. E, portanto, vendo que a esfera E F G é de matéria consistente, assim como todos os seus pontos sempre mantém a mesma situação, é necessário que qualquer outra linha reta considerada na mesma esfera seja sempre carregada em paralelo aos lugares onde estava anteriormente. Por isso, a esfera E F G é movida por movimento circular simples; conforme demonstrado.

11.
SE O QUE FOR MOVIDO TIVER UM LADO RÍGIDO E O OUTRO FLUIDO, SEU MOVIMENTO NÃO SERÁ PERFEITAMENTE CIRCULAR.

SE EM um meio fluido cujas partes são movidas por um corpo movido com movimento simples flutuar outro corpo que tenha suas superfícies completamente rígidas, ou completamente fluidas, as partes desse corpo devem abordar o centro igualmente em todos os lados; ou seja, o movimento do corpo deve ser circular e concêntrico com a moção do movimento. Mas se ele tiver um lado rígido e o outro lado fluido, então ambos os movimentos não terão o mesmo centro, nem o corpo flutuante será movido na circunferência de um círculo perfeito.

Mova um corpo na circunferência do círculo K L M N cujo centro é A. E haja outro corpo em I cujas superfícies sejam ou todas rígidas, ou todas fluidas. Também seja fluido o meio em que ambos os corpos são colocados. Digo que o corpo em I será movido no círculo I B sobre o centro A. Pois isso já foi demonstrado no último artigo.

Por isso, sejam as superfícies do corpo em I fluidas de um lado e rígidas do outro. E primeiramente, deixe o lado fluido estar em direção ao centro. Vendo, portanto, que o movimento do mediano é aquele em que suas partes continuamente mudam de lugar (como foi mostrado no artigo 5); se essa mudança de lugar for considerada nas partes do mediano que são contíguas às superfícies fluidas, segue-se necessariamente que as pequenas partes daquelas superfícies entram nos lugares das pequenas partes do mediano que são contíguas a elas; e a possível mudança de lugar será feita com as próximas partes contíguas em direção a A. E se as partes fluidas do corpo em I tiverem qualquer grau de tenacidade (pois há graus de tenacidade, tanto no ar como na água), o lado fluido todo será um pouco elevado, mas muito menos à medida que suas partes tenham menos tenacidade; enquanto a parte rígida das superfícies que é contígua à parte fluida não tem motivo nenhum para elevação, ou seja, nenhum esforço em direção a A.

Em segundo lugar, estejam as superfícies rígidas do corpo em I em direção a A. Portanto, por razão da mudança de lugar das partes que são contíguas a ela, as superfícies rígidas devem, por necessidade, vendo por suposição que não há espaço vazio, ou vir próximo a A, ou então suas partes menores devem suprir os lugares contíguos do mediano, que caso contrário estaria vazio. Mas isso não pode ser em razão da suposta rigidez; e, portanto, segue-se necessariamente que o outro corpo deve chegar mais perto de A. Portanto, o corpo em I tem maior esforço em direção ao centro A quando seu lado rígido está próximo a ele, do que quando está afastado dele. Mas o corpo em I, enquanto se move na circunferência do círculo I B, tem às vezes um lado, às vezes outro, virado em direção ao centro; e, portanto, está às vezes mais perto, outras vezes mais distante do centro A. De onde se conclui que o corpo em I não é carregado na circunferência de um círculo perfeito; conforme demonstrado.

{ Capítulo XXII }

DE OUTRAS VARIEDADES DE MOVIMENTO

1. Esforço e pressão: como eles se diferenciam.

2. Dois tipos de medianos nos quais os corpos se movem.

3. Propagação de movimento: o que é isso

4. Que movimento os corpos tem, quando pressionam uns aos outros.

5. Corpos fluidos, quando pressionados uns aos outros, penetram uns aos outros.

6. Quando um corpo pressiona outro e não o penetra, a ação do corpo que pressiona é perpendicular à superfície do corpo pressionado.

7. Quando um corpo rígido pressiona outro corpo e o penetra, ele não o penetra perpendicularmente a menos que incida perpendicularmente sobre ele.

8. Movimento às vezes oposto àquele que se move.

9. Em um mediano preenchido, o movimento é propagado a qualquer distância.

10. Dilatação e contração: o que elas são.

11. Dilatação e contração supõem mutação das partes menores em relação à sua situação.

12. Toda tração é impulso.

13. As coisas que, sendo pressionadas ou curvadas, restauram-se, têm movimento em suas partes internas.

14. Ainda que aquilo que conduz outro corpo esteja parado, o corpo conduzido continuará.

15-16. Os efeitos da percussão não devem ser comparados àqueles do peso.

17-18. O movimento não pode iniciar primeiramente nas partes internas de um corpo.

19. Ação e reação seguem na mesma linha.

20. Hábito: o que é isso.

1.
Esforço e pressão: como eles se diferenciam.

Já defini (capítulo X V, artigo 2) esforço como sendo o movimento através do mesmo comprimento, ainda que não considerado como comprimento, mas como um ponto. Portanto, se houver ou não houver resistência, o esforço será o mesmo. Pois simplesmente esforçar é ir. Mas quando dois corpos, tendo esforços opostos, pressionam um ao outro, então o esforço de cada um é aquilo que chamamos pressão, a qual é mútua, quando suas pressões são opostas.

2.
Dois tipos de medianos nos quais os corpos se movem.

Os corpos que se movem e também os medianos onde se movem são de dois tipos. Pois, ou eles têm suas partes coerentes de tal maneira que nenhuma parte do corpo movido cederá facilmente àquele que se move, exceto que o corpo todo ceda também, sendo estas as coisas que chamamos *rígidas;* ou então suas partes, enquanto o todo permanece imóvel, cederão facilmente ao que se move. Estes últimos nós chamamos de corpos *fluidos* ou *moles*. Pois as palavras *fluido, mole, duro* e *rígido*, da mesma forma que *grande* e *pequeno*, são usadas apenas comparativamente; e não são de tipos diferentes, mas de diferentes graus de qualidade.

3.
Propagação de movimento: o que é isso

Fazer e *sofrer* são mover e ser movido; e nada é movido a não ser por aquilo que o toca e que também é movido, como foi mostrado anteriormente. E independentemente da distância, dizemos que o primeiro que se move movimenta o último corpo movido, mas mediatamente; ou seja, que o primeiro move o segundo, o segundo move o terceiro e assim por diante até que o último de todos seja acionado. Quando, portanto um corpo, tendo esforço oposto a outro corpo, move este último, e este último move um terceiro e assim por diante, eu chamo essa ação de *propagação do movimento*.

4.
QUE MOVIMENTO OS CORPOS TEM, QUANDO PRESSIONAM UNS AOS OUTROS.

QUANDO dois corpos fluidos, estando em um espaço livre e aberto, pressionam um ao outro, suas partes se esforçarão para os lados, ou serão movidas em direção aos lados; não apenas aquelas partes onde há contato mútuo, mas todas as partes. Pois no primeiro contato, as partes pressionadas por ambos os corpos não tem lugar nem à frente nem atrás para onde possam ser movidas; dessa forma elas são pressionadas para os lados. E esta pressão, quando as forças são iguais, está em uma linha perpendicular aos corpos atuantes. Mas a qualquer momento em que as partes mais anteriores de ambos os corpos forem pressionadas, as mais posteriores também tem de ser pressionadas ao mesmo tempo; pois o movimento das partes mais posteriores não pode ser interrompido imediatamente pela resistência das partes mais anteriores, mas continua por algum tempo; portanto, posto que elas precisam ter algum lugar no qual elas possam ser movidas, e que não há lugar algum para elas à frente, é obrigatório que elas sejam movidas para os lados em todas as direções. E este efeito ocorre necessariamente não apenas nos corpos fluidos, mas também nos corpos consistentes e rígidos, ainda que não se expresse aos sentidos. Pois apesar de que pela compressão de duas pedras não conseguimos com nossos olhos discernir nenhum inchamento externo em direção aos lados, nós percebemos isso em dois corpos de cera; e sabemos bem o bastante pela razão que algum inchamento tem de haver ali, mesmo que seja bem pequeno.

5.
CORPOS FLUIDOS, QUANDO PRESSIONADOS UNS AOS OUTROS, PENETRAM UNS AOS OUTROS.

MAS QUANDO o espaço é fechado e ambos os corpos são fluidos, eles vão, se pressionados, penetrar um ao outro ainda que de forma diferente, de acordo com seus diferentes esforços. Pois, suponha um cilindro oco de matéria rígida, bem fechado em ambas as extremidades e preenchido inicialmente na parte de baixo com algum corpo fluido pesado, como mercúrio, e na parte de cima, com água ou ar. Se a parte de baixo do cilindro for virada para cima, o corpo mais pesado, que agora está acima, tendo o maior esforço para baixo e sendo impedido de expandir-se para os lados pelas paredes do cilindro, necessariamente terá que, ou ser recebido pelo corpo mais leve, de forma a afundar nele, ou então abrir uma passagem em si próprio, pela qual o fluido mais leve possa subir. Pois dos dois corpos, aquele cujas partes se separam mais facilmente, será o primeiro a ser dividido; e isto sendo feito, não é necessário que as partes do outro sofram nenhuma separação em absoluto. E, portanto, quando dois líquidos encerrados no mesmo recipiente mudam seus lugares, então não há necessidade que suas partes elementares se misturem umas com as outras; pois tendo um caminho sido aberto através de um deles, as partes do outro não precisam ser separadas.

Por outro lado, se um corpo fluido não encerrado pressiona um corpo rígido, seu esforço será realmente em direção às partes internas daquele corpo rígido; mas sendo desviadas pela resistência dele, as partes do corpo fluido serão movidas em todas as direções de acordo com a superfície do corpo rígido, e isso de forma igual, se a pressão for perpendicular; pois quando todas as partes da causa forem iguais, os efeitos também serão iguais. Mas se a pressão não for perpendicular, então sendo os ângulos de incidência desiguais, a expansão também será desigual, ou seja, maior sobre o lado onde o ângulo é maior, porque o movimento é mais direto se continuar pela linha mais direta.

6.

QUANDO UM CORPO PRESSIONA OUTRO E NÃO O PENETRA,
A AÇÃO DO CORPO QUE PRESSIONA É PERPENDICULAR
À SUPERFÍCIE DO CORPO PRESSIONADO.

SE UM corpo, pressionando outro corpo, não o penetra, mesmo assim ele dará à parte que ele pressiona um esforço para ceder e recuar em uma linha reta perpendicular à sua superfície naquele ponto no qual é pressionada.

Seja A B C D um corpo rígido e que outro corpo, incidindo sobre ele em uma linha reta E A com qualquer inclinação ou sem inclinação, pressione-o no ponto A. Digo que o corpo que pressiona e não o penetra dará à parte A um esforço para ceder e recuar em uma linha reta perpendicular à linha A D.

Seja A B perpendicular a A D, e que B A seja estendida até F. Se, portanto, A F for coincidente com A E, fica claro por si próprio que o movimento em E A fará A esforçar-se na linha A B. Agora seja E A oblíqua a A D, e a partir do ponto E seja desenhada a linha reta E C, cortando A D em ângulos retos em D, e completemos os retângulos A B C D e A D E F. Mostrei (no artigo 8 do capítulo X VI) que o corpo será conduzido de E para A pela ação conjunta de dois movimentos uniformes, um deles em E F e suas paralelas e o outro em E D e suas paralelas. Mas o movimento em E F e suas paralelas, das quais D A é uma, não contribui para que o corpo em A se esforce ou pressione em direção a B; e, portanto todo o esforço que o corpo tem na linha inclinada E A em passar ou pressionar a linha reta A D provém do movimento perpendicular ou esforço em F A. Dessa forma o corpo E, depois de estar em A, terá apenas aquele esforço perpendicular que continua do movimento em F A, ou seja, em A B; conforme demonstrado.

7.
QUANDO UM CORPO RÍGIDO PRESSIONA OUTRO CORPO E O
PENETRA, ELE NÃO O PENETRA PERPENDICULARMENTE A
MENOS QUE INCIDA PERPENDICULARMENTE SOBRE ELE.

SE UM corpo incidindo ou pressionando outro corpo penetra-o, seu esforço após sua primeira penetração não será nem na linha inclinada produzida, nem na perpendicular, mas às vezes entre ambas, às vezes fora delas.

Seja E A G a linha inclinada produzida; e primeiro lugar, que a passagem através do mediano, no qual E A se encontra, seja mais fácil que a passagem através do mediano no qual A G se encontra. Portanto, assim que o corpo estiver dentro do mediano no qual está A G, ele encontrará maior resistência a seu movimento em D A e suas paralelas, do que tinha enquanto estava sobre A D; e, portanto abaixo de A D ele prosseguirá com movimento mais lento nas paralelas de D A que acima dela. Por isso o movimento que é composto pelos dois movimentos em E F e E D será mais lento abaixo de A D que acima dela; e, portanto também, o corpo não seguirá de A na linha produzida E A, mas abaixo desta. Dado que o esforço em A B é gerado pelo esforço em F A; se ao esforço em F A for acrescido o esforço em D A, o qual não está em absoluto deslocado pela imersão do ponto A no mediano mais baixo, o corpo não continuará de A na perpendicular A B, mas além dela; a saber, em alguma linha reta entre A B e A G, como na linha A H.

Em segundo lugar, que a passagem através do mediano E A seja menos fácil que através de A G. O movimento, portanto, que é feito pelo concurso dos movimentos em E F e F B, é mais lento sobre A D que abaixo dela; e consequentemente, o esforço não seguirá de A na linha produzida E A, mas além dela, como em A I. Dessa forma, se um corpo incidindo ou pressionando etc.; conforme demonstrado.

Essa divergência da linha reta A H para a linha reta A G é aquela que os escritores de ótica comumente chamam de *refração*, a qual, quando a passagem é mais fácil no primeiro mediano que no segundo, é feita pela divergência da linha de inclinação em direção à perpendicular; e contrariamente, quando a passagem não é tão fácil no primeiro mediano, por partir mais além da perpendicular.

8.
Movimento às vezes oposto àquele que se move.

Pelo sexto teorema fica explícito que a força do movimento pode ser disposta de tal forma a que o corpo movido por ela pode seguir por um caminho quase diretamente contrário àquele do movimento, como vemos no movimento dos navios.

Seja A B a representação de um navio, cujo comprimento de proa a popa é A B e que o vento sopre sobre ele nas linhas retas paralelas C B, D E e F G; e que D E e F G sejam cortadas em E e em G por uma linha reta desenhada de B perpendicular a A B; também que B E e E G sejam iguais e que o ângulo A B C seja tão pequeno quanto possível. Além disso, entre B C e B A desenhe-se a linha reta B I; e que a vela esteja estendida na mesma linha B I e que o vento incida sobre ela nos pontos L, M e B; e a partir desses pontos, perpendicular a B I, desenhem-se B K, M Q e L P. Finalmente sejam E N e G O desenhadas perpendicularmente a B G e cortando B K em H e K; e que H N e K O sejam iguais entre si, e solidariamente iguais a B A. Digo que o navio B A, devido ao vento incidindo sobre ele em C B, D E, F G e em outras linhas paralelas a elas, será conduzido para frente quase em oposição ao vento, isto é, em um sentido quase contrário ao sentido do movimento.

Pois o vento que sopra na linha C B dará (como mostrado no artigo 6) ao ponto B um esforço de seguir em uma linha perpendicular à linha B I, ou seja, na linha reta B K; e dará para os pontos M e L um esforço de seguir nas linhas retas M Q e L P, que são paralelas a B K. Admita que a medida de tempo seja B G, que é dividida ao mediano em E; e que o ponto B seja conduzido a H no tempo B E. No mesmo período de tempo, portanto, pelo vento que sopra em D M e F L, e em tantas outras linhas como possam ser desenhadas paralelas a elas, o navio todo será movido pela linha reta H N. Também ao final do segundo período E G, ele será movido pela linha reta K O. Por isso o navio sempre irá para frente; e o ângulo que ele faz com o vento será igual ao ângulo A B C, por menor que seja esse ângulo; e o rumo que ele faz será a todo tempo igual à linha reta E H. Digo, assim seria, se o navio pudesse se mover com tanta celeridade para os lados de B A para K O como pode se mover para frente na linha B A. Mas isso é impossível, por razão da resistência da grande quantidade de água que pressiona o lado, excedendo em muito à resistência feita pela quantidade muito menor de água que pressiona a proa do navio; de forma que a trajetória que o navio faz para o lado é quase imperceptível; e, portanto, o ponto B seguirá quase totalmente na linha B A, fazendo com o vento o ângulo A B C, por mais agudo que este seja; isto é, o navio seguirá quase na linha reta B C, ou seja, em um sentido quase contrário ao sentido do que se move; conforme demonstrado.

Mas a vela em B I precisa estar esticada de tal forma a não haver nenhum abaulamento; pois de outra maneira as linhas retas L P, M Q e B K não serão perpendiculares ao plano da vela, mas incidindo abaixo de P, Q e K, conduzirão o navio para trás. Além disso, usando uma placa pequena como a vela, um carro pequeno com rodas como o navio e um pavimento liso como o mar, comprovei por experiência que é verdadeiro, que eu não conseguia opor a placa ao vento em qualquer obliquidade, por menor que fosse, sem que o carro fosse conduzido para frente.

Pelo mesmo sexto teorema pode-se encontrar o quanto um golpe que incide obliquamente é mais fraco que um golpe incidindo perpendicularmente, sendo eles semelhantes e iguais em todos os outros aspectos.

Suponha um golpe que incida na parede A B obliquamente, como, por exemplo, na linha reta C A. Seja C E desenhada paralelamente a A B, e D A perpendicular à mesma A B e igual a C A; e que tanto a velocidade como o tempo do movimento em C A sejam iguais à velocidade e ao tempo do movimento em D A. Digo que o golpe em C A será mais fraco que em D A na proporção de E A para D A. Pois traçando D A de algum modo para F, o esforço de ambos os golpes seguirá (pelo artigo 6) de A na perpendicular A F. Mas o golpe em C A é feito por concurso vinculado de dois movimentos em C E e E A, dos quais aquele em C E não contribui ao golpe em A, porque C E e B A são paralelas; e, portanto, o golpe em C A é feito pelo movimento que está em E A apenas. Mas a velocidade ou força do golpe perpendicular em E A, em relação à velocidade ou força do golpe em D A, é como E A para D A. Por isso o golpe oblíquo em C A é mais fraco que o golpe perpendicular em D A na proporção de E A para D A ou C A; conforme demonstrado.

9.
Em um mediano preenchido, o movimento é propagado a qualquer distância.

Em um mediano preenchido, todo esforço continua até o ponto onde o mediano alcança; ou seja, se o mediano for infinito, o esforço vai se propagar infinitamente.

Pois qualquer coisa que se esforça é movida, e, portanto qualquer coisa que esteja em seu caminho causa seu recuo, pelo menos um pouco, nomeadamente tanto quanto aquele próprio que se move é movido para frente. Mas aquele que recua também é movido, e consequentemente causa o recuo daquilo que está em seu caminho, e assim sucessivamente enquanto o mediano esteja preenchido; isto é, infinitamente, se o mediano for infinito; conforme demonstrado.

Por outro lado, apesar do esforço propagado perpetuamente dessa forma não aparecer sempre aos sentidos como movimento, aparece como ação, ou como a causa eficiente de alguma mutação. Pois se for colocado diante de nossos olhos algum objeto muito pequeno, como, por exemplo, um pequeno grão de areia, o qual é visível a certa distância; é sabido que ele pode ser removido a uma distância tal que não seja

Elementos da Filosofia — Capítulo **XXII** — **315**

mais visto, mesmo que por sua ação ele ainda atue sobre os órgãos da visão, como ficou claro a partir do último fato que foi provado, que todo o esforço continua infinitamente. Imagine agora que ele seja afastado a grande distância de nossos olhos e que um número suficiente de outros grãos de areia da mesma grandeza seja acrescentado a ele; é evidente que o agregado de todos aqueles grãos de areia será visível; e apesar de que nenhum deles pode ser visto quando está sozinho e separado do resto, a pilha ou monte que eles fazem aparecerá claramente à visão; fato que seria impossível, se alguma ação não procedesse de cada uma das muitas partes do monte todo.

10.

Dilatação e contração: o que elas são.

Entre os graus de duro e mole estão as coisas que chamamos de *resilientes*, resiliente sendo aquilo que pode ser curvado sem ser alterado daquilo que era; e a flexão de uma linha não é nem a junção nem a separação de suas partes extremas, isto é, um movimento que parte da retidão e vai para a curvatura, ou contrariamente, enquanto a linha permanece ainda a mesma que era; pois conduzindo os pontos extremos de uma linha à sua maior distância, a linha torna-se reta, e de outra forma seria torta. Dessa forma também a flexão de uma superfície é a junção ou separação de suas linhas extremas, ou seja, a dilatação ou contração dessas linhas.

11.

Dilatação e contração supõem mutação das
partes menores em relação à sua situação.

Dilatação e *contração*, como também toda a *flexão*, supõem necessariamente que as partes internas do corpo curvado ou aproximam-se das partes externas ou se afastam delas. Pois mesmo que *flexão* seja considerada apenas ao longo do comprimento de um corpo, quando um corpo é curvado, a linha formada em um lado é convexa e a linha no outro lado, côncava; das quais a côncava, sendo a linha interior, será, a menos que algo lhe seja tirado e acrescentado à linha convexa, a mais torta, ou seja, a maior das duas. Mas elas são iguais; e, portanto, na flexão há um acesso feito das partes interiores para as exteriores; e, ao contrário, em tensão, das partes exteriores para as interiores. E quanto àquelas coisas não sofrem facilmente tal transposição de suas partes, elas são chamadas frágeis; e a grande força que elas requerem para fazê-las ceder, faz com que elas saltem em partes com movimento repentino e quebrem-se em pedaços.

12.
TODA TRAÇÃO É IMPULSO.

TAMBÉM movimento é diferenciado em *impulso* e *tração*. E impulso, como já defini, é quando aquilo que é movido vai à frente daquilo que se move. E ao contrário, na tração, o que se move vai à frente daquele que é movido. Não obstante, considerando esses fatos com maior atenção, parece dar-se o mesmo com o impulso. Pois de duas partes de um corpo rígido, quando aquela que está mais à frente desloca à sua frente o mediano no qual o movimento é feito, ao mesmo tempo aquilo que é empurrado para frente empurra o próximo, e este, o próximo, e assim sucessivamente. Nessa ação, supondo não haver espaços vazios, necessariamente, por impulso contínuo, a saber, quando aquela ação completou um giro, o que se move estará atrás daquela parte, que no início parecia não ser empurrada para frente, mas ser puxada; de tal forma que agora o corpo que era tracionado vai antes do corpo que lhe dá movimento; e seu movimento não é mais tração, porém, impulso.

13.
AS COISAS QUE, SENDO PRESSIONADAS OU CURVADAS, RESTAURAM-SE, TÊM MOVIMENTO EM SUAS PARTES INTERNAS.

AS COISAS que são removidas de seus lugares por compressão ou extensão forçosas e, assim que a força é retirada, imediatamente retornam e restauram-se à sua situação inicial, tem o começo de sua restituição dentro de si próprias, nomeadamente, certo movimento em suas partes internas, que já estava lá quando, antes que a força fosse retirada, elas estavam comprimidas ou estendidas. Pois essa restituição é movimento e aquilo que está em repouso não pode ser movido a não ser por algo que se mova e que seja contíguo. Por outro lado a causa da restituição também não provem da retirada da força que os comprimia ou estendia; pois a remoção de impedimentos não tem a eficácia de uma causa, como foi mostrado no final do artigo 3 do capítulo XV. A causa, portanto, de sua restituição é algum movimento ou das partes do ambiente, ou das partes do corpo comprimido ou estendido. Mas as partes do ambiente não têm esforço que contribua para sua compressão ou expansão, nem para colocá-las em liberdade, ou restituí-las. Resta, portanto, que a partir do momento de sua compressão ou extensão tenha sobrado algum esforço ou movimento pelo qual o impedimento, sendo removido, todas as partes retomam seu lugar inicial; isto é, o todo se restaura.

14.
Ainda que aquilo que conduz outro corpo esteja parado, o corpo conduzido continuará.

Na condução de corpos, se o corpo que conduz outro se choca com qualquer obstáculo, ou é interrompido por qualquer outro mediano, e o corpo que é conduzido não for parado, este continuará até que seu movimento seja retirado por algum impedimento externo.

Pois demonstrei (capítulo VIII, artigo 19) que o movimento, a menos que seja impedido por alguma resistência externa, será continuado eternamente com a mesma celeridade; e no artigo 7 do capítulo IX demonstrei que a ação de um agente externo não tem efeito sem contato. Portanto, quando aquilo que conduz outra coisa é parado, a parada não retira imediatamente o movimento daquilo que é conduzido. Ele continuará até que seu movimento seja extinto pouco a pouco por alguma resistência externa: conforme demonstrado, mesmo que apenas a experiência já tenha sido suficiente para provar isto.

De maneira análoga, se o corpo que conduz outro for posto em movimento repentinamente a partir do repouso, aquele que é conduzido não será movido para frente juntamente com ele, mas sofrerá algum atraso. Pois a parte contígua do corpo conduzido tem quase o mesmo movimento do corpo que o conduz e as partes remotas receberão velocidades diferentes de acordo com suas diferentes distâncias do corpo que as conduz; a saber, quanto mais distantes estiverem as partes, menor será sua velocidade. É necessário, portanto, que o corpo que é conduzido seja deixado para trás proporcionalmente. E isto também é demonstrado por experiência quando, na partida do cavalo para frente, o cavaleiro é puxado para trás.

15-16.
AINDA QUE AQUILO QUE CONDUZ OUTRO CORPO ESTEJA PARADO, O CORPO CONDUZIDO CONTINUARÁ.

15.

NA *PERCUSSÃO*, portanto, quando um corpo rígido é golpeado por outro com grande força em alguma parte pequena, não é necessário que o corpo todo ceda ao golpe com a mesma celeridade com a qual a parte golpeada cede. Pois o resto das partes recebe seus movimento do movimento da parte golpeada. E esse movimento é menos propagado em direção aos lados, do que o é para frente. E é por isso que às vezes corpos muito rígidos, tendo sido levantados, dificilmente ficam em pé e se quebram mais facilmente do que se forem derrubados por um golpe violento; quando, entretanto, se todas as suas partes em conjunto fossem empurradas para frente por qualquer movimento fraco, elas seriam facilmente abatidas.

16.

APESAR de a diferença entre *intrusão* e *percussão* consistir apenas nisto: que na intrusão o movimento tanto do corpo que se move como daquele que é movido se inicia junto em ambos exatamente em seu contato; e na percussão o corpo que golpeia é movido primeiramente e é seguido pelo corpo golpeado; e seus efeitos são tão diferentes, que parece pouco possível comparar as forças de um e de outro. Digo que, dado qualquer efeito de percussão proposto, como, por exemplo, o golpe de um malho de um dado peso, pelo qual uma pilha de qualquer altura cairá sobre a Terra com qualquer tenacidade dada, parece-me muito difícil, se não impossível, definir com qual peso, ou com qual golpe, e em qual tempo, a mesma pilha será levada a certa profundidade na mesma Terra. A causa dessa dificuldade é que a velocidade do percutidor deve ser comparada com a magnitude do peso. Por outro lado, velocidade, dado que ela é computada pelo comprimento do espaço percorrido, deve ser contabilizada como apenas uma dimensão; mas peso é uma coisa sólida, sendo medida pela dimensão do corpo todo. E não há comparação a ser feita entre um corpo sólido e um comprimento, isto é, uma linha.

17-18.
O MOVIMENTO NÃO PODE INICIAR PRIMEIRAMENTE NAS PARTES INTERNAS DE UM CORPO.

17.

SE AS partes internas de um corpo estiverem em repouso ou retiverem a mesma situação umas em relação às outras por algum tempo ainda que muito curto, nessas partes não pode ser gerado nenhum movimento ou esforço novo, cuja causa eficiente não esteja fora do corpo do qual elas são partes. Pois, se cada parte pequena compreendida dentro da superfície do corpo todo for suposta em repouso, e for movida pouco a pouco, essa parte precisa necessariamente receber seu movimento de algum corpo movido e contíguo. Mas por suposição, não há tal parte movida e contígua dentro do corpo. Por isso, se houver qualquer esforço ou movimento ou mudança de situação nas partes internas desse corpo, este fenômeno surge necessariamente de alguma causa eficiente que está fora do corpo que as contém; conforme demonstrado.

18.

PORTANTO, em corpos rígidos que estejam comprimidos ou estendidos, se, removendo-se aquilo que os comprime ou estende, eles se restauram em seu lugar ou forma originais, necessariamente esse esforço ou movimento de suas partes internas, pelo qual eles conseguiram recuperar seus lugares ou situações anteriores, não estava extinto quando a força que os comprimia ou estendia foi removida. Dessa forma, quando a ripa de um arco e flecha se curva e, assim que é solta, restaura-se, apesar de que, para aquele que julga pelos sentidos, tanto a própria ripa como todas as suas partes parecerem estar em repouso; entretanto, para aquele que, julgando pela razão, não considera a remoção do impedimento como uma causa eficiente, nem concebe que sem uma causa eficiente nada passa do repouso ao movimento, a conclusão será que as partes já estavam em movimento antes de começarem a se restaurar.

19.
AÇÃO E REAÇÃO SEGUEM NA MESMA LINHA.

Ação e *reação* seguem na mesma linha, mas a partir de termos opostos. Pois dado que reação nada mais é que esforço no paciente para voltar à situação da qual foi forçado a sair pelo agente, o esforço ou movimento tanto do agente como do paciente ou reagente será propagado entre os mesmo termos; tanto é assim que na ação o termo *a partir do qual* está em reação ao termo *para o qual*. E vendo que toda ação continua dessa forma, não apenas entre os termos opostos da linha inteira na qual é propagada, mas também em todas as partes dessa linha, os *termos a partir do qual* e *para o qual*, ambos da ação e reação, estarão na mesma linha. Por isso ação e reação seguem na mesma linha etc.

20.
HÁBITO: O QUE É ISSO.

O QUE foi dito sobre movimento, acrescentarei o que tenho a dizer sobre hábito. *Hábito*, portanto, é uma geração de movimento, não simplesmente de movimento, mas de uma condução fácil do corpo movido em uma certa direção predeterminada. E dado que isto se consegue por meio do enfraquecimento dos esforços que divergem de seu movimento, então tais esforços devem ser diminuídos pouco a pouco. Mas isto não pode ser feito a não ser por uma ação de longa duração, ou por ações repetidas frequentemente; e, portanto, o costume gera esse fenômeno que é comumente e corretamente chamado de hábito; e isso pode ser definido assim: HÁBITO *é movimento facilitado e agilizado pelo costume; ou seja, pelo esforço perpétuo, ou por esforços repetidos que, de algum modo, diferenciam-se daquele do qual o movimento iniciou-se, opondo tais esforços como resistência.* E para tornar este conceito mais claro com exemplos, podemos observar que uma pessoa que não tem habilidades musicais e que põe a mão pela primeira vez em um instrumento, não conseguirá, depois do primeiro toque, conduzir a mão ao local do segundo toque, sem que recolha a mão e faça um novo esforço e, como se estivesse começando de novo, passe da primeira nota musical para a segunda. Essa pessoa também não conseguirá ir para a terceira nota

Elementos da Filosofia   Capítulo **XXII**   **321**

sem outro esforço novo; ela terá que recolher a mão novamente e assim sucessivamente irá renovando seu esforço a cada nota; até que, no final, por ter feito isso frequentemente, e por condensar muitos movimentos ou esforços ininterruptos em um esforço equivalente, ela conseguirá fazer sua mão ir rapidamente de nota para nota naquela ordem e maneira que estavam designadas no começo. E os hábitos não são observados apenas em criaturas vivas, mas também em corpos inanimados. Pois encontramos esse fato na ripa do arco e flecha que, estando fortemente curvada, retornaria à sua forma original com grande força se o impedimento fosse removido; entretanto, se ela permanecer muito tempo curvada, ela vai adquirir o hábito de que, quando for solta e deixada novamente em sua própria liberdade, ela não apenas não vai se restaurar, mas também vai requerer tanta força para voltar à sua primeira postura, como requereu para sua primeira curvatura.

{ Capítulo XXIII }

Do Centro de Equilíbrio de Corpos Pressionados para Baixo em Linhas Retas Paralelas

1. Definições e suposições.

2. Dois planos de equilíbrio nunca são paralelos.

3. O centro de equilíbrio está em todo plano de equilíbrio.

4. Os momentos de pesos iguais estão um para o outro da mesma forma como suas distâncias a partir do centro da balança.

5-6. Os momentos de pesos desiguais estão em proporção a seus pesos e distâncias ao centro da balança.

7. Se os pesos e distâncias de dois pesos ao centro da balança estão em proporção recíproca, eles estão igualmente equilibrados; e vice-versa.

8. Se as partes de qualquer peso pressionam os braços da balança em todos os pontos igualmente, todas as partes cortadas, contadas a partir do centro da balança, terão seus momentos na mesma proporção das partes de um triângulo cortado a partir do vértice por linhas retas paralelas à base. Se ao comprimento total do braço da balança for aplicado um paralelogramo, ou um paralelepípedo, ou um prisma, ou um cilindro, ou a superfície de um cilindro, ou de uma esfera, ou de qualquer porção de uma esfera ou prisma, as partes de qualquer um deles cortadas pelos planos paralelos à base terão seus momentos na mesma proporção que as partes de um triângulo, cujo vértice está no centro da balança e um de seus lados é o próprio braço da balança, cujas partes são cortadas por planos paralelos à base.

9. O diâmetro de equilíbrio de figuras incompletas conforme proporções comensuráveis de suas alturas e bases dividem o eixo de tal forma, que a parte tomada próxima ao vértice está para a outra parte da figura completa como está para a figura incompleta.

10. O diâmetro de equilíbrio do complemento da metade de qualquer das figuras incompletas citadas divide a linha traçada através do vértice paralela à base de forma que a parte próxima ao vértice está para a outra parte como a figura completa está para o complemento.

11. O centro de equilíbrio da metade de qualquer das figuras incompletas na primeira fileira da tabela do artigo 3, capítulo XVII, pode ser encontrado pelos números da segunda fileira.

12. O centro de equilíbrio da metade de qualquer das figuras da segunda fileira da mesma tabela pode ser encontrado pelos números da quarta fileira.

13. Sendo conhecido o centro de equilíbrio da metade de qualquer das figuras na mesma tabela, o centro do excesso da mesma figura sobre um triângulo de mesma altura e base também é conhecido.

14. O centro de equilíbrio de um setor sólido é dividido no eixo de tal forma que a parte próxima ao vértice seja ¾ do eixo todo, se for tomada metade do eixo da porção da esfera.

*
* *

1.
Definições e suposições

Definições

I. Uma *balança* é uma linha reta, cujo ponto médio é imóvel e todos os demais pontos estão em liberdade; e a parte da balança que se estende do centro até cada um dos pesos é chamada de *braço da balança.*

II. *Equilíbrio* é quando o esforço de um corpo que pressiona um dos braços da balança resiste ao esforço de outro corpo pressionando o outro braço, de tal forma que nenhum deles é movido; e os corpos, quando nenhum deles é movido, são ditos estarem *igualmente equilibrados.*

III. *Peso* é o agregado de todos os esforços pelos quais todos os pontos do corpo que pressiona o braço da balança tendem para baixo em linhas paralelas umas às outras; e o corpo que pressiona é chamado *peso*.

IV. *Momento* é o poder que o peso tem de mover o braço da balança por razão de uma determinada situação.

V. *O plano de equilíbrio* é aquele que divide o peso de tal forma que os momentos em ambos os lados permanecem iguais.

VI. *O diâmetro de equilíbrio* é a seção comum de dois planos de equilíbrio e está na linha reta na qual o peso está suspenso.

VII. *O centro de equilíbrio* é o ponto comum de dois diâmetros de equilíbrio.

Suposições

I. Quando dois corpos estão igualmente equilibrados, se for acrescentado peso a um deles e não ao outro, seu equilíbrio cessa.

II. Quando dois pesos de igual magnitude e da mesma espécie de matéria pressionam o braço da balança em ambos os lados a distâncias iguais do centro da balança, seus momentos são iguais. Também quando dois corpos se esforçam a distâncias iguais do centro da balança, se eles forem de igual magnitude e da mesma espécie, seus momentos são iguais.

2.
Dois planos de equilíbrio nunca são paralelos.

Seja A B C D um peso qualquer; e nele que E F seja um plano de equilíbrio, paralelamente ao qual seja traçado um plano qualquer, como G H. Digo que G H não é um plano de equilíbrio. Pois dado que as partes A E F D e E B C F do peso A B C D estão igualmente equilibradas, que o peso E G F H é acrescentado à parte A E F D, que nada é acrescentado à parte E B C F e que o peso E G H F é retirado dela; então, pela primeira suposição, as partes A G H D e G B C H estarão igualmente equilibradas; e consequentemente G H não é um plano de equilíbrio. Por isso dois planos de equilíbrio nunca são paralelos, conforme demonstrado.

3.

O CENTRO DE EQUILÍBRIO ESTÁ EM TODO PLANO DE EQUILÍBRIO.

POIS, se outro plano de equilíbrio for tomado, ele não será, conforme o artigo anterior, paralelo ao primeiro plano; de forma que esses dois planos vão se cortar um ao outro. E essa secção (pela sexta definição) é o diâmetro de equilíbrio. Analogamente se for tomado outro diâmetro de equilíbrio, este cortará o primeiro diâmetro; e nessa secção (pela sétima definição) está o centro de equilíbrio. Por isso o centro de equilíbrio está no diâmetro que pertence ao plano de equilíbrio referido.

4-5.

OS MOMENTOS DE PESOS IGUAIS ESTÃO UM PARA O OUTRO DA MESMA FORMA COMO SUAS DISTÂNCIAS A PARTIR DO CENTRO DA BALANÇA.

4.

O MOMENTO de qualquer peso aplicado a um ponto do braço da balança está para o momento do mesmo peso ou de um peso igual aplicado a qualquer ponto do braço da balança, assim como a distância do primeiro ponto ao centro da balança está para a distância do último ponto ao mesmo centro. Ou então, esses momentos estão um para o outro assim como os arcos dos círculos feitos sobre o centro da balança através desses pontos, ao mesmo tempo. Ou, finalmente desta forma, eles são como as bases paralelas de dois triângulos que têm um ângulo em comum no centro da balança.

Seja A o centro da balança e que os pesos iguais D e E pressionem o braço da balança A B nos pontos B e C; sejam as linhas retas B D e C E diâmetros de equilíbrio e que os pontos D e E nos pesos D e E sejam seus centros de equilíbrio. Que A G F seja traçada de forma a cortar D B produzida em F e E C em G; e finalmente, sobre o centro comum A, que os dois arcos B H e C I sejam descritos cortando A G F em H e I. Digo que o momento do peso D está para o momento do peso E, assim como A B está para A C, ou B H para C I, ou B F para C G. Pois o efeito do peso D no ponto B é movimento circular no arco B H; e o efeito do peso E no ponto C, movimento circular no arco C I; e por razão da igualdade dos pesos D e E, estes movimentos estão um para o outro na mesma proporção em que as celeridades ou velocidades com as quais os pontos B e C descrevem os arcos B H e C I, isto é, como os próprios arcos B H e C I, ou como as retas paralelas B F e C G, ou como as partes do braço de balança A B e A C; pois A B. A C :: B F. C G :: B H. C I são proporcionais; dessa forma, os efeitos, ou seja, pela quarta definição, os momentos de pesos iguais aplicados a vários pontos do braço da balança estão um para o outro assim como A B e A C; ou como as distâncias desses pontos do centro da balança; ou como as bases paralelas dos triângulos que têm um ângulo comum em A; ou como os arcos concêntricos B H e C I; conforme demonstrado.

5.

Pesos desiguais, quando aplicados a vários pontos do braço da balança e suspensos livremente, isto é, de forma que a linha pela qual estão suspensos seja o diâmetro de equilíbrio, qualquer que seja a figura do peso, têm seus momentos um para o outro em proporção combinada das proporções de suas distâncias ao centro da balança e de seus pesos.

Seja A o centro da balança e A B o braço da balança, ao qual sejam aplicados os dois pesos C e D nos pontos B e E. Digo que a proporção do momento do peso C para o momento do peso D é composta das proporções de A B para A E e do peso C para o peso D; ou, se C e D forem da mesma espécie, da magnitude C para a magnitude D. Suponha-as que ambos, como C, sejam maiores que o outro, D. Se, portanto, pelo acréscimo de F, F e D juntos sejam como um corpo igual a C, o momento de C para o momento de F + D será (pelo último artigo) como B G está para E H. Por outro lado, assim como F + D está para D, seja E H outro E I; e o momento de F + D, ou seja, o de C, para o momento de D, será como B G para E I. Mas a proporção de B G para E I é composta pelas proporções de B G para E H, isto é, de A B para A E, e de E H para E I, isto é, do peso C para o peso D. Por isso pesos desiguais, quando aplicados etc. conforme demonstrado.

6.

Os momentos de pesos desiguais estão em proporção a seus pesos e distâncias ao centro da balança.

Considerando ainda a mesma figura, se B K for traçada paralela ao braço da balança A B e cortando A G em K; e que K L seja traçada paralela a B G, cortando A B em L, as distâncias A B e A L do centro serão proporcionais aos momentos de C e D. Pois o momento de C é B G e o momento de D é E I, ao qual K L é igual. Mas a distância A B do centro está para a distância A L do centro, assim como B G, o momento do peso C, está para L K ou E I, o momento do peso D.

7.
SE OS PESOS E DISTÂNCIAS DE DOIS PESOS AO CENTRO DA BALANÇA ESTÃO EM PROPORÇÃO RECÍPROCA, ELES ESTÃO IGUALMENTE EQUILIBRADOS; E VICE-VERSA.

SE DOIS pesos tiverem seus pesos e distâncias ao centro em proporção recíproca, e o centro da balança estiver entre os pontos aos quais os pesos se aplicam, eles estarão igualmente equilibrados. E vice-versa, se eles estiverem igualmente equilibrados, seus pesos e distâncias ao centro da balança estarão em proporção recíproca.

Seja A o centro da balança e o braço da balança, A B; e que qualquer peso C, tendo B G como seu momento, seja aplicado ao ponto B; também que qualquer outro peso D, cujo momento é E I, seja aplicado ao ponto E. Através do ponto I seja traçada I K paralela ao braço da balança A B, cortando A G em K; além disso, que K L seja traçada paralela a B G, de forma que K L será então o momento do peso D; e pelo último artigo, B G, que é o momento do peso C no ponto B, estará para L K, o momento do peso D no ponto E, assim como A B para A L. No outro lado do centro da balança, seja N A tomada igual a A L; e ao ponto N seja aplicado o peso O, tendo o peso C a proporção de A B para A N. Digo que os pesos em B e N estarão igualmente equilibrados. Pois a proporção do momento do peso O no ponto N, para o momento do peso C no ponto B, é pelo quinto artigo, composta pelas proporções do peso O para o peso C, e da distância ao centro da balança A N ou A L para a distância do centro da balança A B. Mas dado que supusemos que a distância A B para a distância A N está em proporção recíproca do peso O para o peso C, a proporção do momento do peso O no ponto N, para o momento do peso C no ponto B, será composta das proporções de A B para A N, e de A N para A B. Por isso, colocando em ordem A B, A N, A B, o momento de O para o momento de C será como do primeiro para o último, isto é, como A B para A B. Seus momentos, portanto, são iguais; e consequentemente o plano que passa através de A será (pela quinta definição) um plano de equilíbrio. Por isso eles estarão igualmente equilibrados; conforme demonstrado.

Já o oposto disso é claro. Pois se houver equilíbrio e a proporção dos pesos e distâncias não for recíproca, então ambos os pesos sempre terão os mesmos momentos, apesar de um deles ter mais peso acrescentado a si ou sua distância alterada.

Conclusão: Quando os pesos são da mesma espécie e seus momentos forem iguais, suas magnitudes e distâncias ao centro da balança serão reciprocamente proporcionais. Pois em corpos homogêneos, peso está para peso, assim como magnitude para magnitude.

8.

Se as partes de qualquer peso pressionam os braços da balança em todos os pontos igualmente, todas as partes cortadas, contadas a partir do centro da balança, terão seus momentos na mesma proporção das partes de um triângulo cortado a partir do vértice por linhas retas paralelas à base. Se ao comprimento total do braço da balança for aplicado um paralelogramo, ou um paralelepípedo, ou um prisma, ou um cilindro, ou a superfície de um cilindro, ou de uma esfera, ou de qualquer porção de uma esfera ou prisma, as partes de qualquer um deles cortadas pelos planos paralelos à base terão seus momentos na mesma proporção que as partes de um triângulo, cujo vértice está no centro da balança e um de seus lados é o próprio braço da balança, cujas partes são cortadas por planos paralelos à base.

Em primeiro lugar, seja o paralelogramo reto A B C D aplicado ao comprimento total do braço A B da balança; e traçando C B até E, descreva-se o triângulo A B E. E que qualquer parte do paralelogramo, como A F, seja cortada pelo plano F G, paralelo à base C B; e que F G seja traçada até A E no ponto H. Digo que o momento de todo o paralelogramo A B C D está para o momento de sua parte A F, assim como o triângulo A B E está para o triângulo AGH, isto é, em proporção dupla às distâncias ao centro da balança.

Pois o paralelogramo $ABCD$, sendo dividido em partes iguais e infinitas por linhas retas traçadas paralelas à base; e supondo que o momento da linha reta CB seja BE, o momento da linha reta FG será GH (pelo sétimo artigo); e os momentos de todas as linhas retas daquele paralelogramo serão equivalentes às linhas retas no triângulo ABE traçado paralelamente à base BE; todas essas paralelas tomadas juntamente são o momento do paralelogramo $ABCD$ inteiro; e as mesmas paralelas também constituem a superfície do triângulo ABE. Por isso o momento do paralelogramo $ABCD$ é o triângulo ABE; e pela mesma razão, o momento do paralelogramo AF é o triângulo AGH; e, portanto, o momento do paralelogramo inteiro está para o momento de um paralelogramo que é parte deste, assim como o triângulo ABE está para o triângulo AGH, ou em proporção dupla àquela dos braços nos quais elas estão aplicadas. E o que foi demonstrado aqui no caso de um paralelogramo pode ser entendido para um cilindro, um prisma e suas superfícies; e também para a superfície de uma esfera, de um hemisfério ou qualquer porção de uma esfera. Pois as partes da superfície de uma esfera têm a mesma proporção das partes do eixo cortado pelas mesmas paralelas, pelo qual as partes da superfície são cortadas, como Arquimedes demonstrou; por isso quando as partes de qualquer uma dessas figuras são iguais e estão a distâncias iguais do centro da balança, seus momentos também são iguais, do mesmo modo que são nos paralelogramos.

Em segundo lugar, admitamos que o paralelogramo $AKIB$ não seja reto; mesmo assim, a linha reta IB pressionará o ponto B perpendicularmente na linha reta BE; e a linha reta LG pressionará o ponto G perpendicularmente na linha reta GH; e todo o restante das linhas retas paralelas a IB fará o mesmo. Por isso qualquer que seja o momento assinalado à linha reta IB, como aqui, por exemplo, este deve ser BE, se AE for traçada, e o momento do paralelogramo inteiro AI será o triângulo ABE; e o momento da parte AL será o triângulo AGH. Dessa forma, o momento de qualquer peso que tenha seus lados igualmente aplicados ao braço da balança, tanto se forem aplicados perpendicular ou obliquamente, estará sempre para o momento de uma parte deste em proporção tal como o triângulo inteiro tem para uma parte deste, cortada por um plano paralelo à base.

9.

O DIÂMETRO DE EQUILÍBRIO DE FIGURAS INCOMPLETAS
CONFORME PROPORÇÕES COMENSURÁVEIS DE SUAS ALTURAS E
BASES DIVIDEM O EIXO DE TAL FORMA, QUE A PARTE TOMADA
PRÓXIMA AO VÉRTICE ESTÁ PARA A OUTRA PARTE DA FIGURA
COMPLETA COMO ESTÁ PARA A FIGURA INCOMPLETA.

O CENTRO de equilíbrio de qualquer figura incompleta de acordo com proporções comensuráveis da altitude diminuída da base, e cuja figura completa não é um paralelogramo, nem um cilindro, nem um paralelepípedo, divide o eixo de tal forma que a parte próxima ao vértice está para a outra parte, assim como a figura completa está para a incompleta.

Pois seja C I A P E uma figura incompleta, cujo eixo é A B e cuja figura completa é C D F E; e que o eixo A B seja dividido em Z de tal forma que A Z esteja para Z B assim como C D F E está para C I A P E. Digo que o centro de equilíbrio da figura C I A P E estará no ponto Z.

Em primeiro lugar, que o centro de equilíbrio da figura C I A P E está em algum lugar no eixo A B fica claro por si mesmo; e, portanto, A B é um diâmetro de equilíbrio. Seja traçada A E e que B E seja o momento da linha reta C E; o triângulo A B E será, portanto (pelo terceiro artigo), o momento da figura completa C D F E. Seja o eixo A B dividido igualmente em L, e que G L H seja traçada paralela e igual à linha reta C E, cortando a linha torta C I A P E em I e P, e as linhas retas A C e A E em K e M. Além disso, tracemos Z O paralela à mesma C E; e que L G esteja para L I, assim como L I para outra, L N; e que o mesmo seja feito para todo o restante das linhas retas possíveis paralelas à base; e através de todos os pontos N seja traçada a linha A N E; a figura de três lados A N E B será, portanto, o momento da figura C I A P E. Por outro lado, o triângulo A B E está (pelo nono artigo do capítulo XVII) para a figura de três lados A N E B assim como A B C D + A I C B está para A I C B tomada duas vezes, ou seja, assim como C D F E + C I A P E está para C I A P E tomado duas vezes. Porém, da mesma forma como C I A P E está para C D F E, isto é, como o peso da figura incompleta está para o peso da figura completa, C I A P E tomado duas vezes está para C D F E tomado duas vezes. Por isso colocando em ordem C D F E + C I A P E. 2 C I A P E. 2 C D F E; a proporção de C D F E + C I A P E para C D F E tomado duas vezes será composta da proporção de C D F E + C I A P E para C I A P E tomado duas vezes, ou seja, da proporção tomada reciprocamente do peso da figura incompleta para o peso da figura completa.

Novamente, vendo por suposição que A Z. Z B :: C D F E. C I A P E são proporcionais; A B. A Z :: C D F E + C I A P E. C D F E também serão proporcionais por composição. E dado que A L é a metade de A B, A L. A Z :: C D F E + C I A P E. 2 C D F E também serão proporcionais. Mas a proporção de C D F E + C I A P E para 2 C D F E é composta, como acabou de ser mostrado, pelas proporções de momento para momento etc., e, portanto, a proporção de A L para A Z é composta pela proporção do momento da figura completa C D F E para o momento da figura incompleta C I A P E, e pela proporção do peso da figura incompleta C I A P E para o peso da figura completa C D F E; mas a proporção de A L para A Z é composta pelas proporções de A L para B Z e de B Z para A Z. Por outro lado, a proporção de B Z para A Z é a proporção dos pesos tomados reciprocamente, isto é, do peso C I A P E para o peso C D F E. Portanto a proporção restante de A L para B Z, ou seja, de L B para B Z, é a proporção do momento do peso C D F E para o momento do peso C I A P E. Mas a proporção de A L para B Z é composta pelas proporções de A L para A Z e de A Z para Z B; dentre essas proporções a proporção de A Z para Z B é a proporção do peso C D F E para o peso C I A P E. Por isso (pelo artigo quinto deste capítulo), a proporção restante de A L para A Z é a proporção das distâncias dos pontos Z e L ao centro da balança, que é A. Dessa forma (pelo sexto artigo), o peso C I A P E deve pender de O na linha reta O Z. Assim, O Z é um diâmetro de equilíbrio do peso C I A P E. Mas a linha reta A B é o outro diâmetro de equilíbrio do mesmo peso C I A P E. Portanto (pela sétima definição), o ponto Z é o centro do mesmo equilíbrio; tal ponto, por construção, divide o eixo de tal forma, que a parte A Z, que está próxima ao vértice, está para a outra parte Z B, assim como a figura completa C D F E está para a figura incompleta C I A P E; conforme demonstrado.

Conclusão I: O centro de equilíbrio de qualquer uma dessas figuras planas de três lados, que estão comparadas com suas figuras completas na tabela do artigo terceiro do capítulo XVII, pode ser encontrado na mesma tabela, tomando o denominador da fração como a parte do eixo cortada próxima ao vértice e o numerador como a outra parte próxima à base. Por exemplo, se for necessário encontrar o centro de equilíbrio da segunda figura de três lados de quatro médias, há na intersecção da segunda coluna com a fileira de figuras de três lados de quatro médias a fração $\frac{5}{7}$, a qual significa que aquela figura está para seu paralelogramo ou figura completa assim como $\frac{5}{7}$ está para a unidade, isto é, como $\frac{5}{7}$ para $\frac{7}{7}$, ou como 5 para 7; portanto, o centro de equilíbrio dessa figura divide o eixo de tal forma que a parte próxima ao vértice está para a outra parte, assim como 7 está para 5.

Conclusão II: O centro de equilíbrio de qualquer um dos sólidos das figuras contidas na tabela do sétimo artigo do mesmo capítulo XVII está exibido na mesma tabela. Por exemplo, se precisarmos determinar o centro de equilíbrio de um cone, veremos que o cone é $\frac{1}{3}$ de seu cilindro; portanto o centro de equilíbrio dividirá o eixo de forma que a parte próxima ao vértice estará para a outra parte, assim como 3 está para 1. Analogamente o sólido de uma figura de três lados de uma média, ou seja, um sólido parabólico, dado que ele é $\frac{2}{4}$, isto é, $\frac{1}{2}$ de seu cilindro, terá seu centro de equilíbrio no ponto que divide o eixo de tal forma que a parte próxima ao vértice seja o dobro da parte próxima à base.

10.

O DIÂMETRO DE EQUILÍBRIO DO COMPLEMENTO DA METADE DE QUALQUER DAS FIGURAS INCOMPLETAS CITADAS DIVIDE A LINHA TRAÇADA ATRAVÉS DO VÉRTICE PARALELA À BASE DE FORMA QUE A PARTE PRÓXIMA AO VÉRTICE ESTÁ PARA A OUTRA PARTE COMO A FIGURA COMPLETA ESTÁ PARA O COMPLEMENTO.

O DIÂMETRO de equilíbrio do complemento da metade de qualquer uma das figuras contidas na tabela do artigo 3, capítulo XVII, divide a linha traçada através do vértice paralelo e igual à base de tal forma, que a parte próxima ao vértice estará para a outra parte, assim como a figura completa está para o complemento.

Pois, seja A I C B a metade de uma parábola, ou de qualquer outra figura de três lados que esteja na tabela do artigo três, capítulo XVII, cujo eixo é A B e a base B C, tendo A D traçada a partir do vértice igual e paralela à base B C, e cuja figura completa é o paralelogramo A B C D. Seja I Q traçada a qualquer distância do lado C D, mas paralela a ele; e que A D seja a cota do complemento A I C D, e Q I seja uma linha apropriadamente aplicada a ela. Por isso a cota A L na figura incompleta A I C B é igual a Q I, que é a linha apropriadamente aplicada a seu complemento; e vice-versa, L I, a linha apropriadamente aplicada à figura A I C B, é igual à altitude A Q em seu complemento; e assim em todo o restante das linhas ordenadas e das cotas a mudança é tal que a linha aplicada apropriadamente à figura é a cota de seu complemento. Desse modo, a proporção das cotas decrescentes em relação ao decréscimo das linhas ordenadas, sendo multiplicada de acordo com qualquer número na figura incompleta, é submultiplicada de acordo com o mesmo número em seu complemento. Por exemplo, se A I C B for uma parábola, dado que a proporção de A B para A L é o dobro da de B C para L I, a proporção de A D para A Q, no complemento A I C D, o qual é o mesmo que B C para L I, será subduplicada por aquele de C D para Q I, que é a mesma daquela de A B para A L; e consequentemente, em uma parábola, o complemento estará para o paralelogramo, assim como 1 está para 3; em uma figura de três lados de duas médias, como 1 está para 4; em uma figura de três lados de três médias, como 1 está para 5 etc. Por outro lado, todas as linhas ordenadas juntas em A I C D são seu momento; e todas as linhas ordenadas A I C B são seu momento. Dessa forma, os momentos dos complementos das metades das figuras incompletas na tabela do artigo 3 do capítulo XVII, sendo comparadas, são como as próprias figuras incompletas; e, portanto, o diâmetro de equilíbrio dividirá a linha reta A D em uma proporção tal que a parte próxima ao vértice esteja para a outra parte, assim como a figura completa A B C D está para o complemento A I C D.

Conclusão: O diâmetro de equilíbrio dessas metades pode ser encontrado pela tabela 3 do capítulo XVII desta maneira. Propondo-se uma figura incompleta qualquer, a saber, a segunda figura de três lados de duas médias. Esta figura está para a figura completa como $\dfrac{3}{5}$, isto é,

Elementos da Filosofia   Capítulo **XXIII**   **335**

assim como 3 está para 5. Por isso o complemento da mesma figura completa está na proporção de 2 para 5; e, portanto, o diâmetro de equilíbrio deste complemento cortará a linha reta traçada do vértice paralelamente à base, de tal forma que a parte próxima ao vértice estará para a outra parte, assim como 5 está para 2. E, de maneira análoga, propondo-se qualquer outra das figuras de três lados citadas, se o numerador de sua fração encontrado na tabela for subtraído do denominador, a linha reta traçada do vértice deve ser dividida de tal forma que a parte próxima ao vértice esteja para a outra parte, assim como o denominador está para o resultado daquela subtração.

11.

O CENTRO DE EQUILÍBRIO DA METADE DE QUALQUER
DAS FIGURAS INCOMPLETAS NA PRIMEIRA FILEIRA
DA TABELA DO ARTIGO 3, CAPÍTULO XVII, PODE SER
ENCONTRADO PELOS NÚMEROS DA SEGUNDA FILEIRA.

O CENTRO de equilíbrio da metade de qualquer uma das figuras de linhas tortas da primeira fileira da tabela do artigo terceiro do capítulo XVII está em uma linha reta paralela ao eixo e que divide a base de acordo com os números da fração seguinte abaixo dela na segunda fileira, de tal forma que o numerador esteja relacionado com a parte que está em direção ao eixo.

Por exemplo, tomemos a primeira figura de três médias, cuja metade é A B C D, e completemos o retângulo A B E D. O complemento, portanto, será B C D E. E dado que A B E D está para a figura A B C D (pela tabela) assim como 5 está para 4, o mesmo A B E D será o complemento B C D E como 5 está para 1. Por isso, se traçarmos F G paralela à base D A, cortando o eixo de tal forma que A G esteja para G B, assim como 4 está para 5, o centro de equilíbrio da figura A B C D estará, pelo artigo precedente, em algum lugar na mesma F G. Da mesma forma, dado que, pelo mesmo artigo, a figura completa A B E D está para o complemento B C D E assim como 5 está para 1, portanto se B E e A D forem divididos em I na proporção de 5 para 1, o centro de equilíbrio do complemento B C D E estará em algum lugar na linha reta que conecta H e I. Por outro lado, tracemos a linha reta L K através de M, o centro da figura completa, paralela à base;

e a linha reta NO através do mesmo centro M, perpendicular a este; e que as linhas retas LK e FG cortem a linha reta HI em P e Q. Tomemos PR quatro vezes maior que PQ; e tracemos RM estendida até FG em S. RM, portanto, estará para MS, assim como 4 está para 1, isto é, como a figura ABCD está para seu complemento BCDE. Por conseguinte, dado que M é o centro da figura completa ABED, e que as distâncias de R e S ao centro M estão em proporção recíproca em relação ao peso do complemento BCDE para o peso da figura ABCD, então R e S serão ou os centros de equilíbrio de suas próprias figuras, ou esses centros estarão em alguns outros pontos dos diâmetros de equilíbrio HI e FG. Mas isto é impossível. Pois nenhuma outra linha reta pode ser traçada através do ponto M terminando nas linhas retas HI e FG e mantendo a proporção de MR para MS, isto é, da figura ABCD para seu complemento BCDE. Dessa forma o centro de equilíbrio da figura ABCD está no ponto S. Por outro lado, dado que PM tem a mesma proporção para QS que RP tem para RQ, então QS será cinco das partes das quais PM é quatro, isto é, das quais IN é quatro. Mas IN ou PM são duas daquelas partes das quais EB ou FG são 6; e, portanto, se forem como 4 para 5, então 2 para um quarto, esse quarto será $2\frac{1}{2}$. Por isso QS é $2\frac{1}{2}$ das partes das quais FG é 6. Mas FQ é 1; e, portanto, FS é $3\frac{1}{2}$. Por conseguinte, a parte restante GS é $2\frac{1}{2}$. Dessa forma FG é dividida em S, de tal modo que a parte em direção ao eixo está na proporção para a outra parte, assim como $2\frac{1}{2}$ para $3\frac{1}{2}$, isto é, como 5 para 7; isto responde à fração de $\frac{5}{7}$ na segunda fileira, a próxima abaixo da fração $\frac{4}{5}$ na primeira fileira. Portanto, traçando ST paralela ao eixo, a base será dividida de forma análoga.

Por este método fica claro que a base de uma semiparábola será dividida em 3 e 5; e a base da primeira figura de três lados de duas médias, em 4 e 6; e da primeira figura de quatro médias, em 6 e 8. Portanto, as frações da segunda fileira denotam as proporções nas quais as bases das figuras da primeira fileira são divididas pelos diâmetros de equilíbrio. Mas a primeira fileira começa um lugar acima da segunda fileira.

12.

O CENTRO DE EQUILÍBRIO DA METADE DE QUALQUER DAS FIGURAS DA SEGUNDA FILEIRA DA MESMA TABELA PODE SER ENCONTRADO PELOS NÚMEROS DA QUARTA FILEIRA.

O CENTRO de equilíbrio da metade de qualquer das figuras na segunda fileira da mesma tabela do artigo 3 do capítulo V XII está em uma linha paralela ao eixo e divide a base de acordo com os números da fração na quarta linha, dois lugares abaixo, de forma que o numerador esteja relacionado com a parte próxima ao eixo.

Tomemos a metade da segunda figura de três lados de duas médias e a designemos por A B C D, cujo complemento é B C D E; e completemos o retângulo A B E D. Que este retângulo seja dividido pelas duas linhas retas L K e N O, cortando uma à outra no centro M em ângulos retos; dado que A B E D está para A B C D, assim como 5 está para 3, admita-se que A B seja dividida em G de forma a que A G esteja para B G, assim como 3 está para 5; e que F G seja traçada paralela à base. Também porque A B E D está (pelo artigo 9) para B C D E, assim como 5 está para 2, que B E seja dividida no ponto I de maneira tal que B I esteja para I E, assim como 5 está para 2; e que I H seja traçada paralela ao eixo, cortando L K e F G em P e Q. Por outro lado, tomemos P R tal que esta esteja para P Q, assim como 3 está para 2, e que R M seja traçada e estendida até F G em S. Vendo, portanto, que R P está para P G, isto é, R M está para M S, assim como A B C D está para seu complemento B C D E, e os centros de equilíbrio de A B C D e B C D E estão nas linhas retas F G e H I, e o centro de equilíbrio de ambas juntas está no ponto M; R será o centro do complemento B C D E, e S o centro da figura A B C D. E vendo que P M, isto é I N, está para Q S, assim como R P está para R Q; e que I N ou P M é 3 dessas partes, da qual B E, ou seja, F G, é 14; portanto, Q S é 5 das mesmas partes; e E I, isto é, F Q, 4 ; e F S, 9; e G S, 5. Por isso a linha reta S T, sendo traçada paralelamente ao eixo, dividirá a base A D em 5 e 9.

Mas a fração $\frac{5}{9}$ se encontra na quarta linha da tabela, duas posições abaixo da fração $\frac{3}{5}$ na segunda linha.

Pelo mesmo método, se na mesma segunda linha for tomada a segunda figura de três lados de três médias, o centro de equilíbrio de sua metade estará em uma linha reta paralela ao eixo, dividindo a base de acordo com os números da fração $\frac{6}{10}$, duas posições abaixo na quarta linha. E o mesmo procedimento vale para todo o resto das figuras na segunda linha. De forma análoga, o centro de equilíbrio da terceira figura de três lados e três medianos estará em uma linha reta paralela ao eixo, dividindo a base de forma que a parte próxima à base esteja para a outra parte assim como 7 está para 13 etc.

Conclusão: Os centros de equilíbrio das metades das figuras citadas são conhecidos, dado que eles estão na intersecção das linhas retas S T e F G, que são ambas conhecidas.

13.
SENDO CONHECIDO O CENTRO DE EQUILÍBRIO DA METADE DE QUALQUER DAS FIGURAS NA MESMA TABELA, O CENTRO DO EXCESSO DA MESMA FIGURA SOBRE UM TRIÂNGULO DE MESMA ALTURA E BASE TAMBÉM É CONHECIDO.

SENDO conhecido o centro de equilíbrio da metade de qualquer das figuras que são comparadas com seus paralelogramos (na tabela do artigo 3 do capítulo XVII), então o centro de equilíbrio do excesso da mesma figura acima de seu triângulo também é conhecido.

Por exemplo, tomemos a semiparábola A B C D, cujo eixo é A B, cuja figura completa é A B E D e cujo excesso acima de seu triângulo é B C D B. Seu centro de equilíbrio pode ser encontrado desta maneira. Tracemos F G paralela à base de tal forma que A F seja a terceira parte do eixo; e que H I seja traçada paralela ao eixo de forma que A H seja um terço da base. Com este procedimento, o centro de equilíbrio do triângulo A B D será I. Novamente, tracemos K L paralela à base de forma que A K esteja para A B assim como 2 está para 5; e M N paralela ao eixo de forma que A M esteja para A D, assim como 3 está para 8; e que M N termine na linha reta K L. Dessa forma o centro de equilíbrio da parábola A B C D é N; e, portanto, temos os centros de equilíbrio da semiparábola A B C D e de parte de seu triângulo A B D. Para determinarmos o centro de equilíbrio da parte restante B C D B, tracemos I N estendida até O de forma que N O seja o triplo de I N; e O será o centro a ser determinado. Pois vendo que o peso de A B D está para o peso de B C D B em proporção recíproca com aquela da linha reta N O para a linha reta I N; e N é o centro do todo, e I, o centro do triângulo A B D; O será o centro da parte restante, a saber, da figura B D C B; conforme determinado.

Conclusão: O centro de equilíbrio da figura B D C B está na intersecção de duas linhas retas, das quais uma é paralela à base e divide o eixo de forma que a parte próxima à base seja $\frac{3}{5}$ ou $\frac{9}{15}$ do eixo todo; a outra linha reta é paralela ao eixo e divide a base de tal forma que a parte em direção ao eixo seja $\frac{1}{2}$, ou $\frac{12}{24}$ de toda a base. Pois traçando O P paralela à base, esta estará como I N para N O, da mesma forma como F K para K P, isto é, como 1 para 3 ou como 5 para 15. Mas A F é $\frac{5}{15}$, ou $\frac{1}{3}$ de toda A B; e A K é $\frac{6}{15}$, ou ; e F K, $\frac{1}{15}$; e K P, $\frac{3}{15}$; e, portanto, A P é $\frac{9}{15}$ do eixo A B. Também A H é $\frac{1}{3}$, ou $\frac{8}{24}$; e A M, $\frac{3}{8}$, ou $\frac{9}{24}$ da base toda; e, portanto, O Q sendo traçada paralela ao eixo, então M Q, que é o triplo de H M, será . Por isso A Q é $\frac{12}{24}$, ou $\frac{1}{2}$ da base A D.

Os excessos do restante das figuras de três lados na primeira linha da tabela do artigo 3 do capítulo XVII têm seus centros de equilíbrio em duas linhas retas que dividem o eixo e a base de acordo com frações que somam 4 aos numeradores das frações de uma parábola $\frac{9}{15}$ e $\frac{12}{24}$; e 6 aos denominadores, desta maneira:

Em uma parábola, o eixo $\frac{2}{15}$, a base $\frac{12}{24}$;

Na primeira figura de três lados o eixo $\frac{12}{21}$, a base $\frac{16}{30}$;

Na segunda figura de três lados o eixo $\frac{17}{27}$, a base $\frac{29}{16}$ etc.

E, pelo mesmo método, qualquer pessoa que se dispuser poderá encontrar os centros de equilíbrio dos excessos acima de seus triângulos do restante das figuras na segunda e terceira linhas etc.

14.
O CENTRO DE EQUILÍBRIO DE UM SETOR SÓLIDO É DIVIDIDO NO EIXO DE TAL FORMA QUE A PARTE PRÓXIMA AO VÉRTICE SEJA ¾ DO EIXO TODO, SE FOR TOMADA METADE DO EIXO DA PORÇÃO DA ESFERA.

O CENTRO de equilíbrio do setor de uma esfera, isto é, de uma figura composta de um cone reto, cujo vértice é o centro da esfera, e da porção da esfera cuja base é a mesma que a do cone, divide a linha reta feita pelo eixo do cone e metade do eixo da porção tomadas em conjunto, de forma que a parte próxima ao vértice seja o triplo da outra parte, ou de toda a linha reta na proporção de 3 para 4.

Pois, seja ABC o setor da esfera cujo vértice é o centro da esfera A e o eixo é AD; e o círculo sobre BC é a base comum entre a porção da esfera e o cone cujo vértice é A; o eixo da porção referida é ED e sua metade, FD; e o eixo do cone é AE. Finalmente, que AG seja ¾ da linha reta AF. Digo que G é o centro de equilíbrio do setor ABC.

Tracemos a linha reta FH de qualquer comprimento, formando ângulos retos com AF em F; e traçando a linha reta AH, completemos o triângulo AFH. Sobre o mesmo centro E tracemos qualquer arco IK, cortando AD em L; e sua corda cortando AD em M; e dividindo ML igualmente em N, tracemos NO paralela à linha reta FH e encontrando a linha reta AH em O.

Observando que BDC é a superfície esférica da porção cortada pelo plano que passa através de BC, e que ela corta o eixo em ângulos retos; e dado que FH divide ED, o eixo da porção, em duas partes iguais em F; o centro de equilíbrio da superfície BDC estará em F (pelo artigo 8); e pela mesma razão o centro de equilíbrio da superfície ILK, K estando na linha reta AC, estará em N. E, de maneira análoga, se forem traçados, entre o centro da esfera A e a superfície esférica mais externa do setor, arcos em número infinito, os centros de equilíbrio da superfície esférica, na qual se encontram os arcos, estariam na parte do eixo interceptada entre a própria superfície e um plano passando ao longo da corda do arco e cortando o eixo no mediano em ângulos retos.

Suponhamos agora que o momento da superfície esférica mais externa B D C seja F H. Dado que a superfície B D C está para a superfície I L K em proporção dupla àquela do arco B D C para o arco I L K, isto é, de B E para I M, isto é, de F H para N O; e que F H esteja para N O, assim como N O está para outro N P; e da mesma forma como N O está para N P, então N P está para outro N Q; e façamos o mesmo em todas as linhas retas paralelas à base F H que possam ser traçadas entre a base e o vértice do triângulo A F H. Se através de todos os pontos Q for traçada a linha torta A Q H, a figura A F H Q A será o complemento da primeira figura de três lados de duas médias; e esta será também o momento de todas as superfícies esféricas, das quais o setor sólido A B C D é composto; consequentemente, este será o momento do próprio setor. Por outro lado, consideremos F H como o raio da base de um cone reto, cujo lado é A H e o eixo, A F. Desse modo, dado que as bases dos cones que passam através de F e N e o restante dos pontos do eixo, estão em proporção duplicada àquela das linhas retas F H e N O etc., então o momento de todas as bases juntas, isto é, do cone inteiro, será a própria figura A F H Q A; e, portanto, o centro de equilíbrio do cone A F H é o mesmo do setor sólido. Por isso, dado que A G é $\frac{3}{4}$ do eixo A F, o centro de equilíbrio do cone A F H está em G; e, portanto, o centro do setor sólido está em G também e divide a parte A F do eixo de forma que A G é o triplo de G F; isto é, A G está para A F, assim como 3 está para 4; conforme demonstrado.

Note que, quando o setor é um hemisfério, o eixo do cone desaparece no centro da esfera; e, portanto, não acrescenta nada à metade do eixo dessa porção. Por isso, se no eixo do hemisfério forem tomados a partir do centro $\frac{3}{4}$ da metade do eixo, isto é, $\frac{3}{8}$ do raio da esfera, ali será o centro de equilíbrio do hemisfério.

{ Capítulo XXIV }

DA REFRAÇÃO E REFLEXÃO

1. Definições.
2. Não há refração no movimento perpendicular.
3. Coisas que são lançadas de um mediano menor para um maior refratam de uma forma que o ângulo refratado fique maior do que o ângulo de inclinação.
4. Esforço, que de um ponto sustenta tudo, será refratado de forma que o seno do ângulo refratado seja o seno do ângulo de inclinação e a densidade do primeiro mediano seja a densidade do segundo mediano, reciprocamente.
5. O seno do ângulo refratado em uma inclinação é o seno do ângulo refratado em outra angulação, de forma que o ângulo daquela inclinação seja o ângulo desta inclinação.
6. Se duas linhas de incidência que possuem inclinação igual, estando uma em um mediano menor e outra em um mediano maior, o seno do ângulo de inclinação será um mediano proporcional entre os dois senos do ângulo.
7. Se o ângulo de inclinação for semirreto, e a linha de inclinação estiver no mediano maior, e a proporção das densidades for a mesma de uma diagonal da lateral do quadrado, e as superfícies de separação forem planas, a linha refratada ficará nas superfícies de separação.
8. Se um corpo cair em linha reta sobre outro corpo e não penetrá-lo, mas for refletido nele, o ângulo de reflexão será igual ao ângulo de incidência.
9. O mesmo acontece na geração do movimento na linha de incidência.

1.
Definições.

I. Refração é a quebra da linha reta, na qual um corpo é movido ou sua ação procede para o mesmo mediano, em direção a duas linhas retas, por conta das diferentes naturezas dos dois medianos.

II. O que acontece antes disso é chamado de *linha de incidência*; o que vem depois é a *linha refratada*.

III. O *ponto de refração* é o ponto comum entre a linha de incidência e a linha refratada.

IV. As *superfícies refratadas*, também chamadas de *superfícies de separação* de dois medianos, são onde se localiza o ponto de refração.

V. O *ângulo refratado* é o ponto de encontro entre a linha refratada e o ponto de refração, o qual surge a partir do mesmo ponto.

VI. O *ângulo de refração* é aquele produzido pela linha refratada e a linha de incidência.

VII. O *ângulo de inclinação* é produzido pela linha de incidência, o qual, a partir do ponto de refração, surge de forma perpendicular às superfícies de separação.

VIII. O *ângulo de incidência* é o complemento a um ângulo à direita do ângulo de inclinação. Dessa forma, ocorre refração em A B F. A linha refratada é B F. A linha de incidência é A B. O ponto de incidência e de refração é B. As superfícies de refração ou separação são D B E. A linha de incidência produzida diretamente é A B C. O ponto perpendicular às superfícies de separação é B H. O ângulo de refração é C B F. O ângulo refratado é H B F. O ângulo de inclinação é A B G ou H B C. O ângulo de incidência é A B D.

IX. Além disso, entende-se que o *mediano menor* é o que possui menos resistência ao movimento, ou à geração do movimento; e o maior é o que possui mais resistência.

X. O mediano em que há igual resistência em toda parte é um *mediano homogêneo*. Todos os outros medianos são *heterogêneos*.

2.
Não há refração no movimento perpendicular.

Se um corpo passar, ou houver geração de movimento de um mediano a outro de diferente densidade, numa linha perpendicular às superfícies de separação, não haverá refração. Por serem vistos por todos os lados do perpendicular, todas as coisas no mediano devem ser iguais, se o movimento em si for perpendicular, as inclinações também serão iguais, ou não haverá inclinação alguma; e portanto, não há causa na qual a refração possa inferir em um lado do perpendicular, o que não levará ao mesmo tipo de refração do outro lado. Dessa forma, a refração de um lado irá destruir a refração do outro e, consequentemente, haverá linhas refratadas por toda parte, o que é um absurdo, ou ainda não haverá linha refratada alguma, conforme demonstrado.

Conclusão. É, portanto, evidente, que a causa da refração consiste somente da obliquidade da linha de incidência, com o corpo incidente penetrando nos dois medianos, ou sem penetração, ao propagar movimento somente por pressão.

3.
Coisas que são lançadas de um mediano menor para um maior refratam de uma forma que o ângulo refratado fique maior do que o ângulo de inclinação.

Se um corpo, sem nenhuma alteração em seu interior, tal como uma pedra, mover-se de forma oblíqua para em um mediano maior, e proceder penetrando o mediano maior de tal forma que o seu interior seja reconstituído à situação anterior, o ângulo refratado será maior do que o ângulo de inclinação.

Sendo D B E as superfícies de separação de dois medianos; e entendendo-se que um corpo, lançado como uma pedra, deva mover-se em linha reta A B C; e estando A B no mediano menor, como no ar ; e B C no maior, como na água. Digo que a pedra lançada move-se em A B, e não procede em B C, mas sim em outra linha, ou seja, com a qual a perpendicular B H faz o ângulo refratado H B F maior do que o ângulo de inclinação H B C.

Observa-se que a pedra, vindo de A, e caindo sobre B, faz com o que está em B proceda em direção a H, e o mesmo acontece com todas as linhas retas que estão paralelas a B H ; e que as partes em movimento se reconstituem pelo movimento contrário na mesma linha; não haverá movimento gerado em H B, nem em todas as linhas retas que estão paralelas a ele. Portanto, o movimento da pedra ocorrerá pela junção dos movimentos em A G que está em D B, e em G B que está em B H, e finalmente, em H B que está na junção dos três movimentos. Mas a junção dos movimentos em A G e B H carregará a pedra para C; e, portanto, ao acrescentar o movimento em H B, será carregada para um ponto mais alto em alguma outra linha, como em B F, fazendo com que o ângulo H B F seja maior que o ângulo H B C.

Portanto, daí se pode derivar a causa porque os corpos são lançados numa linha bem oblíqua, não sendo nenhum deles plano, ou lançados com muita força, quando caem na água, podem ser rebatidos pela água em direção ao ar.

Sendo A B as superfícies da água; nas quais, do ponto C, uma pedra seja lançada em linha reta C A, produzindo com a linha B A um ângulo bem pequeno C A D; e produzindo B A indefinitivamente a D, sendo C D perpendicular e A E paralelo a C D. A pedra, portanto, irá mover-se em C A pela junção de dois movimentos em C D e D A, cujas velocidades ocorrem com as próprias linhas C D e D A. E do movimento em C D e todas as suas paralelas para baixo, assim que a pedra cair sobre A, haverá uma reação para cima, pois a água se reconstitui à sua situação anterior. Agora, se a pedra for lançada com obliquidade suficiente, ou seja, se a linha reta C D for pequena o suficiente, ou seja, se o esforço da pedra para baixo for menor que a reação da água para cima, portanto, menor do que o esforço em si em sua própria gravidade (talvez por isso), a pedra, por conta do excesso de esforço de que água precisa fazer para se reconstituir, além do esforço feito pela pedra para baixo, irá levantar novamente acima das superfícies A B, sendo lançada ainda mais para cima, refletida numa linha mais acima, como a linha A G.

4.

ESFORÇO, QUE DE UM PONTO SUSTENTA TUDO, SERÁ REFRATADO
DE FORMA QUE O SENO DO ÂNGULO REFRATADO SEJA O SENO DO
ÂNGULO DE INCLINAÇÃO E A DENSIDADE DO PRIMEIRO MEDIANO
SEJA A DENSIDADE DO SEGUNDO MEDIANO, RECIPROCAMENTE.

EM PRIMEIRO lugar, sendo um corpo no mediano menor em A, e entendido como tendo esforço de todas as formas, e consequentemente, que seu esforço proceda na linha A B e A b; para o qual o B b as superfícies do mediano forem obliquamente opostas em B e b, de forma que A B e A b sejam iguais; e sendo a linha reta B b produzida para ambos os lados. Dos pontos B e b, *sendo as* perpendiculares B C desenhadas; e acima dos centros B e b, e com distâncias iguais B A e b A, os círculos A C e A c descritos, cortando B C e b c em C e c, e o mesmo C B e c b produzidos em D e d, assim como A B e A b produzidos em E e e. Então, do ponto A às linhas retas B C e b c as perpendiculares A F e A f serão desenhadas. Sendo A F, portanto, o seno do ângulo de inclinação da linha reta A B, e A f o seno do ângulo de inclinação da linha reta A h, na qual duas inclinações, são, por construção, igualmente feitos. Digo, a densidade do mediano em que estão B C e b c equipara-se à densidade do mediano em que estão B D e b d, portanto, o mesmo ocorre com seno do ângulo refratado em relação ao seno do ângulo de inclinação.

Sendo a linha reta F G paralela à linha reta A B, encontrando-se com a linha reta b B produzida em G. Observa-se, portanto, que A F e B G também são paralelas, e serão iguais; consequentemente, o esforço em A F será propagado ao mesmo tempo, no qual o esforço em B G seria propagado se o mediano fosse da mesma densidade. Contudo, porque B G está num mediano maior, ou seja, num mediano que resiste ao esforço mais do que o mediano em que está A F, o esforço será menos propagado em B G do que em A F, de acordo com a proporção da densidade do mediano em que A F está em relação à densidade do mediano em que B G está. Portanto, a densidade do mediano em que B G está, está para a densidade do mediano em que A F está, assim como B G está para B H; tendo como medida do tempo o rádio do círculo. Sendo H I paralela à B D, encontrando-se com a circunferência em I; e do ponto I sendo I K perpendicular à B D; o que torna B H e I K iguais; e I K, sendo que a densidade do mediano A F está para a densidade do mediano I K. Observa-se no tempo A B, que é o radio do círculo, que o esforço propagado em A F no mediano menor, será propagado ao mesmo tempo, ou seja, no tempo B I no mediano maior de K para I. Portanto, B I é a linha refratada da linha de incidência A B; e I K é o seno do ângulo refratado; e A F é o seno do ângulo de inclinação. Dessa forma, I K está para A F, da mesma forma que a densidade do mediano A F está para a densidade do mediano I K; sendo que a densidade do mediano A F ou B C está para a densidade do mediano I K ou B D de forma que o seno do ângulo refratado esteja para o seno do ângulo de refração. E pela mesma razão que se pode demonstrar que a densidade do mediano menor está para a densidade do mediano maior; assim, K I será o seno do ângulo refratado e A F o seno do ângulo de inclinação. Em segundo lugar, estando o corpo cujo esforço foi propagado para todos os lados no mediano maior em I. Se, portanto, ambos os medianos possuírem a mesma densidade, o esforço do corpo em I B tenderá diretamente para L; e o seno do ângulo de inclinação L M será igual em relação a O K ou B H. Mas, como a densidade do mediano I K está para a densidade do mediano L M como B H está para B G que está em A F, o esforço será propagado mais além no mediano L M do que no mediano I K, na proporção de densidade para densidade, ou seja, de M L para A F. Dessa forma, com o desenho B A, o ângulo refratado será C B A, e o respectivo seno A F. Mas L M é o seno do ângulo de inclinação; portanto, novamente, a densidade de um mediano está para a densidade do mediano diferente, e reciprocamente o seno do ângulo refratado está para o ângulo de inclinação, conforme demonstrado.

Na demonstração, deixei as superfícies de separação B b planas por construção. Não obstante, o teorema é verdadeiro, mesmo sendo do côncavo para o convexo. Para que a refração ocorra no ponto B das superfícies de separação planas; se houver uma linha curva, como P Q, tocando a linha de separação no ponto B; nem a linha refratada B I, nem a perpendicular B D, serão alteradas; e o ângulo refratado K B I, bem como o seno K B I e também o seno K I, estarão imóveis da mesma forma que estavam antes.

5.
O SENO DO ÂNGULO REFRATADO EM UMA INCLINAÇÃO
É O SENO DO ÂNGULO REFRATADO EM OUTRA
ANGULAÇÃO, DE FORMA QUE O ÂNGULO DAQUELA
INCLINAÇÃO SEJA O ÂNGULO DESTA INCLINAÇÃO.

O SENO do ângulo refratado em uma inclinação está para o seno do ângulo refratado em outra inclinação, assim como o seno do ângulo daquela inclinação está para o seno do ângulo desta inclinação.

Observa-se que o seno do ângulo refratado está para o seno do ângulo de inclinação, não importa o quanto esteja inclinado, assim como a densidade de um mediano está para a densidade do outro mediano; a proporção do seno do ângulo refratado para o seno do ângulo de inclinação será composta de proporções de densidade para densidade, e o seno do ângulo de uma inclinação para o seno de outra inclinação. Mas as proporções das densidades no mesmo corpo homogêneo devem ser as mesmas. Dessa forma, os ângulos refratados em diferentes inclinações são como os senos dos ângulos de tais inclinações, conforme demonstrado.

6.
SE DUAS LINHAS DE INCIDÊNCIA QUE POSSUEM INCLINAÇÃO
IGUAL, ESTANDO UMA EM UM MEDIANO MENOR E OUTRA EM UM
MEDIANO MAIOR, O SENO DO ÂNGULO DE INCLINAÇÃO SERÁ UM
MEDIANO PROPORCIONAL ENTRE OS DOIS SENOS DO ÂNGULO.

SE DUAS linhas de incidência possuírem a mesma inclinação, sendo uma num mediano menor e a outra no mediano maior, o seno do ângulo de inclinação será um mediano proporcional entre os senos dos ângulos refratados. Pois, tendo a linha reta A B uma inclinação no mediano menor, sendo refratada no mediano B I; e tendo E B tanta inclinação quanto o mediano menor, e refratada no mediano menor em B S; sendo R S o seno do ângulo refratado. Digo que as linhas retas R S, A F, e I K estão em proporção contínua. Dessa forma, a densidade do mediano maior está para a densidade do mediano menor, assim como R S está para A F. O mesmo ocorre com a densidade do mesmo mediano maior para o mesmo mediano menor, assim como A F está para I K. Portanto, R S, A F, I K são proporcionais; ou seja, R S, A F e I K estão em proporção contínua, e A F é o mediano proporcional; conforme provado.

7.

SE O ÂNGULO DE INCLINAÇÃO FOR SEMIRRETO, E A LINHA DE INCLINAÇÃO ESTIVER NO MEDIANO MAIOR, E A PROPORÇÃO DAS DENSIDADES FOR A MESMA DE UMA DIAGONAL DA LATERAL DO QUADRADO, E AS SUPERFÍCIES DE SEPARAÇÃO FOREM PLANAS, A LINHA REFRATADA FICARÁ NAS SUPERFÍCIES DE SEPARAÇÃO.

NO CÍRCULO A C, sendo o ângulo de inclinação A B C um ângulo de 45 graus. Sendo C B produzido na circunferência em D; e sendo C E, o seno do ângulo E B C, considerando B F equivalente na linha de separação B G. B C E F, será, portanto, um paralelogramo, e F E e B C, ou seja, F E e B G equivalentes. Sendo A G, ou seja, a diagonal do quadrado cuja lateral é B G, e assim será, assim como A G está para E F como B G para B F; e portanto, por suposição, a densidade do mediano C está para a densidade do mediano D; portanto, o seno do ângulo refratado está para o seno do ângulo de inclinação. Portanto, desenhando F D, e a partir de D a linha D H perpendicular à A B produzida, D H será o seno do ângulo de inclinação. E o seno do ângulo refratado está para o seno de inclinação, assim como a densidade do mediano C está para a densidade do mediano D, ou seja, por suposição, assim como A G está para F E e B G está para D H; sendo D H o seno do ângulo de inclinação, B G será, portanto, o seno do ângulo refratado. Dessa forma, B G será a linha refratada que fica nas superfícies de separação planas; conforme demonstrado.

Conclusão. É, portanto, evidente que, quando a inclinação for maior do que 45 graus, e também quando for menor, desde que a densidade seja maior, pode acontecer que a refração não entre no mediano menor em absoluto.

8.
SE UM CORPO CAIR EM LINHA RETA SOBRE OUTRO CORPO
E NÃO PENETRÁ-LO, MAS FOR REFLETIDO NELE, O ÂNGULO
DE REFLEXÃO SERÁ IGUAL AO ÂNGULO DE INCIDÊNCIA.

SE HOUVER um corpo em A, caindo em movimento reto na linha A C sobre outro corpo em C, sem passar adiante, mas sendo refletido; sendo o ângulo de incidência qualquer ângulo como A C D. Sendo a linha reta C E desenhada, fazendo com que D C produza o ângulo E C F equivalente ao ângulo A C D; e sendo A D perpendicular à linha reta D F. Também na mesma linha reta D F sendo C G equivalente à C D; e sendo a perpendicular G E elevada, cortando C E em E. Isso feito, os triângulos A C D e E C G serão equivalentes. Sendo L C H desenhada de forma equivalente e paralela à linha reta A D; e sendo H C produzido indefinitivamente para I. Finalmente, desenhando-se E A, que passará por H, sendo paralela e equivalente à G D. Digo que o movimento de A para C, na linha reta de incidência A C, será refletida na linha reta C E.

Portanto, o movimento de A para C será feito por dois movimentos coeficientes ou coexistentes, sendo um movimento em A H paralelo à D G e o outro em A D perpendicular ao mesmo D G; dos quais dois movimentos em A H não exercem nenhuma ação sobre o corpo A depois de atingido o ponto C, pois, por suposição, o ponto não ultrapassa a linha reta D G; ao passo que o esforço em A D, que está em H C, segue adiante. Contudo, observa-se que, como o ponto apenas pressiona e não penetra, haverá reação em H, causando o movimento de G em direção H; e, enquanto isso, o movimento em H E permanece o mesmo de A H; e, portanto, o corpo irá se mover pela coexistência de dois movimentos em C H e H E, que são equivalentes aos dois movimentos anteriores em A H e H C. Dessa forma, será carregado em C E. Portanto, o ângulo de reflexão será E C G, equivalente, por construção, ao ângulo A C D; conforme demonstrado.

Agora, quando o corpo for considerado um ponto, seja em uma das superfícies ou linhas em que a reflexão é feita de forma reta ou curvilínea; pois o ponto de incidência e reflexão C também está na linha curva que toca D G em C, e também D .

9.
O MESMO ACONTECE NA GERAÇÃO DO MOVIMENTO NA LINHA DE INCIDÊNCIA.

MAS, suponha-se que o corpo seja inerte, e algum esforço seja somente propagado de A para C; não obstante, a demonstração será a mesma. Pois todo esforço é movimento; e quando se alcança o corpo sólido em C, ele é pressionado, provocando um esforço adicional em C I. Dessa forma, a reação procederá em C H; e o esforço em C H coexistirá com o esforço em H E, gerando o esforço em C E, da mesma forma e com a mesma repercussão dos corpos em movimento.

Se, portanto, o esforço for propagado de qualquer ponto às superfícies côncavas de um corpo esférico, a linha refletida, com circunferência de um grande círculo na mesma esfera, fará um ângulo equivalente ao ângulo de incidência.

Mas, se o esforço for propagado de A para a circunferência em B, e o centro da esfera for C, desenhando a linha C B, assim como na tangente D B E; e, finalmente, se o ângulo F B D for equivalente ao ângulo A B E, a reflexão ocorrerá na linha B F, conforme demonstrado. Dessa forma, os ângulos que as linhas retas A B e F B fazem com a circunferência também serão iguais. Mas, deve-se notar que, se C B, de alguma forma, for produzido em G, o esforço na linha G B C irá proceder somente da reação perpendicular em G B; e, portanto, não haverá outro esforço no ponto B em direção às partes que estão dentro da esfera, além das que tendem em direção ao centro.

E assim encerro a terceira parte da discussão; na qual considerei movimento e magnitude como abstratos. A quarta e última parte a seguir refere-se aos *fenômenos da natureza*, ou seja, aos movimentos e magnitudes dos corpos que fazem parte do mundo real e existente.

Quarta Parte

Da Física, ou Dos Fenômenos da Natureza

{ Capítulo XXV }

DO SENTIDO E DO MOVIMENTO ANIMAL

1. A conexão entre o que foi dito com o que se segue.
2. A investigação da natureza do sentido, e a definição de sentido.
3. O sujeito e o objeto do sentido.
4. Os órgãos do sentido.
5. Todos os corpos não são imbuídos de sentido.
6. Apenas uma lembrança de cada vez.
7. Imaginação, o que resta do passado e que também é lembrança. Do sono.
8. Como as lembranças se sucedem umas às outras.
9. Sonhos, de onde procedem.
10. Dos sentidos, tipos, órgãos e fantasias, próprias e comuns.
11. A magnitude das imagens, como e pelo que são determinadas.
12. Prazer, dor, apetite e aversão, o que são.
13. Deliberação e vontade, o que são.

1.
A CONEXÃO ENTRE O QUE FOI DITO COM O QUE SE SEGUE.

DEFINI filosofia, no primeiro capítulo, como sendo *conhecimento dos efeitos adquiridos pelo raciocínio verdadeiro; primeiramente, do conhecimento vieram as causas e a geração; e tais causas e geração podem ter vindo de conhecimento prévio sobre seus efeitos e aparências.* Há, portanto, dois métodos de filosofia; um, da geração das coisas e seus possíveis efeitos; e o outro, dos efeitos ou aparências para uma possível geração desta. Antes disso, a verdade dos primeiros princípios do nosso raciocínio, ou seja, as definições, são feitas e constituídas por si mesmas, enquanto consentimos e concordamos em relação ao apelo das coisas. E essa parte eu conclui nos capítulos anteriores, se não estiver enganado, não afirmei nada, mantendo as definições que por si só apresentavam boa coerência com as definições dadas por mim; ou seja, as que não foram suficientemente demonstradas por todas aqueles que concordam comigo quanto ao uso das palavras — e apelos; e foi apenas pelo bem deles que escrevi de tal forma. Agora, inicio uma outra parte; que foca na descoberta das aparências — ou efeitos da natureza. Por percepção, sabemos algumas formas e mediano que se apresentam, não digo que são gerados. Os princípios, portanto, de que a discussão que se segue depende, não são os que aparecem e são pronunciados em termos gerais, como definições; mas são posicionados sobre as coisas como Autores da Natureza, conforme observado; e são usados de forma única e particular, não como proposições universais. Também não nos impõem necessidade alguma de constituição de teoremas; apenas o uso, embora não perdendo de vista as proposições gerais já demonstradas, nos mostram a possibilidade de alguma produção e geração. Observa-se, portanto, que a ciência, aqui ensinada, embasa seus princípios nas aparências da natureza, chegando a conclusões na conquista do conhecimento das causas naturais, intitulei essa parte de FÍSICA, ou os *Fenômenos da Natureza.* Contudo, tais coisas se apresentam a nós como natureza e são denominadas fenômenos ou aparências.

De todos os fenômenos ou aparências que estão próximos a nós, o mais admirável é a aparição em si, τὸ φαίνεσθαι; ou seja, alguns corpos naturais têm em si os padrões de quase todas as coisas, enquanto outros não apresentam padrão algum. Assim, se as aparições forem constituídas pelos princípios que conhecemos as demais coisas, devemos isso ao sentido, pois todo o conhecimento que temos deriva disso bem como as causas do sentido, nossa busca não deve nunca começar por outro fenômeno que não seja o sentido. Contudo, você pode perguntar: — O que devemos considerar como sentido? Digo que, entende-se por sentido a lembrança sensível das coisas que às vezes permanece em nós, apesar de elas mesmas se esvaírem, pois apenas quando se tem a percepção que elas existem é que se é possível lembrar delas.

Portanto, em primeiro lugar, as causas da nossa percepção, ou seja, as causas de que tais ideias e fantasias são perpetuamente geradas dentro de nós ao usarmos os sentidos devem ser investigadas, além do fato de como tal geração ocorre. Para ajudar na investigação, devemos observar primeiramente que nossas ideias e fantasias não são sempre as mesmas e sim novas ideias e fantasias que nos aparecem, fazendo com que as velhas desapareçam, de acordo com o uso dos órgãos do sentido de objeto para objeto.

Sendo assim, são geradas e perecem. Não obstante, é evidente que são algum tipo de mutação ou mudança no consciente.

2.
A INVESTIGAÇÃO DA NATUREZA DO SENTIDO, E A DEFINIÇÃO DE SENTIDO.

TODA MUDANÇA ou alteração é movimento ou esforço (e esforço também é movimento) nas partes internas da coisa alterada como foi provado (no art. 9, cap. VIII) que até mesmo as menores partes de um corpo permanecem na mesma situação a despeito de outra, não se pode dizer que tenha havido qualquer alteração, a menos que talvez o corpo todo tenha sido movimentado; mas que ambas apareceram sendo o mesmo que apareceu antes. Sentido, portanto, no consciente, não é nada mais que movimento em algumas das partes internas do consciente; e as partes movimentadas são os órgãos do sentido.

Pois as partes do nosso corpo que nos fazem perceber as coisas são as comumente chamadas de órgãos do sentido. E assim encontramos o sujeito do nosso sentido e é lá que se encontram as fantasias; e em parte, também descobrimos a natureza do sentido, ou seja, o movimento interno do consciente.

Já mostrei (no cap. IX, art. 7) que o movimento só é gerado por um corpo contínuo e movimentado: portanto, é evidente que a causa imediata do sentido ou percepção consiste no toque ou pressão do primeiro órgão do sentido. Pois, quando a parte extrema do órgão é pressionada, não se manifesta de imediato, mas a parte interna também é pressionada, dessa forma, a pressão ou movimento se propaga por todas as partes do órgão até o extremo interior e assim a pressão do extremo externo procede da pressão de algum corpo remoto e assim por diante até chegarmos à fonte da qual se deriva a fantasia ou a ideia a nós manifestada pelo sentido. E assim, de qualquer forma, é o que comumente denominamos de *objeto*.

Sentido, portanto, é algum movimento interno do consciente, gerado por algum movimento interno das partes do objeto, e propagado por todos os medianos ao extreme interno do órgão. E dessa forma, defini o que é sentido.

Além disso, mostrei (art. 2, cap. XV) que toda resistência é esforço oposto a outro esforço, ou seja, reação. Observa-se, portanto, que há no órgão todo, em razão de seu próprio movimento interno natural, algum tipo de resistência ou reação oposta ao movimento propagado de objeto para objeto até o extremo interno do órgão, há também no mesmo órgão um esforço oposto ao esforço procedente do objeto; assim, o esforço interno é a última ação no ato do sentido, então, da reação, não importa o quanto seja sua duração, surge a fantasia ou a ideia; o que, em razão do esforço que agora é de dentro para fora, sempre aparece como algo situado sem o órgão. Assim, darei a vocês a definição completa de sentido, pois ela se constitui da explicação das causas e da ordem de sua geração, portanto: SENTIDO *é a fantasia feita pela reação e pelo esforço de dentro para fora, causado por um esforço interno, permanecendo por mais ou menos tempo.*

3.
O SUJEITO E O OBJETO DO SENTIDO.

O SUJEITO do sentido é o *consciente em* si, ou seja, uma criatura viva, e ao dizermos que uma criatura viva vê, seria mais correto dizer que o olho vê. O objeto é a coisa recebida, e é mais preciso dizer que, quando vemos o Sol, vemos a luz. Pois a luz e a cor, e o calor e o som, e outras qualidades que comumente chamamos de percepções, não são objetos, mas fantasias no consciente. Pois uma fantasia é um ato do sentido, e não difere de forma alguma do termo *fieri*, ou seja, fazendo, mas difere do termo *factum esse*, ou seja, feito; não há diferença alguma entre as coisas que são feitas num instante; e uma fantasia é feita num instante. Pois em todo movimento procedido por propagação perpétua, a primeira parte que se movimente move a segunda, a segunda a terceira, e assim até chegar na última, em qualquer distância, não importando o tamanho. E em que ponto no tempo a primeira parte foi em direção à segunda, o que ocorre por propulsão, no mesmo ponto no tempo em que a última parte salva procedeu à última parte complacente, que, por reação, no mesmo instante, se a reação for forte o suficiente, cria a fantasia; e uma fantasia criada traz consigo uma percepção.

4.
OS ÓRGÃOS DO SENTIDO.

OS *ÓRGÃOS do sentido*, que estão no consciente, são, portanto, tais partes, que, se forem maculadas, destroem a geração das fantasias, embora todo o resto das partes permanece inteiro. Agora, essas partes na maioria das criaturas são certos estímulos e membranas, que, procedendo de *pia mater, envolvem o cérebro e todos os nervos;* também o próprio cérebro em si e as artérias que estão no cérebro; e estas partes, como se estivessem todas misturadas, o coração também, que é a fonte de todo sentido, também se mistura a eles. Pois sempre que a ação do objeto reagir ao corpo do consciente, que é a ação propagada ao cérebro por algum nervo; e se o nervo que vai nessa direção é ferido ou obstruído, o movimento não pode mais ser propagado e o sentido cessa. Ainda, se o movimento for interceptado entre o cérebro e o coração por defeito do órgão pelo qual a ação é propagada, não haverá percepção do objeto.

5.
TODOS OS CORPOS NÃO SÃO IMBUÍDOS DE SENTIDO.

MAS, EMBORA todos os sentidos, como já disse, sejam feitos por reação, não obstante não seja necessário que todas as coisas que reagem devem ter sentido. Sei que há filósofos e homens cultos que afirmam que todos os corpos são imbuídos de sentido. Não sei como podem ser refutados, se a natureza do sentido for considerada apenas como reação. E, embora possa haver reação dos corpos inanimados, cessaria, no entanto, assim que o objeto for removido. Pois, a menos que os corpos tenham organismos, como têm as criaturas vivas, adaptam-se em reter tal movimento, o sentido ocorreria de tal forma que jamais seria lembrado. E, portanto, isso não tem nada que ver com o sentido que é o objeto do meu discurso. Pois, por sentido, comumente entendemos o julgamento que fazemos dos objetos por suas fantasias; ou seja, comparando e distinguindo tais fantasias; algo que poderia não ocorrer nunca se o movimento no órgão, pelo qual ocorre a fantasia, não permanecesse lá por algum tempo, fazendo com que a mesma fantasia retornasse. Sendo assim, sentido, como o entendo, que é tão comumente chamado, tem necessariamente a aderência de alguma lembrança, nas quais fantasias recentes ou antigas podem ser comparadas juntas, além de distinguidas umas das outras.

Sentido, portanto, propriamente tão chamado deve necessariamente ter em si uma perpétua variedade de sentidos que podem ser discernidas umas das outras. Pois, suponha-se que um homem de olhos claros, com todo o restante dos órgãos da visão bem dispostos, contudo não imbuídos de um outro sentido; e suponha-se que ele deva olhar para uma só coisa, que apresenta sempre a mesma cor e figura, sem a mínima variedade, a mim pareceria, apesar do que os outros possam dizer, ver, não mais do que parece a mim mesmo sentir os ossos dos meus próprios membros pelos meus órgãos de sentimento; e ainda assim tais ossos são sempre e por todos os lados tocados pelas membranas mais sensíveis. Posso, talvez, dizer que ele tenha ficado perplexo ao olhar para aquilo, mas não posso dizer que tenha visto; pois é muito comum para um homem ser sensível sempre à mesma coisa, mas não a todas as coisas.

6.
Apenas uma lembrança de cada vez.

E assim, tal natureza do sentido não permite que o homem possa discernir muitas coisas de uma só vez. Ao observar que a natureza do sentido consiste em movimento, contanto que os órgãos sejam empregados sobre um objeto, não podem ser movidos por outro ao mesmo tempo, fazendo de seus movimentos uma única e sincera fantasia de cada um deles de uma vez. E, portanto, várias fantasias irão ocorrer por dois objetos ao mesmo tempo, mas apenas uma fantasia será composta da ação de ambos.

Além disso, ao dividirmos um corpo, dividimos sua localização, e quando avaliamos muitos corpos, necessariamente avaliamos muitos lugares; e contrariamente, como mostrei no capítulo sete, a quantidade de números que dissermos haver, devemos entender como sendo o número de movimentos também; e a mesma frequência usada para contar muitos movimentos será usada para contar muitas vezes. Pois, apesar de o objeto para o qual olhamos apresentar diversas cores, trata-se de um só objeto, e não da variedade de cores.

Contudo, os órgãos que são comuns a todos os sentidos, tais como as partes de todos que procedem aos homens das raízes dos nervos ao coração, são veementemente misturados por uma ação forte de um objeto, e por conta da obstinação do movimento que já apresentam posicionam-se de forma contrária a qualquer outro movimento, não se adaptando a receber nenhuma outra impressão de outros objetos não importando qual o sentido que lhes pertença. E, portanto, um estudo cuidadoso do objeto tira o sentido de todos os outros objetos do presente. Pois *estudo* nada mais é que a possessão da mente, ou seja, um movimento veemente realizado por um objeto nos órgãos do sentido, sendo estúpidos a todos os outros movimentos enquanto ele durar; de acordo com o que foi dito por Terence, *"Populus studio stupidus in funam-bulo animum occuparat"*, em que *torpor* nada mais é o que os gregos chamam de ἀναισθησία, ou seja, o cessar do sentido de outras coisas numa só vez, não podemos, por meio do sentido, perceber mais do que um só objeto; assim como na leitura vemos as letras sucessivamente uma a uma, e não todas juntas, apesar de a página toda apresentar-se aos nossos olhos e, embora várias letras estejam escritas lá de forma distinta, ainda assim olhamos para a página como um todo e não lemos nada.

Portanto, é óbvio que todo esforço do órgão de dentro para fora não pode ser chamado de sentido, mas somente aquilo que, diversas vezes, veementemente, apresentar-se mais forte, predominando sobre os demais; impedindo-nos de sentir as demais fantasias, da mesma forma que o Sol impede a luz das demais estrelas, não por obstruir sua ação, mas por obscurecê-las e escondê-las por conta do excesso de luz e brilho que emana.

7.
Imaginação, o que resta do passado e que também é lembrança. Do sono.

Mas o movimento do órgão no qual ocorre a fantasia não é comumente chamado de sentido, a menos que é chamado de imaginário, do latim *imaginatio;* pois todas as fantasias não são imagens e não respondem inteiramente ao significado da palavra *imaginário* como geralmente é aceita. Não obstante, pode ser usada de forma segura como a palavra grega Φαντασία.

IMAGINAÇÃO, portanto, nada mais é do que o *sentido* decaído, ou enfraquecido, pela ausência do objeto. Mas o que pode causar tal decadência ou enfraquecimento? O movimento é mais fraco porque o objeto foi removido? Se sim, então as fantasias estariam sempre e necessariamente menos claras na imaginação do que no sentido, o que não é verdade. Pois os sonhos, que representam a imaginação dos que dormem, não são menos claros do que o sentido em si. Mas a razão pela qual os homens acordam as fantasias de atos do passado é mais obscura do que do que os atos do presente, pois os órgãos estão sendo ao mesmo tempo movimentados por outros objetos do presente e ocorre porque tais fantasias são menos predominantes. Ao passo que, no sono, as passagens estão fechadas, a ação externa não atrapalha nem obstrui o movimento interno. Se isso for verdade, a próxima coisa a ser considerada será, caso qualquer outra causa seja descoberta da suposição que se segue, que a passagem está fechada desde os objetos externos do sentido até o órgão interno. Suponho, portanto, que pela ação contínua dos objetos, para a qual a reação do órgão, e mais especificamente dos estímulos, seja necessariamente consequente, enfraqueça o órgão, ou seja, suas partes deixam de ser movimentadas pelos estímulos sem que se sinta dor; e consequentemente os nervos são abandonados e afrouxam, retornando à fonte que é a cavidade do cérebro ou do coração, cuja ação procedente pelos nervos é necessariamente interceptada. Pois a ação sobre um paciente que age dessa forma causa pouca impressão a princípio; e, por fim, quando os nervos vão aos poucos afrouxando, não causam impressão alguma. E, portanto, não há mais reação, ou seja, não há mais sentido, até que o órgão se renove por meio do descanso e pelo apoio de novos estímulos que recuperam força e movimento, acordando o consciente. E assim, parece que sempre, a menos que outras causas sobrenaturais intervenham, o calor causa cansaço nas partes internas ou isso pode ocorrer se algumas doenças misturarem os estímulos com outras partes do órgão de maneira extraordinária

8.
COMO AS LEMBRANÇAS SE SUCEDEM UMAS ÀS OUTRAS.

AGORA, não é sem motivo nem por casualidade que muitos pensam que as fantasias procedem umas das outras; e as mesmas fantasias às vezes trazem à mente outras fantasias exatamente idênticas e outras vezes extremamente diferentes. Pois no movimento de qualquer corpo contínuo, uma parte segue a outra por coesão e, portanto, ao virarmos os olhos junto com outros órgãos sucessivamente para muitos objetos, o movimento feito permanece e as fantasias renovam-se com a mesma frequência dos movimentos que predominam sobre o restante, tornando-se predominantes na mesma ordem em que em qualquer outro momento anterior foram gerados pelo sentido. Assim, quando muitas fantasias foram geradas dentro de nós pelo sentido por duração de tempo, quase qualquer pensamento pode surgir de qualquer outro pensamento; de modo que tal pensamento apareça a seguir do outro e pareça uma coisa indiferente e casual. Mas, na maioria, isso não é algo tão incerto tanto para os homens acordados quanto para os que dormem. O pensamento ou fantasia do fim desejado introduz todas as fantasias, são meios que conduzem a um fim, e isso ocorre de trás para frente, do último para o primeiro, e depois de frente para trás, do começo ao fim. Mas isso supõe tanto desejo como capacidade de julgamento para discernir o que significa conduzir a um fim, algo que ocorre por experiência; e experiência é o depósito das fantasias, surgindo do sentido de muitas coisas. Pois φανταζεσθαι e *meminisse, imaginário* e *lembrança*, diferem-se apenas nisso, que a lembrança pressupõe o tempo passado e o imaginário não. Na lembrança, as fantasia são consideradas gastas pelo tempo; mas em nosso imaginário as consideramos assim como são; sabendo que não se tratam das coisas em si, mas de considerações do consciente. Há na lembrança algo que acontece ao olharmos para as coisas com distanciamento; sem discernir sobre as pequenas partes do objeto por conta da distância; assim na lembrança, muitos acidentes e lugares e partes das coisas, anteriormente percebidas pelo sentido, estão perdidas pela duração do tempo decaído.

O surgimento perpétuo de fantasias, tanto no sentido quanto na imaginação, é o que comumente chamamos de discurso da mente, e é comumente chamado de discurso da mente, sendo comum ao homem e às criaturas vivas. O ser pensante compara as fantasias que passam, ou seja, nota suas semelhanças e diferenças entre elas. E diz-se que o homem que observa prontamente as semelhanças entre as coisas de naturezas diferentes, ou que estão muito distantes umas das outras, tem um bom imaginário; também se diz que tem bom julgamento por descobrir as diferenças entre as coisas consideradas semelhantes. Tal observação das diferenças não está na percepção feita por um órgão do sentido comum, distinguindo-se do sentido ou percepção propriamente ditos, está na lembrança das diferenças de fantasias particulares que permanecem por algum tempo; assim como a distinção entre quente e luminoso nada mais é do que a lembrança de um objeto quente e iluminado.

9.
Sonhos, de onde procedem.

As fantasias dos homens que dormem são os sonhos. Por experiência, há cinco coisas que aprendemos. A primeira coisa é que a maioria dos sonhos não possui ordem nem coerência. A segunda é que não sonhamos nada além do que é composto e feito de fantasias do sentido passado. A terceira é que às vezes procedem, entre os sonolentos, da interrupção de suas fantasias aos poucos e, aos poucos, provocam quebras e alterações no sono; também, às vezes, podem começar no meio do sono. A quarta é que são mais claros do que a imaginação do homem acordado, exceto as que ocorrem pelo próprio sentido, para o qual são iguais quanto à clareza. A quinta é que, quando dormimos, não admiramos nem os lugares nem a aparência das coisas com as quais sonhamos. Pelo que foi dito até agora, não é difícil mostrar quais podem ser as causas desses fenômenos. Quanto à primeira, ver toda a ordem e coerência procede do frequente pensamento em retrospectiva até o fim, ou seja, da consulta; deve ser necessário que, ao vermos durante o sono, perdemos todo o pensamento do final, nossas fantasias se sucedem umas às outras, não na ordem em que todas as coisas tendem a terminar, mas, enquanto da maneira que acontecem, conforme os objetos se apresentam aos nossos olhos ao olharmos de forma indiferente para todas as coisas diante de nós e as vemos não porque simplesmente a vemos, mas porque não fechamos nossos olhos; porque dessa forma elas se apresentam a nós sem absolutamente nenhuma ordem. A segunda mostra que no silêncio não há movimento novo nos objetos, portanto, nenhuma fantasia nova, a menos que a chamemos de nova, sendo composta de velhas, como uma quimera, uma montanha dourada e afins. Quanto à terceira, porque um sonho às vezes parece a continuação do sentido, feito de fantasias quebradas, como nos homens doentes, a razão óbvia é a seguinte, que em alguns dos órgãos do sentido isso permanece e em outros falha. Mas como as fantasias podem ser revividas, quando todos os órgãos externos estão paralisados pelo sono, não se mostra facilmente. Não obstante a isso, o que já foi dito, contém a razão disso também. Pois o que quer que ataque a *pia mater*, revive algumas das fantasias que ainda estão em movimento no cérebro; e quando qualquer movimento interno do coração alcança tal membrana, então o movimento predominante no cérebro faz a fantasia. Os movimentos do coração passam a ser estímulos e aversões sobre os quais falarei mais adiante, e como estímulos e aversões são gerados pelas fantasias e as fantasias são geradas por estímulos e aversões reciprocamente. Por exemplo, o calor no coração procede da raiva e da luta e do calor no coração, por qualquer que seja a causa, seja gerada por raiva ou pela imagem de um inimigo durante o sono. E conforme o amor e a beleza se misturam ao calor em certos órgãos de forma que o calor nos mesmos órgãos, de onde quer que venha, com frequência causa desejo e a imagem de uma beleza irresistível. Por fim, o frio faz a mesma coisa gerando medo aos que dormem, causando sonhos de fantasmas e fantasias de horror e perigo, o medo também causa frio nos que estão acordados. Os movimentos do coração e do cérebro ocorrem com a mesma reciprocidade. A quarta mostra que as coisas que vemos e sentimos no sono são tão claras quanto o próprio sentido e procedem de duas causas; uma: que por não terem sentido das coisas sem nós, os movimentos que fazem as ilusões, na ausência de todas as outras impressões, é predominante; e a outra: que as partes das nossas fantasias que estão decaídas e gastas pelo tempo são feitas de outras partes fictícias. Para concluir, quando sonhamos, não estranhamos lugares diferentes e a aparência das coisas desconhecidas por nós, pois a admiração requer que as coisas se apresentem como novas e incomuns, o que pode acontecer somente aos que se lembram das aparências anteriores; ao passo que, no sono, todas as coisas se mostram no tempo presente

Contudo, devemos observar que certos sonhos, especialmente os de alguns homens que estão entre o sono e o estado de alerta, e como acontece com os que não têm conhecimento da natureza dos sonhos e das superstições, não são e nunca foram considerados sonhos. As aparições que os homens pensaram ter visto, e as vozes que pensaram ter ouvido durante o sono, não são fantasias, mas coisas que subsistem, objetos com os quais não se sonharam. Alguns homens, tanto dormindo quanto acordados, e especialmente aos homens culpados, que durante a noite em lugares consagrados se sentem sozinhos, ajudaram um pouco com histórias de tais aparições, alimentaram suas mentes com terríveis fantasias, as quais foram e ainda são recebidas de forma enganosa como sendo verdadeiras sob o nome de *fantasias* e *substâncias não corpóreas*.

10.
DOS SENTIDOS, TIPOS, ÓRGÃOS E FANTASIAS, PRÓPRIAS E COMUNS.

OBSERVA-SE na maioria das criaturas vivas cinco tipos de sentido, distintos por seu órgãos, e pelos diferentes tipos de fantasias, ou seja, *visão, audição, olfato e* tato; e cada um dos órgãos possui suas peculiaridades e pontos em comum a todos. O órgão da visão é parcialmente animado, parcialmente inanimado. As partes inanimadas são os três humores, o humor líquido, que por interposição de uma membrana chamada úvea, a perfuração chamada de menina dos olhos, contém em uma das laterais a primeira das superfícies côncavas dos olhos, e na outra lateral os processos ciliares e uma camada do humor cristalino que, por estar no meio dos processos ciliares, e por ser quase uma figura esférica, de consistência espessa, fecha-se por todos os lados com sua camada transparente; e o humor vítreo ou opaco, que preenche o restante da cavidade do olho, de alguma forma mais espesso que o humor líquido, porém menor que o cristalino. A parte animada do órgão é, primeiramente, a membrana coroide, parte da *pia mater* coberta por uma camada derivada da medula do nervo ótico, chamada de *retina*; e tal *coroide,* por ser parte da *pia mater,* é contínua do começo da *medula espinhal* dentro do crânio, local em que todos os nervos que estão dentro da cabeça têm suas raízes. Portanto, todos os estímulos animais que os nervos recebem entram por lá; não se pode imaginar que entrem por qualquer outro lugar. Observa-se, portanto, que o sentido nada mais é do que a ação dos objetos propagados até a parte mais remota do órgão; observa-se também que todos os estímulos animais não passam de espíritos vitais purificados pelo coração, levados até lá pelas artérias; segue-se necessariamente que a ação deriva do coração por algumas das artérias até as raízes dos nervos que estão na cabeça, quer tais artérias estejam no *plexus retiformis,* quer sejam outras artérias inseridas na substância do cérebro. E, portanto, tais artérias são o complemento ou a parte remanescente de todo o órgão da visão. E esta última parte é um órgão comum a todos os sentidos; ao passo que o que alcança do olho às raízes dos nervos é propriamente somente a visão. O órgão da audição propriamente dito é o tímpano do ouvido e seu próprio nervo; do qual até o coração o órgão é comum. Assim, os órgãos do olfato e tato propriamente ditos são as membranas nervosas, no palato e na língua para o paladar, e nas narinas para o olfato; e da raiz de tais nervos até o coração tudo é comum. Finalmente, o órgão do tato propriamente dito são os nervos e membranas dispersos pelo corpo todo e as membranas são derivadas da raiz dos nervos. Todas as outras coisas similares que pertencem a todos os sentidos parecem ser administradas pelas artérias e não pelos nervos.

A fantasia da visão é a luz; e, sob o nome de luz, também é cor, que não é nada mais do que a abrangência da perturbação da luz. Portanto, a fantasia de um corpo lúcido é a luz; e a de um corpo colorido é a cor. Mas o objeto da visão propriamente dito não é nem a luz nem a cor. A luz e a cor são fantasias do consciente e não podem ser acidentes do objeto. Disso é evidente que as coisas visíveis aparecem com frequência em lugares em que sabemos asseguradamente que não estão e que possuem cores diferentes em lugares diferentes, e podem de uma só vez aparecer em lugares diversos. Movimento, descanso, magnitude e figura são comuns tanto à visão quanto ao tato; e a aparência toda da figura, de luz e de cor, é comumente chamada pelos gregos de ἔιδος e ἔιδωλον, e ἰδέα; e em latim é chamada de *species* e de *imago;* nomes que não significam outra coisa que não seja aparência.

A fantasia feita pela audição é o som; pelo olfato é o odor, pelo paladar é o sabor e pelo tato é a aspereza ou maciez, calor e frio, superfície molhada, oleosa, e muito mais; coisas mais fáceis de serem distinguidas pelo sentido do que por palavras.

Maciez, aspereza, raridade e densidade referem-se à figures, portanto, são comuns tanto ao toque quanto à visão. Quanto aos objetos da audição, olfato, paladar e tato, eles não são som, odor, saber, aspereza etc., mas sim os próprios corpos de onde procedem som, odor, sabor, aspereza etc. Mais tarde falarei sobre as causas e a forma que são produzidos.

Mas tais fantasias, embora sejam efeitos no consciente, como sujeito, produzidas por objetos que trabalham sobre os órgãos, também são outros efeitos além disso, produzidos pelos mesmos objetos nos mesmos órgãos; ou seja, certos movimentos que procedem dos sentidos são chamados de *movimentos animais.* Observando-se que em todos os sentidos das coisas externas há ação e reação mútua, ou seja, dois esforços se opondo um ao outro, é evidente que ambos serão movimentos contínuos, especialmente até os confins de ambos os corpos. E quando isso acontece no órgão interno, o esforço de dentro para fora procederá num ângulo sólido que será maior e consequentemente com uma ideia maior do que teria sido se a impressão fosse mais fraca.

11.
A MAGNITUDE DAS IMAGENS, COMO E PELO QUE SÃO DETERMINADAS.

DESSA FORMA, a causa natural é evidente, primeiramente, porque tais coisas parecem maiores, o que a *caeteris paribus* são vistos num ângulo maior: Em segundo lugar, por que numa noite serena, quando a Lua não brilha, mais do que as estrelas fixas aparecem num determinado momento. Sua ação é menos obscura pela serenidade do ar e não pela maior luminosidade da Lua, que no caso está ausente; e o frio, pressionando ainda mais o ar, ajuda ou fortalece a ação das estrelas sobre os olhos de forma que as estrelas em geral parecem nunca ter sido vistas dessa forma. De forma geral, deve ser suficiente dizer que o sentido é feito pela reação do órgão. Quanto ao lugar da imagem, as decepções da visão e outras coisas que experienciamos pelo sentido dependem em grande parte da estrutura do olho humano. Falarei delas quando falar sobre o homem.

12.
PRAZER, DOR, APETITE E AVERSÃO, O QUE SÃO.

MAS HÁ um outro tipo de sentido sobre o qual falarei algo; trata-se do sentido de prazer e de dor, que não procede da reação do coração de dentro para fora, mas da ação contínua da parte extrema do órgão em direção ao coração. A origem da vida vem do coração, e o movimento no consciente, propagado até o coração, deve necessariamente fazer algum tipo de alteração ou mudança do movimento vital, ou seja, apressando ou afrouxando, ajudando ou escondendo o mesmo. Quando ocorre ajuda, é prazer, quando se esconde é dor, problema, tristeza etc. E como as fantasias parecem estar de fora, por conta do esforço de fora para dentro, então o prazer e a dor, por conta do esforço de fora para dentro, parecem estar por dentro; sendo assim é lá que está a primeira causa de prazer ou dor; quando a dor procede do ferimento, pensamos que tanto a dor quanto o ferimento estão no mesmo lugar.

O movimento vital é o movimento do sangue, perpetuamente circulante (como foi mostrado por muitas marcas e sinais comprovadas pelo Dr. Harvey, o primeiro a observar) nas veias e nas artérias. O movimento, quando escondido por algum outro movimento pela ação de objetos lógicos, pode ser reconstituído dobrando-se ou endireitando-se tal parte do corpo; o que é feito quando os estímulos são carregados dentro dele para outros nervos, até a dor, dentro do possível, pode cessar. Mas se o movimento vital for ajudado pelo movimento feito pelo sentido, as partes do órgão serão dispostas de forma a guiar os estímulos em grande parte para preservar ou aumentar tal movimento pela ajuda dos nervos. No movimento animal esse é o primeiro esforço, visto até mesmo no embrião; que ainda no útero, move seus membros com movimento voluntário, evitando qualquer tipo de problemas ou procurando alguma forma de prazer. E esse primeiro esforço, que tende a ir em direção das coisas conhecidas como prazerosas, é chamado de *apetite,* ou seja, uma aproximação, e quando se fecha é para evitar problemas e aversões. E os bebês, no começo e assim que nascem, têm desejo para muito poucas coisas, como também evitam muito poucas, por conta de quererem experiência e lembranças; portanto, não têm tanta variedade de movimento animal como vemos em crianças maiores. Não é possível, sem tal conhecimento que é derivado do sentido, ou seja, sem experiência e lembrança, saber o que será prazeroso ou doloroso; apenas que há algum lugar para a conjetura da aparência e dos aspectos das coisas. Portanto, embora não saibam quando podem fazer bem ou mal, até mesmo às vezes se aproximam e às vezes se afastam da mesma coisa, conforme a dúvida os prepara. Mas depois, por irem se acostumando pouco a pouco, começam a saber prontamente o que devem procurar e o que devem evitar; além de também ficarem prontos para usar seus nervos e outros órgãos, procurando e evitando o bem e o mal. Dessa forma, desejo e aversão são os primeiros esforços do movimento animal. Após esse primeiro esforço, vem a impulsão para dentro dos nervos e retração dos estímulos animais, sobre o qual é necessário haver algum receptáculo ou lugar perto do original dos nervos; e esse movimento ou esforço é seguido pelo inchaço e relaxamento dos músculos; e finalmente são seguidos pela contração e pela extensão dos membros, que é o movimento animal.

13.
Deliberação e vontade, o que são.

As considerações sobre os desejos e as aversões diferem. Ao observar-se que as criaturas vivas às vezes têm desejos e às vezes têm aversão à mesma coisa, por pensarem que poderiam lhes fazer bem ou mal; enquanto essas vicissitudes de desejos e aversões permanecem nelas, possuem uma série de pensamentos chamados de *deliberações*; o que dura enquanto houver poder para obter prazer ou para evitar o que não causa prazer. Desejo, portanto, e aversão não são simplesmente chamados de deliberação quando se seguem. Mas se a deliberação ocorreu antes, então o último ato, se for desejo, é chamado de *vontade*, se for aversão, *de falta de vontade*. A fim de que a mesma coisa seja chamada tanto de vontade quanto de desejo; mas, ao considerá-las, antes e depois da deliberação, há divergência. Isso

Elementos da Filosofia Capítulo **XXV** **371**

não é o que ocorre no homem enquanto deseja algo, diferente do que acontece com outras criaturas vivas, ao passo que, quando ocorre a deliberação, sente desejo.

Nem é a liberdade da vontade ou da falta de vontade, maior no homem do que em outras criaturas vivas, pois onde há desejo, a causa toda do desejo se precedeu; e consequentemente, o ato do desejo não pode escolher, mas acontecer, ou seja, tem a necessidade de acontecer (como visto no capítulo IX, artigo 5). E, portanto, tal liberdade, como está livre da necessidade, não ocorre na vontade dos homens nem das feras. Mas, se a liberdade que entendemos como faculdade ou poder, não de vontade, mas de se fazer o que se tem vontade, então certamente tal liberdade deve ser permitida a ambos, e ambos devem igualmente senti--la sempre que ocorrer.

Portanto, quando o desejo e a aversão se sucederem um ao outro com celeridade, os acontecimentos entre elas às vezes vêm de uma, às vezes de outra. Pois a mesma deliberação, quando pende para uma e em outros momentos para outra, chama-se *esperança* se for desejo, e *medo* se for aversão.

Pois onde não há esperança, não se deve chamar de medo, mas de ódio; e onde não há medo, nem esperança, deve-se chamar de desejo. Para concluir, todas as paixões, chamadas paixões da mente, consistem de desejo e de aversão, exceto puro prazer e dor, que são certas realizações do bem ou do mal; como a raiva é aversão de algum mal iminente, mas se juntando ao desejo de evitar o mal pela força. Mas porque as paixões e perturbações da mente são inumeráveis, e muitas delas não são discernidas em nenhuma criatura além do homem, falarei delas com mais detalhes na seção que se refere ao *homem*. Tais objetos, se existirem, não se misturam na mente em absoluto, são contido por nós assim como muito do sentido em geral. Em seguida, falarei sobre os objetos lógicos.

{ Capítulo XXVI }

Do Mundo e Das Estrelas

1. A magnitude e duração do mundo, inescrutável.
2. Não há lugar no mundo vazio.
4. Os argumentos de Lucrécio sobre o vácuo, inválidos.
4. Outros argumentos sobre o estabelecimento do vácuo, inválidos.
5. Seis suposições para se salvar os fenômenos da natureza.
6. Possíveis causas de movimentos anuais e diurnos; e da aparente direção, situação e retrogradação dos planetas.
7. A suposição do movimento simples, o porquê da similaridade.
8. A causa da excentricidade do movimento anual da Terra.
9. A causa de a Lua ter sempre uma face virada na direção da Terra.
10. A causa das marés no oceano.
11. A causa do avanço dos equinócios.

1.
A magnitude e duração do mundo, inescrutável.

Subsequente à contemplação do sentido está a contemplação dos corpos, que são as causas eficientes ou objetos do sentido. Todo objeto é parte do mundo todo, ou um agregado de partes. O maior de todos os corpos, ou objetos lúcidos, são o próprio mundo que contemplamos. Olhamos ao redor desse mesmo ponto que chamamos de Terra. Em relação ao mundo, como é um agregado de muitas partes, as coisas inquiridas são poucas; e as que podemos determinar são poucas. O que podemos inquirir sobre o mundo é a sua magnitude, sua duração e quantas há, e nada mais. Quanto ao lugar e ao tempo, ou seja, magnitude e duração, são apenas o nosso imaginário de um corpo por assim dizer, de um corpo tomado de forma indefinida, como apresentado no capítulo VII. Todas as outras fantasias são de corpos ou objetos, distintos uns dos outros; como cor, a fantasia dos corpos coloridos; som, dos corpos que movem o sentido de audição etc. As perguntas sobre a magnitude do mundo podem ser finitas ou infinitas, completas ou incompletas; em relação à duração, se houve um começo e se é eternal; e em relação ao número, podem ser uma ou muitas; embora em relação ao número, se for sobre a magnitude infinita, não há absolutamente polêmica alguma. E ainda, se houve um começo, seja por qual causa ou forma que tenham ocorrido, e por qual forma e causa que continuam ocorrendo, haverá novas perguntas; até que finalmente chegue-se a uma ou muitas causas eternas. E a determinação de todas essas coisas pertence a quem professa a doutrina universal da filosofia e sobre o quanto pode ser conhecido ou procurado. Mas o conhecimento do que é infinito pode nunca ser conquistado por um inquisidor finito. Quanto aos homens, os conhecemos por suas fantasias, e sobre o infinito, seja magnitude ou tempo, não há absolutamente fantasia alguma; assim é impossível tanto para o homem quanto para qualquer criatura viva ter qualquer concepção do infinito. E, embora o homem pode, de alguma forma, proceder a uma causa imediata, e a partir daí a uma causa mais remota, ascendendo continuamente pelo raciocínio certo de causa para causa; mesmo assim não será capaz de fazer isso eternamente, pois acabará ficando cansado e cederá, sem saber se é possível chegar a um final ou não. Mas, supondo-se que o mundo possa ser finito ou infinito, não

Elementos da Filosofia   Capítulo **XXVI**   **375**

haverá absurdos, pois as mesmas coisas que se apresentam agora, podem apresentar-se caso o Criador as considere finitas ou infinitas. Além do mais, apesar de não poder mover-se sozinho, pode-se certamente inferir que houve algum movimento eterno; mas não se pode inferir jamais que, apesar de alguns pensarem dessa forma que tal movimento era eternamente imóvel, ao contrário, movimenta-se eternamente. Pois sendo verdade que nada se move sozinho, também é verdade que as coisas só são movidas por algo que já está em movimento. Portanto, as questões sobre magnitude e o início do mundo não devem ser determinadas por filósofos, mas por aqueles que são legalmente autorizados a ordenar a adoração a Deus. Deus, Todo-Poderoso, quando levou seu povo à Judeia, permitiu aos sacerdotes os primeiros frutos reservados a ele, então quando cedeu a um mundo de disputas entre os homens, sentiu prazer sobre todas as opiniões sobre a natureza do infinito e do eterno, conhecidas somente por ele, sendo os primeiros frutos da sabedoria julgados por aqueles cujo ministério deveria ser usado na religião. Não posso, portanto, glorificar aqueles cuja ostentação foi demonstrada, por razões constituídas pelas coisas naturais, de que o mundo teve um começo. São condenados merecidamente pelos idiotas por entenderem que não, e pelos instruídos por os entenderem. Quem pode condenar que demonstrou tal fato? Se o mundo for eterno, o número de dias será infinito ou as outras medidas de tempo precedem do nascimento de Abraão. Mas o nascimento de Abraão precedeu o nascimento de Isaque; e portanto, um infinito é maior do que outro infinito, ou um eterno do que o outro eterno. Um absurdo. Essa demonstração é como a dele, que a partir disso, de que o número de números pares é infinito, concluiria que há muito mais números pares do que números simplesmente, ou seja, os números pares são tantos quanto todos os números pares e ímpares juntos. Assim, tiram a eternidade do mundo, mas não tiram a eternidade do Criador do mundo? Desse absurdo, portanto, encontrar-se-iam um com o outro, sendo forçados a chamar a eternidade de *nunc stans,* uma paralisação do tempo presente, um contínuo e, o que é mais absurdo, dá a um número infinito de números o nome de unidade.

Mas por que a eternidade deveria ser chamada de contínuo agora em vez de ser um contínuo antes? Sendo assim, pode haver muitas eternidades, ou *agora* e *antes* pode significar a mesma coisa. Com demonstrações como essas, em outras línguas, é impossível entrar no debate. E os homens que pensam dessa forma absurda não são idiotas e sim geômetras, o que torna o absurdo imperdoável, e levá-los diante de juízes severos sobre as demonstrações de outros homens é impertinente. A razão disso é que assim que discorrerem sobre as palavras *infinito* e *eterno*, sobre as quais não se faz ideia do que se trata e somos insuficientes para compreendê--las, eles serão forçados a falar algo absurdo, ou pior, para que consigam se controlar. Pois há na geometria algo parecido como o vinho que, quando novo, é tempestuoso. Mas depois, apesar de menos agradáveis, são mais saudáveis.

Portanto, por mais que seja verdade, os jovens geômetras pensar ser demonstráveis; mas os mais velhos não. Eu, contudo, deixo passar propositadamente as questões sobre o infinito e o eterno; contentando--me com a doutrina que se refere ao começo e a magnitude do mundo, a qual fui persuadida pelas Escrituras Sagradas e pela fama dos milagres que as confirmam; e pelos costumes do meu país e por reverência às leis. E assim, como tais coisas não são consideradas contra a lei ao serem debatidas, falarei sobre elas em seguida.

2.
Não há lugar no mundo vazio.

Em relação ao mundo, questiona-se se as partes são contíguas umas as outras de tal forma que não se admita o menor espaço vazio entre elas; e tanto o debate favorável ou contrário ocorre com probabilidade suficiente. Pois, tirando-se o vácuo, posso exemplificar apenas um experimento comum, mas creio que não possa ser respondido.

Sendo A B representada por um recipiente, como os que os jardinei-ros usam para molharem seus jardins; cujo fundo B é cheio de buracos; e cuja abertura A pode ser fechada com um dedo, quando houver neces-sidade. Se tal recipiente for preenchido com água, o buraco na abertura A for fechada, a água não vai escoar por nenhum dos buracos no fundo B. Mas se o dedo for removido para deixar o ar entrar, a água sairá por todos eles, e assim que o dedo for posicionado novamente, a água súbita e totalmente irá parar de escoar. Portanto, a causa parece não ser outra além dela, a água não pode escoar pelo seu esforço natural, pois não há lugar para o escoamento, a menos que seja empurrado pelo ar contíguo, procedendo do esforço contínuo para o buraco A, podendo entrar e suceder ao local da água que escoa, ou ainda, ao resistir ao esforço da água para baixo, penetrando e passando por ela. Nessas primeiras formas, enquanto o buraco em A permanece fechado, não há passagem possível; nem pelas segundas, a menos que os buracos sejam maiores do que a água, permitindo o escoamento e, pela força do próprio peso do ar, ao mesmo tempo em que escoam pelos mesmos buracos nos recipientes: assim como observamos acontecer quando um recipiente tem a abertura larga o suficiente, ao virarmos subitamente o fundo para cima para escoar a água; pois então o ar é forçado pelo peso da água e entra e é óbvio que isso ocorre pelo escoamento e resistência da água nas laterais ou na circunferência do orifício. E tomo isso como um sinal de que todo espaço esteja preenchido; pois, sem isso, o movimento natural da água, que é um corpo pesado, para baixo, não seria escondido.

4.
Os argumentos de Lucrécio sobre o vácuo, inválidos.

Ao contrário, pelo estabelecimento do vácuo, muitas argumentações plausíveis e experimentos existem. Não obstante, parece haver desejo em todos eles para que se conclua firmemente. Esses argumentos sobre o vácuo são parcialmente feitos por seguidores da doutrina de Epicuro, que ensinou que o mundo consiste de partes bem pequenas sem preenchimento de corpo algum, e muitos dos pequenos corpos não possuem dentro de si nenhum espaço vazio, o que, por razão da aspereza, ele chama de átomos; e que esses pequenos corpos e espaços estão por toda parte mesclados. Suas argumentações são, portanto, apresentadas por Lucrécio. E a princípio ele diz, a menos que haja, que pode não haver movimento algum. Pela função e propriedade dos corpos é contrapor-se e esconder o movimento. Se, portanto, o universo fosse preenchido pelo corpo, o movimento estaria escondido por toda parte, como se não houvesse começo em lugar algum; e consequentemente não haveria movimento em absoluto. É verdade que por mais que esteja cheio e em repouso em todas as suas partes, não é possível que o movimento tenha um começo. Mas nada é constituído *por*, uma vez provado o vácuo. Considerando-se que exista o vácuo e que os corpos sejam mesclados, deveriam todos de uma vez estarem em repouso, jamais seriam movimentados novamente. Como foi demonstrado antes, no cap. IX, art. 7, que nada pode ser movido a não ser que seja por movimento contíguo. Mas, supondo-se que todas as coisas estejam em repouso juntas e que não haja nada contíguo e em movimento, portanto, sem início do movimento, então a negação do começo do movimento não tira o movimento presente, a menos que o começo também seja tirado do corpo. Pois o movimento pode ser co-eterno, ou criado juntamente com o corpo. Não parece ser necessário que os corpos estejam em descanso a princípio e depois em movimento, então primeiro foram movidos, depois ficaram em repouso, se é que ficaram em repouso depois. Não parece haver causa alguma pela qual a matéria do mundo deveria, por admissão do movimento, estar mesclada aos espaços vazios do que aos cheios; digo cheios, mas sem fluidos. Nem, por fim, há razão alguma pela qual tais átomos sólidos também não podem, pelo movimento da matéria fluida mesclada, ser congregada e trazida pelos corpos compostos de tais grandezas observadas por nós. Sendo assim, nada pode ser concluído nessa argumentação, além de que o movimento pode ser coeterno, ou ter a mesma duração com a qual foi movido; nenhuma dessas conclusões consistem com a doutrina de Epicuro, que não permite nem ao mundo nem ao movimento nenhum começo em absoluto. Portanto, a necessidade do vácuo não foi até então demonstrada. E a causa, pelo que entendo por aqueles que debateram o vácuo comigo, é essa, que enquanto contemplam a natureza do fluído, concebem sua consistência, como sendo composta de pequenos grãos de matéria sólida, de tal forma como a refeição é fluída, feita pelo moer do milho, quando, não obstante, é possível conceber o fluído de sua própria natureza, tão homogênea quanto o átomo, ou do próprio vácuo.

A segunda argumentação fala sobre o peso, e está nos seguintes versos de Lucrécio:

> *Corporis officium est quoniam premere omnia deorsum;*
> *Contra autem natura manet sine pondere inanis;*
> *Ergo, quod magnum est æque, leviusque videtur,*
> *Nimirum plus esse sibi declarat inanis.* — I. 363-66.

Ou seja, *ao observar que a função e a propriedade do corpo é pressionar todas as coisas para baixo, e, ao contrário, ao observar que a natureza do vácuo é não ter peso algum; então, quando há dois corpos de igual magnitude, sendo um mais leve que o outro, é óbvio que o corpo mais leve tem em si mais vácuo do que o outro.*

Para não falar nada sobre a suposição relativa ao esforço dos corpos para baixo, que não é certamente suposta, porque o mundo não tem nada a ver com o movimento para baixo, que é uma mera ficção nossa; nem que todas as coisas tendem para a mesma menor parte do mundo, ou não haveria coalescência em todos os corpos, ou não estariam todos juntos no mesmo lugar: isso é somente suficiente para tirar a força da argumentação de que o ar, mesclado aos seus átomos, serviu muito bem ao propósito do vácuo mesclado. O terceiro argumento vem disso, de que a luz, o som, o calor e o frio penetram em todos os corpos, exceto nos átomos, por mais sólidos que sejam. Mas essa razão, exceto se demonstrada a princípio de que as mesmas coisas não podem acontecer sem o vácuo pela geração perpétua do movimento e, no geral, inválida. Mas que todas as mesmas coisas podem acontecer dá margem à demonstração.

Finalmente, a quarta argumentação também é feita por Lucrécio nos seguintes versos:

> *Duo de concursu corpora lata*
> *Si cita dissiliant, nempe aer omne necesse est,*
> *Inter corpora quod fuerat, possidat inane.*
> *Is porro quamvis circum celerantibus auris*
> *Confluat, haud poterit tamen uno tempore totum*
> *Compleri spatium; nam primum quemque necesse est*
> *Occupet ille locum, deinde omnia possideantur.* — I. 385-91.

Ou seja, *se dois corpos planos forem subitamente separados em partes, a necessidade do ar pode vir entre eles para preencher os espaços vazios. Mas com qual celeridade o ar flui, se não pode em um instante do tempo preencher todo o espaço vazio, mas uma parte dele a princípio, e depois todas sucessivamente.* O que, não obstante, é mais repugnante à opinião de Epicuro do que a daqueles que negam o vácuo. Por mais que seja verdade que dois corpos sejam de solidez infinita, e que juntos pela superfície mais especificamente plana seria impossível separá-los, considerando que não poderia ser feito por movimento num instante; contudo, se não pode haver a maior das magnitudes nem o mais suave de todos os movimentos, então não haveria a solidez de todos os corpos que, pela aplicação de grande força, arrumaria lugar para a fluidez sucessiva do ar, ou seja, da separação das partes dos corpos juntos por sucessão, começando da parte interna extrema até a parte interna extrema. Portanto, deve ser provado a princípio que há alguns corpos extremamente sólidos, não relativamente comparados a corpos mais suaves, mas absolutamente e infinitamente sólidos, o que não é verdade. Mas, se supormos, assim como Epicuro, que os átomos são indivisíveis, e possuem pequenas superfícies próprias, então se dois corpos forem colocados juntos por muitos, ou por apenas pequenas superfícies de si mesmos, digo que tal argumentação de Lucrécio seria uma firme demonstração que dois corpos não formados por átomos, como ele supõe, poderiam possivelmente ser separados por qualquer força que haja. Mas isso é repugnante à experiência diária.

4.
OUTROS ARGUMENTOS SOBRE O ESTABELECIMENTO DO VÁCUO, INVÁLIDOS.

E DEPOIS dessas argumentações de Lucrécio, passemos às argumentações feitas por experimentos de escritores posteriores a ele.

I. O primeiro experimento é o seguinte: se um recipiente oco receber água com o fundo virado para cima, a água vai escoar; algo que eles dizem não acontecer a menos que o ar de dentro escoe juntamente para um lugar mais estreito; e isso também é impossível, exceto se estivessem em lugares vazios. Dizem também que, quando o ar é comprimido a um certo grau, pode não receber mais compressão e suas pequenas partículas não sofrerão nenhuma clausura em um lugar menor. Tal razão, se o ar não pode passar pela água que escoa do recipiente, pode parecer válida. Mas é suficientemente sabido que o ar irá penetrar a água pela aplicação de uma força igual à gravidade da água. Se, portanto, a força pela qual o recipiente é virado for maior do que o esforço pelo qual a água naturalmente tende a fazer para baixo, o ar irá sair por onde a resistência for feita, em direção às margens do recipiente. Pois, por mais profunda que a água seja penetrada, maior será a força comprimida. Mas depois que recipiente estiver dentro da água o suficiente, a força que o comprime, ou seja, a força que faz a água subir, não aumenta mais. Há, portanto, um equilíbrio entre elas, assim como o esforço natural da água para baixo é igual ao esforço pelo qual a mesma água será penetrada na profundidade aumentada.

II. O segundo experimento é que, se um cilindro côncavo, de comprimento suficiente, feito de vidro, mais bem-visto se uma das extremidades estiver aberta e a outra fechada, for preenchido com mercúrio, e uma das extremidades for fechada com um dedo, junto com o dedo mergulhado num prato ou em outro recipiente em que também haja mercúrio e o cilindro esteja ereto, sendo o dedo retirado para dar vazão ao escoamento do mercúrio, devemos observar o escoamento para o recipiente que está embaixo, até haver apenas o que permanecer no cilindro, por volta de treze centímetros, e isso sempre vai acontecer, não importa qual seja o cilindro, uma vez que o comprimento seja menor que treze centímetros. Assim, concluem que a cavidade do cilindro acima do mercúrio permanece vazia de todo o corpo. Mas nesse experimento não encontro a necessidade do vácuo, pois quando o mercúrio que está no cilindro escoa, o recipiente embaixo pode precisar ser preenchido até uma altura maior, e consequentemente muito do ar contíguo deve sair para dar lugar ao mercúrio que escoa. Se perguntarem para onde o ar vai, o que pode ser dito é o seguinte: o ar escapa para o próximo ar e para o próximo, e assim sucessivamente, até haver retorno ao lugar em que a propulsão tenha sido iniciada. E lá, o último ar então que escapa irá pressionar o mercúrio no recipiente com a mesma força com a qual o primeiro ar escapou, e se a força com que o mercúrio desceu for grande o suficiente, que pode ser maior ou menor conforme escoa de um lugar de uma altura maior ou menor, fará com que o ar penetre no mercúrio do recipiente e suba pelo cilindro para preencher o lugar em que pensavam estar vazio. Mas porque o mercúrio não tem em todo grau de altura a força necessária para causar tal penetração, portanto, ao escoar, deve haver necessidade de ficar em algum lugar, ou seja, lá, onde ocorre o esforço para baixo, e a resistência deste para a penetração do ar, chega a um equilíbrio. E por esse experimento fica evidente que este equilíbrio ocorrerá na altura de treze centímetros, aproximadamente.

III. O terceiro experimento ocorre quando um recipiente tem muito mais ar do que pode naturalmente conter, não obstante, pode forçar-se para dentro dele a quantidade de até três quartos de água. O experimento ocorre da seguinte forma: na garrafa de vidro pela esfera F G, cujo centro é A, supondo que o cano seja B A C e se encaixe perfeitamente no bocal da garrafa; estando a ponta B bem próxima do fundo que só haja espaço suficiente para liberar a passagem da referida água. Supondo que a ponta superior do cano tenha uma tampa em D, com uma torneira em E, pela qual a água, ao subir pelo cano, possa sair. Supondo, ainda, que H C tenha um mecanismo para abrir e fechar a passagem da água entre B e D, conforme necessário, ao tirar a tampa D E, e deixar o mecanismo H C aberto, permitindo a entrada de uma seringa, fecha-se o mecanismo para impedir a saída do ar. Dessa forma, a injeção de água pode ser repetida sempre que necessário, até a água encher a garrafa toda até G F, por exemplo. Finalmente, ao retirar-se a tampa novamente, abrindo a torneira em H C, a água irá fluir rapidamente em E, caindo aos poucos de F até o fundo do cano B.

Dessa forma, a partir de fenômenos desse tipo é que se iniciou a discussão sobre a necessidade do vácuo. A garrafa, desde o início, estava cheia de ar, que não poderia sair pela enorme penetração de água injetada pelo cano, nem por qualquer outra saída. Contudo, quanto à necessidade, toda a água chegou tão alto quanto F 6, assim como também todo o ar que estava na garrafa antes da entrada forçada da água deve agora estar no mesmo lugar, o qual, a princípio, continha somente ar; o que era impossível, se todo o espaço interno da garrafa estava antes preenchido com ar precisamente, ou seja, sem vácuo. Além disso, embora alguns homens possam pensar que o ar, sendo um corpo pequeno, pode passar pelo corpo da água contida no cano, ainda que isso configure um outro fenômeno, ou seja, que toda a água no espaço é retirada novamente pela torneira em E, o que parece ser o motivo menos possível de todos, pois, apesar do ar ser liberto da garrafa por compressão, entende-se que, ou havia algum espaço vazio na garrafa ou que vários corpos juntos podem ocupar o mesmo lugar. Contudo, a última afirmação é absurda, embora a primeira, de que havia vácuo, seja verdadeira. Esta argumentação é frágil em dois lugares. Primeiro, o que se supõe não se tem como verdadeiro, e segundo, creio que tal experimento seja repugnante ao vácuo. A verdade é que o ar não tem passagem pelo cano. Não obstante, vemos o ar ascender diariamente do fundo da superfície de um rio, fato evidente pela formação de bolhas; e não há outra razão para que tal movimento ocorra além do esforço natural da água para baixo. Entretanto, por que o esforço para cima da mesma água, obtido por injeção, fazendo com que o esforço para cima seja mais forte do que o esforço natural para baixo, faz com que o ar penetre de tal forma que a água sofra pressão para baixo, especialmente, vendo a água ascender pela garrafa conforme a pressão do ar ocorre, como se isso gerasse por toda a parte um esforço em direção às superfícies externas do cano, fazendo com que, consequentemente, todas as partes do ar encapsulado tendessem a ir diretamente para baixo na passagem em B? Digo, isso é tão evidente do que o ar que emerge da superfície do rio, devendo penetrar na água, por mais profundo que esteja. De qualquer forma, não vejo razão pela qual a força, pela qual a água é injetada, não deveria, da mesma forma, ejetar o ar.

E quanto à discussão sobre a necessidade do vácuo pela rejeição da água, em primeiro lugar, supondo haver vácuo, exijo que, pelo princípio do movimento, a ejeção seja feita. Certamente, ao observar o movimento de dentro e para cima, faz-se necessária uma causa por algum agente de dentro da garrafa; ou seja, pelo próprio ar. Contudo, o movimento do ar, causado pela ascensão da água, começa no fundo, tende a subir, ao passo que o movimento pela injeção da água que vem de cima tende a descer. Portanto, de onde o ar encapsulado faz o esforço para baixo? Não sei a resposta a essa pergunta, a menos que se diga que o ar desce de própria vontade para expelir a água; o que, por ser absurdo, e por, após a descida da água, o ar ter todo o espaço necessário exigido por, sua magnitude, não há razão para toda essa água ser expelida. Sendo assim, a afirmação do vácuo é repugnante ao experimento demonstrado.

Muitos outros fenômenos geralmente ocorrem pelo vácuo, como os medidores de pressão atmosférica, eolípilas, armas de sopro etc., que são todas muito difíceis de acalmar, a menos que a água penetre pelo ar, sem a intervenção do espaço vazio. Mas agora, observando que o ar não precisa de muito esforço para passar não somente pela água, mas por qualquer outro corpo fluído que não seja tão resistente quanto o mercúrio, concluo que esses fenômenos não provam nada.

Não obstante, pode-se esperar que, retirando-se o vácuo, tais causas para fenômenos desse tipo seriam, no mínimo, equivalentes, se não de maior probabilidade. Portanto, isso deve ser feito no discurso que se segue, quando falo sobre tais fenômenos nos lugares apropriados. Mas, primeiramente, as hipóteses gerais da filosofia natural devem ser citadas.

Ao ver que tais suposições são consideradas verdadeiras pelas causas dos efeitos aparentes, toda suposição, com exceção das absurdas, deve consistir de algum suposto movimento possível; pois o descanso nunca será uma causa eficaz de nada; e o movimento que supõe que os corpos se movam ocorre de três formas: *fluido, consistente, ou mistura de ambos.* *Fluidos* são os que possuem partes bem frágeis que podem ser separadas pelo mínimo esforço, e *consistentes* são os que necessitam de maior aplicação de força. Há, portanto, graus de consistência que são mais ou menos consistentes por comparação, denominados *dureza* ou *brandura.* Dessa forma, corpos fluidos são sempre divisíveis em corpos igualmente fluidos, assim como quantidade em quantidades; e corpos brandos, de qualquer grau de brandura, em corpos de igual brandura. E, embora muitos homens não pareçam perceber a diferença de *fluidez* que emerge das diferentes magnitudes das partes, em que sentido o pó, mesmo que de diamantes, pode ser chamado de fluido? Mas, sendo assim, também se chama uma casa caindo aos pedaços de fluida, não da forma que o pó é fluido, pois uma casa que cai aos pedaços pode ser fluida, mas da mesma forma que a água é fluida e se divide em partes perpetuamente fluidas. Isso entendido, parto para as minhas suposições.

5.
Seis suposições para se salvar os fenômenos da natureza.

Entretanto, primeiro, suponho que um espaço imenso, denominado Mundo, seja o agregado de todos os corpos consistentes e visíveis, como a Terra e as estrelas; ou invisível, como os pequenos átomos disseminados por todo o espaço entre a Terra e as estrelas; e finalmente, o éter mais fluido que preencha o restante do universo, não deixando espaço vazio algum.

Segundo, suponho, como Copérnico, que os maiores corpos do mundo, tanto consistentes quanto permanentes, não possuam ordem entre si, e que o Sol está em primeiro lugar, Mercúrio em segundo, Vênus em terceiro, a Terra com a Lua em quarto, Marte em quinto, Júpiter e seus auxiliares em sexto, Saturno em sétimo, e depois disso, as estrelas fixas bem distantes do Sol.

Terceiro, suponho que haja e sempre houve um movimento circular ao redor do Sol e do restante dos planetas.

Quarto, suponho que no corpo de ar haja certos outros corpos misturados, que não são fluidos; e também são tão pequenos que não são perceptíveis ao sentido; e também possuem seu próprio movimento simples, e alguns deles são mais duros e consistentes e outros menos.

Quinto, suponho com Kepler que a distância entre o Sol e a Terra está para a distância entre a Lua e a Terra, assim como a distância entre a Lua e a Terra.

Quanto à magnitude dos círculos, e as vezes em que são descritos pelos corpos dentro deles, suponho que sejam bastante concordantes com os fenômenos em questão.

6.
Possíveis causas de movimentos anuais e diurnos; e da aparente direção, situação e retrogradação dos planetas.

As causas das diferentes estações do ano, e das muitas variações de dia e noite em todas as partes das superfícies da Terra foram demonstradas, primeiro por Copérnico, e depois por Kepler, Galileu e outros, partindo da suposição da revolução diurna da Terra sobre seu próprio eixo, juntamente com o movimento relativo anual ao redor do Sol de acordo com a ordem dos signos; e terceiro pela revolução anual da Terra sobre seu centro, contrária à ordem dos signos. Suponho, como J. Copérnico, que a revolução diurna vem do movimento da Terra, pelo qual o círculo equinocial é descrito. E quanto aos outros dois movimentos anuais, são a causa eficaz de a Terra ser puxada de forma relativa, mantendo seu eixo paralelo em si mesmo. Tal paralelismo foi introduzido mais por essa razão do que pela revolução anual dos polos da Terra, necessária para que se mova ao redor do Sol, contrário à experiência. Demonstrei, no cap. XXI, art. 10, pela suposição do movimento circular simples ao redor do Sol, que a Terra se move ao redor dele e seu eixo sempre se mantém paralelo a si mesmo. Sendo assim, desses dois supostos movimentos no Sol, o movimento circular simples e o outro movimento circular sobre o centro, pode ser demonstrado que o ano sofre variações tanto em relação ao dia quanto à noite, como foi demonstrado por Copérnico. Pois, se o círculo *a b c d* for relativo, cujo centro é *e*, e o diâmetro *a e c*; e a Terra colocada em *a*, e o Sol for movido no pequeno círculo *f g h i*, ou seja, de acordo com a ordem *f, g, h* e *i*, demonstrou-se que um corpo, colocado em *a*, será movido na mesma ordem pelos pontos relativos *a, b, c*, e *d*, sempre com o eixo paralelo sobre si mesmo. Mas, como já supus, se a Terra também for movida com o movimento circular simples num plano que passa por *a*, cortando-o de forma relativa a fim de que a parte comum de ambos os planos esteja em *a c*, então, também o eixo da Terra sempre será mantido paralelo a si mesmo. Pois, sendo o centro da Terra movido ao redor da circunferência do epiciclo, cujo diâmetro seja *l a k*, que é parte da linha reta *l a c; então, l a k*, que é diâmetro do epiciclo, passando pelo centro da Terra, será o plano do movimento relativo. Dessa forma, observa-se que tanto por conta do movimento simples da Terra quanto do movimento relativo sobre o epiciclo, a linha reta também produzida pelo corpo da Terra, e consequentemente, seu eixo, irá se manter sempre paralelo a si mesmo; assim, pode ser encontrado em qualquer parte do movimento relativo do centro do epiciclo, ocorrendo o mesmo com qualquer parte do epiciclo do centro da Terra ao mesmo tempo, o eixo da Terra será paralelo ao lugar em que o mesmo eixo esteve, se o centro da Terra nunca sair do movimento relativo.

Agora, como demonstrei no movimento simples anual da Terra pela suposição do movimento simples do Sol, da mesma forma, pode ser demonstrado o movimento simples mensal da Lua. Pois, se os nomes forem mudados, a demonstração será a mesma, e, portanto, não há necessidade de repeti-la.

7.
A SUPOSIÇÃO DO MOVIMENTO SIMPLES,
O PORQUÊ DA SIMILARIDADE.

O QUE torna a suposição do movimento simples do Sol no epiciclo *f g h i* provável é, primeiro, que os períodos de todos os planetas não são apenas descritos pelo Sol, mas, por estarem descritos, estão todos contidos no zodíaco, ou seja, dentro da latitude de aproximadamente dezesseis graus; e a causa disso parece depender de algum poder do Sol, especialmente no que diz respeito ao zodíaco.

Segundo, que em todo o espaço do céu não parece haver nenhum outro corpo do qual a causa do fenômeno pode derivar por probabilidade. Além disso, não consigo imaginar que tantos movimentos variados dos planetas não devam ter dependência de uns sobre outros. Mas, supondo poder de motivação no Sol, também suponho movimento, pois poder para mover sem movimento não é poder de forma alguma. Portanto, suponho que haja tal movimento tanto no Sol, para governar os planetas primários, quanto na Terra, para governar a Lua, recebido pelos planetas primários e pela Lua, fazendo com que seja necessário se apresentarem a nós de forma que possamos vê-los. Ao passo que o movimento circular, comumente atribuído a eles, referente ao eixo fixo, chamado de conversão, por ser um movimento apenas das partes e não do corpo todo, é insuficiente para remediar suas aparições. Pois, ver o que quer que tenha sido movido não mostra esforço algum em direção às partes sem o círculo por não ter poder para propagar esforço algum para tais corpos por terem sido colocados sem eles. E para quem acredita que isso possa ser feito por virtude magnética, ou por espécies incorpóreas ou imateriais, não estão levando em consideração a causa natural, nem causa alguma. Pois não há elemento incorpóreo que se mova nem virtude magnética, é algo completamente desconhecido; e se algum dia for conhecido, será descoberto como um movimento do corpo. Permanece, portanto, que se os planetas primários se movem ao redor do Sol, da Lua e da Terra possuem os movimentos circulares simples do Sol e da Terra que determinam a causa de seus movimentos. Ao contrário, se não se moverem ao redor do Sol e da Terra, consideramos então que todo planeta já se moveu e se move agora desde sua concepção por movimentos sem causa natural. Pois, ou esses movimentos foram criados juntamente com seus corpos e possuem uma causa sobrenatural, ou são coeternos e, portanto, não têm causa alguma. Pois o que é eterno nunca foi gerado.

Devo, ainda, acrescentar, para confirmar a probabilidade desse simples movimento, que quase todos os acadêmicos agora possuem a mesma opinião de Copérnico sobre o paralelismo do eixo da Terra, parece-me mais condizente com a verdade, ou no mínimo mais bonito, que isso ocorra por um único movimento circular do que por dois movimentos: um relativo e outro ao redor do próprio eixo da Terra no sentido contrário; nenhum dos dois é simples e nenhum deles pode ser produzido por nenhum movimento do Sol. Entretanto, pensei ser melhor manter a hipótese do movimento simples e derivar daí as causas de tantos fenômenos quanto fosse possível, sem mencionar os que não conseguisse deduzir.

Pode ser que haja objeção, que apesar dessa suposição sobre o paralelismo do eixo da Terra, e de muitas outras aparições, não obstante, observando ser feita pela colocação do corpo do Sol no centro do astro, que a Terra descreve com seu movimento anual, a suposição em si é falsa; pois o astro anual é excêntrico ao Sol. Portanto, em primeiro lugar, vamos examinar o tipo de excentricidade e sua procedência.

8.
A CAUSA DA EXCENTRICIDADE DO MOVIMENTO ANUAL DA TERRA.

SUPONHA que o círculo anual da Terra *a b c d* seja dividido em quatro partes iguais pelas linhas retas *a c* e *b d,* cortando uma a outra no centro *e;* e sendo *a* o começo de libra, *b* de Capricórnio, *c* de Áries e *d* de Câncer; e entendendo o astro todo *a b c d,* de acordo com Copérnico, como tendo em toda parte uma distância tão grande do zodíaco em relação às estrelas fixas, que seja comparado a elas como um ponto. Sendo a Terra agora suposta no começo de Libra em *a.* Portanto, o Sol irá aparecer no começo de Áries em *c.* Dessa forma, se a Terra for movida de *a* para *b,* o movimento aparente do Sol será formado de *c* para o começo de Câncer em *d;* e a Terra será movida de *b* para *c,* o Sol também será movido em direção ao começo de libra em *a;* sendo assim, *c d a* será o arco do verão, e o arco do inverno será *a b e.* Agora, durante o movimento aparente do Sol no arco do verão serão numerados 186 dias e $\frac{3}{4}$; e, consequentemente, a Terra faz o mesmo número de conversões diurnas no arco *a b c;* e, portanto, a Terra em seu movimento pelo arco c *d a* fará somente 178 $\frac{1}{2}$ conversões diurnas. Dessa forma, o arco *a b c* será maior do que o arco *c a* por 8 dias e $\frac{1}{4}$, ou seja, por quase tantos graus. Sendo o arco *a r*, como também *c s*, com dois graus e $\frac{1}{16}$. Então, o arco *r b s* será maior do que o semicírculo *abc* por 4 graus e $\frac{1}{8}$, e maior do que o arco *s d r por 8 graus e* $\frac{1}{4}$. Portanto, os equinócios estarão nos pontos *r* e *s*; então, também quando a Terra estiver em r, o Sol irá aparecer em *s*.

Portanto, a verdadeiro lugar do Sol será em *t*, ou seja, sem o centro de movimento anual da Terra pela quantidade do seno do arco *a r* ou o seno de dois graus em 16 minutos. Já esse seno, adicionando-se 100.000 para o rádio chegará a quase 3.580 partes. E da mesma forma é a excentricidade do movimento anual da Terra, supondo que o movimento ocorra num círculo perfeito; e *s* e *r* sejam partes equinociais. E as linhas retas *s r* e *c a*, sejam produzidas de ambos os lados sobre as mesmas estrelas fixas. Pois toda a órbita *a b c d* não deve apresentar magnitude alguma devido à enorme distância das estrelas fixas.

Suponha agora que o Sol esteja em c, permanece minha apresentação de porque a Terra é mais próxima do Sol quando o movimento anual está em *d* do que quando está em *b*. Acredito que a causa seja a seguinte: quando a Terra está no começo de Capricórnio em *b*, o Sol aparece no começo de câncer em *d;* e isso ocorre no meio do verão. Mas no meio do verão, as partes ao norte da Terra estão na direção do Sol, o que é quase tudo terra seca, contendo toda a Europa e muito da maior parte da Ásia e da América. Mas quando a Terra está no começo de Câncer em *d*, e tal parte da Terra está na direção do Sol, abrangendo os grandes mares chamados de Mar do Sul e Mar Índico, que representam uma extensão bem maior do que toda a terra seca do hemisfério. Sendo assim, pelo último artigo do capítulo XXI, quando a Terra está em *d*, ficará mais próximo do que o primeiro movimento que está para o Sol em *t*, ou seja, a Terra está mais próxima do Sol no meio do inverno quando está em d do que no meio do verão quando está em *b*; portanto, durante o inverno o Sol está no *Perigæum*, e no *Apogæum* durante o verão. E, portanto, demonstrei uma possível causa da excentricidade da Terra, conforme pretendia.

Tenho, portanto, a mesma opinião de Kepler, que atribui a excentricidade da Terra à diferença das partes e supõe que uma parte seja afetada enquanto outra não é afetada pelo Sol. E discordo dele quando pensa que isso ocorre por conta da virtude magnética, e que essa virtude ou atração e lançamento de volta para Terra ocorrer por espécies imateriais; o que não pode ser verdade, pois nada que não seja um corpo movido e contínuo pode ter movimento. Pois, se tais corpos não podem ser movidos por estarem contínuos a um corpo sem movimento, não se pode imaginar como esse corpo poderia começar a se mover, conforme demonstrado no art. 7, cap. IX, e inculcado em outros lugares para o fim de que os filósofos podem finalmente se abster do uso de conexões de palavras inconcebíveis. Também discordo dele quando diz que a semelhança dos corpos é a causa da atração mútua. Pois, se fosse assim, não vejo razão para um *ovo* não se sentir atraído por outro. Se, portanto, uma parte da Terra é mais afetada pelo Sol do que outra parte, é por isso que uma parte de mais água e a outra mais terra seca. Sendo assim, como demonstrei anteriormente, a Terra fica mais próxima do Sol quando ele brilha sobre a parte em que há mais água do que na parte em que há mais terra seca.

9.
A CAUSA DE A LUA TER SEMPRE UMA FACE VIRADA NA DIREÇÃO DA TERRA.

ESSA EXCENTRICIDADE da Terra é a causa pela qual o caminho do movimento anual não é um círculo perfeito e sim uma linha elíptica ou quase uma linha elíptica; e também porque o eixo da Terra não se mantém exatamente paralelo a si mesmo em todos os lugares, mas somente em pontos equinociais.

Agora, vendo o que disse sobre a Lua girar sobre Terra, da mesma forma que a Terra gira sobre o Sol, e que a Terra gira ao redor do Sol de tal forma que ele apareça às vezes num hemisfério, às vezes em outro; ainda deve ser investigado porque a Lua sempre tem a mesma face virada na direção da Terra.

Suponha, portanto, que o Sol se mova com um simples movimentos circular *f g h i* cujo centro é t, e sendo ♈ ♋ ♎ ♑ o círculo anual da Terra;

Elementos da Filosofia　　　　　　　　　Capítulo **XXVI**　　**391**

e *a* o começo de libra. Perto do ponto *a* descrevendo-se o círculo *l k;* e sendo o centro da Terra entendido a ser movido com um simples movimento; e tanto o Sol quando a Terra movidos de acordo com a ordem do zodíaco. Sobre o centro a descreve-se o caminho *m n o p* da Lua; e *q r* são descritos como o diâmetro de um círculo cortando o globo da Lua em dois hemisférios, sendo um visto por nós quando a Lua está cheia, e o outro está na direção oposta da nossa.

O diâmetro da Lua, portanto, *q o r* será perpendicular à linha reta *a*. Dessa forma, a Lua gira por causa do movimento da Terra, de *o* em diante. Mas, por conta do movimento do Sol, se ocorresse em *p* giraria ao mesmo tempo de *p* até *o*; e por causa desses movimentos contrários a linha reta *q* será virada; e; em um quadrante do círculo *m n o p*, será virada de tal forma que faça a quarta parte de toda a sua conversão. Assim, quando a Lua está em *p q r* estará paralela à linha reta *m o*. Em segundo lugar, quando a Lua está em *m*, a linha reta *q r* estará, por conta do movimento da Terra, em *m o*. Mas, pelo trabalho do movimento do Sol sobre o quadrante *p m* o mesmo que *q r*, será virado de forma que faça um outro quarto de sua total conversão. Quando, portanto, a Lua está em *m, q r*, estará perpendicular à linha reta *o m*. Pela mesma razão, quando a Lua está em *n, q r* estará paralela à linha reta *m o*; e a Lua, retornando a *o*, o mesmo *q r* retornará ao lugar inicial, e o corpo da Lua também fará num período inteiro uma conversão inteira sobre seu próprio eixo. Quando isso ocorre, é evidente que a mesma face da Lua está sempre virada para a Terra. E, se qualquer diâmetro for medido no pequeno círculo, em que a Lua deveria girar num movimento simples, o mesmo efeito se seguiria, pois, se não houvesse ação alguma do Sol, todo diâmetro da Lua giraria de forma paralela a si mesmo. Dessa forma, demonstrei a causa pela qual a mesma face da Terra está sempre virada em direção à Terra.

Mas, deve-se notar que quando a Lua está sem eclíptico, nem sempre vemos a mesma face precisamente. Apenas vemos a parte iluminada. Mas quando a Lua está sem eclíptico, a parte virada nós não é exatamente a que está iluminada.

10.
A CAUSA DAS MARÉS NO OCEANO.

PARA ESSES três simples movimentos: do Sol, da Lua e da Terra, em seus três pequenos círculos $fg\,h\,t$, $l\,k$, e $q\,r$, juntamente com a conversão diurna da Terra, pela qual a conversão de todas as coisas que aderem à suas superfícies necessariamente giram sobre ela, podem ser considerados os três fenômenos relativos às marés dos oceanos. Sendo o primeiro a elevação alternada e a depressão da água nos litorais, duas vezes o espaço de vinte e quatro horas e quase cinquenta e dois minutos; para tanto continua de forma constante em todas as eras. No segundo, que ocorre nas Luas nova e cheia, as elevações da água são maiores do que durante outras épocas. E no terceiro, quando o Sol é equinocial, são ainda maiores que em qualquer outro momento. Para tranquilizar a ação de tais fenômenos, já mencionamos anteriormente quatro movimentos; para os quais também suponho o seguinte: a parte da Terra denominada América é maior que a água e sua extensão ocupa quase todo o semicírculo de norte a sul, parando assim o movimento da água.

Tendo isso como certo, em que $l\,b\,k\,c$ deve estar no plano de movimento mensal da Lua, o círculo $l\,d\,h\,e$, descrito no mesmo centro a, estará no plano equinocial. Sendo assim, tal círculo declinará do círculo $l\,b\,k\,c$ em um ângulo de quase $28\frac{1}{2}$ graus; sendo a maior declinação do eclíptico $23\frac{1}{2}$, para a qual se adiciona 5 para a maior declinação da Lua do eclíptico, a soma será $28\frac{1}{2}$ graus. Vendo agora que as águas, sob o círculo do curso da Lua, movimentam-se por causa do simples movimento da Terra no plano do mesmo círculo juntamente com a Terra, ou seja, junto com suas próprias bases, nenhuma a mais, nenhuma a menos, se acrescentarmos o movimento diurno, pelo qual as outras águas que estão sob o equinócio movem-se na mesma ordem, e considerando ainda que os círculos da Lua e do equinócio interceptam-se, é evidente que os dois tipos de água, tanto sob o círculo da Lua quanto sob o equinócio, estarão juntos sob o equinócio, e consequentemente, seu movimento não será apenas mais rápido do que o solo que as carrega, como também do que as águas em si serão maiores que a elevação sempre que a Terra estiver no equinócio. Dessa forma, qualquer que seja a causa das marés, essa pode ser a causa do aumento destas em qualquer momento.

Assim, conforme supus que a Lua gira pelo simples movimento da Terra no pequeno círculo $l\ b\ k\ c$; e demonstrado, no art. 4 do capítulo XXI, que sempre que o movimento for simples, a velocidade será sempre a mesma, conforme se seguem, o centro da Terra irá girar sobre a circunferência $l\ b\ k\ c$ com a mesma velocidade com que a Lua gira sobre a circunferência $m\ n\ o\ p$. Qualquer momento em que a Lua girar em $m\ n\ o\ p$ estará para o tempo, no qual a Terra gira em $l\ b\ k\ c$, como uma circunferência para a outra assim como a o para $a\ k$. Mas $a\ o$ é observado como o semidiâmetro da Terra como 59 para 1; e, portanto a Terra, se $a\ k$ for colocado como semidiâmetro, fará cinquenta e nove movimentos em $l\ b\ h\ c$ no tempo em que a Lua faz um circuito mensal em $m\ n\ o\ p$. Mas a Lua faz o circuito mensal em pouco menos de vinte e nove dias. Sendo assim, a Terra fará seu circuito na circunferência $l\ b\ h\ c$ em pouco mais de doze horas, ou seja, em torno de vinte e seis minutos; o que se observa ser o tempo entre a maré alta de um dia e a maré alta do dia seguinte. Agora, se o curso das águas ficar escondido pela parte sul da América, seu movimento será interrompido ali, e consequentemente, será elevado em tais lugares, e afundará novamente por seu próprio peso, duas vezes no espaço de vinte e quatro horas e cinquenta e dois minutos. Dessa forma, apresentei a possibilidade da causa da reciprocidade diurna do oceano.

Agora, dessa expansão dos oceanos em tais partes da Terra, produzindo as altas e baixas nos mares do Atlântico, Espanha, Inglaterra e Alemanha; que apesar de terem estabelecido o tempo, ainda que sob vários litorais, acontecem em várias horas do dia. E sofrem aumento do norte, por razões dos litorais da China e Tartary, escondendo o curso geral das águas, expandindo-as por lá, desaguando na parte reta de Anian no Mar Nórdico, e consequentemente no mar da Alemanha.

Quanto às marés da primavera que acontecem durante as Luas nova e cheia, são causadas por movimento simples, que no começo supus como sendo sempre na Lua. Sendo assim, quando demonstrei a causa da excentricidade da Terra, derivei a elevação das águas do simples movimento da Lua; então o mesmo pode ser derivado do simples movimento da Lua.

Pois, apesar da geração das nuvens, aparece no Sol um poder de elevação das águas mais evidente que na Lua; ainda assim o poder de aumento da umidade nos legumes e nas criaturas vivas aparece de forma mais evidente do que no Sol; que pode talvez proceder de que o Sol solta mais gotas d'água e Lua menos. Não obstante, é mais provável e agradável aos olhos do observador comum que a chuva se eleva não apenas pelo Sol, mas também pela Lua; pois quase todos os homens esperam mudanças do tempo no momento das conjunções do Sol com a Lua e com a Terra, mais do que na época em seus quartos.

Em último lugar, a causa de as marés da primavera serem maiores na época dos equinócios já foi suficientemente declarada neste artigo, em que demonstrei que os dois movimentos da Terra, ou seja, o simples movimento no pequeno círculo $l\,b\,k\,c$, e o movimento diurno em $l\,d\,k\,e$, causam necessariamente uma elevação maior das águas quando o Sol está nos equinócios do que quando está em outros lugares. Portanto, apresentei as causas possíveis do fenômeno da alta e da baixa das marés no oceano.

11.
A CAUSA DO AVANÇO DOS EQUINÓCIOS.

QUANTO à explicação da *precessão dos pontos equinociais*, devemos lembrar que, conforme demonstrado, o movimento anual da Terra não está na circunferência do círculo, mas no da elipse, ou na linha conside-ravelmente diferente do da elipse. Em primeiro lugar, portanto, a linha elíptica será descrita da seguinte forma: sendo a eclíptica ♎ ♑ ♈ ♋ dividida em quatro partes iguais por duas linhas retas $a\,b$ e ♑ ♋, uma cortando a outra nos ângulos direitos no centro c. E considerando o arco $b\,d$ de dois graus e dezesseis minutos, sendo a linha reta $d\,e$ paralela à $a\,b$, e cortando ♑ ♋ em f. Feito isso, a excentricidade da Terra estará em $c\,f$. Portanto, observa-se que o movimento anual da Terra está na circun-ferência de uma elipse, da qual ♑ ♋ é o maior eixo, $a\,b$ não pode ser o eixo menor; pois $a\,b$ e ♑ ♋ são iguais. Sendo assim, a Terra que passa por a e b, ou passará acima de ♑ por g, ou passando por ♑ cairá entre c e a; não importando qual. Considerando, portanto, que passe por g; e tomando $g\,l$ igualmente pela linha reta ♑ ♋; e dividindo $g\,l$ igualmente em i, $g\,i$ será igual a ♑ f, e $i\,l$ igual a f ♋; e consequentemente o ponto i

irá cortar a excentricidade c em duas partes iguais; e considerando $i\,h$ igual a $i\,f$, $h\,i$ como a excentricidade inteira. Se, agora, uma linha reta, ou seja, a linha ♎ i ♈, produzida de forma paralela a i às linhas retas $a\,b$ e $e\,d$, o caminho do Sol no verão, isto é, o arco ♎ g ♈ será maior do que seu caminho no inverno em $8\,\frac{1}{4}$ graus. Portanto, os verdadeiros equinócios estarão na linha reta ♎ i ♈; e assim a elipse do movimento anual da Terra não passará por a, g, b e l; e sim por ♎ g, ♈ e l. Sendo assim, o movimento anual da Terra está na elipse ♎ g ♈ l; e a excentricidade não pode ser amenizada em nenhuma outra linha. E isso, talvez, seja a razão de Kepler ir contra a opinião dos astrônomos de antigamente, que pensavam em dividir ao meio a excentricidade da Terra, ou, de acordo com os antigos, a do Sol, não por diminuir a quantidade da mesma excentricidade (pois a verdadeira medida dessa quantidade é a diferença pela qual o arco do verão excede o arco do inverno), mas por considerar o centro do eclíptico de maior órbita o ponto c mais próximo de f, e assim deixando inteiramente a enorme órbita o mais próxima possível do eclíptico das estrelas fixas em direção à ♋, da mesma forma com a distância entre c e i. Observando que o todo da grande órbita não passa de um ponto em relação à imensa distância das estrelas fixas, as duas linhas retas ♎ ♈ e que a b são produzidos de ambos os lados para o começo de Áries e Libra, recaindo sobre os mesmos pontos das esferas das estrelas fixas. Portanto, o diâmetro da Terra $m\,n$ está no plano do movimento anual da Terra. Se, agora, a Terra for movida pelo simples movimento do Sol na circunferência do eclíptico sobre o centro i, tal diâmetro ficará sempre paralelo a si mesmo na linha reta $g\,l$. Mas, ver a Terra sendo movida na circunferência do eclíptico sem o eclíptico, o ponto n, enquanto passa por ♎ ♑ ♈ em circunferência menor que o ponto m, e consequentemente, assim que começa a ser movida, perderá o paralelismo com a linha reta 25; a fim de que $m\,n$ produzido seja finalmente cortado pela linha reta $g\,l$ produzida. E, ao contrário, assim que $m\,n$ passe por $c\,p$, a Terra fará seu caminho pela linha elíptica ♑ ♋ produzindo o mesmo $m\,n$ em direção a m, cortando $g\,l$ produzido. E quando a Terra quase terminar a circunferência toda, o mesmo $m\,n$ começará a fazer o ângulo direito com a linha desenhada do centro i, um pouco menor do que o ponto da qual a Terra começa seu movimento. E ali, o próximo ano estará num dos pontos equinociais, ou seja, próximo ao final de ♍; o outro estará oposto a ele perto do final de ♓. E assim, os pontos nos quais os dias e as noites são iguais fazem todos os anos retrocederem; mas em movimento lento, que, em num ano inteiro, acontece apenas nos primeiros 51 minutos. E esse retorno sendo contrário à ordem do zodíaco é comumente chamado de *precessão dos equinócios*. Do qual em suposições anteriores deduzi ser uma causa possível; conforme demonstrado.

De acordo com o que disse em relação à causa da excentricidade da Terra; e de acordo com Kepler, que supôs ser a causa o fato de uma Terra ser afetada pelo Sol, e a outra não ser afetada; o *apogaæum* e o *perigaæum* do Sol deve ser movido todos os anos na mesma ordem, e com a mesma velocidade, com a qual partes equinociais são movidas; e a distância delas deve sempre estar no quadrante de um círculo; o que parece ocorrer de forma contrária. Os astrônomos dizem que agora os equinócios estão por volta de 28 graus atrás da primeira estrela de Áries, o outro está no começo de Libra; a fim de que o *apogaæum* do Sol ou o afélio da Terra esteja a 28 graus de Câncer. Mas calcula-se que esteja no 7º grau. Portanto, observar-se que não há evidência suficiente da ότί (e não há mesmo) e procurar por διότί é perda de tempo (porque é mesmo). Dessa forma, por maior que seja o movimento do *apogaæum* não é observável por conta da lentidão e permanece a dúvida se a distância dele dos pontos equinociais são maiores ou menores do eu um quadrante preciso; contanto que seja legal pensar que os dois procedem deles mesmos e com igual velocidade.

Também, não entro no mérito das causas das excentricidades de Saturno, Júpiter, Marte e Mercúrio. Não obstante, ao observar a excentricidade que a Terra, conforme demonstrado, possa ter causado pela improvável constituição de várias partes da Terra que alternadamente estão viradas na direção do Sol, também se acredita que assim como os efeitos produzidos nesses outros planetas por terem as superfícies advindas de partes improváveis.

E isso é tudo que tenho ao dizer no que se refere à Filosofia Sideral. E, embora as causas aqui supostas não serem as verdadeiras causas desses fenômenos, demonstrei serem suficientes para produzi-los, de acordo com o que me propus a princípio.

{ Capítulo XXVII }

Da Luz, Do Calor e Das Cores

1. Da imensa magnitude de alguns corpos e da indizível pequenez de outros.
2. Da causa da luz do Sol.
3. Como a luz aquece.
4. A geração de fogo pelo Sol.
5. A geração de fogo por colisão de partículas.
6. A causa da luz em vagalumes, na madeira decomposta e na pedra bolonhesa.
7. A causa da luz nas perturbações da água da mar.
8. A causa da chama, das faíscas e da fusão.
9. A causa que explica por que palha úmida às vezes queima por si só; também a causa do raio.
10. A causa da força da pólvora; e o que deve ser descrito como carvão, enxofre e salitre.
11. Como o calor é causado por atrito.
12. A diferença da luz entre primeira, segunda etc.
13. As causas das cores que vemos ao olhar através de um prisma de vidro, quais sejam, vermelho, amarelo, azul e violeta.
14. Por que a Lua e as estrelas parecem mais vermelhas no horizonte do que no mediano do céu.
15. A causa da brancura.
16. A causa do negrume.

1.
Da imensa magnitude de alguns corpos e da indizível pequenez de outros.

Além das estrelas, sobre as quais já falei no último capítulo, quaisquer outros corpos que haja no mundo podem ser designados pelo nome de corpos intersiderais. E estes, já supus serem o éter mais fluido ou corpos cujas partes têm algum grau de coesão. E eles se diferenciam uns dos outros em suas várias *consistências, magnitudes, movimentos e figuras*. Em consistências, suponho que alguns corpos são mais duros, outros mais macios pelos vários graus de *tenacidade*. Em magnitude, alguns são maiores, outros menores e muitos indizivelmente pequenos. Devemos lembrar que, pelo entendimento, a quantidade é perpetuamente divisível em divisíveis. E, portanto, se um homem pudesse fazer com suas mãos tanto quanto ele pode fazer com seu entendimento, ele poderia tirar de qualquer magnitude uma parte que seria menor que qualquer magnitude. Mas o Criador Onipotente do mundo pode realmente de uma parte de qualquer coisa tirar outra parte, enquanto nós por nosso entendimento possamos concebê-la como divisível. De onde se conclui que não há uma pequenez de corpos impossível. E o que nos impede de pensar dessa forma? Pois sabemos que há criaturas vivas tão pequenas que mal conseguimos ver seus corpos inteiros. E mesmo essas criaturas têm seus filhotes; e suas pequenas veias e outros vasos e seus olhos são tão pequenos que nenhum microscópio consegue torná-los visíveis. De tal forma que não conseguimos imaginar uma magnitude tão pequena, mas que mesmo aquilo que supomos é excedido pela natureza. Além disso, atualmente há microscópios nos quais as coisas aparecem centenas de milhares de vezes maiores do que pareceriam se as olhássemos a olho nu. E não há dúvida de que aumentando o poder desses microscópios (pois pode ser aumentado enquanto nem a matéria nem as mãos dos trabalhadores estejam esperando) cada uma daquelas milésimas partes poderia aparecer cem mil vezes maior que antes. A pequenez de alguns corpos não deve ser mais admirada que a vasta grandeza de outros. Pois ela pertence ao mesmo Poder Infinito tanto de aumentar infinitamente como de infinitamente diminuir. Fazer a grande órbita, aquela cujo raio alcança da Terra ao Sol como um ponto em relação à distância entre o Sol e as estrelas fixas; e, ao contrário, fazer um corpo tão pequeno, tal que fique na mesma proporção menor que qualquer outro corpo visível, provém do mesmo Autor da Natureza. Mas isso da imensa distância das estrelas fixas, que por muito tempo foi considerada uma coisa incrível, agora é considerada por quase todos como algo aprendido. Então por que não deveria o outro, da pequenez de alguns corpos, ser crível em algum momento? Pois a Majestade de Deus não aparece menos nas coisas pequenas que nas grandes; e da mesma forma como ela excede os sentidos humanos na imensa grandeza do universo, ela também o faz na pequenez de suas partes. Nem os primeiros elementos de composições, nem os primeiros inícios de ações, nem os primeiros momentos de tempo são mais críveis que aquilo que agora se acredita ser a vasta distância das estrelas fixas.

Algumas coisas são reconhecidas pelos homens mortais como grandiosas apesar de finitas, vendo-as como tal. Eles também reconhecem que algumas coisas que eles não veem podem ser de magnitude infinita. Mas eles não percebem, a menos que tenham muitos estudos, que há algum significado entre o infinito e a maior daquelas coisas que eles nem veem nem imaginam. Contudo, quando depois de meditação e contemplação, muitas coisas que nos maravilhavam antes nos são mais familiares agora, então acreditamos nelas e transferimos nossa admiração das criaturas para o Criador. Mas independentemente do tamanho que alguns corpos possam ter, não suponho sua quantidade ser menor do que o necessário para abrandar o fenômeno. E de maneira similar eu suponho seu movimento, ou seja, sua velocidade ou lentidão, e a variedade de suas figuras como sendo apenas tais que a explicação de suas causas naturais requer. E finalmente suponho que as partes de éter puro, como se fossem a primeira matéria, não têm movimento algum além daquele que recebem de corpos que flutuam nelas e que não sejam, eles próprios, fluidos.

2.
Da causa da luz do Sol.

Tendo lançado estas bases, falemos de causas; e em primeiro lugar vamos inquirir qual pode ser a causa da luz do Sol. Vendo, portanto, que o corpo do Sol, por seu simples movimento circular, empurra para longe substância etérea algumas vezes em uma direção, outras vezes em outra, de maneira que aquelas partes próximas ao Sol, sendo por ele movidas, propagam aquele movimento para outras partes remotas, e estas para outras, e assim continuamente; tem que ser que, não obstante qualquer distância, a parte mais anterior do olho será finalmente pressionada; e pela pressão dessa parte, o movimento será propagado para a parte mais interna do órgão da visão, nomeadamente, o coração; e a partir da reação do coração, haverá um esforço de volta pelo mesmo caminho, acabando no esforço de saída da capa do olho, chamado *retina*. Mas este esforço de saída, como foi definido no capítulo XXV, é a coisa que é chamada luz, ou a lembrança de um corpo lúcido. Pois, é por razão de tal fantasia que um objeto é chamado lúcido. Qual a procedência de uma possível causa da luz do Sol foi o que pretendi encontrar.

3.
COMO A LUZ AQUECE.

A GERAÇÃO de luz do Sol é acompanhada pela geração de calor. Todo homem sabe o que é calor em si mesmo por senti-lo quando esquenta; mas o que é isso em outras coisas ele sabe apenas pelo raciocínio. Pois uma coisa é esquentar e outra coisa é aquecer ou tornar quente. E, portanto, apesar de percebemos que o fogo ou o Sol aquecem, não percebemos que isso é quente em si mesmo. Que outras criaturas vivas, enquanto tornam outras coisas quentes, são quentes elas próprias, inferimos pelo raciocínio do senso de semelhança conosco mesmos. Mas esta não é uma inferência necessária. Pois apesar de que se possa verdadeiramente dizer de criaturas vivas, que *elas aquecem, portanto elas estão quentes em si mesmas;* entretanto não se pode a partir disso inferir-se verdadeiramente que *o fogo aquece, portanto ele está quente em si mesmo;* não mais que isto, *fogo causa dor, portanto ele está dolorido em si mesmo.* De onde se conclui que aquilo que é exclusivamente e corretamente chamado de quente é quando nós sentimos que estamos necessariamente quentes.

Quando nos esquentamos, sentimos que nossos espíritos e sangue, e tudo que é fluido dentro de nós, é chamado das partes internas de nosso corpo para as externas, mais ou menos, de acordo com o grau de calor; e que nossa pele incha. Ele, portanto, que pode dar uma possível causa a esta evocação e inchamento, e tal que concorda com o resto do fenômeno de calor, pode ser pensado como tendo dado a causa do calor do Sol.

Foi mostrado, no quinto artigo do Capítulo XXI, que o meio fluido, o qual chamamos de ar, é tão movimentado pelo simples movimento circular do Sol, que todas as suas partes, mesmo a menor delas, trocam de lugar umas com as outras perpetuamente; essa troca de lugar eu chamei de fermentação no citado Capítulo XXI. Por essa fermentação do ar, demonstrei, no oitavo artigo do último capítulo, que a água pode ser drenada para o alto até as nuvens.

E agora devo mostrar que as partes fluidas, de forma semelhante, pela mesma fermentação, podem ser drenadas das partes internas de nosso corpo para as externas. Pois vendo que em qualquer lugar o meio fluido é contíguo ao corpo de qualquer criatura viva, que as partes desse meio são, pela perpétua troca de lugar, separadas umas das outras; as partes contíguas da criatura viva precisam necessariamente empenhar-se em entrar nos espaços das partes separadas. Pois de outra forma aquelas partes, supondo que não haja vácuo, não teriam lugar para onde ir. E, portanto, aquilo que é mais fluido e separável em partes da criatura viva que é contígua ao mediano sairá primeiro; e em seu lugar sucederão outras tais partes como possam mais facilmente transpirar através dos poros da pele. E disso decorre que é necessário que as demais partes, que não estão separadas, precisam ser movidas todas juntas para fora, para manter preenchidos os lugares cruéis. Mas este movimento para fora de todas as partes juntas tem que, por necessidade, pressionar aquelas partes do ar ambiente que estão livres para deixar seus lugares; e, portanto, todas as partes do corpo, empenhando-se de uma vez naquela direção, fazem o corpo inchar. De onde vem que uma causa possível é dada ao calor proveniente do Sol, que era o que se pretendia.

4.
A GERAÇÃO DE FOGO PELO SOL.

VIMOS agora como luz e calor são gerados; calor pelo simples movimento do mediano, fazendo com que as partes perpetuamente mudem de lugar umas com as outras; e luz pela ação do mesmo simples movimento é propagada em linha reta. Mas quando um corpo tem suas partes tão movimentadas, que ele sensivelmente aquece e brilha ao mesmo tempo, então é que dizemos que é gerado fogo.

Não entendo como o fogo, um corpo distinto de matéria combustível ou incandescente, como madeira ou ferro, mas a própria matéria, não simplesmente e sempre, mas então apenas quando brilha e aquece. Ele, portanto, que rende causa possível e concordável ao resto dos fenômenos, ou seja, a proveniência e a partir de cuja ação, tanto o *brilho* como o *aquecimento* procedem, pode ter dado uma possível causa à geração *de fogo*.

Portanto, seja ABC uma esfera ou parte de uma esfera, cujo centro é D; e seja essa esfera transparente e homogênea, como cristal, vidro ou água e que esteja posicionada contra o Sol. Dessa forma, a parte mais externa ABC, pelo simples movimento do Sol, pelo qual empurra o mediano para frente, terá incidência dos raios do Sol nas linhas retas EA, FB e GC; tais linhas retas podem, devido à grande distância do Sol, ser consideradas paralelas. E vendo que o mediano dentro da esfera é mais espesso que fora dela, esses feixes serão refratados em direção às perpendiculares. Estendamos as linhas retas EA e GC até que elas cortem a esfera em H e I; e desenhando as perpendiculares AD e CD, um dos feixes refratados EA e GC cairá necessariamente entre AH e AD e o outro entre CI e CD. Chamemos os feixes refratados de AK e CL. E, novamente, que as linhas DKM e DLN sejam desenhadas perpendiculares à esfera; e que AK e CL se estendam até que encontrem a linha reta BD produzida em O. Vendo, portanto, que o mediano dentro da esfera é mais espesso que fora dela, a linha refratada AK retrocederá mais da perpendicular KM do que KO retrocederá dessa perpendicular. De forma que KO cairá entre a linha refratada e a perpendicular. Seja portanto a linha refratada KP, cortando FO em P; e pela mesma razão a linha reta LP será a linha refratada da linha reta CL. De onde vem que, vendo que os feixes nada mais são que os caminhos pelos quais o movimento se propaga, o movimento próximo a P será muito mais veemente que o movimento nas proximidades de ABC, em uma dimensão da base da porção ABC que é maior que a base de uma porção equivalente na esfera, cujo centro é P, e cuja magnitude é igual àquela do pequeno círculo próximo a P, o qual engloba todos os feixes que se propagam a partir de ABC; e esta esfera, sendo bem menor que a esfera ABC, as partes do mediano, ou seja, do ar próximo a P, mudarão de lugar umas com as outras com muito maior celeridade que aquelas próximas a ABC. Se, portanto, qualquer material combustível, ou seja, que possa ser facilmente dissipado, for colocado em P, as partes desse material, caso a proporção entre AC e uma porção equivalente do pequeno círculo ao redor de P seja grande o suficiente, serão liberadas de sua coesão mútua, e estando separadas, tomarão movimento simples. Mas movimento simples, veemente, gera no observador uma ilusão lúcida e quente, como demonstrei anteriormente no movimento simples do Sol; e, portanto, a matéria combustível colocada em P vai se tornar lúcida e quente, ou seja, será fogo. Dessa forma, forneci uma possível causa para o fogo; que era o que se pretendia.

5.
A GERAÇÃO DE FOGO POR COLISÃO DE PARTÍCULAS.

PELA MANEIRA como o Sol gera fogo, é fácil explicar a maneira pela qual fogo pode ser gerado pela colisão de duas pedras de quartzo. Pois por essa colisão algumas das partículas que compõem a pedra são violentamente separadas e descartadas; e, além disso, tendo se tornada redonda rapidamente, o olho é movido por elas, da mesma forma como o é na geração de luz pelo Sol. Este é o motivo pelo qual brilham; e descobrindo matéria que já está dissipada pela metade, como combustíveis muito inflamáveis, eles dissipam suas partes completamente e fazem-nas tornarem-se redondas. De onde vem, como mostrei novamente, que luz e calor, isto é, fogo, é gerado.

6.
A CAUSA DA LUZ EM VAGALUMES, NA MADEIRA DECOMPOSTA E NA PEDRA BOLONHESA.

O BRILHO dos vagalumes, de certos tipos de madeira decomposta e de um tipo de pedra feita em Bolonha pode ter uma causa comum, qual seja sua exposição ao Sol quente. Constata-se por experiência que a pedra de Bolonha não brilha, a menos que seja exposta ao Sol; e depois de ser exposta ela brilha, mas por pouco tempo, isto é, enquanto retém certo grau de calor. E a causa pode ser que as partes, das quais é feita, podem juntamente com calor ter movimento simples alocado nelas pelo Sol. O qual, se isso é assim, é necessário que brilhe no escuro, enquanto houver calor suficiente dentro dela; mas com o fim do calor, ela não brilhará mais. Também encontramos por experiência que nos vagalumes há certo humor espesso, como o humor cristalino do olho; o qual, se retirado e mantido tempo suficiente no dedo de uma pessoa, e depois ser levado ao escuro, brilhará pelo calor que recebeu dos dedos; mas quando esfriar, ele cessará de brilhar. De que forma, portanto, estas criaturas podem ter sua luz, a não ser por se exporem todo o dia ao Sol na parte mais quente do verão? Da mesma forma, madeira decomposta, a não ser que tenha apodrecido ao Sol, ou que tenha sido exposta ao Sol por tempo suficiente depois de decomposta, não brilhará. Que isto não ocorra em todos os insetos, nem em todos os tipos de madeira, nem em todas as pedras calcinadas, a causa pode ser que as partes, das quais são feitos tais corpos, são diferentes tanto em movimento como em figura das partes dos corpos de outro tipo.

7.
A causa da luz nas perturbações da água da mar.

Também a água do mar brilha tanto quando é agitada pelos golpes de remos, como quando um navio em seu curso a rompe; mas isso mais ou menos de acordo com o vento soprar de pontos diferentes. A causa disto pode ser que as partículas de sal, apesar de nunca brilharem nos grãos de sal, nos quais elas são elevadas pelo Sol apenas lentamente, sendo aqui impulsionadas ao ar em maiores quantidades e com mais força, tornam-se, além disso, redondas, e consequentemente brilham, apesar de fracamente. Portanto dei uma possível causa a este fenômeno.

8.
A causa da chama, das faíscas e da fusão.

Se tal matéria composta por pequenos corpos rígidos for colocada no fogo, segue-se necessariamente que, conforme elas voem para fora em maiores ou menores quantidades, a chama feita por elas será maior ou menor. E se a parte etérea ou fluida dessa matéria voar para fora com elas, seu movimento será mais rápido, da mesma forma como é em madeira e outras coisas que se inflamam com uma mistura manifesta de vento. Quando, portanto, estas partículas rígidas por voarem para fora movem o olho fortemente, elas brilham forte; e uma grande quantidade delas voando para fora em conjunto forma um grande corpo brilhante. Dado que a chama não é nada mais que um agregado de partículas brilhantes, quanto maior o agregado, maior e mais manifesta será a chama. Portanto mostrei uma possível causa de chama. Dessa forma, aparece evidentemente a causa pela qual vidro é tão fácil e rapidamente fundido pela pequena chama de uma vela soprada, o qual não será fundido a não ser por um fogo forte.

Agora, se da mesma matéria houver uma parte quebrada, tal que seja constituída por muitas partículas pequenas, disso é feita a faísca. Pois pela ruptura ela se torna redonda violentamente, e por isso ela brilha. Mas apesar de que desta matéria não sai nem chama nem faísca, ainda assim algumas de suas partes menores podem ser carregadas tão longe quanto as superfícies e permanecer lá como cinzas; as partes das cinzas são tão extremamente pequenas, que não se pode mais duvidar quanto a natureza pode seguir dividindo a matéria.

Finalmente, apesar de que a aplicação de fogo a esta matéria produz o voo de poucas partes dela ou de nenhuma de suas partes, mesmo assim haverá nas partes um impulso para o movimento simples; isto fará com que o corpo seja fundido ou, o que é um grau de fundição, amolecido. Pois todo o movimento tem algum efeito sobre a matéria não importa qual seja ela, como foi mostrado no artigo três do capítulo XV. Agora se for amolecido a tal ponto que a tenacidade das partes for excedida por sua gravidade, então dizemos que está fundido; de outra forma, amolecido e tornado maleável e dúctil.

Novamente, se a matéria contiver em si algumas partes rígidas, outras etéreas ou aquosas; se, com a aplicação de fogo, as últimas sejam expulsas, as primeiras entrarão em maior contato umas com as outras; consequentemente não serão separadas facilmente, ou seja, o corpo todo se tornará mais rígido. E esta pode ser a causa pela qual o mesmo fogo amolece algumas coisas e endurece outras.

9.
A CAUSA QUE EXPLICA POR QUE PALHA ÚMIDA ÀS VEZES QUEIMA POR SI SÓ; TAMBÉM A CAUSA DO RAIO.

SABE-SE, por experiência, que se palha for empilhada úmida, começará a produzir fumaça depois de algum tempo e então vai se incendiar como que por si própria. A causa disso parece ser que no ar que está dentro da palha há pequenos corpos que, como eu supus, movem-se livremente em movimento simples. Mas sendo este movimento impedido em graus cada vez maiores pela umidade descendente, a qual acaba por preencher e obstruir todas as passagens, as partas mais finas do ar ascendem penetrando a água; e os pequenos corpos rígidos, sendo tão impulsionados que se tocam e se pressionam uns aos outros, adquirem movimento mais forte; até que pela força aumentada deste movimento as partes aquosas primeiramente são expulsas, de onde surge vapor; e pelo crescimento contínuo deste movimento, as partículas menores da palha seca são forçadas para fora e, recobrando seu movimento simples natural, esquentam e brilham, ou seja, elas entram em chamas.

Isso pode ser a mesma causa para o raio, o qual acontece na parte mais quente do ano, quando a água é elevada na máxima quantidade e na máxima altura. Pois, depois que as primeiras nuvens são elevadas, muitas outras as seguem; e sendo congeladas acima enquanto algumas delas ascendem e outras descendem, elas se entrelaçam de tal forma que em alguns lugares todas as suas partes se reúnem e em outros se formam espaços vazios entre elas; e nesses espaços, sendo as partes etéreas forçadas para fora pela compressão das nuvens, muitos dos corpos pequenos rígidos estão tão confinados, que eles não têm a liberdade de tal movimento com é natural ao ar. De onde vem que seus impulsos se tornam mais veementes, até que eles forçam sua passagem através das nuvens, às vezes em um lugar, às vezes em outro; e, irrompendo com grande ruído, eles movem o ar violentamente, e atingindo nossos olhos, geram luz, ou seja, eles brilham. E esse brilho é o que chamamos raio.

10.
A CAUSA DA FORÇA DA PÓLVORA; E O QUE DEVE SER DESCRITO COMO CARVÃO, ENXOFRE E SALITRE.

O FENÔMENO mais comum proveniente do fogo e também o mais admirado de todos é a força da pólvora inflamada; a qual, sendo composta pelos pós de salitre, enxofre e carvões, tem seu primeiro fogo produzido pelos carvões; a nutrição da chama vem do enxofre, como também a luz e o movimento, e do salitre vem a veemência de ambos. Agora se um pedaço de salitre, antes de ser moído, for colocado sobre carvão em combustão, primeiramente se funde e, como água, apaga a parte do carvão com a qual está em contato. Então vapor ou ar, afastando-se de onde o carvão e o salitre se juntam, sopra o carvão com grande rapidez e veemência por todos os lados. Assim, por dois movimentos contrários, um deles, das partículas que se afastam do carvão em combustão e o outro, daquelas da substância etérea e aquosa do salitre, são gerados movimento e inflamação veementes. E finalmente, quando não há mais ação do salitre, ou seja, quando as partes voláteis do salitre estejam afastadas, encontra-se aos lados certa substância branca, a qual, sendo atirada ao fogo novamente, torna-se vermelho-quente de novo, mas não se dissipa, a não ser que o fogo seja aumentado. Se agora uma possível causa para isso for descoberta, esta pode ser também uma causa possível da razão pela qual um grão de pólvora incendiado expande-se com um movimento tão veemente e brilha. E isso pode ser causado da seguinte maneira.

Assuma-se que as partículas que constituem o salitre sejam algumas duras, outras aquosas e outras etéreas. E também suponhamos que as partículas duras sejam esfericamente ocas, como pequenas bolhas, de tal forma que muitas delas juntas possam constituir um corpo, cujas pequenas cavernas estejam preenchidas por uma substância que não é aquosa, nem etérea, nem ambas. Portanto, assim que as partículas duras se dissipem, as partículas aquosas e etéreas vão necessariamente se afastar; e quando se movem, necessariamente vão soprar fortemente o carvão e o enxofre em combustão que estão misturados; dessa forma vai se seguir uma grande expansão de luz, com chama veemente, e uma violenta dissipação das partículas do salitre, do enxofre e dos carvões. De forma que dei uma possível causa à força da pólvora incendiada.

Fica claro, então, que para fornecer a causa pela qual uma bala de chumbo ou ferro, disparada de uma arma, voa com tão grande velocidade, não há necessidade de introduzir tal rarefação, como, pela definição comum, gera o mesmo problema ter às vezes mais, às vezes menos quantidade; o qual é inconcebível. Pois tudo é dito maior ou menor, conforme tenha mais ou menos quantidade. A violência com a qual uma bala é empurrada para fora de uma arma procede da rapidez das pequenas partículas da pólvora incendiada; pelo menos pode proceder dessa causa sem a suposição de nenhum espaço vazio.

11.
Como o calor é causado por atrito.

Além disso, pelo atrito ao esfregar-se um corpo contra outro, como madeira contra madeira, encontramos que não apenas certo grau de calor, mas fogo mesmo é gerado. Pois tal movimento é o recíproco de pressão, às vezes em uma direção, à vezes em outra; e por esta recíproca qualquer fluido em ambas as peças de madeira é forçado aqui e ali; consequentemente ele toma impulso de saída; e finalmente atinge o mediano exterior e produz fogo.

12.
A diferença da luz entre primeira, segunda etc.

Agora, luz é diferenciada em primeira, segunda, terceira e assim infinitamente. E chamamos de primeira luz aquela que está no primeiro corpo lúcido, como o Sol, o fogo etc.; segunda é aquela que está em tais corpos, como sendo não transparentes e são iluminados pelo Sol, como a Lua, uma parede etc.; e terceira é aquela que está em corpos não transparentes, porém iluminados por segunda luz etc.

13.
As causas das cores que vemos ao olhar através de um prisma de vidro, quais sejam, vermelho, amarelo, azul e violeta.

Cor é luz, porém luz perturbada, isto é, gerada por movimento perturbado; como deve ser expresso pelas cores vermelho, amarelo, azul e púrpura, que são geradas pela interposição de um prisma diáfano, cujas bases opostas são triangulares, entre a luz e aquilo que é iluminado.

Pois seja um prisma de vidro ou de qualquer outra matéria transparente de densidade maior que a do ar; e seja o triângulo A B C a base desse prisma. Também seja a linha reta D E o diâmetro do corpo do Sol, tendo posição oblíqua à linha reta A B; e que os raios de Sol passem entre as linhas D A e E B C. Finalmente, sejam as linhas retas D A e E C estendidas infinitamente para F e G. Vendo, portanto, que a linha reta D A, devido à densidade do vidro, é refratada em direção à perpendicular; seja a linha reta A H a linha refratada no ponto A. E novamente, vendo que o mediano abaixo de A C é mais fino que aquele acima, a outra refração que ocorrerá ali divergirá da perpendicular. Portanto seja A I esta segunda linha refratada. Façamos o mesmo no ponto C, sendo C K a primeira linha refratada e C L, a segunda. Vendo, portanto, que a causa da refração no ponto A da linha reta de A B é o excesso de resistência do mediano em A B além da resistência do ar, tem que haver necessariamente reação do ponto A em direção ao ponto B; e consequentemente o mediano em A dentro do triângulo A B C terá seu movimento perturbado, ou seja, o movimento retilíneo em A F e A H será mesclado com o movimento transversal entre o mesmo A F e A H, representado pelas linhas transversais curtas no triângulo A F H. Novamente, vendo que no ponto A da linha reta A C há uma segunda refração de A H em A I, o movimento do mediano será novamente perturbado por razão da reação transversal de A em direção a C, representada da mesma forma pelas linhas transversais curtas no triângulo A H I. Da mesma forma há uma dupla perturbação representada pelas transversais nos triângulos C G K e C K L. Mas a luz entre A I e C G não será perturbada por que, se houvesse em todos os pontos das linhas retas A B e A C a mesma ação que há nos pontos A e C, então o plano do triângulo C G K seria coincidente totalmente com o plano do triângulo A F H; de tal forma que tudo pareceria semelhante entre A e C. Além disso, deve-se observar que toda a reação em A tende em direção das partes iluminadas que estão entre A e C e consequentemente perturba a primeira luz. E ao contrário, que toda a reação em C tende a ir na direção das partes fora do triângulo ou fora do prisma A B C, onde só há segunda luz; e que o triângulo A F H mostra a perturbação de luz feita no próprio vidro; como o triângulo A H I mostra a perturbação de luz feita abaixo do vidro. De forma análoga, que C G K mostra a perturbação da luz dentro do vidro; e C K L aquela abaixo do vidro. De onde se segue que há quatro movimentos diferentes, ou quatro iluminações diferentes ou cores, cujas diferenças aparecem de forma mais manifesta aos sentidos em um prisma, cuja base seja um triângulo equilátero, quando os raios de Sol, que passam através dele, sejam recebidos em um papel branco. Pois o triângulo A F H parece vermelho ao sentido; o triângulo A H I amarelo; o triângulo C G K verde e aproximando-se do azul; e finalmente o triângulo C K L parece púrpuro. É, portanto, evidente que quando a primeira luz fraca passa através de um corpo diáfano mais resistente, os raios que incidem sobre ele transversalmente produzem vermelhos; e quando a mesma primeira luz é mais forte, como no mediano mais fino abaixo da linha reta A C, os raios transversais produzem amarelo. Também quando a segunda luz é forte, como no triângulo C G K, a qual é próxima da primeira luz, os raios transversais produzem verdes; e quando a mesma segunda luz é mais fraca, como no triângulo C K L, eles produzem a cor púrpura.

14.
POR QUE A LUA E AS ESTRELAS PARECEM MAIS VERMELHAS NO HORIZONTE DO QUE NO MEDIANO DO CÉU.

DE ONDE se pode deduzir uma causa por que a Lua e as estrelas parecem maiores e mais vermelhas no horizonte do que no mediano de céu. Pois entre nossos olhos e o horizonte aparente há mais ar impuro, mesclado com pequenos corpos aquosos e da terra, do que há entre os mesmos olhos e a parte mais elevada do céu. Mas a visão é feita por raios que constituem um cone cuja base, se olharmos por sobre a Lua, é a face da Lua, e cujo zênite é o olho; e portanto muitos raios da Lua incidem necessariamente sobre corpos pequenos fora do cone visual, os quais os refletem para o olho. Mas estes feixes de raios refletidos tendem todos em linhas que são transversais ao cone visual, e formam no olho um ângulo que é maior que o ângulo do cone. De forma que a Lua perece maior no horizonte do que quando está mais elevada. E devido a que esses feixes de raios movem-se transversalmente, será gerado, pelo último artigo, vermelho. Uma possível causa está portanto mostrada para o motivo pelo qual a Lua, bem como as estrelas, parecem maiores e mais vermelhas no horizonte do que no meio do céu. O mesmo pode também ser a causa pela qual o Sol parece no horizonte maior e de uma cor mais degenerada para amarelo, do que quando ele está mais elevado. Pois, a reflexão vinda dos corpos pequenos entre, e o movimento transversal do mediano, ainda são os mesmos. Mas a luz do Sol é muito mais forte que aquela da Lua; e portanto, pelo último artigo, seu esplendor deve necessariamente por esta perturbação degenerar para amarelo.

Mas para a geração destas quatro cores não é necessário que a figura do vidro seja um prisma; pois, se fosse esférico, faria o mesmo. Pois em uma esfera os raios de Sol são refratados duas vezes e refletidos duas vezes. E sendo isto observado por Descartes e além disso que o arco-íris só aparece quando chove; como também, que as gotas de chuva têm forma quase esférica; ele demonstrou, dessa forma, a causa das cores no arco-íris; a qual portanto não necessita ser repetida.

15.
A CAUSA DA BRANCURA.

BRANCURA é luz, mas luz perturbada pelos reflexos de muitos feixes de luz chegando ao olho juntos dentro de um espaço pequeno. Pois se o vidro ou qualquer outro corpo diáfano for reduzido a pequenas partes por contusão ou colisão, cada uma dessas partes, se os feixes de um corpo lúcido forem refletidos para o olho de qualquer ponto do referido corpo, representará ao observador uma ideia ou imagem do corpo lúcido inteiro, ou seja, uma lembrança de branco. Pois a luz mais forte é a mais branca; e portanto muitas dessas partes formarão muitas dessas imagens. De onde segue que se essas partes estão densamente juntas e próximas, aquelas muitas imagens vão aparecer de forma confusa, e representarão por razão da luz confusa a cor branca. De forma que se pode deduzir uma causa possível pela qual vidro golpeado, ou seja, reduzido a pó, parece branco. Também porque água e neve são brancos; sendo eles nada além que um amontoado de corpos diáfanos muito pequenos, ou seja, pequenas bolhas, de cujas superfícies convexas são formados por reflexão, várias ilusões confusas do corpo lúcido como um todo, ou seja, brancura. Pela mesma razão sal e salitre são brancos, pois consistem de pequenas bolhas que contem dentro delas água e ar; como é manifesto em salitre, a partir disto, que sendo lançado ao fogo, movimenta este violentamente; o qual sal também faz, porém com menos violência. Mas se um corpo branco for exposto, não à luz do dia, mas àquela do fogo ou de uma vela, não será facilmente julgado à primeira vista como branco ou amarelo; a causa para tanto pode ser que a luz daquelas coisas, que queimam e produzem chama, é quase uma cor intermediária entre branco e amarelo.

16.
A CAUSA DO NEGRUME.

COMO brancura é luz, então o *negrume* é a privação de luz, ou escuridão. E daí provém que, primeiro, todos os furos, dos quais nenhuma luz pode ser refletida para o olho, parecem negros. Em segundo lugar que, quando um corpo tem poucas partículas protuberantes eretas a partir da superfície, de forma que os feixes de luz que incidem sobre eles são refletidos não para o olho, mas para o próprio corpo, essa superfície parece preta; da mesma forma como o mar aparece atrás quando agitado pelo vento. Em terceiro lugar que qualquer matéria combustível é pelo fogo levada a parecer negra antes de brilhar. Pois dado que o impulso do fogo é dissipar as menores partes de tais corpos quando lançados a ele, o fogo precisa primeiramente elevar e erigir tais partes antes de poder trabalhar em sua dissipação. Se, portanto, o fogo for retirado antes que as partes estejam totalmente dissipadas, o carvão parecerá preto; pois tendo as partes acabado de ser erigidas, os feixes de luz que incidam sobre elas não serão refletidos para o olho, mas para o próprio carvão. Em quarto lugar, que vidros de queima incendeiam coisas negras mais facilmente que brancas. Pois em uma superfície branca as partes protuberantes são convexas, como pequenas bolhas; e, portanto, os feixes de luz que incidem sobre elas são refletidos em todas as direções para fora do corpo. Mas em uma superfície preta, onde as partículas protuberantes são mais eretas, os feixes de luz que incidem sobre elas são todos necessariamente refletidos em direção do próprio corpo; e, portanto, corpos que são negros são incendiados mais facilmente pelos raios do Sol do que aqueles que são brancos. Em quinto lugar, que todas as cores que são feitas pela mistura de branco e preto provém da posição diferente das partículas que se erguem acima da superfície, e de suas diferentes formas de aspereza. Pois, de acordo com essas diferenças, mais ou menos feixes de luz são refletidos por vários corpos para o olho. Mas considerando que essas diferenças são inúmeras, e que os próprios corpos são tão pequenos que não se pode percebê-los, a explicação e determinação das causas de todas as cores é algo de dificuldade tão grande que não ouso empreendê-las.

{ Capítulo XXVIII }

Do Frio, Do Vento, Do Rude, Do Gelo, Da Restituição da Curvatura dos Corpos, Da Transparência, Do Raio e Do Trovão, e das Cabeceiras dos Rios

1. Por que o hálito da mesma boca às vezes aquece e às vezes esfria.
2. Vento, e a inconstância dos ventos, por qual razão.
3. Por que há um vento constante, ainda que não forte, de leste para oeste, próximo ao equador.
4. Qual é o efeito do ar confinado entre as nuvens.
5. Não há mudança de mole para duro, a não ser pelo movimento.
6. Qual é a causa do frio próximo aos polos.
7. A causa do gelo; e por que o frio é mais confortável em clima chuvoso que em clima claro. Por que a água não congela em poços profundos como o faz perto das superfícies da Terra. Por que o gelo não é tão pesado quanto a água; e porque o vinho não se congela tão facilmente como a água.
8. Outra causa para a dureza a partir do contato mais completo dos átomos; também como as coisas duras se quebram.
9. Uma terceira causa da dureza vinda do fogo.
10. Uma quarta causa da dureza pelo movimento dos átomos confinados em um espaço estreito.

11. Como se amolecem coisas duras.
12. De onde procede a restituição espontânea das coisas curvadas.
13. Diáfano e opaco, o que são eles e de onde provêm.
14. A causa do raio e do trovão.
15. De onde vem que as nuvens podem cair de novo depois de serem elevadas e congeladas.
16. Como se deu o eclipse da Lua, quando ela não estava diametralmente oposta ao Sol.
17. Por quais meios muitos sóis podem aparecer de uma vez.
18. Das cabeceiras dos rios.

*

* *

1.
POR QUE O HÁLITO DA MESMA BOCA ÀS VEZES AQUECE E ÀS VEZES ESFRIA.

DA MESMA forma que, quando o movimento da substância etérea do ambiente faz as partes fluidas e espirituais de nossos corpos tenderem para fora, reconhecemos calor; dessa mesma forma, pelo impulso para dentro dos mesmos espíritos e humores, sentimos frio. De forma que refrigerar é fazer com que as partes externas do corpo se impulsionem para dentro, por um movimento contrário àquele de calefação, pelo qual as partes internas são induzidas para fora. Ele, portanto, que saberia a causa do frio, precisa descobrir por qual movimento ou mecanismo as partes externas de qualquer corpo tendem ao seu interior. Para iniciar com aqueles fenômenos que são mais familiares, quase todo mundo sabe que o hálito soprado fortemente, e que sai da boca com violência, ou seja, com a passagem sendo estreita, esfriará a mão; e que o mesmo hálito soprado suavemente, ou seja, com uma abertura maior, aquecerá a mão. A causa deste fenômeno pode ser que o hálito que sai tem dois movimentos; um deles, do todo e direto, pelo qual as partes mais anteriores da mão são direcionadas para dentro; o outro, movimento simples das partículas pequenas do mesmo hálito, o qual (como mostrei no terceiro artigo do último capítulo), causa calor. Portanto, dado que nenhum desses movimentos é predominante, às vezes há o senso de frio, às vezes de calor. De onde vem que, quando o hálito é soprado para fora suavemente por uma passagem grande, o mecanismo simples que causa calor prevalece, e consequentemente sente-se calor; e quando, pela compressão dos lábios, o hálito é soprado para fora fortemente, então prevalece o movimento direto, que nos faz sentir frio. Pois o movimento direto do hálito ou ar é vento; e todo o vento diminui o calor anterior.

2.
Vento, e a inconstância dos ventos, por qual razão.

E, CONSTATANDO que não apenas vento forte, mas quase qualquer ventilação e agitação do ar realmente refrigeram; a razão de muitos experimentos referentes ao frio não pode ser dada sem primeiro se descobrir quais são as causas do vento. Mas vento nada mais é do que o movimento direto do jato de ar para frente; o qual, entretanto, quando ocorrem muitos ventos, pode ser circular ou indireto, como nos redemoinhos. De onde se percebe que em primeiro lugar devemos buscar as causas dos ventos. Vento é ar movido em quantidade considerável, tanto na forma de ondas, as quais se dão para frente e também para cima e para baixo, quanto apenas para frente.

Supondo, portanto, que o ar claro esteja calmo por algum tempo mesmo que muito curto, e também que os grandes corpos do mundo estejam dispostos e ordenados da maneira citada, algum vento ocorrerá em algum lugar. Pois, vendo que esse movimento das partes do ar, o qual é feito pelo simples movimento do Sol em seu epiciclo, causa uma exalação das partículas de água do mar e de todos os outros corpos úmidos e que essas partículas formam nuvens; segue-se necessariamente que, enquanto as partículas de água se deslocam para cima, as partículas de ar, para manter todos os espaços preenchidos, são forçadas para fora por todos os lados, e pressionam as próximas partículas, e estas as seguintes; até que, tendo completado seu circuito, desloca-se continuamente tanto ar para as partes obstruídas da terra quanto água veio dessas partes antes disso. Segue-se que os vapores ascendentes movem o ar para os lados em todas as direções; e todo o movimento direto do ar sendo vento, eles formam um vento. E se este vento se encontra frequentemente com outros vapores que se elevam em outros lugares, fica claro que sua força será aumentada, e seu caminho ou curso mudado. Além disso, de acordo com o movimento diurno da Terra, esta expõe às vezes as partes mais secas ao Sol, às vezes as mais úmidas, de forma que às vezes uma quantidade menor, às vezes uma quantidade maior de vapores será elevada; isto é, algumas vezes haverá um vento menor, às vezes um vento maior. Portanto, forneci uma possível causa para tais ventos como sendo gerados por vapores; e também de sua inconstância.

Dessa forma, segue-se que estes ventos não podem ocorrer em lugares cuja altitude não pode ser alcançada pelos vapores ascendentes. E também não se pode acreditar no que é relatado sobre as montanhas mais altas, como o Pico de Tenerife e os Andes do Peru, ou seja, que elas não são absolutamente perturbadas por esses ventos inconstantes. E se houvesse certeza de que nunca choveu nem nevou nos picos mais altos dessas montanhas, não se poderia duvidar que elas sejam mais altas do que qualquer lugar ao qual os vapores ascendem.

3.
POR QUE HÁ UM VENTO CONSTANTE, AINDA QUE NÃO FORTE, DE LESTE PARA OESTE, PRÓXIMO AO EQUADOR.

ENTRETANTO, pode haver vento nesses lugares, ainda que não seja aquele produzido pela ascensão dos vapores, mas um vento mais fraco e mais constante, como a rajada contínua de um fole, soprando do leste. E isto pode ter uma causa dupla; a primeira delas é o movimento diurno da Terra; a segunda causa pode ser o movimento simples da Terra em seu próprio epiciclo. Pois estas montanhas sendo, devido à sua altura, mais protuberantes que todo o resto de partes da Terra, dirigem o ar de oeste para leste. Para o qual, apesar de o movimento diurno contribuir pouco, mesmo havendo eu suposto que o movimento simples da Terra, em seu próprio epiciclo, faz duas revoluções no mesmo tempo em que o movimento diurno faz apenas um, e que o semidiâmetro do epiciclo é o dobro do semidiâmetro da conversão diurna, o movimento de todo ponto da Terra em seu próprio epiciclo terá o quádruplo da velocidade do movimento diurno; de forma que, por estes dois movimentos em conjunto, os picos daquelas montanhas serão movidos consideravelmente contra o ar; e consequentemente um vento será sentido. Pois, se o vento bate no senciente, ou o senciente no ar, a percepção de movimento será a mesma. Mas este vento, que não é causado pela ascensão de vapores, tem necessariamente de ser muito constante.

4.
Qual é o efeito do ar confinado entre as nuvens.

Quando uma nuvem já ascendeu ao ar, se outra nuvem ascende em sua direção, o ar que está entre elas será necessariamente pressionado para fora em todas as direções. Também quando ambas as nuvens, enquanto uma ascende e a outra ou fica parada ou descende, vem a se juntar de tal maneira que a substância etérea fique presa dentro delas por todos os lados, por essa compressão ela também irá para fora penetrando a água. Mas enquanto isso, as partículas duras, que estão misturadas ao ar e estão agitadas, como supus, com movimento simples, não passarão através da água das nuvens, mas serão comprimidas mais diretamente dentro de suas cavidades. E isto eu demostrei nos artigos 4 e 5 do capítulo XXII. Além disso, sabendo que o globo terrestre flutua no ar agitado pelo movimento do Sol, as partes do ar resistidas pela Terra vão se espalhar em todas as direções sobre a superfície da Terra; como mostrei no artigo 8 do capítulo XXI.

5.
Não há mudança de mole para duro, a não ser pelo movimento.

Percebemos que um corpo é duro pelo fato de que, quando o tocamos, empurramos para frente a parte que tocamos do mesmo corpo, e não podemos fazer isso de outra forma a não ser empurrando para frente o corpo todo. Podemos de verdade fácil e sensivelmente deslocar para frente qualquer partícula do ar ou da água que tocamos, enquanto o resto de suas partes permanece imóvel aos sentidos. Mas não podemos fazer isso em nenhuma parte de uma pedra. De onde eu defino um corpo *duro* como sendo aquele em que nenhuma parte pode ser movida sensivelmente, a menos que todo o corpo seja movido. Portanto, em se tratando de coisas macias ou fluidas, estas nunca poderão se tornar duras a não ser por um movimento tal que faça com que muitas das partes em conjunto impeçam o movimento de alguma outra parte por resistência a esse movimento.

6.
QUAL É A CAUSA DO FRIO PRÓXIMO AOS POLOS.

TENDO tais coisas como premissa, mostrarei uma causa possível para haver maior frio próximo nos polos da Terra, do que além deles. O movimento do Sol entre os trópicos, dirigindo o ar para a parte da superfície da Terra perpendicular abaixo dele, faz o ar espalhar-se em todas as direções; e a velocidade dessa expansão do ar aumenta à medida que a superfície da Terra se torna mais reta, ou seja, à medida que os círculos paralelos ao Equador tornam-se cada vez menores. De onde se segue que este movimento de expansão do ar desloca as partes do mesmo ar que estão em seu caminho continuamente em direção aos polos com força crescente, à medida que sua força se torna cada vez mais unificada, ou seja, à medida que os círculos paralelos ao Equador tornam-se cada vez menores; isto é, tanto mais forte, quanto mais próximos estejam dos polos da Terra. Nesses lugares, portanto, que estão próximos aos polos, há frio maior que naqueles mais distantes deles. Esta expansão do ar sobre a superfície da Terra, de leste para oeste, por razão do perpétuo acesso do Sol aos lugares que estão sucessivamente abaixo dele, produz frio nas horas do nascer e pôr do sol; Mas à medida que o Sol vem a ser cada vez mais perpendicular naqueles lugares frios, então pelo calor, que é gerado pelo simples movimento de cobertura do Sol, aquele frio cede novamente; e nunca pode ser grande, porque a ação que o gerou não é permanente. De onde vem que dei uma possível causa para o frio nos lugares próximos aos polos, ou onde a obliquidade do Sol é grande.

7.

A CAUSA DO GELO; E POR QUE O FRIO É MAIS CONFORTÁVEL
EM CLIMA CHUVOSO QUE EM CLIMA CLARO. POR QUE
A ÁGUA NÃO CONGELA EM POÇOS PROFUNDOS COMO O
FAZ PERTO DAS SUPERFÍCIES DA TERRA. POR QUE O GELO
NÃO É TÃO PESADO QUANTO A ÁGUA; E POR QUE O VINHO
NÃO SE CONGELA TÃO FACILMENTE COMO A ÁGUA.

A FORMA pela qual a água pode ser congelada pelo frio pode ser explicada desta forma. Seja A o Sol e B a Terra. A será, portanto muito maior que B. Admita-se que E F esteja no plano de equinócio, ao qual G H, I K e L C sejam paralelos. Finalmente sejam C e D os polos da Terra. O ar, portanto, por sua ação nesses paralelos, varrerá a superfície da Terra; e com movimento tanto mais forte, quanto menores se tornarem os círculos paralelos em direção aos polos. De onde deve surgir um vento que forçará a parte mais superior da água a se juntar e a se elevar um pouco, enfraquecendo seu impulso em direção ao centro da Terra. E a partir de seu impulso em direção ao centro da Terra, somado ao impulso do vento citado, as partes mais superiores da água serão pressionadas e coaguladas, ou seja, o topo da água forma uma crosta e se endurece. E ocorrerá o mesmo de novo com a água próxima ao topo endurecendo-se da mesma maneira, até que o gelo se torne espesso no comprimento. E este gelo, sendo compactado por pequenos corpos duros, tem de conter muitas partículas de ar que foram incorporadas a ele.

Como rios e mares, da mesma forma podem as nuvens ser congeladas. Pois quando, pelo subir e descer de várias nuvens ao mesmo tempo, o ar interceptado entre elas é forçado para fora por compressão, o ar as roça, e pouco a pouco as endurece. E ainda que aquelas pequenas gotas, que geralmente formam as nuvens, não estejam reunidas em corpos maiores, mesmo assim será formado o mesmo vento; por este mecanismo, da mesma forma como água é congelada em gelo, os vapores são congelados em neve. Provem da mesma causa que gelo pode ser feito por arte, e não longe do fogo. Isto se dá pela mistura de neve e sal na qual se introduz um pequeno recipiente cheio de água. Enquanto a neve e o sal, que tem em si mesmos uma grande quantidade de ar, estão se fundindo, o ar, que é pressionado para fora em todas as direções na forma de vento, varre os lados do vaso; e conforme o vento por seu movimento varre o recipiente, da mesma forma o recipiente pelo mesmo movimento e ação congela a água dentro dele.

Sabemos, por experiência, que o frio é sempre mais fraco em lugares onde chove, ou onde o clima é nublado, com as coisas sendo parecidas em todos os outros respeitos, do que onde o ar é claro. E isto concorda muito bem com o que eu disse antes. Pois em clima claro, o curso do vento que, como eu disso há pouco, varre a superfície da Terra, dado que está livre de toda interrupção, é também muito forte. Mas quando pequenas gotas de água estão tanto subindo como descendo, esse vento é repelido, quebrado e dissipado por elas; e quanto menos vento há, menor é o frio.

Também encontramos, por experiência, que em poços profundos a água não congela tanto quanto sobre a superfície da Terra. Pois o vento, pelo qual o gelo é feito, entrando na Terra por razão da frouxidão de suas partes, mais ou menos, perde parte de sua força, apesar de que não muita. De forma que se o poço não é fundo, congelará; enquanto se for tão profundo, a ponto de o vento que causa frio não poder alcançá-lo, não congelará.

Além disso, sabemos por experiência que o gelo é mais leve que a água. A causa disso é expressa naquilo que já demonstrei, ou seja, que ar é recebido dentro e misturado com as partículas de água enquanto está congelando.

Finalmente o vinho não é tão facilmente congelado quanto a água, porque no vinho há partículas que, sendo não fluidas, são movimentadas muito rapidamente, e por seu movimento o congelamento é retardado. Mas se o frio prevalece sobre este movimento, então as partes mais externas do vinho serão congeladas primeiro, e posteriormente as partes internas; isto é um sinal de que o vinho que permanece não congelado no mediano será muito forte.

8.
OUTRA CAUSA PARA A DUREZA A PARTIR DO
CONTATO MAIS COMPLETO DOS ÁTOMOS; TAMBÉM
COMO AS COISAS DURAS SE QUEBRAM.

VIMOS uma maneira de tornar as coisas duras, isto é, por congelamento. Outro modo é assim. Tendo já suposto que inúmeros átomos, alguns mais duros que outros e que tenham vários movimentos simples por si próprios, são misturados com a substância etérea; disso decorre necessariamente que, por razão da fermentação de todo o ar, sobre a qual falei no capítulo XXI, alguns desses átomos encontrando outros vão se aderir pelo fato de se dirigirem uns aos outros de tal forma como é de se esperar de seus movimentos e contatos mútuos; e dado que não existe vácuo, eles não podem ser separados a não ser por uma força suficiente para superar sua dureza.

Mas há inúmeros graus de dureza. Por exemplo, há um grau de dureza na água, o que pode ser verificado pelo fato de que, quando há água sobre um plano, ela pode ser movida em qualquer direção apenas com o dedo de uma pessoa. Há um grau maior de dureza em líquidos mais densos, os quais, se derramados, dispõem-se em um fio contínuo; este fio, antes de ser quebrado, diminuirá sua espessura pouco a pouco, até que esta seja tão pequena que parece quebrar apenas em um ponto; e na sua ruptura as partes externas separam-se primeiro umas das outras e depois as partes mais internas umas das outras sucessivamente. Na cera há um grau ainda maior de dureza. Pois quando puxamos uma parte de cera de outra, primeiramente tornamos o corpo todo mais fino, antes de conseguir separá-la. E quanto mais dura seja qualquer coisa que queiramos romper, maior será a força que precisamos aplicar. Portanto, se tomarmos coisas mais duras, como cordas, madeira, metais, pedras etc., a razão leva-nos a acreditar que ocorrerá o mesmo efeito, ainda que não sempre percebido; e também que mesmo as coisas mais duras se rompem da mesma forma, ou seja, pela quebra de sua continuidade que se inicia nas superfícies mais externas e que segue sucessivamente para as partes mais internas. Da mesma forma, quando se quer separar as partes de corpos não por puxá-las uma da outra, mas por quebra, a primeira separação será necessariamente nas superfícies convexas da parte curva do corpo e depois nas superfícies côncavas. Pois em todo abaulamento há nas superfícies convexas um impulso das partes em se separarem, e nas superfícies côncavas, de se interpenetrarem.

Tendo isto sido bem entendido, uma razão pode ser dada para o modo como dois corpos contíguos em uma superfície comum podem ser separados à força, sem a introdução de vácuo; mesmo Lucrécio, tendo pensado de outra forma, acreditando que tal separação era um estabelecimento forte de vácuo. Pois um pilar de mármore pendurado por uma de suas bases por tempo suficiente vai se romper por seu próprio peso; e mesmo assim não haverá necessariamente vácuo, pois a quebra de continuidade pode começar na circunferência e progredir sucessivamente para o centro do pilar.

9.
Uma terceira causa da dureza vinda do fogo.

Outra causa da dureza em algumas coisas pode ser desta maneira. Se um corpo macio consiste de muitas partículas duras, as quais pela mistura de muitas outras partículas fluidas juntam-se de forma pouco intensa — essas partes fluidas, como foi mostrado no capítulo XXI, serão exaladas; de forma que cada partícula dura se ligará à próxima partícula dura próxima a ela em uma superfície maior, e consequentemente elas se juntarão mais proximamente umas das outras, ou seja, a massa toda se tornará mais dura.

10.
Uma quarta causa da dureza pelo movimento dos átomos confinados em um espaço estreito.

Novamente, em algumas coisas a dureza pode ser conseguida até certo grau desta forma. Quando qualquer substância fluida tem em si certos corpos pequenos misturados que se movem com seu próprio movimento simples, estes contribuem proporcionalmente às partes da substância fluida, e isto ocorrendo em um espaço pequeno e isolado, como no oco de uma pequena esfera ou de um tubo muito fino, se o movimento for intenso e se houver um número grande destes pequenos corpos confinados, duas coisas ocorrerão; a primeira delas é que a substância fluida tenderá a se dilatar em todas as direções; a segunda é que, se os corpos pequenos não puderem sair, então por sua reflexão ocorrerá que o movimento das partes da substância fluida confinada, que era intenso antes, agora será muito mais intenso. Dessa forma, se qualquer partícula da substância fluida for tocada e pressionada por algum movimento externo, ela só cederá pela aplicação de uma força muito sensível. Com isto a substância fluida, que está confinada e movimentada dessa forma, terá algum grau de dureza. E maior ou menor grau de dureza depende da quantidade e velocidade dos corpos pequenos e também do quanto o local é estreito.

11.
Como se amolecem coisas duras.

Da mesma forma como tais coisas são endurecidas por calor repentino, como, por exemplo, pelo fogo, elas são geralmente reduzidas à sua forma macia original por maceração. Pois o fogo endurece por evaporação e, portanto, se a umidade evaporada for restaurada, a natureza e a forma originais serão restauradas com ela. E as coisas que estão congeladas pelo frio, se o vento que as congelou mudar para a direção oposta, elas serão descongeladas, a menos que tenham adquirido um hábito de novo movimento ou impulso por longa permanência naquela dureza. Não é suficiente para relaxar as tensões da dureza que cesse o vento congelante; pois remover a causa não destrói um efeito produzido; mas o amolecimento precisa ter sua própria causa, por exemplo, um vento contrário, ou pelo menos um vento oposto em algum grau. E isto se comprova pela experiência. Pois, se gelo for colocado em um local tão confinado que o movimento do ar não possa alcançá-lo, o gelo permanecerá intocado, ainda que o local não esteja sensivelmente frio.

12.
De onde procede a restituição
espontânea das coisas curvadas.

De corpos duros, alguns podem ser claramente curvados; outros não, e se quebram logo no primeiro esforço de flexão. E dentre os corpos que podem ser curvados, alguns deles assim que estão livres novamente, retornam à sua forma anterior; outros permanecem curvados. Se investigarmos a causa desta volta ao estado original, digo, pode ser desta forma, ou seja, que as partículas do corpo curvado, enquanto este é mantido curvo, retém seu movimento; e por este movimento elas restauram o corpo quando é removida a força que o curvou. Pois quando qualquer coisa é curvada, como uma placa de aço, e, quando a força é removida, restaura-se de novo, é evidente que a causa da reconstituição não pode se referir ao ar ambiente; tampouco pode ser atribuída à remoção da força que causou a flexão; pois nas coisas em repouso a remoção de impedimentos não é causa suficiente para seu movimento futuro; não havendo outra causa para o movimento a não ser movimento. A causa, portanto, de tal restituição está nas próprias partes do aço. De modo que, enquanto permanece refletido, há nas partes constituintes algum movimento ainda que invisível; ou seja, pelo menos algum impulso na direção na qual a restituição será feita; e, portanto esta tendência de todas as partes em conjunto é o primeiro princípio da restituição; de tal forma que com a remoção do impedimento, ou seja, da força que o mantinha curvado, ele retornará à sua forma original. O movimento das partes pelo qual isto se faz é aquele que eu chamei de movimento simples, ou movimento de retorno a si próprio. Portanto, quando na flexão de uma chapa seus extremos são levados a se tocarem, há em um dos lados uma compressão mútua das partes, tal compressão é um esforço oposto a outro esforço: aquele no outro lado da placa que é de tração das partes. Portanto, o esforço das partes em um dos lados tende à restituição da placa do mediano para as extremidades; e no outro lado, das extremidades para o mediano. De forma que, tendo o impedimento sido removido, este esforço, que é o começo de restituição, vai levar a placa à sua postura inicial. E assim eu dei uma possível causa para o fato de que alguns corpos, quando curvados, restauram-se de novo; que era o que se pretendia.

Quanto às pedras, dado que são feitas pela sobreposição de muitas partículas muito duras dentro da Terra; tais partículas não têm grande adesão, ou seja, tocam-se umas às outras a pequenas latitudes, e consequentemente admitem muitas partículas de ar; deve ser que, ao flexionar pedras, suas partes internas não serão facilmente comprimidas devido à sua dureza. E por que sua adesão não é firme, quando as partículas externas são separadas, as partes etéreas necessariamente vão sair levando o corpo a se quebrar repentinamente.

13.
Diáfano e opaco, o que são eles e de onde provêm.

Estes corpos são chamados *diáfanos*, sobre os quais, enquanto os feixes de um corpo lúcido trabalham, a ação de cada um desses feixes é propagada neles de tal forma que eles ainda tenham a mesma ordem entre si, ou a inversão dessa ordem; e, portanto corpos perfeitamente diáfanos são também perfeitamente homogêneos. Ao contrário, um corpo *opaco* é aquele que, por razão de sua natureza heterogênea, pelas inumeráveis reflexões e refrações em partículas de diferentes figuras e dureza diferente, enfraquece os feixes que incidem sobre ele antes que eles atinjam os olhos. Alguns corpos diáfanos têm essa natureza desde o princípio; como a substância do ar, e da água, e talvez também de algumas partes de pedras, a menos que estas também sejam água que tenha se congelado há muito tempo. Outros são tornados diáfanos pelo poder do calor, o qual congrega corpos homogêneos. Mas tais corpos que são tornados diáfanos dessa forma consistem de partes que eram diáfanas originalmente.

14.
A causa do raio e do trovão.

A maneira pela qual as nuvens são feitas pelo movimento do Sol, elevando as partículas de água do mar e de outros lugares úmidos, foi explicada no capítulo XXVI. E também como as nuvens se congelam foi mostrado no artigo 7 citado anteriormente. A partir disso que o ar pode ser preso como se estivesse em cavernas e confinado cada vez mais devido ao encontro de nuvens descendentes e ascendentes, pode ser deduzida uma possível causa para o *raio* e o *trovão*. Pois vendo que o ar consiste de duas partes, uma delas etérea que não tem seu próprio movimento, pois é algo divisível em suas partes menores; e a outra dura, isto é, consistindo em muitos átomos duros, que tem todos eles um movimento simples próprio muito rápido: enquanto as nuvens por seus encontros estiram tais cavidades cada vez mais à medida que as interceptam, as partes etéreas penetrarão e passarão através de sua substância aquosa; mas as partes duras serão comprimidas umas contra as outras durante esse tempo, e pressionarão umas às outras; e consequentemente, por razão de seu movimento intenso, elas tenderão a se afastar umas das outras. Portanto, no momento em que a compressão for grande o suficiente e as partes côncavas das nuvens, pela causa que eu já dei, congelarem-se em gelo, a nuvem necessariamente vai se quebrar; e este rompimento da nuvem produz o primeiro ruído de trovão. Em seguida o ar, que estava confinado, tendo agora se expandido, choca-se com o ar externo, fato que produz o rugido e o rumor que se seguem; e ambos, o primeiro ruído e o rumor que o segue, produzem o barulho chamado *trovão*. Também pelo mesmo ar expandindo-se através das nuvens e em abalo que incide sobre os olhos é produzida aquela ação sobre nossos olhos, que causa em nós a percepção daquela luz que chamamos *raio*. Portanto, forneci uma possível causa para o trovão e o raio.

15.
De onde vem que as nuvens podem cair de novo depois de serem elevadas e congeladas.

MAS SE os vapores, que são elevados até as nuvens, reúnem-se novamente em água ou são congelados em gelo, de onde vem que, dado que tanto água como gelo são pesados, eles ficam suspensos no ar? Ou então, qual pode ser a causa de que, tendo sido elevados, caem de novo? Pois não há dúvida de que a mesma força que eleva a água poderia mantê-la elevada. Portanto, por que tendo sido levada para cima, ela cai de novo? Digo que é pelo mesmo movimento simples do Sol, tanto que os vapores são forçados a ascender como a água é forçada a descender. Pois no capítulo XXI, artigo 11, mostrei como os vapores são elevados; e no mesmo capítulo, artigo 5, também mostrei como pelo mesmo movimento corpos homogêneos são congregados, e heterogêneos dissipados; isto é, como tais coisas, tendo natureza similar à Terra, são dirigidas para a Terra, ou seja, qual é a causa da descida de corpos pesados. Se a ação do Sol for obstruída na subida de vapores, e não for em absoluto obstruída em sua descida, a água descerá. Mas uma nuvem não pode impedir a ação do Sol em fazer as coisas de natureza terrena descerem para a Terra, ainda que possa impedir o Sol de fazer os vapores ascenderem. Pois a parte baixa de uma nuvem espessa é coberta de tal forma por sua parte superior, que não pode receber a ação do Sol pela qual os vapores são levados para cima; porque os vapores são elevados pela fermentação perpétua do ar, ou pela separação de suas partes menores umas das outras, a qual é muito mais fraca quando uma nuvem espessa está interposta, do que quando o céu está claro. E, portanto, no momento em que uma nuvem se torna espessa o suficiente, a água, que não desceria antes, então descerá, a menos que seja mantida no alto pela agitação do vento. De onde segue que eu dei uma causa possível tanto para as nuvens ficarem suspensas no ar como também para que elas caiam de novo na Terra; conforme demonstrado.

16.
Como se deu o eclipse da Lua, quando ela não estava diametralmente oposta ao Sol.

Com a premissa de que as nuvens podem ser congeladas, não é de se estranhar que a Lua tenha sido vista em eclipse no momento em que estava a quase dois graus sobre o horizonte, o Sol ao mesmo tempo aparecendo no horizonte; pois tal eclipse foi observado por Maestli, em Tubingen, no ano de 1690. Pois pode ocorrer que nessa ocasião uma nuvem congelada tenha se interposto entre o Sol e o olho do observador. E se foi assim, o Sol, que estava então quase dois graus abaixo do horizonte, pode parecer estar sobre o horizonte, pelo fato de seus feixes de luz passarem através do gelo. E deve-se notar que aqueles que atribuem tais refrações à atmosfera não podem atribuir a isso uma refração tão grande como esta. De onde se segue que não a atmosfera, mas a água em um corpo contínuo ou então gelo tem de ser a causa daquela refração.

17.
Por quais meios muitos sóis podem aparecer de uma vez.

Novamente, admitindo que haja gelo nas nuvens, não será surpresa que algumas vezes muitos sóis tenham aparecido de uma vez. Pois lunetas podem ser dispostas de tal forma que as reflexões mostrem o mesmo objeto em vários lugares. E não pode ser então que muitas nuvens congeladas sirvam como muitas lunetas? E elas podem não ter sido dispostas de forma bem ajustada para esse propósito? Além disso, o número de aparições pode ter aumentado por refrações também; e, portanto, seria um grande prodígio para mim se fenômenos como esses nunca ocorressem.

E se não fosse por aquele fenômeno isolado da estrela nova que foi vista em Cassiopea, eu pensaria que os cometas são feitos da mesma maneira, ou seja, por vapores provindos não apenas da Terra, mas do resto dos planetas, e congelados em um corpo contínuo. Pois eu poderia muito bem a partir disso dar uma razão à cauda e ao movimento dos cometas. Mas dado que aquela estrela permaneceu dezesseis meses inteiros no mesmo local entre as estrelas fixas, não posso acreditar que a matéria era gelo. Por isso deixo para outros a investigação da causa dos cometas; com referência a que nada que foi publicado sobre isso até hoje, além das simples estórias, vale a pena considerar.

18.
DAS CABECEIRAS DOS RIOS.

AS CABECEIRAS dos rios podem ser deduzidas da água da chuva ou de neves derretidas, muito facilmente; mas de outras causas, muito dificilmente, senão impossível. Pois tanto a água da chuva como as neves derretidas descem pelas corredeiras das montanhas; e se elas baixam apenas pelo exterior da superfície, a própria chuva e a própria neve podem ser acreditadas às fontes; mas se elas entram na Terra e descem por dentro dela, então, onde quer que elas aflorem, há suas nascentes. E à medida que essas nascentes fazem pequenos riachos, muitos pequenos riachos formam os rios. Mas nunca foi encontrada uma nascente a não ser aquelas cuja água que corre para elas provenha mais além ou pelo menos tão distante do centro da Terra como a própria nascente. E se foi afirmado por um grande filósofo que no pico do Monte Cenis, que separa Savoia e Piemonte, nasce um rio que baixa por Susa, não é verdade. Pois há, acima desse rio, pela extensão de duas milhas, montanhas muito altas em ambos os lados, as quais estão quase perpetuamente cobertas de neve; das quais inúmeros pequenos riachos correm para baixo e claramente fornecem àquele rio água suficiente para a sua magnitude.

{ Capítulo XXIX }

Do Som, Odor, Sabor e Toque

1. A definição de som e as distinções de sons.
2. A causa dos graus dos sons.
3. A diferença entre sons agudos e graves.
4. A diferença entre sons claros e roucos, o motivo.
5. O som do trovão e o de uma arma, de onde procedem.
6. De onde vem os tubos que, quando se sopra neles, tem-se um som claro.
7. Do som refletido.
8. Por qual motivo o som é uniforme e longo.
9. Como o som pode ser ajudado e impedido pelo vento.
10. Não apenas o ar, mas outros corpos, não importando sua rigidez, transportam o som.
11. A causa dos sons agudos e graves, e de harmonia.
12. Fenômenos de odor.
13. O primeiro órgão e a geração do odor.
14. Como ele é reforçado pelo calor e pelo vento.
15. Por que os corpos com menos cheiro são aqueles que têm menos mistura de ar.
16. Por que as coisas odorosas tornam-se mais odorosas quando trituradas.
17. O primeiro órgão do paladar; e por que alguns sabores causam náuseas.
18. O primeiro órgão do tato; e como reconhecemos objetos pelo toque e por outros sentidos.

1.
A DEFINIÇÃO DE SOM E AS DISTINÇÕES DE SONS.

SOM É o sentido gerado pela ação do meio, quando seu movimento chega ao ouvido e ao resto dos órgãos dos sentidos. O movimento do mediano não é o som em si, mas a causa dele. Pois a ilusão produzida como reação do órgão é o que chamamos propriamente de *som*.

As principais distinções dos sons são estas; primeiro, que um som é mais forte e o outro mais fraco. Em segundo lugar, que um é mais grave e o outro mais agudo. Terceiro, que um é claro e o outro rouco. Em quarto lugar, que um é primário e o outro derivado. Em quinto lugar, que um é uniforme e o outro não. Sexto, que um é mais durável e o outro menos. Todas essas distinções podem ser subdistinguidas em partes distinguíveis quase infinitamente. Pois a variedade dos sons não parece ser muito menor que a das cores.

Como a visão, a audição é gerada pelo movimento do mediano, mas não da mesma maneira. Pois a visão vem da pressão, ou seja, de um impulso; no qual não há progressão perceptível de nenhuma das partes do mediano; mas uma parte pressionando a outra propaga essa ação sucessivamente a qualquer distância; enquanto o movimento do mediano, pelo qual é produzido o som, é um golpe. Pois quando ouvimos, o tímpano do ouvido, que é o primeiro órgão da audição, é golpeado; e com o abalo do tímpano, a *pia mater* também é sacudida, e com ela também as artérias nela inseridas; dessa forma a ação é propagada ao próprio coração, cuja reação produz uma lembrança que chamamos som; e dado que a reação tende para fora, pensamos que está fora.

2.
A CAUSA DOS GRAUS DOS SONS.

E VENDO que os efeitos produzidos pelo movimento são maiores ou menores, não apenas quando a velocidade é maior ou menor, mas também quando o corpo tem maior ou menor magnitude ainda que a velocidade seja a mesma; um som pode ser maior ou menor por ambas essas maneiras. E devido a que nem a maior nem a menor magnitude ou velocidade podem ser dadas, pode acontecer de o movimento pode ser de velocidade tão pequena, ou o próprio corpo de magnitude tão pequena, de forma a não produzir nenhum som; ou nenhum deles pode ser tão grande, de forma a eliminar a faculdade de sentido pela parada do órgão.

Destes fatos podem-se deduzir possíveis causas para a força ou fraqueza dos sons nos seguintes fenômenos.

O primeiro deles é se um homem fala através de um tronco que tenha uma extremidade na boca do falante e a outra no ouvido do ouvinte, o som chegará mais forte do que o faria através do ar aberto. E a causa, não apenas a possível, mas também a causa certa e manifesta é esta, que o ar movido pela primeira exalação e propagado dentro do tronco não é difuso como seria no ar aberto, e consequentemente chega ao ouvido quase com a mesma velocidade com a qual foi exalado. Enquanto no ar aberto, o primeiro movimento se difunde em todas as direções em círculos, tal como são formados por lançar uma pedra em água parada, onde a velocidade diminui à medida que a ondulação se afasta do início de seu movimento.

O segundo deles é que, se o tronco for curto, e a extremidade aplicada à boca for maior que a extremidade aplicada ao ouvido, assim também o som será mais forte do que seria no ar aberto. E a causa é a mesma, ou seja, tanto a extremidade larga do tronco está mais próxima do começo do som, quanto menor será a difusão.

O terceiro é que é mais fácil para alguém dentro de uma câmara ouvir o que é falado fora dela, do que para quem está fora ouvir o que é falado dentro. Pois as janelas e outras aberturas do ar movido são como a extremidade larga do tronco. E por esta razão algumas criaturas parecem ouvir melhor, porque a natureza conferiu-lhes ouvidos grandes e amplos.

O quarto é que ainda que alguém esteja de pé na praia não consegue ouvir a colisão das duas ondas mais próximas a si, mesmo assim ouvirá o rugido do mar inteiro. E a causa parece ser que ainda que várias colisões movimentem o órgão, elas não são grandes o suficiente para causar sentido; enquanto que nada impede que todas elas juntas possam fazer som.

3.
A DIFERENÇA ENTRE SONS AGUDOS E GRAVES.

QUE ALGUNS corpos quando golpeados produzem um som mais grave e outros, um som mais agudo, a causa pode ser a diferença de tempos nos quais as partes golpeadas e deslocadas de seus lugares retornam aos mesmos lugares. Pois em alguns corpos a restituição das partes movidas é rápida e em outros, lenta. E esta também pode ser a razão pela qual as partes do órgão, movidas pelo mediano, retornam a seu repouso às vezes mais cedo, às vezes mais tarde. Quanto mais frequentes forem as vibrações ou os movimentos recíprocos das partes, tanto mais o som todo produzido ao mesmo tempo por um golpe consistirá de mais partes, as quais, por consequência, serão menores. Pois o que é agudo no som, é sutil na matéria; e ambos, ou seja, som agudo e matéria sutil consistem de muitas partes pequenas, aquele, de tempo, e esta, da própria matéria.

A terceira distinção dos sons não pode ser concebida de forma suficientemente clara pelos nomes que eu usei de *claro* e *rouco*, nem por nenhum outro que eu saiba; portanto é necessário explicá-los com exemplos. Quando digo rouco, entendo sussurro e chiado, e qualquer coisa parecida com isso, não importa como seja denominado. E sons desse tipo parecem ser produzidos pela força de algum vento forte que, ao incidir sobre corpos rígidos, arrasta-se sobre estes em vez de golpeá--los. Ao contrário, quando uso a palavra claro, não entendo um som que pode ser ouvido fácil e distintamente; pois assim os sussurros seriam claros; mas tais como aqueles produzidos por algo que é quebrado, e tal como é o clamor, o tilintar, o som de um trompete etc. e para expressar essa ideia significativamente em uma palavra, barulho. E vendo que todo som é feito pela confluência de pelo menos dois corpos, confluência na qual deve haver necessariamente tanto ação como reação, ou seja, um movimento oposto ao outro; segue-se que de acordo com a diversificação da proporção entre estes dois movimentos opostos, os sons produzidos serão diferentes entre si. E se em algum momento a proporção entre eles for tão grande, a ponto de que o movimento de um dos corpos for insen-sível se comparado com o movimento do outro, então o som não será do mesmo tipo; como quando o vento incide muito obliquamente sobre um corpo rígido, ou quando um corpo rígido é movido rapidamente através do ar; nessas ocasiões há o som que eu chamo de som rouco, em grego συριγμος. Portanto, o hálito soprado com violência da boca produz um assobio, porque, ao sair, ele roça a superfície dos lábios, cuja reação con-tra a força do hálito não é sensível. E esta é a razão pela qual os ventos têm aquele som rouco. Também se dois corpos rígidos quaisquer forem esfregados um contra o outro com pressão não muito forte, eles produzem um som rouco. E este som rouco, quando é feito, como eu disse, pelo ar roçando sobre a superfície de um corpo rígido, parece não ser nada além da divisão do ar em inúmeras fileiras minúsculas. Pois a aspereza da superfície, pelas protuberâncias de suas inumeráveis partes, divide ou corta o ar que desliza sobre ela.

4.
A DIFERENÇA ENTRE SONS CLAROS E ROUCOS, O MOTIVO.

BARULHO, ou aquilo que chamo de som claro, é produzido de duas maneiras; uma, por dois sons roucos produzidos por movimentos opostos; a outra, por colisão, ou por separação repentina de dois corpos, onde as pequenas partículas são agitadas, ou estando já agitadas repentinamente restauram-se de novo; este movimento, influenciando o meio, é propagado ao órgão da audição. E vendo que há nesta colisão ou separação um esforço nas partículas de um corpo, oposto ao esforço das partículas do outro corpo, também haverá no órgão da audição uma oposição análoga de esforços, ou seja, de movimentos. E consequentemente o som assim originado será produzido por dois movimentos opostos, isto é, por dois sons roucos opostos em um e a mesma parte do órgão. Pois, como eu já disse, um som rouco supõe o movimento sensível de apenas um dos corpos. E esta oposição de movimentos no órgão é a causa de dois corpos fazerem barulho, quando são repentinamente golpeados um contra o outro, ou repentinamente quebrados e separados.

5.
O SOM DO TROVÃO E O DE UMA ARMA, DE ONDE PROCEDEM.

TENDO reconhecido isto, e vendo que o trovão é produzido por uma erupção intensa do ar para fora das cavidades das nuvens congeladas, a causa do grande barulho ou estrondo pode ser a ruptura repentina do gelo. Pois nesta ação é necessário não somente a confluência das partículas pequenas das partes quebradas, mas também que esta confluência, por ser comunicada com o ar, seja levada ao órgão da audição e repercutida nele. E então, da primeira reação do órgão procede aquele primeiro e grande som, que é produzido pela colisão das partes enquanto elas se restauram. E vendo que há em toda a confluência uma reciprocidade de movimentos para frente e para trás das partes golpeadas; pois os movimentos opostos não se extinguem uns aos outros em um instante, como mostrei no artigo 1 do capítulo VIII; segue-se necessariamente que o som continuará e também se tornará cada vez mais fraco, até que a ação recíproca do ar enfraqueça até ser imperceptível. De onde vem que uma causa possível é dada tanto para o barulho feroz do trovão, como também para o murmúrio que o segue.

A causa do grande barulho da descarga de uma peça de artilharia é como aquela do estrondo do trovão. Pois a pólvora sendo incendiada, em seu esforço para sair, pressiona o metal em todas as direções de tal forma que aumenta a circunferência no todo e, além disso, encurta o eixo; de modo que quando a peça de artilharia está descarregando, ela se torna mais larga e mais curta do que era antes; e, portanto também pouco tempo depois da descarga sua largura será diminuída e seu comprimento aumentado de novo pela restituição de todas as partículas da matéria, da qual ela consiste, às suas posições originais. E isto ocorre com movimentos das partes que não são apenas muito intensos, mas também opostos uns aos outros, e que sendo comunicados com o ar, repercutem sobre o órgão, e pela reação do órgão, criam um som, que dura algum tempo; como eu já mostrei neste artigo.

Noto a propósito ainda que não se refira a este ponto, que uma possível causa porque uma arma recua quando é disparada pode ser esta; que sendo primeiro inchada pela força do fogo e em seguida restaurando-se, a partir da restauração surge um esforço de todos os lados em direção à cavidade; e consequentemente este esforço está nas partes próximas à culatra; e não sendo oca, mas sólida, o efeito da restituição é impedido por ela e desviado para o comprimento; e desta forma tanto a culatra como a arma inteira são empurradas para trás; e mais forçosamente, quanto maior a força pela qual a parte próxima à culatra for restaurada à sua postura original, ou seja, quanto mais fina for aquela parte. A causa, portanto, porque as armas recuam, umas mais, outras menos, é a diferença de sua espessura em direção à culatra; e quanto maior for a espessura, menor o recuo, e vice-versa.

6.
DE ONDE VEM OS TUBOS QUE, QUANDO SE SOPRA NELES, TEM-SE UM SOM CLARO.

TAMBÉM a causa porque o som produzido por um tubo, quando se sopra através dele, não obstante é claro, é a mesma da do som produzido por colisão. Pois se o hálito, quando soprado por um tubo, roça apenas a superfície côncava, ou incide sobre ela em um ângulo muito agudo, o som não será claro, mas rouco. Mas se o ângulo for grande o bastante em relação a um dos lados ocos, será reverberado ao lado oposto; e assim repercussões sucessivas ocorrerão de um lado para outro, até que toda a superfície côncava do tubo seja movimentada; este movimento terá repercussão, como a tem na colisão; e esta repercussão, sendo propagada ao órgão a partir da reação do órgão, surgirá um som claro, tal como é produzido por colisão ou pela ruptura de corpos rígidos.

Da mesma maneira é com o som da voz de um homem. Pois quando o hálito passa para fora sem interrupção e toca apenas suavemente as cavidades através das quais é enviado, o som produzido é rouco. Mas se na saída ele golpeia fortemente a *laringe*, então um som claro é produzido, como em um tubo. E o mesmo hálito incide de maneiras diversas sobre o palato, a língua, os lábios, os dentes e outros órgãos da fala, de forma que os sons nos quais é articulado se tornam diferentes uns dos outros.

7.
DO SOM REFLETIDO.

DENOMINO *som primário* aquele que é gerado por movimento do corpo sonante ao órgão em uma linha reta sem reflexão; e eu chamo de *som refletido* aquele gerado por uma ou mais reflexões, sendo o mesmo que chamamos de *eco*, e é repetido tanto quanto houver reflexões do objeto ao ouvido. E estas reflexões são feitas por montanhas, paredes e outros corpos resistentes, dispostos de tal maneira a que façam mais ou menos reflexões do movimento, de acordo a que eles sejam eles próprios mais ou menos numerosos; e eles os fazem mais ou menos frequentemente de acordo com que eles estejam mais ou menos distantes uns dos outros. A causa dessas duas coisas deve ser buscada na situação dos corpos refletores, como geralmente é feito na visão. Pois as leis da reflexão são as mesmas em ambos, ou seja, que os ângulos de incidência e reflexão sejam iguais um ao outro. Se, portanto, em um corpo oco elíptico, cujo interior é bem polido, ou em dois sólidos parabólicos corretos fixados em conjunto por uma base comum, for colocado um corpo sonante em um dos pontos de queima, e o ouvido no outro, será ouvido um som muito maior do que no ar aberto; e tanto isto como a queima de combustíveis, sendo colocados nos mesmos lugares, incendeiam-se pelos raios do Sol, são efeitos da mesma e única causa. Mas, como quando o objeto visível é colocado em um dos pontos de queima, não é distintamente visto no outro, porque todas as partes do objeto, sendo vistas em todas as linhas, a qual é refletida da superfície côncava para o olho, faz confusão na vista; dessa mesma forma o som não é ouvido articulada e distintamente quando chega ao ouvido em todas aquelas linhas refletidas. E esta pode ser a razão porque nas igrejas temos tetos com arcos, ainda que não sejam nem elípticos nem parabólicos, mas porque sua figura não é muito diferente daqueles, a voz do púlpito não será ouvida tão articuladamente como seria se não houvesse nenhuma abóbada.

8.
POR QUAL MOTIVO O SOM É UNIFORME E LONGO.

COM RELAÇÃO à *uniformidade* e *duração* dos sons, ambos têm uma causa comum e podemos observar que tais corpos, quando golpeados, produzem um som desigual ou áspero, e são muito heterogêneos, ou seja, eles consistem de partes que são muito díspares tanto em figura como em dureza, como madeira, pedras e outros, não poucos. Quando estes são golpeados, há uma confluência de suas partículas internas e sua posterior restituição. Mas elas não se movem igualmente nem têm a mesma ação umas sobre as outras; algumas delas estão recuando do abalo, enquanto outras já acabaram seu recuo e agora estão retornando; de forma que impeçam e parem umas às outras. E disso vem que seus movimentos não são desiguais e ásperos, mas também que sua repercussão é rapidamente extinta. Portanto, quando este movimento é propagado para o ouvido, o som produzido é desigual e de pequena duração. Ao contrário, se um corpo golpeado não for suficientemente rígido, mas contiver também partículas semelhantes entre si tanto em dureza como em figura, tal como as partículas de vidro e metais, que tendo sido primeiramente fundidas posteriormente se rearranjam e endurecem; o som que isso produz, porque os movimentos de suas partes e suas reciprocidades são semelhantes e uniformes, é uniforme e agradável e dura mais ou menos, de acordo com que o corpo golpeado tem maior ou menor magnitude. A causa possível, portanto, para sons uniformes e ásperos, e para sua duração maior ou menor, pode ser a única e mesma semelhança e disparidade das partes internas do corpo sonante, em relação tanto à sua figura como à sua rigidez.

Além disso, se dois corpos planos da mesma matéria e igual espessura produzem ambos um som uniforme, o som do corpo de maior extensão será ouvido por mais tempo. Pois o movimento se inicia em ambos os corpos no ponto de percussão e se propaga no corpo maior através de um espaço maior e consequentemente essa propagação requer mais tempo; e, portanto, também as partes que se movem vão requerer mais tempo para seu retorno. De onde se segue que todas as repercussões só podem extinguir-se em um tempo maior; e sendo levadas ao ouvido farão o som durar mais. Este é o motivo pelo qual o som uniforme produzido por corpos rígidos dura mais quando vem de corpos redondos e ocos do que de corpos planos, sendo os corpos semelhantes em todos os outros aspectos. Pois a ação em linhas circulares, independentemente do ponto onde se inicia, não tem fim em sua propagação devido à figura, porque a linha na qual ela se propaga sempre retorna ao seu início; de forma que a figura não impede que o movimento tenha progressão infinita. Enquanto em um plano todas as linhas têm sua magnitude finita, além da qual a ação não pode continuar. Se, portanto, a matéria for a mesma, o movimento das partes do corpo cuja figura é redonda e oca durará mais que daquele que é plano.

Também, se uma corda esticada for fixada em ambas as extremidades a um corpo oco e for percutida, o som durará mais do que se ela não estivesse tão fixa; porque o tremor ou a repercussão que ela recebe do golpe é comunicada ao corpo oco por razão da conexão; e aquele tremendo, se o corpo oco for grande, durará mais por razão da grandeza. Portanto, pela razão mencionada, o som também durará mais.

9.
Como o som pode ser ajudado e impedido pelo vento.

Na audição, diferentemente da visão, ocorre que a ação do meio é reforçada pelo vento quando sopra na mesma direção e enfraquecida quando sopra na direção contrária. A causa para tanto não pode proceder de outra coisa a não ser a geração diferente do som e da luz. Pois na geração da luz nenhuma das partes do meio entre o objeto e o olho se move de seu próprio lugar para outros lugares sensivelmente distantes; mas a ação é propagada em espaços imperceptíveis; de forma que nenhum vento contrário pode diminuir, nem vento favorável aumentar a luz, a menos que seja tão forte a ponto de mover o objeto para mais longe do olho ou trazê-lo para mais perto do olho. Pois o vento, ou seja, o ar em movimento, por sua interposição entre o objeto e o olho não atua de outra forma como atuaria se estivesse parado e calmo. Pois onde a pressão é perpétua, uma parte do ar não é levada mais cedo, mas outra, sucedendo-a, recebe a mesma impressão que a parte levada tinha recebido antes. Mas, na geração do som, a primeira colisão ou ruptura expulsa ou leva para fora de seu lugar a parte do ar mais próxima, e isto a uma velocidade e distância consideráveis; e à medida que os círculos crescem por seu distanciamento, da mesma forma o ar sendo cada vez mais dissipado terá seu movimento cada vez mais enfraquecido. Portanto, em qualquer momento em que o ar seja golpeado de tal forma a causar som, se o vento incidir na mesma direção, moverá todo o ar para mais perto do ouvido, e o moverá para mais longe, caso sopre na direção contrária; de forma que segundo o vento sopre de ou para o objeto, o som ouvido parecerá vir de um lugar mais próximo ou mais remoto; e a reação, por razão de distâncias desiguais, será reforçada ou enfraquecida.

De onde pode ser compreendida a razão porque a voz daqueles que dizem falar pela barriga, ainda que proferida perto da mão, não obstante é ouvida como estando distante por aqueles que não suspeitam de nada. Pois não tendo ideia de nenhum lugar determinado de onde a voz possa vir e julgando apenas por sua intensidade, se está fraca, eles pensam que a voz está a grande distância, se forte, próxima. Estes ventríloquos, portanto, por formarem sua voz não como os outros pela emissão de seu hálito, mas por enviá-la para dentro, fazem-na parecer pequena e fraca;

essa fraqueza da voz engana os que nem suspeitam do artifício nem observam o esforço que eles usam ao falar; e assim, em vez de achá-la fraca, acham-na distante.

10.
NÃO APENAS O AR, MAS OUTROS CORPOS, NÃO IMPORTANDO SUA RIGIDEZ, TRANSPORTAM O SOM.

QUANTO ao meio que transporta o som, este não é apenas o ar. Pois a água ou qualquer outro corpo com qualquer outra dureza pode ser esse meio. Pois o movimento pode ser propagado perpetuamente em qualquer corpo rígido contínuo; mas por razão da dificuldade em se mover as partes dos corpos rígidos, o movimento de saída da matéria rígida produz apenas um efeito fraco sobre o ar. Entretanto, se uma extremidade de um feixe rígido e longo for golpeada e o ouvido for aplicado ao mesmo tempo à outra extremidade de forma que, quando a ação sai do feixe, o ar golpeado possa imediatamente ser recebido pelo ouvido e levado ao tímpano, o som será consideravelmente forte.

De forma semelhante, se, durante a noite, quando cessa todo outro barulho que possa impedir o som, um homem encostar seu ouvido no solo, ele ouvirá o som dos passos dos pedestres, ainda que a grande distância; porque o movimento, pelo qual os passos são comunicados à Terra, é propagado ao ouvido pelas partes mais superiores da Terra que os recebe dos pés.

11.
A CAUSA DOS SONS AGUDOS E GRAVES, E DE HARMONIA.

MOSTREI anteriormente que a diferença entre os sons graves e agudos consiste em: quanto mais curto seja o tempo no qual ocorram os movimentos alternados das partes do corpo percutido, tanto mais agudo será o som. Além disso, um corpo de mesma grandeza é tanto mais pesado ou menos esticado quanto mais tempo durarem os movimentos alternados; e, portanto, corpos mais pesados e menos esticados, se forem semelhantes em todos os outros aspectos, produzirão um som mais grave do que se forem mais leves e mais esticados.

Quanto à harmonia dos sons, deve-se considerar que os movimentos alternados ou vibração do ar, pelos quais o som é produzido, depois de terem alcançado o tímpano do ouvido, imprimem uma vibração semelhante sobre o ar que está dentro dele; de forma que os lados internos do tímpano são golpeados alternadamente. A harmonia de dois sons consiste em que o tímpano receba seu golpe sonante de ambos os corpos sonantes em espaços de tempo iguais e com mesma frequência; de forma que, quando duas cordas vibram ao mesmo tempo, a harmonia que elas produzem é a melhor de todas. Pois os lados do tímpano, ou seja, do órgão da audição, serão percutidos por ambas essas vibrações juntas de uma vez, em um lado ou no outro. Por exemplo, se as duas cordas iguais A B e C D forem pulsadas juntas e as latitudes de suas vibrações E F e G H também forem iguais, e os pontos E, G, F e H estiverem na superfície côncava do tímpano, de forma a que este receba os golpes de ambas as cordas juntas em E e G, e novamente juntas em F e H, o som feito pelas vibrações de cada corda será tão semelhante que poderá ser tomado como o mesmo som e é chamado *uníssono*; o qual é a melhor harmonia. Novamente, suponhamos que A B mantenha sua vibração inicial E F e que a corda E F seja esticada até que sua vibração faça com que H F dobre a rapidez que tinha antes, e que E F esteja dividida igualmente em I. Em que tempo, portanto, a corda C D faz uma parte de sua vibração de G para H, no mesmo tempo em que a corda A B fará uma parte de sua vibração de E para I; e em que tempo a corda C D fez a outra parte de sua vibração de volta de H para G, no mesmo tempo em que outra parte da vibração da corda A B será feita de I para F. Mas ambos os pontos F e G estão nos lados do órgão, e, portanto, eles golpearão o órgão ambos juntos não a cada golpe, mas em golpes alternados. E esta é a harmonia mais próxima ao uníssono, e produz o som chamado de *oitava*. Novamente, supondo que a vibração da corda A B ainda permaneça a mesma que era, que C D seja esticada até que sua vibração seja mais rápida que a da vibração da corda A B na proporção de 3 para 2 e que E F seja dividida em três partes iguais em K e L. Em que tempo, portanto, a corda C D faz uma terceira parte de sua vibração, terceira parte esta que é de G para H, a corda A B fará um terço de sua vibração, ou seja, dois terços de E F, ou seja, E L. E em que tempo a corda C D faz outro terço de sua vibração, isto é, H G, a corda A B fará outro terço de sua vibração, ou seja, de L para F, e de volta de F para L.

Finalmente, enquanto a corda C D faz a última parte de sua vibração, isto é, de G para H, a corda A B fará o último terço de sua vibração de L para E. Mas ambos os pontos E e H estão nos lados do órgão. De onde vem que, a cada terceiro tempo, o órgão será golpeado pela vibração de ambas as cordas juntas e fará a harmonia chamada de *quinta*.

12.
Fenômenos de odor.

Para encontrar a causa dos *odores*, usarei a evidência dos seguintes fenômenos. Primeiro, que o odor é impedido pelo frio e aumentado pelo calor. Segundo, que quando o vento sopra do objeto, o cheiro é mais forte; e ao contrário, quando sopra do senciente para o objeto, mais fraco. Ambos estes fenômenos são, por experiência, constatados claramente nos cães, que seguem a trilha das bestas pelo cheiro. Terceiro, que corpos menos permeáveis ao meio produzem menos cheiro que aqueles mais permeáveis; como pode ser visto em pedras e metais que, comparados com as plantas e criaturas vivas e suas partes, frutos e excrementos, têm muito pouco ou nenhum cheiro. Quarto, que corpos odorosos, por sua própria natureza, tornam-se ainda mais odorosos quando são triturados. Quinto, que quando a respiração é interrompida, pelo menos nos homens, não se sente cheiro. Sexto, que o sentido do odor também é impedido pela obstrução das narinas, ainda que a boca esteja aberta.

13.
O primeiro órgão e a geração do odor.

Pelos quinto e sexto fenômenos citados, fica claro que o primeiro e imediato órgão do olfato é a cutícula mais interna das narinas e a parte dela que fica abaixo da passagem comum para as narinas e o palato. Pois quando trazemos respiração pelas narinas, a trazemos aos pulmões. Esse ar, portanto, que transporta cheiros, está no caminho que passa para os pulmões, ou seja, naquela parte das narinas que está abaixo da passagem através da qual a respiração vai. Pois nada é cheirado nem além da passagem interna do ar, nem fora das narinas.

E vendo que cheiros diferentes produzem necessariamente alguma mutação no órgão, e que toda a mutação é movimento; portanto, é necessário também que, no ato de cheirar, as partes do órgão, ou seja, a cutícula interna e os nervos inseridos nela, sejam movimentadas de forma diferente por cheiros diferentes. E vendo também que foi demonstrado que nada pode ser movido a não ser por um corpo em movimento e contíguo; e que não há nenhum outro corpo contíguo à membrana interna das narinas além do hálito, ou seja, ar sugado, e dos pequenos corpos sólidos e invisíveis, caso realmente os haja, que estão dispersos no ar; segue-se necessariamente que a causa do olfato é ou o movimento do ar puro ou substância etérea, ou o movimento daqueles corpos pequenos. Mas este movimento é um efeito que provém do objeto que cheira e, portanto, ou todo o próprio objeto ou suas várias partes necessariamente se movem. Por outro lado, sabemos que corpos odorosos produzem cheiro, ainda que todo seu volume não se mova. De onde se conclui que a causa do odor é o movimento das partes invisíveis do corpo odoroso. E estas partes invisíveis ou vão para fora do objeto ou, retendo sua situação inicial com o resto das partes, movem-se juntamente com elas, ou seja, elas têm movimento simples e invisível. Aqueles que dizem que algo sai do corpo odoroso chamam a isso de eflúvio; tal eflúvio ou é da substância etérea ou dos pequenos corpos que estão dispersos nele. Mas, que toda a variedade de odores proceda dos eflúvios daqueles pequenos corpos que estão misturados à substância etérea é completamente incrível, por estas considerações: primeiro, que certos unguentos, ainda que em quantidades muito pequenas, emitem odores muito fortes, não apenas a grande distância, mas também por bastante tempo, e são sentidos em todos os pontos tanto daquele espaço como daquele tempo; de forma que as partes exaladas seriam suficientes para preencher dez mil vezes mais espaço do que o corpo todo é capaz de tomar, o que é impossível. Segundo que, se essa exalação for um movimento reto ou torto, se a mesma quantidade fluísse de qualquer outro corpo odoroso com o mesmo movimento, então todos os corpos odorosos produziriam o mesmo cheiro. Terceiro, sabendo que esses eflúvios têm grande velocidade (como se pode ver pelo fato de que alguns odores fétidos que vêm de cavernas são sentidos a grande distância), seria de se supor que, por razão de que nada impede a passagem desses eflúvios para o órgão, esse movimento sozinho seria capaz de causar cheiro, coisa que não é assim; pois não podemos sentir nenhum cheiro, a menos que aspiremos o ar através de nossas narinas. Os odores, portanto, não são causados pelo eflúvio de átomos; pela mesma razão, também não são causados pelo eflúvio de substância etérea; pois para tanto deveríamos poder sentir cheiro sem aspirar nossa respiração. Além disso, dado que a substância etérea é a mesma em todos os corpos odorosos, eles afetariam o órgão do mesmo modo; e, consequentemente, os odores de todas as coisas seriam semelhantes.

Permanece, portanto, que a causa dos cheiros tem de consistir no movimento simples das partes dos corpos odorosos sem refluxo ou diminuição de sua substância inteira. E por este movimento se propaga até o órgão, pelo ar intermediário, o movimento semelhante, mas não forte o suficiente para provocar o senso de si próprio sem a sucção do ar pela respiração. E esta é uma possível causa para os odores.

14.
COMO ELE É REFORÇADO PELO CALOR E PELO VENTO.

A CAUSA pela qual os cheiros são impedidos pelo frio e ajudados pelo calor pode ser esta; o calor, como mostrado no capítulo XXI, gera movimento simples; e, portanto também, em qualquer lugar onde ele esteja, ele o aumentará; e se a causa do odor for aumentada, o próprio odor aumentará. Quanto à causa de o vento que sopra do objeto aumentar o odor, ela é a mesma pela qual a sucção do ar na respiração faz o mesmo. Pois aquele que aspira o ar próximo de si, aspira por sucessão o ar no qual está o objeto. Mas este movimento do ar é vento e, quando outro vento sopra do objeto, será aumentado por ele.

15.
POR QUE OS CORPOS COM MENOS CHEIRO SÃO AQUELES QUE TÊM MENOS MISTURA DE AR.

QUE CORPOS que contêm menor quantidade de ar, como pedras e metais, produzem menos cheiro que plantas e criaturas vivas; a causa pode ser que o movimento que causa cheiro seja apenas o movimento das partes fluidas; essas partes, se tiverem algum movimento das partes rígidas nas quais estão contidas, comunicam esse movimento ao ar aberto, pelo qual é propagado ao órgão. Onde, portanto, não há partes fluidas, como nos metais, ou onde as partes fluidas não recebem nenhum movimento das partes duras, como nas pedras, que são feitas por aposição, não pode haver odor. E, portanto, também a água, cujas partes têm pouco ou nenhum movimento, não tem cheiro. Mas se a mesma água, por sementes e pelo calor do Sol, estiver misturada com partículas de Terra em forma de planta, e for pressionada para fora posteriormente, será odorosa, como o vinho da videira. E como a água que passa através de plantas se torna um licor odoroso pelo movimento das partes daquelas plantas; da mesma forma o ar que passa através das mesmas plantas enquanto estão crescendo, torna-se ar odoroso. E assim também é com os sucos e bebidas alcoólicas criadas em criaturas vivas.

16.
POR QUE AS COISAS ODOROSAS TORNAM-SE MAIS ODOROSAS QUANDO TRITURADAS.

QUE CORPOS odorosos podem ser mais odorosos por trituração provêm disto, que uma vez quebrados em muitas partes, que são todas odorosas, o ar por respiração é aspirado do objeto em direção ao órgão e em sua passagem toca em todas aquelas partes, recebendo seu movimento. Mas o ar toca apenas a superfície; e um corpo tendo menos superfície enquanto está íntegro do que tem todas as suas partes juntas depois que ele for reduzido a pó, segue-se que o mesmo corpo odoroso produz menos odor enquanto está inteiro, do que fará depois de quebrado em partes menores. E assim é a maioria dos odores.

17.
O PRIMEIRO ÓRGÃO DO PALADAR; E POR QUE ALGUNS SABORES CAUSAM NÁUSEAS.

SEGUE o paladar; cuja geração é diferente daquela da visão, audição e olfato, à medida que nestes temos a sensação de objetos remotos, enquanto só saboreamos o que é contíguo e que imediatamente toca ou a língua ou o palato ou ambos. De onde vem ser evidente que as cutículas da língua e do palato e os nervos neles inseridos são o primeiro órgão do paladar; e (devido à confluência de suas partes, dá-se necessariamente uma confluência da *pia mater*) que a ação comunicada e eles é propagada ao cérebro e deste para o órgão mais distante, ou seja, o coração, em cuja reação consiste a natureza de sentido.

Que sabores, assim como odores, não movem apenas o cérebro, mas também o estômago, como se mostra pela náusea causada por ambos; eles que consideram o órgão de ambos os sentidos, não vão se admirar; vendo que a língua, o palato e as narinas têm a mesma cutícula contínua derivada da *rigida mater*.

E que os eflúvios nada têm a ver com o sentido do paladar fica demonstrado pelo fato de que não há sabor onde o órgão e o objeto não sejam contíguos.

Por qual variedade de movimentos os diferentes tipos de sabores, que são inumeráveis, podem ser diferenciados, não sei. Poderia com outros derivá-los de diversas figuras daqueles átomos, dos quais consiste qualquer coisa que pode ser saboreada; ou dos movimentos diversos que eu poderia, por suposição, atribuir àqueles átomos; conjecturando, não sem algum grau de verdade, que as coisas que têm sabor doce, têm suas partículas movidas em movimento circular lento e suas figuras são esféricas; o que as torna suaves e agradáveis ao órgão; que as coisas amargas têm movimento circular, porém intenso, e sua figuras são cheias de ângulos, pelos quais perturbam o órgão; e que coisas ácidas têm movimento retilíneo e recíproco, e suas figuras são compridas e pequenas, de forma que elas cortam e ferem o órgão. E, de forma semelhante alguém poderia assinalar para as causas de outros sabores vários movimentos e figuras de átomos, como poderia provavelmente parecer ser as causas. Mas isto seria mudar da filosofia para a adivinhação.

18.
O PRIMEIRO ÓRGÃO DO TATO; E COMO RECONHECEMOS OBJETOS PELO TOQUE E POR OUTROS SENTIDOS.

PELO *toque* sentimos que os corpos estão frios ou quentes, ainda que estejam distantes de nós. Outros que sejam duros, macios, ásperos ou lisos não podemos sentir a menos que estejam contíguos. O órgão do toque é cada uma daquelas membranas que, sendo continuações da *pia mater*, são tão difusas por todo o corpo, que nenhuma de suas partes pode ser pressionada sem que a *pia mater* seja pressionada com ela. Portanto, qualquer coisa que a pressione é sentida como dura ou mole, ou seja, mais ou menos rígida. E quanto ao senso de áspero, não é nada mais que inumeráveis percepções de dureza sucedendo-se umas às outras em pequenos intervalos tanto de tempo como de lugar. Pois percebemos o áspero e o liso, como também o tamanho e a figura, não apenas pelo toque, mas também pela memória. Pois embora algumas coisas sejam tocadas em um ponto ainda que áspero ou liso, como quantidade e figura, elas só são percebidas pelo fluxo de um ponto, ou seja, não temos o sentido delas sem o tempo; e não temos sentido de tempo sem memória.

{ Capítulo XXX }

Da Gravidade

1. Um corpo espesso não contém mais material, a menos que também mais espaço, que um fino.
2. Que a queda de corpos pesados não se deve a sua própria inclinação, mas por algum poder da Terra.
3. A diferença de gravidade procede da diferença do esforço com o qual os elementos, dos quais são feitos os corpos pesados, caem sobre a Terra.
4. A causa da queda de corpos pesados.
5. Em que proporção a queda de corpos pesados é acelerada.
6. Por que aqueles que mergulham, quando estão submersos, não sentem o peso da água sobre eles.
7. O peso de um corpo que flutua é igual ao peso da água que preencheria o espaço que a parte imersa do corpo ocupa dentro da água.
8. Se um corpo for mais leve que a água, então não importa o tamanho que tenha esse corpo, ele poderá flutuar sobre qualquer quantidade de água, por mínima que seja.
9. Como a água pode ser elevada e jogada para fora de um recipiente pelo ar.
10. Por que uma bexiga é mais pesada quando cheia de ar que quando vazia.
11. A causa da ejeção para cima de corpos pesados por uma arma a vento.
12. A causa da subida da água em um barômetro.
13. A causa do movimento ascendente em criaturas vivas.
14. Que há na natureza um tipo de corpo mais pesado que o ar, o qual não obstante não é diferenciado do ar pelos sentidos.
15. Da causa da virtude magnética.

1.

Um corpo espesso não contém mais material, a menos que também mais espaço, que um fino.

No capítulo XXI, defini espesso e fino como o lugar requerido de tal forma que espesso significa um corpo mais resistente e fino, um corpo menos resistente; seguindo o costume daqueles que discursaram sobre refração antes de mim. Se considerarmos o significado verdadeiro e vulgar dessas palavras, encontraremos que são nomes coletivos, isto é, nomes de multidões; como espesso sendo aquilo que toma mais partes de um espaço dado e fino, aquilo que contém menos partes da mesma magnitude no mesmo espaço, ou em espaço igual. Espesso, portanto, é o mesmo que frequente, como uma tropa espessa; e fino, o mesmo que não frequente, como uma categoria escassa ou poucas casas; não que haja mais matéria em um lugar que em outro lugar igual, mas uma grande quantidade de um corpo determinado. Pois não há menos matéria ou corpo, tomados indefinidamente, em um deserto que em uma cidade; mas menos casas ou menos homens. Tampouco há em uma linha de soldados espessa uma quantidade maior de corpo, mas um maior número de soldados, do que em uma linha com poucos soldados. Por isso a abundância ou a escassez das partes contidas dentro do mesmo espaço constitui densidade e rari-dade, quer as partes sejam separadas por vácuo ou por ar. Mas a consi-deração desse fato não é de nenhuma grande importância na filosofia; e, portanto, eu deixo esse assunto e passo à busca das causas da *gravidade*.

2.

Que a queda de corpos pesados não se deve a sua própria inclinação, mas por algum poder da Terra.

Chamamos de corpos pesados aqueles que, a menos que sejam impe-didos por alguma força, são arrastados em direção ao centro da Terra, e isso por seu próprio consentimento, pois de forma alguma podemos pelos sentidos perceber o contrário. Alguns filósofos, portanto, têm tido a opinião de que a queda de corpos pesados provêm de alguma inclinação natural pela qual, quando eles são lançados para cima, eles caem de novo, como que movidos por si próprios, para lugares que fossem apropriados à sua natureza. Outros pensavam que eles eram atraídos para a Terra. Com o primeiro não posso concordar, porque penso que já demonstrei claramente o suficiente que não há início de movimento a não ser a partir de um corpo externo que se mova; e, consequentemente, qualquer coisa que tenha movimento ou impulso em direção a algum lugar sempre vai se mover ou se empenhar em direção ao mesmo lugar, a menos que seja impedido pela reação de algum corpo externo. Os corpos pesados, portanto, tendo sido lançados para cima, não podem ser lançados para baixo de novo por movimentos externos. Além disso, sabendo que corpos inanimados não têm nenhum desejo, é ridículo pensar que por seu próprio desejo inato eles deveriam, para preservar-se, sem entender o que os preserva, abandonar o lugar onde se encontram e transferir-se para outro lugar; enquanto o homem, que tem desejo e entendimento, não pode, para a preservação de sua própria vida, elevar-se por um salto a mais de três ou quatro pés acima do solo. Finalmente atribuir a corpos criados o poder de se mover, o que é isso a não ser dizer que há criaturas que não tem dependência do Criador? Com os últimos, que atribuem a queda de corpos pesados à atração da Terra, eu concordo. Mas por qual movimento isto se dá ainda não foi explicado por ninguém. Portanto direi neste ponto algumas coisas sobre a maneira e o modo pelos quais a Terra por sua ação atrai corpos pesados.

3.

A DIFERENÇA DE GRAVIDADE PROCEDE DA DIFERENÇA DO ESFORÇO COM O QUAL OS ELEMENTOS, DOS QUAIS SÃO FEITOS OS CORPOS PESADOS, CAEM SOBRE A TERRA.

QUE PELA suposição de movimento elementar no Sol os corpos homogêneos são congregados e os heterogêneos, dissipados, já foi demonstrado no artigo 5 do capítulo XXI. Também supus que há, misturados com o ar puro, certos pequenos corpos, ou, como outros os chamam, átomos; os quais, por razão de sua extrema pequeneza, são indivisíveis e diferenciam-se uns dos outros em consistência, figura, movimento e magnitude; de onde segue que alguns deles estão congregados com a Terra, outros, com outros planetas e outros são levados acima e abaixo nos espaços intermediários. E vendo que aqueles que são levados à Terra diferem entre si em figura, movimento e magnitude, eles cairão sobre a Terra alguns com maior, outros com menor impulso. E vendo também que computamos os vários graus de gravidade pelo fato de eles caírem na Terra com maior ou menor impulso, concluímos que são mais pesados aqueles que têm mais impulso, e menos pesados, aqueles que têm menos impulso. Nossa pergunta deve ser, portanto, por quais meios corpos que descem vindos de fora da Terra, alguns desses corpos são levados com maior impulso, outros com menos; isto é, alguns são mais pesados que outros. Também precisamos perguntar por quais meios tais corpos, uma vez assentados sobre a Terra, podem ser forçados a elevar-se pela própria Terra.

4.
A CAUSA DA QUEDA DE CORPOS PESADOS.

SEJA o círculo feito sobre o centro C um grande círculo na superfície da Terra, passando através dos pontos A e B. Suponha que qualquer corpo pesado, como a pedra A D, seja colocado em qualquer lugar no plano do Equador; e que ele seja concebido para ser lançado para cima a partir de A D perpendicularmente, ou ser levado em qualquer outra linha para E, e que fique em repouso nessa posição. Portanto, o mesmo espaço que a pedra subiu em A D, ela tomará agora em E. E devido a que se supõe que todo o espaço está preenchido, o espaço A D será preenchido pelo ar que flui para esse espaço primeiramente dos lugares mais próximos da Terra e depois sucessivamente de lugares mais distantes. Sobre o centro C entenda--se um círculo a ser desenhado através de E; e que o espaço plano entre a superfície da Terra e esse círculo seja dividido em esferas planas iguais e concêntricas; das quais seja a primeira aquela que está contida entre os dois perímetros que passam através de A e D. Portanto, enquanto o ar, que é a primeira esfera, preenche o lugar A D, a própria esfera torna-se muito menor e consequentemente sua latitude é menor que a linha reta A D. De onde vem que necessariamente descerá a mesma quantidade de ar da esfera vizinha acima. De forma análoga, pela mesma causa, haverá uma descida de ar da próxima esfera acima dessa; e assim sucessivamente até vir da esfera na qual a pedra está em repouso em E, portanto, ou a própria pedra ou o ar vão descer. E sabendo que o ar, devido à revolução diurna da Terra, é mais facilmente deslocado que a pedra, o ar que está na esfera que contém a pedra será forçado mais para cima que a pedra. Mas isto não pode se dar sem a admissão de vácuo, a menos que muito mais ar desça até E a partir do lugar vizinho acima; ocorrendo este fato, a pedra será empurrada para baixo. Desta maneira a pedra recebe o começo de sua descida, isto é, de sua gravidade. Além disso, qualquer coisa que tenha se movido será movida continuamente (como foi mostrado no artigo 19 do capítulo VIII) na mesma direção, e com a mesma celeridade, exceto seja retardada ou acelerada por algum movimento externo. Por outro lado, o ar, que é o único corpo interposto entre a Terra A e a pedra acima dela E, repetirá em todos os pontos da linha reta E A a mesma ação que tem em E. Mas o ar empurrou a pedra para baixo em E; portanto vai empurrá-la para baixo igualmente em todos os pontos da reta E A. Dessa forma a pedra descerá de E para A, com movimento acelerado. Dessa forma, a causa possível da queda de corpos pesados abaixo do Equador é o movimento diurno da Terra. E a mesma demonstração servirá, caso a pedra venha a ser colocada no local de qualquer círculo paralelo ao Equador. Mas devido a que este movimento, por razão de sua grande lentidão, tem menos força para empurrar o ar nos círculos paralelos que no Equador, e não tem força alguma nos polos, pode-se bem pensar (por ser uma consequência certa) que os corpos pesados cairão com velocidade cada vez menor à medida que estão mais longe do Equador, e que nos próprios polos eles não cairão absolutamente ou não cairão no sentido do eixo; se isso é verdadeiro ou falso, a experiência é que deve determinar. Mas é difícil fazer este experimento, tanto porque os tempos das quedas não podem ser medidos com suficiente exatidão, como também porque os lugares próximos aos polos são inacessíveis. Não obstante, isto sabemos, quanto mais próximos estamos dos polos, maiores são os flocos da neve que cai; e quanto mais rapidamente caem os corpos fluidos e dissipáveis, menores são as partículas nas quais se dissipam.

5.
EM QUE PROPORÇÃO A QUEDA DE CORPOS PESADOS É ACELERADA.

SUPONDO, portanto, que esta seja a causa da queda de corpos pesados, segue-se que seu movimento será acelerado de tal maneira que os espaços transmitidos por eles em vários momentos terão um para o outro a mesma proporção que os números ímpares têm na sucessão da unidade. Pois se a linha reta E A for dividida em um número igual de partes, o corpo pesado que desce, por razão da ação perpétua do movimento diurno, receberá do ar, em cada um desses momentos e em cada um dos muitos pontos da linha reta E A, vários impulsos novos e iguais; e, portanto também em cada um desses tempos, ele tomará vários graus de celeridade iguais. Disto segue-se, conforme demonstrado por Galileu em seus Diálogos de Movimento, que os corpos pesados descem nos vários tempos com diferenças de espaços percorridos equivalentes às diferenças dos quadrados dos números que sucedem uns aos outros em relação à unidade; sendo tais quadrados 1, 4, 9, 16 etc., então suas diferenças são 3, 5, 7 etc.; ou seja, os números ímpares que sucedem uns aos outros a partir da unidade. Contra esta causa da gravidade por mim apresentada, poderá ser objetado que um corpo pesado colocado na parte inferior de um cilindro oco de ferro ou diamante, com a parte inferior virada para cima, o corpo descerá apesar de o ar sobre ele não poder pressioná-lo para baixo e menos ainda acelerar seu movimento. Mas se deve considerar que não pode haver cilindro ou caverna a não ser aqueles suportados pela Terra e, sendo assim suportados, são levados juntamente com a Terra por seu movimento diurno. Pois por este mecanismo a parte inferior do cilindro funciona como a superfície da Terra; este fato, por empurrar para fora o ar mais próximo e mais baixo, fará com que o ar que está na parte mais alta pressione para baixo o corpo pesado que está na parte alta do cilindro, da forma explicada anteriormente.

6.
POR QUE AQUELES QUE MERGULHAM, QUANDO ESTÃO SUBMERSOS, NÃO SENTEM O PESO DA ÁGUA SOBRE ELES.

A GRAVIDADE da água, sendo tão grande como constatamos por experiência, muitos perguntam a razão por que aqueles que mergulham, por mais fundo que mergulhem abaixo da água, não sentem de forma alguma o peso da água acima deles. E a causa parece ser esta, que quanto mais pesado seja um corpo, maior será o esforço pelo qual ele tende para baixo. Mas o corpo de um homem é mais pesado que a água deslocada por seu volume, e, portanto, o esforço para baixo do corpo de um homem é maior que o da água. Sabendo-se que todo o esforço é movimento, também o corpo de um homem será levado para baixo com velocidade maior que o mesmo volume de água. De onde se segue que há maior reação do fundo; e o esforço para cima é igual ao esforço para baixo, se a água for pressionada por água ou por outro corpo mais pesado que a água. E, portanto, por estes dois impulsos iguais e opostos, o esforço em ambas as direções na água é eliminado; e consequentemente aqueles que mergulham não são pressionados.

Conclusão. De onde também fica claro que água dentro de água não tem nenhum peso, porque todas as partes da água, tanto as partes acima como as partes que estão diretamente abaixo delas, tendem em direção ao fundo com o mesmo impulso e nas mesmas linhas retas.

7.

O PESO DE UM CORPO QUE FLUTUA É IGUAL AO PESO DA ÁGUA QUE PREENCHERIA O ESPAÇO QUE A PARTE IMERSA DO CORPO OCUPA DENTRO DA ÁGUA.

SE UM corpo flutua sobre a água, o peso desse corpo é igual ao peso da água que preencheria o lugar que a parte imersa do corpo ocupa dentro da água. Seja E F um corpo flutuando na água A B C D; e que a parte E esteja acima da água e a outra parte F, abaixo. Digo que o peso do corpo inteiro E F é igual ao peso da água que o espaço F receberá. Pois dado que o peso do corpo E F força a água para fora do espaço F e a coloca sobre a superfície A B, onde pressiona para baixo; segue-se que, devido à resistência do fundo naquele ponto, também haverá um impulso para cima. E vendo de novo que, pelo impulso da água para cima, o corpo E F é elevado, então, se o impulso do corpo para baixo não for igual ao impulso da água para cima, ou o corpo E F será elevado completamente para fora da água, devido à diferença de seus impulsos ou momentos, ou então ele descerá ao fundo. Mas ele deve permanecer sem descer nem subir. Portanto, há equilíbrio entre os dois esforços; isto é, o peso do corpo E F é igual ao peso da água que o espaço F receberá; conforme demonstrado.

8.

SE UM CORPO FOR MAIS LEVE QUE A ÁGUA, ENTÃO NÃO IMPORTA O TAMANHO QUE TENHA ESSE CORPO, ELE PODERÁ FLUTUAR SOBRE QUALQUER QUANTIDADE DE ÁGUA, POR MÍNIMA QUE SEJA.

Por isso qualquer corpo de qualquer tamanho, que consista de matéria menos pesada que a água, pode não obstante flutuar sobre qualquer quantidade de água, por mínima que seja.

Seja A B C D um recipiente; e seja E F G H um corpo consistindo de matéria menos pesada que água dentro do recipiente; e que o espaço A G C F seja preenchido por água. Digo que o corpo E F G H não afundará para D C. Pois dado que o corpo E F G H é menos pesado que a água, se o espaço inteiro fora de A B C D estivesse cheio de água, mesmo assim alguma parte do corpo E F G H, como E F I K, estaria acima da água; e o peso da água que preenchesse o espaço I G H K seria igual ao peso do corpo E F G H inteiro; e consequentemente G H não tocaria o fundo D C. Quanto às laterais do vaso, não importa se elas são rígidas ou fluidas; pois elas servem apenas para delimitar a água; o que pode ser feito tanto por água como por qualquer outra matéria independentemente de sua rigidez; e a água fora do vaso é delimitada em algum lugar de forma tal que não possa espalhar-se mais. Portanto, a parte E F I K será estendida acima da água A G C F a qual está contida no recipiente. De onde vem que o corpo E F G H também flutuará sobre a água A G C F, por menor que seja aquela água; conforme demonstrado.

9.

COMO A ÁGUA PODE SER ELEVADA E JOGADA PARA FORA DE UM RECIPIENTE PELO AR.

No ARTIGO 4 do capítulo XXVI, foi realizado para a comprovação do vácuo o experimento de água encerrada em um vaso; essa água, uma vez aberto o orifício superior, é ejetada para cima pelo impulso do ar. Portanto, demanda-se, dado que a água é mais pesada que o ar, como isso pode ser feito. Consideremos a segunda figura do mesmo capítulo XXVI, onde a água é injetada com grande força por uma seringa no espaço F G B. Nessa injeção, o ar (apenas ar puro) sai do vaso com a mesma força através da água injetada. Mas quanto àqueles pequenos corpos, que eu anteriormente supus estarem misturados com ar e se moverem com movimento elementar, eles não podem penetrar a água juntamente com o ar puro; permanecendo atrás eles são necessariamente forçados a se juntarem em um lugar mais estreito, isto é, no espaço acima da água F G. Portanto, os movimentos desses corpos pequenos serão cada vez menos livres, na medida em que aumenta a quantidade de água injetada; de forma que seus movimentos interferem uns com os outros e os corpos pequenos comprimem-se uns aos outros e têm impulso perpétuo de retomar sua liberdade e de pressionar para baixo a água que os impede. De onde vem que assim que o orifício superior é aberto, a água próxima a ele terá impulso para subir e necessariamente sairá. Mas ela não pode sair a menos que ao mesmo tempo entre a mesma quantidade de ar; e, portanto, tanto a água sairá como ar entrará, até que aqueles pequenos corpos que estavam dentro do recipiente tenham recuperado sua liberdade de movimento original; ou seja, até que o recipiente esteja novamente cheio de ar e não haja água de altura suficiente para obstruir a passagem B. Dessa forma, mostrei uma possível causa deste fenômeno, isto é, o mesmo que o trovão. Pois na geração do trovão, os corpos pequenos enclausurados dentro das nuvens, por estarem encerrados perto demais uns dos outros, por seu movimento rompem as nuvens e restauram sua liberdade natural; da mesma forma aqui também os corpos pequenos encerrados dentro do espaço acima da linha reta F G por seu próprio movimento expelem a água assim que a passagem superior é aberta. E se a passagem for mantida fechada e estes corpos pequenos forem comprimidos intensamente por injeção contínua de mais água, eles romperão o próprio recipiente no final com grande ruído.

10.
Por que uma bexiga é mais pesada quando cheia de ar que quando vazia.

Se ar for soprado em um cilindro oco ou em uma bexiga, ele aumentará um pouco o peso de ambos, como muitos já constataram por experiência e que tentaram o mesmo procedimento com grande acuidade. E isso não é surpresa, dado, como supus, que há misturados com o ar comum um grande número de corpos pequenos, que são mais pesados que o ar puro. Pois a substância etérea, sendo por todos os lados igualmente agitada pelo movimento do Sol, tem um esforço igual em direção a todas as direções do universo; e, portanto, não tem nenhuma gravidade.

11.
A CAUSA DA EJEÇÃO PARA CIMA DE CORPOS PESADOS POR UMA ARMA A VENTO.

CONSTATAMOS, também por experiência, que, pela força do ar encerrado em um canhão oco, uma bala de chumbo pode ser disparada com considerável violência de uma arma de recente invenção, chamada de arma a vento. Na extremidade deste canhão há dois furos, e suas válvulas no interior para mantê-los fechados; um deles serve para a admissão do ar e o outro para permitir a saída do ar. Na extremidade que serve para a entrada de ar acopla-se outro canhão do mesmo metal e tamanho, no qual está instalado um aríete perfurado, e que tem também uma abertura de válvula em direção ao primeiro canhão. Com a ajuda dessa válvula o aríete é facilmente deslocado para trás, deixando entrar ar de fora; e sendo movido repetidamente para trás e retornado de novo com golpes violentos, empurra alguma parte daquele ar para dentro do primeiro canhão a tal ponto que a resistência do ar encerrado é maior que a força do golpe. E por este meio pensa-se que há maior quantidade de ar dentro do canhão do que havia originalmente, ainda que estivesse cheio antes. Além disso, o ar forçado para dentro desse modo, não importa a quantidade, é impedido de sair pelas válvulas citadas, as quais são necessariamente fechadas pelo próprio esforço do ar em sair. Finalmente, uma vez aberta a válvula feita para deixar o ar sair, este sai com violência e conduz a bala que estava diante da válvula com grande força e velocidade.

Quanto à causa disso, poderia facilmente atribuí-la, como a maioria faz, à condensação e pensar que o ar, que tinha primeiramente apenas seu grau de raridade ordinário, foi posteriormente condensado pela introdução de mais ar, e finalmente rarefeito novamente por ser liberado e restaurado à sua liberdade natural. Mas não posso imaginar como o mesmo lugar pode estar sempre cheio e, apesar disso, conter às vezes maior, às vezes menor quantidade de matéria; ou seja, que pode estar mais cheio que cheio. Também não consigo conceber como o próprio preenchimento pode ser uma causa eficiente de movimento. Pois ambos são impossíveis. Por isso precisamos buscar alguma outra causa para este fenômeno. Enquanto, portanto, a válvula que admite o ar está aberta pelo primeiro golpe do aríete, o ar de dentro resiste com igual força à entrada de ar de fora; de modo que os esforços entre o ar interno e externo são opostos, ou seja, há dois movimentos opostos enquanto um entra e o outro sai; mas não há aumento do ar dentro do canhão. Pois há tanto ar puro saindo devido ao golpe, ar este que passa entre o aríete e os lados do canhão, como há ar impuro entrando devido ao próprio golpe. E assim, por muitos golpes fortes, a quantidade de pequenos corpos rígidos aumentará dentro do canhão, e seus movimentos também se tornam cada vez mais fortes, enquanto a matéria do canhão é capaz de resistir à sua força; se o canhão não se quebrar por essa força, será no mínimo impelido em todas as direções por seu esforço em se libertar; e assim que a válvula de saída é aberta, eles voarão para fora com movimento violento e levarão consigo a bala que está em seu caminho. Por conseguinte eu dei uma possível causa para este fenômeno.

12.
A CAUSA DA SUBIDA DA ÁGUA EM UM BARÔMETRO.

A ÁGUA, contrariamente ao costume dos corpos pesados, eleva-se no barômetro; mas faz isso quando o ar está frio: pois quando está quente, ela desce de novo. E este órgão é chamado termômetro ou termoscópio, porque os graus de calor e frio são medidos e marcados nele. É feito desta maneira. Seja $ABCD$ um recipiente cheio de água e EFG um cilindro de vidro oco fechado em E e aberto em G. Aqueça-se o cilindro e que ele seja disposto verticalmente a F dentro da água; e que a extremidade aberta alcance G. Com isso, conforme o ar esfria pouco a pouco, a água vai subir lentamente dentro do cilindro de F para E; até que finalmente, dado que o ar interno e o externo têm a mesma rigidez, não subirá mais acima nem descerá mais abaixo até que a rigidez do ar seja modificada. Agora, suponhamos que esse experimento seja feito em qualquer lugar, como em H. Se aumentarmos o calor do ar, a água descerá abaixo de

H; e se o calor for diminuído, subirá acima dele. Tais fatos, ainda que sejam verdadeiros e comprovados por experiência, sua causa ainda não foi descoberta.

Nos artigos sexto e sétimo do capítulo XXVIII, onde falo sobre a causa do frio, mostrei como corpos fluidos são resfriados pela pressão do ar, isto é, por um vento constante que os pressiona. É pela mesma causa que a superfície da água é pressionada em F; e não havendo lugar possível para escapar dessa pressão além da cavidade do cilindro entre H e E, ela é necessariamente forçada naquela direção pelo frio e consequentemente ela ascende mais ou menos, conforme o frio aumente ou diminua. E de novo, à medida que o calor é mais intenso ou o frio mais fraco, a mesma água será pressionada para baixo mais ou menos por sua própria gravidade, ou seja, pela causa da gravidade explicada anteriormente.

13.
A CAUSA DO MOVIMENTO ASCENDENTE EM CRIATURAS VIVAS.

TAMBÉM criaturas vivas, ainda que sejam pesadas, podem por meio de salto, nado ou voo elevar-se a um certo grau de altura. Mas elas não podem fazer isso a menos que sejam suportadas por algum corpo resistente como a terra, a água ou o ar. Pois estes movimentos têm seu início por contração, com a ajuda dos músculos do corpo vivo. E a esta contração sucede-se uma distensão de seus corpos inteiros; tal distensão pressiona a terra, a água ou o ar que os suporta; por esta razão, pela reação desses corpos pressionados, as criaturas vivas tomam um impulso para cima que, devido à gravidade de seus corpos, é imediatamente perdido de novo. Com este esforço, portanto, é que as criaturas vivas se elevam um pouco por meio de pulos, mas sem grande resultado: mas, por meio da natação ou do voo, elevam-se a grande altura; porque antes que o efeito de seus esforços acabe por completo pela gravidade de seus corpos, podem renovar o mesmo esforço.

Que pelo poder da alma, sem nenhuma contração prévia dos músculos ou sem a ajuda de algo que o suporte, qualquer homem pode elevar seu corpo, é um conceito infantil. Pois se fosse verdade, um homem poderia elevar-se a qualquer altura.

14.
Que há na natureza um tipo de corpo mais pesado que o ar, o qual não obstante não é diferenciado do ar pelos sentidos.

O MEIO diáfano que circunda o olho por todos os lados é invisível; não é possível ver ar no ar, nem água na água nem nada que não seja mais opaco. Mas nos confins de dois corpos diáfanos um deles pode ser diferenciado do outro. Portanto, não é uma coisa tão ridícula que as pessoas comuns pensem que todo o espaço está vazio, no qual dizemos que há ar; é trabalho da razão fazer-nos conceber que o ar é alguma coisa. Pois por qual de nossos sentidos percebemos o ar, dado que não o vemos, nem o ouvimos, nem sentimos seu sabor, nem seu cheiro, nem seu toque? Quando sentimos calor, não o atribuímos ao ar, mas ao fogo: nem dizemos que o ar está frio, mas que nós mesmos estamos com frio; e quando sentimos o vento, pensamos que alguma coisa está vindo em vez de que ela já chegou. Também não sentimos em absoluto o peso da água na água e muito menos o do ar no ar. É pelo raciocínio que chegamos a saber que isso é um corpo, o qual chamamos de ar; mas é por apenas uma razão, isto é, porque é impossível que corpos distantes atuem em nossos órgãos dos sentidos a não ser pela ajuda de corpos intermediários, sem os quais não teríamos a percepção deles, até que chegassem a ser contíguos. Portanto, apenas pelos sentidos, sem raciocinar sobre os efeitos, não temos evidência suficiente da natureza dos corpos.

Pois há no subsolo, em algumas minas de carvão, certa matéria de uma natureza média entre água e ar, a qual não obstante não se consegue distinguir do ar pelos sentidos; pois ela é tão diáfana como o mais puro dos ares; e, tanto quanto o sentido possa julgar, igualmente penetrável. Mas se olharmos seu efeito, este é como aquele da água. Pois quando aquela matéria sai da terra para o poço de alguma mina, ela o preenche parcial ou totalmente; e se um homem ou fogo descer até essa matéria, ela os extingue quase tão rapidamente como a água o faria. Mas para o melhor entendimento deste fenômeno descreverei a sexta figura. Nessa figura, A B representa o poço da mina e C B é a parte dele preenchida por essa matéria. Se uma vela acesa for baixada no poço abaixo de C, será repentinamente apagada como se tivesse sido lançada na água. Também, se uma grelha com carvão totalmente aceso e queimando muito for baixada até abaixo de C, o fogo diminuirá e, logo após, perdendo sua luz, será extinto, não de outra maneira como se tivesse sido mergulhado em água. Mas se a grelha for elevada de novo imediatamente, enquanto o carvão ainda estiver muito quente, o fogo será aceso novamente pouco a pouco e brilhará como antes. Há, na verdade, entre esta matéria e água esta diferença considerável, que ela nunca molha nem adere às coisas que nela são mergulhadas, como faz a água; a qual, pela umidade que deixa, impede o reacendimento da matéria uma vez extinta. De forma semelhante, se um homem descer abaixo de C, ele terá imediatamente grande dificuldade para respirar e em seguida vai desmaiar e morrer, a menos que seja rapidamente puxado para cima de novo. Aqueles, portanto, que descem nesses poços, tem o costume de, tão logo se sintam mal, sacudir a corda pela qual desceram para mostrar que não estão bem e com a finalidade de serem içados rapidamente de novo. Pois se um homem for içado tarde demais, sem sentidos e movimento, eles desenterram uma pequena área no solo e colocam sua face e boca na terra fresca; desta forma, a menos que esteja bem morto, ele volta a si de novo, pouco a pouco, e recupera a vida por expirar aquela matéria sufocante, que ele sugou enquanto estava no poço; quase da mesma maneira como os afogados voltam a si de novo por vomitar a água. Mas isto não ocorre em todas as minas, mas apenas em algumas; e nessas, não sempre, mas frequentemente. Nos poços sujeitos a isto eles usam este remédio. Eles cavam outro poço de igual profundidade como D E próximo ao primeiro e unem ambos por um canal E B. Eles produzem fogo na base E, o qual conduz para fora em D o ar contido em D E; e este arrasta consigo o ar contido no canal E B; o qual, de forma análoga, é seguido pela matéria nociva contida em C B; desta forma, o poço torna-se saudável por algum tempo. Desta história, que escrevo apenas para aqueles que tiveram a experiência da verdade dela, sem nenhuma intenção de apoiar minha filosofia com estórias de crédito duvidoso, pode ser extraída a possível causa deste fenômeno; isto é, que há certa matéria fluida e extremamente transparente, e não muito mais leve que a água, a qual, brotando da terra, preenche o poço até C; e que nessa matéria, como na água, tanto o fogo como as criaturas vivas são extintos.

15.
Da causa da virtude magnética.

Sobre a natureza dos corpos pesados, a maior dificuldade vem da contemplação daquelas coisas que fazem outros corpos pesados subirem para elas, como a lignite, o âmbar e a magnetita. Mas aquela que mais intriga os homens é a magnetita, que também é chamada de *Lapis Herculeus*; uma pedra que, ainda que de outra forma desprezível, tem o poder de elevar ferro da terra e mantê-lo suspenso no ar, como Hércules fez com Anteu. Mesmo assim nos surpreendemos pouco com isso, porque vemos a lignite arrastar palha, que é um corpo pesado, ainda que não tão pesado como ferro. Mas em relação à lignite, ela primeiro precisa ser estimulada por fricção, ou seja, por movimento de vaivém; enquanto a magnetita tem excitação suficiente de sua própria natureza, isto é, por algum princípio interno de movimento peculiar a ela. Mas tudo que se move o faz por algum corpo contíguo em movimento, como foi demonstrado anteriormente. Por isso evidentemente o primeiro impulso que o ferro tem em direção à magnetita é causado pelo movimento do ar contíguo ao ferro: e também, que este movimento é gerado pelo movimento do ar próximo, e assim sucessivamente, até que, por esta sucessão, vemos que o movimento de todo o ar intermediário se inicia de algum movimento que está na própria magnetita; tal movimento, devido a que a magnetita parece estar em repouso, é invisível. Portanto, é correto afirmar que o poder atrativo da magnetita não é nada além de algum movimento de suas minúsculas partículas constituintes. Supondo, portanto, que os pequenos corpos, dos quais a magnetita é composta nas entranhas da Terra, tem por natureza o mesmo movimento e impulso atribuído anteriormente à lignite, isto é, movimento recíproco em uma linha curta demais para ser vista, ambas essas pedras terão uma única e mesma causa de atração. Em qual maneira e em qual ordem de trabalho esta causa produz o efeito da atração é que deve ser indagado. E primeiramente sabemos que, quando a corda de um alaúde ou violino é pulsada, a vibração, ou seja, o movimento recíproco dessa corda na mesma linha reta causa vibração semelhante em outra corda que tenha tensão semelhante. Também sabemos que as borras ou areias finas que descem ao fundo de um recipiente serão elevadas do fundo por qualquer agitação forte e recíproca da água, revolvida com a mão ou com um bastão. Mas então, por que o movimento recíproco das partes da magnetita não deveria contribuir na mesma intensidade para o movimento do ferro? Pois, se supusermos haver tal movimento recíproco na magnetita, ou movimento das partes para frente e para trás, então o movimento análogo será propagado pelo ar ao ferro e consequentemente haverá em todas as partes do ferro as mesmas repercussões ou movimentos para frente e para trás. Por este motivo o ar intermediário entre a pedra e o ferro será deslocado pouco a pouco; sendo este ar deslocado, os corpos da magnetita e do ferro necessariamente vão se juntar. Portanto, a possível causa por que a magnetita e a lignite atraem para si, uma, o ferro, e a outra, a palha, pode ser esta: que estes corpos atrativos tenham movimentos recíprocos ou em uma linha reta ou em uma linha elíptica, quando não há nada na natureza dos corpos atraídos que se oponha a tal movimento.

Mas por que a magnetita, se com a ajuda de cortiça flutua livremente sobre a superfície da água, a partir de qualquer posição de repouso coloca-se de uma maneira no plano do meridiano tal que os mesmos pontos, quando em repouso, respeitam os polos da Terra, e continuam respeitando os mesmos polos em todos os outros momentos, a causa pode ser esta; que o movimento recíproco, que eu supus haver nas partes da pedra, dá-se em uma linha paralela aos eixos da Terra e existiu nessas partes desde que a pedra foi gerada. Por isso, dado que a pedra, enquanto está na mina e é conduzida juntamente com a Terra por seu movimento diurno, por longo período de tempo habitua-se a ser movida em uma linha perpendicular à linha de seu movimento recíproco, ela irá, ainda que seu eixo seja deslocado da situação paralela que tinha ao eixo da Terra, manter seu impulso de retornar àquela situação; e sendo todo impulso o início de movimento, e sem a interveniência de nada que possa impedir o mesmo, a magnetita, portanto, retornará à sua situação anterior. Pois qualquer peça de ferro que esteve em repouso por muito tempo no plano do meridiano, no momento em que seja forçada a sair dessa situação e depois ser liberada para tomar qualquer direção, retornará por si própria a se reposicionar no meridiano; tal retorno é causado pelo impulso que adquiriu do movimento diurno da Terra nos círculos paralelos que são perpendiculares aos meridianos.

Se o ferro for friccionado em magnetita de um polo ao outro, duas coisas ocorrerão; uma, que o ferro tomará a mesma direção da magnetita, ou seja, que ele vai se posicionar no meridiano e alinhar seu eixo e seus polos na mesma posição dos da magnetita; a outra, que os polos iguais da magnetita e do ferro vão se repelir, e que os polos opostos vão se aproximar. E a causa da primeira pode ser esta, que o ferro sendo tocado por um movimento que não é recíproco, mas delineado da mesma forma de polo a polo, este fato imprimirá ao ferro um impulso do mesmo polo para o mesmo polo. Pois dado que a magnetita não difere do ferro de outra forma que não seja como o minério difere do metal, não haverá rejeição alguma do ferro em receber o mesmo movimento que está na pedra. Por isso, dado que ambos são afetados da mesma forma pelo movimento diurno da Terra, ambos retornarão à sua situação no meridiano em qualquer momento em que eles sejam retirados dela. Também para a outra esta pode ser a causa, que, quando a magnetita toca o ferro, imprime nele um impulso em direção a um dos polos, digamos, o Polo Norte; de forma análoga e recíproca, o ferro imprime na magnetita um impulso em direção ao outro polo, neste caso, o Polo Sul. Por isso ocorrem nestas repercussões movimentos para frente e para trás das partículas da pedra e do ferro entre o norte e o sul de tal forma que, enquanto em um deles o movimento é de norte para sul e o retorno de sul para norte, no outro o movimento será de sul para norte e o retorno de norte para sul; esses movimentos são opostos uns aos outros e são comunicados ao ar de maneira que o polo norte do ferro, enquanto há atração, será pressionado para baixo em direção ao polo sul da magnetita; ou contrariamente, o polo norte da magnetita será pressionado para baixo em direção ao polo sul do ferro; e os eixos, tanto da magnetita como do ferro, estarão ambos situados na mesma linha reta. A verdade disto nos é ensinada pela experiência.

Quanto à propagação desta virtude magnética, não apenas através do ar, mas através de quaisquer outros corpos de qualquer rigidez, isso não deve ser surpresa, pois nenhum movimento pode ser tão fraco a ponto de não se propagar infinitamente através de um espaço preenchido por corpo de qualquer rigidez. Pois, em um mediano preenchido, não pode haver movimento que não faça a próxima parte se mover, e assim sucessivamente sem fim; de forma que não há efeito cuja produção não tenha recebido alguma contribuição dos vários movimentos das várias coisas que existem no mundo.

E assim com referência especial à natureza de corpo em geral; com a qual eu concluo esta minha primeira seção dos Elementos de Filosofia. Nas partes primeira, segunda e terceira, onde os princípios de racionalização consistem em nosso próprio entendimento, isto é, no uso legítimo de palavras que nós mesmos constituímos, todos os teoremas, se não estou enganado, estão demonstrados corretamente. A quarta parte depende de hipóteses que, a menos que as conheçamos como verdadeiras, é impossível demonstrar que as causas que lá expliquei são as causas verdadeiras das coisas cujas produções derivei.

Mesmo assim, dado que não assumi nenhuma hipótese, fato que não é nem possível nem fácil de ser compreendido; e vendo também que raciocinei corretamente a partir dessas hipóteses, não obstante demonstrei suficientemente que elas podem ser as causas verdadeiras; o qual é o fim da contemplação física. Se algum homem a partir de outras hipóteses vier a demonstrar as mesmas coisas ou coisas ainda maiores, haverá maior louvor e agradecimentos a ele do que eu peço a mim mesmo, contanto que suas hipóteses sejam concebíveis. Pois em relação àqueles que dizem que qualquer coisa pode ser movida ou produzida por *si própria*, por *espécie*, por *seu próprio poder*, por *formas substanciais*, por *substâncias imateriais*, por *instinto*, por *antiperístase*, por *antipatia, simpatia, qualidade oculta* e outras palavras vazias de escolados, esse tipo de discurso não tem propósito.

E agora, prossigo para o fenômeno do corpo do homem; onde falarei da *ótica*, e das *disposições*, *afetividade*, e *maneiras* dos homens, se agradar a Deus dar-me vida, e mostrar suas causas.

Fim do Volume I